季愚文库

朱威烈译文集
（社科艺术卷）
中东艺术史

〔埃及〕尼阿玛特·伊斯梅尔等　著

朱威烈　译

2019年·北京

目　录

中东艺术史·古代

序 / 4

第一编　原始时代的中东艺术

历史绪论：人类文明的起源和艺术的发展 / 6

第一章　埃及 / 11
　　第一节　原始时代 / 11
　　第二节　前王朝时代 / 18

第二章　两河流域（今伊拉克）/ 24

第三章　叙利亚、巴勒斯坦和约旦 / 36

第四章　安纳托利亚地区 / 39

第五章　伊朗 / 42

第二编　王国时代的中东艺术

第一章　埃及　/ 46

引　言　/ 46

第一节　提尼时代　/ 48

第二节　古王国时代　/ 51

第三节　中王国时代　/ 67

第四节　新王国时代　/ 75

第五节　末期时代　/ 104

第二章　两河流域　/ 107

引　言　/ 107

第一节　第一王国时代的苏美尔　/ 108

第二节　阿卡德　/ 123

第三节　第二王国时代的苏美尔　/ 128

第四节　古巴比伦王国时代　/ 132

第三章　安纳托利亚地区（今土耳其）　/ 141

引　言　/ 141

第一节　安纳托利亚最早的居民　/ 143

第二节　赫梯人和胡里特人　/ 146

第三节　叙利亚北部新赫梯联邦艺术　/ 151

第四章　叙利亚、腓尼基和巴勒斯坦　/ 156

第五章　两河流域　/ 168

第一节　亚述帝国　/ 168

第二节　新巴比伦王国　/ 186

第六章　伊朗　/ 190

引　言　/ 190

第一节　鲁里斯坦和西徐亚人　/ 192

第二节　米提亚王国和阿黑门尼德王朝　/ 193

中东艺术史·希腊入侵至伊斯兰征服

序　/ 213

第一编　希腊、罗马时代

历史绪论　/ 215

第一章　埃及　/ 219

第一节　托勒密时代　/ 219

第二节　罗马时代　/ 229

第二章　叙利亚地区　/ 234

第一节　塞琉古王朝统治伊拉克、叙利亚时期和罗马时代　/ 234

第二节　塔德木尔城　/ 237

　　　　第三节　杜拉欧罗巴城　/ 240

　　　　第四节　佩特腊城　/ 242

　　第三章　阿拉伯诸岛　/ 245

　　　　第一节　阿拉伯半岛　/ 245

　　　　第二节　科威特和巴林　/ 247

　　第四章　北非　/ 251

　　　　第一节　利比亚　/ 252

　　　　第二节　阿尔及利亚和突尼斯　/ 256

第二编　东方的基督教时代

历史绪论　/ 260

第一章　君士坦丁堡拜占庭艺术　/ 263

第二章　埃及科普特艺术　/ 291

第三章　叙利亚　/ 311

第四章　北非　/ 319

第三编 伊　朗

历史绪论　/ 322

第一章　帕提亚王朝艺术　/ 324

第二章　萨珊王朝艺术　/ 332

无身份世界中的爱国主义

序　/ 349

前　言　/ 352

第一章　基础与前奏：新千年的挑战　/ 354

第一节　史无前例的信息革命和通讯革命　/ 354

第二节　巨大的技术革命　/ 357

第三节　技术革命和信息革命对经济的影响　/ 365

第四节　社会、经济和政治关系发展的历史回顾　/ 372

第二章　全球化（或一体化）：无形的狂飙　/ 378

第一节　全球化（或一体化）的动力　/ 381

第二节　全球化（或一体化）的负面效应与反作用力　/ 383

第三章 身份与归属：种族主义、爱国主义和民族主义 / 393

第一节 埃及的爱国主义 / 395

第二节 全球化（或一体化）时代中爱国主义的合法性 / 402

第三节 大实体时代中的民族主义 / 408

第四章 希望与行动 / 411

第一节 教育与未来 / 412

第二节 文化 / 424

第三节 全球化（或一体化）形势下的国家作用 / 429

结束语 / 436

参考文献 / 439

作者简介 / 442

译后记 / 444

十字路口

序 / 449

前　言 / 452

目 录

第一章 挑战规模与未来前景 / 455
  第一节 科技进步 / 459
  第二节 恐怖三角(G. N. R.)，人脑和电脑的结合 / 463

第二章 自由经济与国际法准则的崩溃 / 471
  第一节 全球化形势下的自由经济 / 471
  第二节 全球化进程中地理和国家屏障的瓦解 / 479
  第三节 道德约束萎缩与拜物主义盛行 / 485
  第四节 实力逻辑与用武理由的缺失 / 487

第三章 "9·11"事件的震撼：余震、连锁反应和后果 / 492
  第一节 新世界、新局面和新标准 / 492
  第二节 过去的阴影及其对现在和未来的控制 / 497
  第三节 暴力、恐怖还是公正、法制 / 503
  第四节 和平是人类的希望和宗教的目标 / 504
  第五节 我们和"9·11"事件 / 508
  第六节 屈辱的时代 / 509

第四章 当前的工作和首要任务 / 512
  第一节 反思 / 512
  第二节 先进价值观及发达国家的成功因素 / 514
  第三节 处于当代世界变化中的国家作用 / 517
  第四节 自身力量的建设 / 522
  结语：国家理想 / 554

附　表　/ 559

参考文献　/ 575

作者简介　/ 580

译后记　/ 582

中东艺术史·古代

〔埃及〕尼阿玛特·伊斯梅尔

中东地区大事年表

古代

公元前	埃及	两河流域	叙利亚、黎巴嫩和巴基斯坦	安纳托利亚地区	伊朗
6000		贾尔摩文化	埃里哈文化	沙塔尔休于文化	
5500		穆瓦拉法特文化			
5000	塔萨文化	哈苏纳文化		哈锡拉文化	锡亚里克文化
4500		萨马腊文化			苏撒文化(1)
4000		特勒希拉夫文化			
	拜达里文化	欧贝德文化	加苏勒文化		苏撒文化(1)
	阿姆拉文化				
3500	加尔采文化				
3000	第一、第二王朝时代			特洛伊文化	苏撒文化(2) 基扬文化(4)
2500	古王国时代		阿摩列伊王国时代	阿拉克胡约克文化	依蓝王国
	第一衰微时代				库提部族
2000	中王国时代	古巴比伦王国时代	玛里城文化		依蓝王国
	第二衰微时代		阿拉拉克城文化		
1500	新王国时代	亚述帝国	加喜特王国时代	乌加里特城文化	
				古赫梯王朝	
				新赫梯王朝	
1000	末期时代(振兴时代)	新巴比伦王国时代	叙利亚北部的新赫梯联邦 腓尼基城邦	费里扬王国	伊朗入侵
				乌拉尔图王国	依蓝王国
		新巴比伦王国和亚述帝国时代			波斯阿黑门尼德王朝
500		波　斯　入　侵			

序

  中东地区包括埃及、伊拉克、叙利亚、黎巴嫩、约旦、阿拉伯半岛、土耳其和伊朗等地。中东地区在世界上占有独特的地位,在文明和精神两方面,都对人类的进步做出过巨大的贡献。早在远古时代,中东就有着灿烂的文明,三大一神教从这里发祥,最早用来表达思想的形简意赅的文字,也是在这里产生的。

  本书的研究主题是中东地区的艺术史。我想通过这样的研究,对中东地区造型艺术的产生和发展作一个概括的阐述。我之所以要撰写本书,是因为深切地感觉到,阿拉伯文苑需要一本专门的书,把整个中东地区当作一个整体,全面地提供中东艺术的情况,使读者不必费力去广事查找。尽管本书的某些方面,我的前辈教授、作家们已曾述及,但我相信,中东地区的阿拉伯文苑是会有兴趣接受每一本有益的新书的。

  古代中东的艺术丰富多彩。埃及和两河流域最先点燃了艺术的火炬,并把它传给中东的其他地区。这火炬一直烛照着古代中东地区,后由波斯人传给古希腊人,从而被带到西方。西方领受了东方文明和艺术的恩惠。因此,我致力于通过撰写一本书来研究古代中东的艺术,对中东艺术的各种遗迹进行科学的、历史的比较,借以探明这些地区出现的艺术影响和此后对西方艺术所起的作用，这样做是毫不奇怪的。我把艺术作品的出现按时代的顺序作研究，在某些情况下，不得不对中东的某个地区暂不提及，留待后议，这是因为它受到其他地区艺术的影响。

读者将会看到，我除了对各种造型艺术，如建筑、绘画、雕塑等进行研究外，还指出了一些历史、政治事件。我这样做的理由，是想阐明各种政治事件对艺术领域所产生的影响和尔后造成艺术繁荣或衰微的结果。

读者在本书的第一版中已经看到，这个地区的艺术，包括公元前七千年的原始时代至伊斯兰教出现前的全部艺术作品。亚历山大入侵后，中东地区古老的文化艺术风格发生了变化，因而我欲留出一部分篇幅阐述某些历史阶段的中东艺术，以便研究希腊、罗马艺术在东方的繁衍。

鉴于古代中东是文明、艺术的源泉，曾影响西方古代世界文明和艺术的产生，所以我从第二版起增加了一章西方古代世界的艺术。（中译本从略——译者）

同时，我谨向所有帮助过我编写本书的诸君致谢，特别要向为我提供资料的博物馆——伊拉克国家博物馆、贝鲁特国立博物馆、大马士革国立博物馆、阿勒颇国立博物馆，以及大英博物馆和牛津的阿什莫林博物馆——表示谢忱。

尼阿玛特·伊斯梅尔
1979 年 7 月

第一编　原始时代的中东艺术

历史绪论：人类文明的起源和艺术的发展

分布在地球表面的早期人类的生活，在进入有文字可考的历史年代之前，业已经历长达数十万年的巨大变迁和发展。

根据人类制作劳动工具的各种材料的发展，可以将此横亘千百年的历史划分为依次排列的时期。

在旧石器时代，人们用略事磨砺的石块制作工具。至中石器时代，出现了骨制工具和打磨的石器。以后，人类进入了新石器时代，除石器外，还用铜制作工具。

石器时代的人类生活，从文明发展方面来说，经历了两个连续的阶段。先是贯穿旧石器和中石器两个时代的"采集食物阶段"，人类在这一阶段中以流动狩猎为生；后来由于偶然的因素，人类开始进行农业活动，转入了"生产食物阶段"。

人类在新石器时代学会了种植，这是人类生活中的一个重大转折。他们离开了山洞，迁到平原，建房定居下来。他们从食物的采集者转变为食物的生产者，由猎人变成耕种者。此后，土地所有制出现了。

耕种者在遇到个人的力量不能解决的问题时,便与他人合作种植土地。这样,就形成了有助于定居生活的半部落制度,并由此产生了最早的社会。这种社会生活的一个重要结果,是村落的形成。文明也就不可避免地成长、发展起来。人们需要掌握除耕耘以外的其他技艺,他们制作泥土器皿,用来存放物件。及至他们发现用火烧烤泥土的效果,便利用这种方法制作陶器。陶器很快就取代了用一般泥土、皮张和石块制成的器具。铜、金之类的金属被发现后,被用于装饰。从此,人类的文明生活有了显著的发展。

新石器时代人类,曾分布在地球表面的许多地区。发掘出新石器时代人类遗迹的,不只是一地。他们之所以选择那些地区,是看中了那里气候温和,河谷附近有大片肥沃的土地。中东,是人类文明最先产生并且获得最早繁荣的地区之一。当时中东文明繁荣的原因,在于那里有人们所追求的自然环境,再加上人们本身的努力。事实上,在中东,最早获得昌盛文明的地区,是尼罗河流域和两河(幼发拉底河和底格里斯河)流域。中东其他地区的文明,都是以这两处的文明为源泉。

在中石器时代,人们开始感觉到有一种力量控制着他们。他们通过洞穴里的彩色岩画表达这种感受,艺术因之而生。在法国南部和西班牙北部,都发现了这类具有艺术禀赋的人的遗迹。其中最出色的是在法国拉斯科洞(历史绪论图1-1)和西班牙阿尔塔米拉洞的岩画,前者的历史可以追溯到公元前15000年至10000年,后者大约出现于公元前25000年左右。

人们在洞穴里绘制的图画表明,它实质上是人们借以表达内心感受的"狩猎者艺术",这种艺术在公元前12000年前后达到了顶峰。画家很留心描绘他想捕捉的动物,如马、野牛和羚羊等。因此,早期岩画所表现的仅限于动物,没有人物形象。学者们认为,狩猎者艺术的初级形式是出于主宰画家的信念造成的,画家也许认为,有能力描画自己害怕的动物,就会使他

历史绪论图 1-1 拉斯科洞穴岩画

有力量左右它们,增强制服它们的本领。因此,这些动物画显得十分精细,栩栩如生。早期的画家从氧化铁、氧化锰和烧焦的动物骸骨中获得颜料。最初的艺术家所作的尝试,并不限于彩色绘画,他们还在岩石和象牙上从事雕刻(历史绪论图 1-2)。后来,他们又着手绘制女性轮廓图。

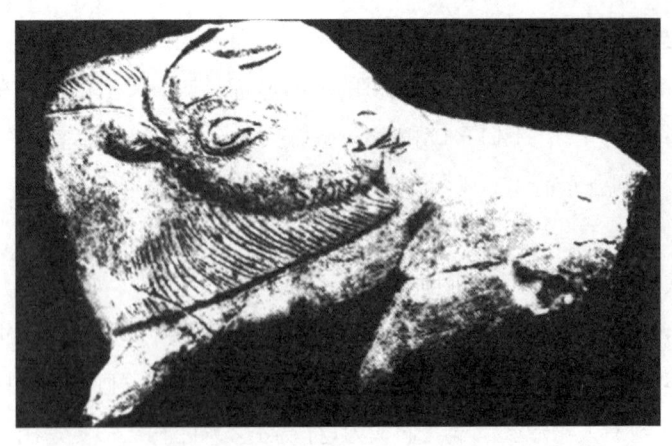

历史绪论图 1-2 兽形牙雕

不过，我们也不能忽视公元前25000年左右从亚洲南部、非洲北部来到欧洲的旧石器时代人类的劳作。零星的出土物中，最重要的艺术品是被统称为"维纳斯"的小型女性像，其中最著名的是奥地利的维伦多夫维纳斯雕像（历史绪论图1-3）和法国的列苏尔杰雕像。从这些雕像中可以看到艺术家们在表现诸如胸部、腹部等反映母性特点的部位上的刻意求工。

在北非和尼罗河两侧的沙漠洞穴里，找到了狩猎者艺术的后期代表作①。这些遗物的年代，可以划入新石器时代

历史绪论图1-3 维伦多夫维纳斯 维也纳博物馆

初期。北非狩猎者艺术中的精品，是赫斯卡东北塔西利洞穴、费赞和利比亚沙漠发现的遗物（历史绪论图1-4）。至新石器时代，艺术随着狩猎者发展转变成农耕者而获得了长足的进步，出现了陶器和陶器彩绘。

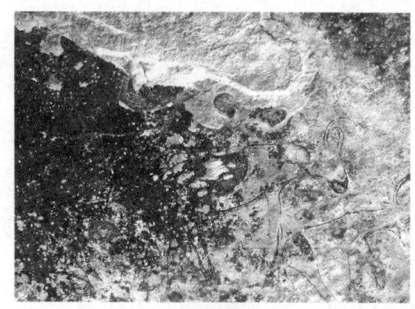 

历史绪论图1-4 突尼斯和利比亚洞穴岩画

---

① 温克勒教授的著作是这方面研究的最出色的成果。

在古代中东地区，挖掘出新石器时代人类艺术品的，不止是一处。已出土的两河流域地区最古老的遗物是在（基尔库克以东35公里）贾尔摩和（今摩苏尔附近）哈苏纳等北部地区部落聚居地内所发现的公元前6000年左右的原始陶器和石器。这两个村落中还发现了偶像，其中有体态丰满的妇女像。在中东，可以追溯到那个历史时期的类似遗址，还可能散布在其他的地区。勘探者们近年在安纳托利亚南部沙塔尔休于和哈锡拉两地发现了同属这一时期的文明古迹。

比这些文明更早的，是在约旦埃里哈发现的文明遗址。这一地区的新近的发掘表明，新石器时代人类在文明方面已很进步，他们在懂得烧制陶器之前，已能用石墙加固城池，并且能在人的颅骨上浇上一层类似石膏的物质，借以保持死者的原状。但是，埃里哈文明遽然中断了，中东没有一个民族曾从中获得裨益。

迄今为止，还未发现埃里哈、贾尔摩、哈苏纳和安纳托利亚等古迹出现后的千余年中的中东地区居民的任何遗迹。继这一空白年代之后，突然在两个不同的地方出现了几乎属于同一时期的持续不断的文明，这就是尼罗河流域和两河流域的文明。这两大文明，是孕育中东古代艺术的根系。

第一章 埃及

第一节 原始时代

勘探人员挖出的文物表明,阿拔西亚沙漠有旧石器时代人留下的遗物,同样,法尤姆和尼罗河谷两侧的沙漠地带亦发现中石器时代的古迹。

至新石器时代后期,随着气候变旱和沙漠地区雨水断绝,埃及人的活动转向尼罗河流域的肥沃平原,他们学会了耕耘、播种。从此,埃及有了农业。

考古学家温克勒教授根据尼罗河两岸一些部落居住过的地区内高耸岩壁上一组组的人、兽画,把组成那些部落的人分成三类。

他从那些画着人体形象的岩画上,识别出大干旱后从绿洲迁到尼罗河谷的居民;凭借雕刻的狩猎图(图1-1),辨认出因高原缺雨而不得不向尼罗河靠拢的山民;并通过一堵墙上画的船只形状(图1-2),认出了从东方漂泊而来的异族人。这些船只的底是平的,船头、船尾高高翘起,与埃及原始人古墓中发现的陶器上绘制的凹底埃及船(图1-5)大相径庭。凹底的埃及船在埃及古墓中描绘捕捉河马情景的装饰性织物上屡见不鲜。

图1-1 动物和捕鸵鸟者

图1-2 两种不同的原始船

这些不同的人群聚居在尼罗河谷地,他们的生活从辗转觅食转变为定居务农,从而促进了小村落的形成。由于村落的出现,持续不断的文明相应产生。这种文明可以分为三个阶段,各以发掘出这些部落遗迹的地区或与之邻近的地区命名。

其中最早的遗迹,可以上溯到公元前5000年。① 这一阶段的文明称为"塔萨文化",是根据上埃及地区最具有这一文化特色的地点命名的。在艾斯尤特代尔塔萨南面、梅利姆德拜尼萨拉玛和阿姆拉北部,也发现这一文化的遗迹。这一阶段的出土物,包括手工制作的陶器(图1-3)和石头打制的小兵器。出土物还证明,那阶段的人类擅长制筐、编织,并懂得用象牙、

图1-3 第八时代陶土锅

---

① 埃及学专家弗朗德斯·皮特里教授在他的《史前的埃及》一书中对这一阶段作了研究。

骨头和贝壳制作装饰品。

在这以后1000年左右的漫长岁月中,埃及文明没有出现大的发展。接下来的文明,被称作"拜达里文化",大家知道,它继承塔萨文化的传统,其遗迹见诸拜达里、穆斯塔吉达和米特马尔等城。拜达里文化遗物中,有一批工艺颇为先进的陶器;那个阶段的部分陶器上,饰有几何图形(图1-4)。烧制陶土的工艺技术已被掌握。同时,还发现小型的陶俑、骨头和玄武岩雕像。拜达里人最早利用铜制作饰针。

图1-4 拜达里时代后期陶器 波士顿美术馆

继拜达里文化之后,是公元前3400年间出现的著名的"奈卡代文化",其遗迹散见于奈卡代、拜拉斯、阿姆拉、阿拜多斯和卡卜等地,努比亚的部分地区也发现那时期的遗物。奈卡代文化遗迹丰富,发展阶段清楚,研究者们把它划分为两个主要阶段,即奈卡代初期(或称阿姆拉文化[①])和

[①] 因拜勒耶纳附近的阿姆拉村而得名。皮特里教授认为,该村原系利比亚人的居住地,而夏普认为那是非洲含米特人的村庄。

奈卡代后期(或称加尔采文化①)。那个时代，象牙制品和绘有人、兽图案的彩陶已经问世，纺织业进步，出现制作小型人物偶像的行业——这种人物偶像可能是当作禳灾祈福的避邪物使用的。

从阿姆拉文化的遗物中，找到一种用陶土或象牙制作的男女偶像。女性偶像(图1-5)下半身的肢体并在一起，上半身的手臂向上举起。有时可以从这类偶像上看到刺上去的剳青。这些偶像的制作表明，那时候对人体各部分的比例不太注意。

从加尔采阶段开始，艺术作品大为改观。这在一尊玄武岩雕像(图1-6)上可以看出。石像的设计证明，在表现人的躯体和面容上，具有精湛的技艺。那时期制作的器皿，也有明显的提高，勾画人物、走兽、水鸟和舟楫的图形(图1-7)，线条柔和而流畅。

图1-5 阿姆拉时代女陶像　　图1-6 前王朝时代末期玄武岩男像
　　　布鲁克林博物馆　　　　　　　阿什莫林博物馆

---

① 加尔采是阿亚特县的一个村落。皮特里认为，该村的村民由东方迁徙而来，而夏普则持异议，认为该村的居民原在尼罗河三角洲。

图1-7 加尔采时代陶器 莫斯科普希金博物馆

加尔采文化末期是前王朝时代艺术的一个重要阶段,那时,手法细腻的艺术品大量涌现,为王国时代艺术的兴起奠定了基础。在加尔采时代,开始出现打磨的平面凹雕,尼罗河西岸丹达赖附近的阿尔克山出土的、现藏法国卢浮宫的一把刀柄,便是一例。这把刀柄用象牙制成(图1-8A),两面都有浮雕,一面描绘一群赤身裸体的人交战的情景和不同形状的船只(图1-8B右侧),另一面刻的是各种动物和一个站在两头雄狮中间的男人(图1-8B左侧)。这些浮雕显示了艺术家娴熟的技巧和对人体结构的知识,那些动物形象也证明艺术家表现动物各种特性的高超技巧。

图1-8A 象牙刀柄 卢浮宫　　　　图1-8B 刀柄两面的浮雕

从这些浮雕可以看到,艺术家在总的布局方面已有发展,开始把刀柄两面当作一个整体来处理。图1-8B右侧的人物,并不是杂乱无章地分散在一个平面上,而是横向分层分布,构成了一个整体;图1-8B左侧中的动物的排列方式,也别具一格,看上去是分布在几条垂直线上,但每一对动物占一条横线。

加尔采文化后期的遗物,还有凸浮雕青石板①。这种青石板起初是用来放置孔雀石②的,表面没有雕刻,后来逐步发展为加工雕琢的艺术品,《捕狮图》(图1-9)便是一例。我们从图中看到好几个人正在合力围捕雄狮。在希拉贡波利斯(今考姆艾哈迈尔)③发现的一块石板,两面都镌刻着

---

① 青石板是史前时代普遍用来放置装饰品的石器。
② 从塔萨和拜达里时代以来,孔雀石是一种涂抹眼睑的装饰品。
③ 古希腊人用这个名字称呼南方王国的京城纳汉,当时他们看到城墙上有雄鹰像,认为这便是以他们的忧伤的国王荷拉斯命名的鸟。荷拉斯一词在古希腊语中,被读成了希拉贡波利斯。

当地的各种动物(图1-10),其中有些是人身长颈的神话动物。这些动物形象证明了埃及艺术家在临摹大自然和塑造各类动物形体方面的精细入微和惟妙惟肖的本领。

图1-9　捕狮图　大英博物馆

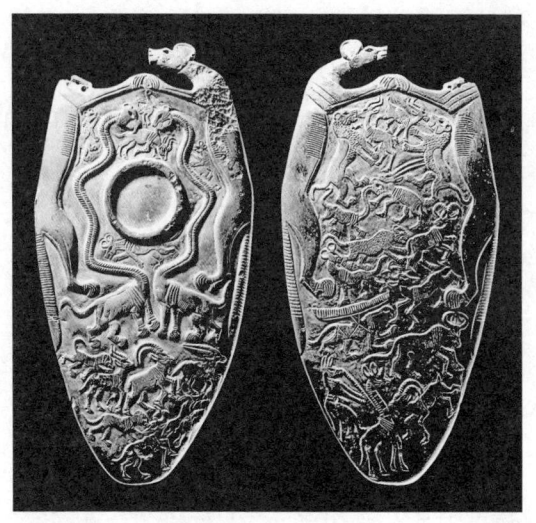

图1-10　两面雕刻的青石板　阿什莫林博物馆

第二节　前王朝时代

远古时代的埃及，是由各种集体组成的。随着时间的推移，这些集体产生了领袖，在北方，发展为联盟。接着，出现了尼罗河三角洲的下埃及王国和南方的上埃及王国。后来，北方王国控制了上埃及王国，这一胜利造成了南北地区的首次联合。统一后的王国定都在位于两个王国中间的阿雍或称赫利奥波利斯①。学者们认为，那是公元前4245年发生的事。

过了一段时间，两个王国分裂，彼此间的争斗比过去更为激烈。北方王国的京城叫"比"②；南方王国定都纳汉或称纳赫卜。北方王国的图腾是纸莎草，并以蛇为纸莎草的守护神；南方王国以灯芯草为象征，把兀鹰当作灯芯草的保卫者。北方王国国王的王冠是红色的，式样与众不同；南方王国国王则头戴圆锥形的白色王冠。

在埃及，宗教对于人们的生活影响巨大。古埃及人把自然现象奉若神明，顶礼膜拜。每座城市都有一个供人祭祀的神。埃及人还神化当地的一些走兽和禽鸟。当地最受崇拜的动物或植物，被人们当作神灵力量的一种体现，或神灵附身的对象。荷拉斯鹰在两个王国都是主要的崇拜物。

埃及统一王朝建立之前的国王名字已无从查考，只知道他们的象征。例如，蝎子国王是南方一位强大的君主，他曾力图统一埃及，但未取得彻底的胜利，在他的遗迹中，没有看到他戴上两个王国的王冠。统一是由另外一位南方的国王完成的，他叫那尔迈。

---

① 这是古希腊语的名称，意为太阳城。
② 也叫布图，源于希腊语，位于今达苏克市东北的法老山一带。

南方王国都城希拉贡波利斯发现的古物显示了这一时期艺术的发展奠定了埃及古代艺术的基础。前已述及的刻有精妙绝伦的各种走兽的青石板,便是例证。

考古学家奎贝尔在这一地区发现的古物中,有蝎子国王权杖(穆克麦阿①)的杖头(图1-11A),上面刻着为扩大耕地而开凿运河的图景(图1-11B),艺术家把浮雕安排在横向轴线上。

图1-11A　蝎子国王权杖柄　阿什莫林博物馆

在埃及艺术史上,这一阶段是很重要的,我们获得的埃及文化史上最早的一幅彩色壁画便是这一阶段的创作,证明那时候的艺术取得了迅速的进步。希拉贡波利斯有一座古墓,考其年代,可上溯到公元前4000年后半期。墓中发现一幅彩色壁画(图1-12),遗憾的是,画面已有部分破损剥落,剩下的完好部分现藏埃及国家博物馆。

---

① 球形柄鞭子,在作战时使用。

图 1-11B　蝎子国王权杖柄细部

图 1-12　希拉贡波利斯彩色墓壁画　埃及国家博物馆

绘有壁画的墙由土坯垒成，白色的墙面上布满一组组图画，各组图画分得很散，彼此间毫无联系，画的都是人和动物：一些男人在厮杀，有个男人站在两头雄狮的中间。壁画中的某些画面显然在阿尔克山出土的刀柄上出现过。涂有白色的地方表示运载尸体的船只,那些举手向天、痛哭流涕的妇女形象证实了这一点。

这幅壁画作于公元前 3200 年,当时的埃及,南北对峙,各有其主,画面中黑白两色人在厮杀,很可能是表现南北王国统一前的战争,尔后南方的那尔迈或叫米那①的国王迫使北方就范,建立了埃及史上第一个统一王朝。

相传,都灵纸莎草卷记载着米那王的名字,说他是第一王朝的缔造者;在阿拜多斯的列王谱上,提到米那是统一埃及的开国君主②。但是,这些遗物均未找到。所发现的纪念统一的历史根据,是一块那尔迈青石板③(图 1-13)。它使学者们一致认为,那尔迈是米那王的另一个名字。

那尔迈石板属于前王朝时代的风格。经过研究,它具有那个时代的埃及艺术特色,这种特色,在埃及接下来的时代里,不断地表现出来。那尔迈石板又是一份关于最早的一位历史名人的艺术史料,它两面都有雕刻,描绘米那王进行的战争和取得的胜利。

艺术家把石板表面分成几个平行的部分,各部分都以简洁的手法记下重大的事件,看上去就像一篇易于阅读的文字。石板正面(图 1-13 右)上端是双牛首哈特胡尔神,中间用象形文字铭刻国王的名字。石板居中的部分,是国王,头戴上埃及王国的白色王冠,形象比陪衬的人物大。他的左手抓住跪在地上的战俘的头,右手持权杖欲击之。他的对面,是站在纸莎草丛上的荷尔或荷拉斯鹰,鹰爪抓住一根穿过人鼻的绳索,此人的头从生长纸莎草的土地里冒出来。这再现了国王大捷的场面。荷拉斯鹰

---

① 古希腊人称为"美尼斯"。——译者
② 一位访问过埃及的古希腊旅行家记载称,埃及的祭司们告诉他,米那是第一位统治埃及的君主。
③ 那尔迈石板上的雕纹,可以断定是出于纪念目的镌刻的。

是上埃及神的象征,纸莎草则是下埃及的标志,埃及人认为,国王是神的后裔,故这幅图乃是强调神战胜人。国王打击他的人形敌人,并非是指真实的战斗,而是寓意着胜利,因为神是不同凡人交战的。国王的身后,是一个捧着他的便鞋和器皿的侍从。石板的下方,刻着两个企图逃跑的赤身裸体的人,他俩的后面是一座堡垒。

图 1-13　那尔迈王石板　埃及国家博物馆

石板的反面(图 1-13 左)上部,也是双首的哈特胡尔神,中间刻着国王的名字。紧接着是头戴下埃及王国红色王冠的国王,提着便鞋的侍从跟随在后。在凯旋的队伍里,还有宰相和旗手们。国王正在巡视被斩首的敌人尸体。中部,是两个男人抓着两只神话中的动物,这种动物的颈项奇长,相互缠在一起,形成了一个圆形的空隙。这一细节没有什么意义,显然是仅作装饰而已。石板的最下部,又一次重复胜利的象征。我们看到,一头代表国王的公牛把一个人摔倒在地,牛的双角猛撞着一座堡垒的墙。国王不止一次地与公牛联系在一起,他腰带上垂挂的就是一条公牛尾巴，同时，在历史上，国王往往拥有"强大的公牛"的外号。这就进而肯定了这种表现是受到前王朝时代风格的影响。从石板的最下部，可以看到加尔采末期《捕狮图》的影响。

遗憾的是，加尔采时代末期至反映出明显进步的诸如那尔迈石板艺术精品之间的过渡阶段的遗物迄今没有发现。创作那尔迈石板的艺术家，已知晓地平线，并用于构图，例外的是敌人尸体，显得像是俯视所见。在人物形象的描绘上，可以看出肩膀和眼睛是从正面画的，而身体的若干部位如头、下半身，则是从侧面画的。埃及艺术的这种风格，几乎一成不变地持续了整个王国时代，古王国王陵雕刻和壁画中，国王的形象总是比陪衬的人物大。这件艺术珍品的重要性在于开创了从王国时代初期几乎一直延续到王国时代后期的埃及艺术风格的特色，又是表明那尔迈王时期经过斗争终于实现了埃及统一的绝无仅有的历史证据。我们从石板的一面看到那尔迈王头戴北方王国的王冠，在另一面上他又戴上了南方王国的冠冕。

第二章　两河流域（今伊拉克）

西亚最古老的文明发祥于底格里斯河和幼发拉底河流域。两河流域位于被称为"肥沃的新月"地域的东端。年深日久，这两条河流所挟带的泥沙在入海口越积越多，形成了一片广阔的肥田沃土。

两河流域的自然条件与尼罗河流域十分相似，那里，气候温和，两河的沉积物使土地肥沃，吸引着转辗迁徙的部落定居下来，他们分成许多聚居点，分布在从南到北的河谷地带。人们对土地的重视，有助于村落的形成。这些村落的居民从新石器时代初期开始，就创造了持续不断的以定居点命名的文化。

人们早就定居于两河流域北部，最古老的贾尔摩文化、哈苏纳文化以及穆瓦拉法特文化，都源于此。这些文化的历史，可上溯到公元前6000年初，产生的地点在底格里斯河北部。继这些文化之后，又出现零星分布的其他文化，按照时间顺序，先后在萨马腊、特勒希拉夫、埃利都、欧贝德和乌鲁克。此后产生的捷姆迭特-那色文化，是有文字记载历史前该地区新石器时代人类文明发展的最后阶段。

居住在两河流域地区底格里斯河上游的原始部落，从公元前5000年起已擅长制作陶器。哈苏纳发现的原始陶器，被认为是制陶业的雏形

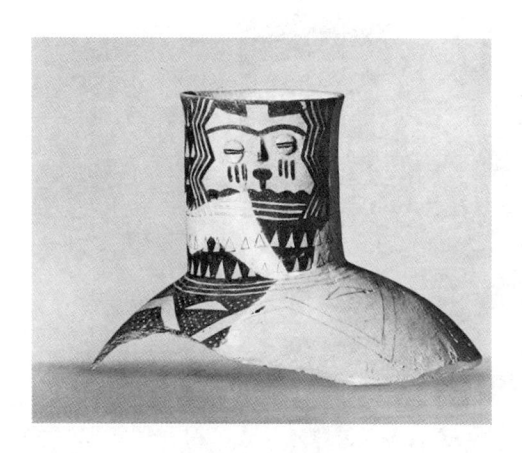

图 1-14 哈苏纳文化陶罐颈部 黑色花纹状似妇女

（图 1-14）。

这些器皿不过是低级的尝试，以后学会了用组合的彩色动物图案和人像装饰器皿（图 1-15A），较之过去的制作物出色得多。底格里斯河畔萨马腊出土的器皿上，动物和人像通常呈几何形（图 1-15B）。有的学者认为，萨马腊文化是哈苏纳文化的继续，而不是独树一帜的文化。萨马腊文化的历史，可追溯到公元前 5000 年。

图 1-15A 人、兽图案　　　图 1-15B 几何形花纹

图 1-16 特勒希拉夫陶器碎片

接下来的阶段的遗物反映了文化的进步。在两河流域北部地区幼发拉底河的支流——哈布尔河畔特勒希拉夫村,发掘出公元前4000年至前3500年间的文化遗迹。在这个时期的遗物中,有精工制作的陶器,上面饰有组合的几何图案、动物和人物形象,表现出那时候的人对这些图像已有深刻的理解(图1-16)。同时,也发现有用泥土捏成、经过烧制的妇女小偶像,意在表现母性,但对人体结构尚缺乏知识(图1-17)。特勒希拉夫文化曾在摩苏尔流传,并且进入了叙利亚。

图 1-17 特勒希拉夫女神陶像

接着,两河流域南部幼发拉底河三角洲兴起的文化叫作"欧贝德文化",其历史可追溯到公元前3500年。其最重要的中心是埃利都,又叫阿布沙赫兰。有些学者揣测,欧贝德文化并非源于它以前的两河流域文明,而是来自伊朗高原的文化。这一文化的缔造者,在芦苇秆上糊泥搭盖住房,屋顶上有时还铺一层石膏。他们留下的陶器为数寥寥,饰有黑色的几何图形。这个时期的遗物中,还有一些烧制的陶土偶像,代表男性或女性(图1-18),这些偶像躯体细长,肩膀宽阔,头形不若人而类蛇,这也许是因为艺术家技穷,力不能及,也可能是故意的。偶像的头部覆有沥青,表示头发。这些小偶像是从东方迁徙到欧贝德地区来的移民制作的,因为纵观两河流域的其他文化,未见有类似之物。

图1-18 欧贝德文化男女陶像 伊拉克国家博物馆

上述原始文明结束的时候,适逢多次洪水泛滥,两河流域南部地区遭到淹没和破坏。学者们认为,那个阶段是在公元前3500年至前3000年。洪水①的沉积物覆盖大片土地,造成万顷良田,鼓励了其他东方部落移居幼发拉底河三角洲的南部,并引起人们对耕耘土地的重视。这场农业革命和对土地的重视,被称为"伊里克文化",其中心在幼发拉底河畔欧贝德北面的乌鲁克。

乌鲁克文化盛行于整个两河流域,并取代了初期的文化。它不断发展,进步巨大,其特色是无与伦比的建筑艺术以及金属学知识。在那个阶段,人类所取得的最主要成就,是发明了刻在泥版上的图画文字,以及镌刻日常生活的情景、阐明神话故事和宗教信仰的圆柱形印章。这些印章,

---

① 一部分学者把此洪水与《圣经》中记载的洪水联系在一起。

压在潮湿的泥版表面,能印出凹凸分明的画面,印章也是私有之标记。

两河流域南部洪水退尽后迁来的部落使当地人丁兴旺。他们创造的文化比欧贝德文化更进步。部落中的苏美尔人,显然是一个文明程度较高的民族,擅长利用陶轮制作陶器,并以彩色取代单色,制作出篮筐似的器皿,时而饰有刻纹。有证据表明他们除了在制陶业中使用陶轮外,还会制作牛拉或驴拉的大车车轮。他们又精于金属冶炼,显然早在这方面已积累了知识。

苏美尔人颇有文化素养,已能用类似马赛克的彩饰装点寺庙墙面,乌鲁克庙宇里就有这样的遗迹(图1-19)。他们先在墙面抹上一层掺有石膏的泥面,再把白色、黑色和红色的碎陶片一排排地镶嵌上去,取得了很好的效果。

图1-19 乌鲁克寺庙墙柱

在早期苏美尔人的生活中,寺庙具有重要的作用,这种情况在王国时代仍继续存在。每座城市都有自己的神祇,这个神祇同时也是城市之王。行政长官与居民一样,都得对神顶礼膜拜。各城的神被认为是该城的主宰,在城中心为之建庙,庙基坐落在几个由好几层土坯垒起来的大台基上，这种台基叫作"齐古拉"。最早的寺庙台基发现于乌鲁克（图1-20），两边的长度分别为12米和20米。寺庙中有神龛，还有其他厅堂。礼拜者须经由台阶进入寺庙。这座寺庙叫作"白寺"，因为寺内墙壁遍涂白色。在此后的1500年中，寺庙台基的墩子数量增加，寺庙显得更为宏伟壮观。

图1-20 乌鲁克寺庙废墟

在这些寺庙中，通常都有宗教礼仪用的器具。其中最美丽的是乌鲁克寺庙伊娜娜女神殿内的器皿①。它是雪花石膏制成，呈圆柱形（图1-21A），表面有宗教庆典浮雕，分成几层。最上一层有一个人（可能是城市的执政长官）向伊娜娜神呈献一篮水果；中间部分可以看到捧着祭品的半裸体男人侧面像（图1-21B）；下面几层，有的是一排动物，有的是隐喻沃土中的植物。这件器皿的浮雕，证明那个时期艺术家通过对人体的研究，已掌握刻画人物的卓越技能。

图1-21A 乌鲁克雪花石膏瓶

---

① 这件器皿虽然与捷姆迭特-那色时代的器皿一起出土，但发现时已经破碎，致使一部分学者把它归入乌鲁克时代。

图1-21B 奉祀者 伊拉克国家博物馆

在寺庙里未能找到神像,但发现了一尊真人大小的白色大理石女性头像。头像面部表情严肃、端庄,从而使一部分学者揣测她是一位女神(图1-22)。从头像残留的痕迹看来,她原先可能覆有一层金箔或铜箔,躯体没有找到,可能是木制的。女人的眼睛和眉毛曾镶嵌石英石。头像具有典型的苏美尔风格,弯弯的蛾眉在不无夸张的鼻梁和双眼上方连成一线。

图1-22 乌鲁克白色大理石女头像 伊拉克国家博物馆

这件艺术品被认为是前王朝时代苏美尔雕刻精品之一,其地位不亚于王国时代两河流域艺术家所创作的雕像,与埃及古王国时代的头像相比,在美观和庄重方面也毫不逊色。

乌鲁克文化对后来的捷姆迭特-那色文化始终具有影响。捷姆迭特-那色文化出现在公元前3000年左右,那时候,三色彩陶风行。随着乌鲁克时代后期创造的文字日见普遍,圆柱形印章的作用减少了,时代的艺术鉴赏力也降低了。从两个人弯弓搭箭各射一头狮子的玄武岩雕刻(图1-23)中可以窥见一斑。这一雕刻证明艺术家对所表现的对象的正确比例尚缺乏认识。艺术家运用凸雕装饰器皿,有时手法过于夸张,从而破坏了器皿的外观。这一点在乌鲁克发现的石器上可以看得很清楚。石器上有的雕刻花纹是表示动物,其头部明显地突出在石器的平面之外(图1-24),说明当时艺术水平是低下的。还有一件在乌尔发现的石器,它用一块整石凿成,表面的凸雕是公牛和麦穗(图1-25)。

图1-23 捷姆迭特-那色时代石雕 伊拉克国家博物馆

图1-24 石器 伊拉克国家博物馆

图1-25 捷姆迭特-那色时代石器 伊拉克国家博物馆

圆柱形印章

研究苏美尔人的原始艺术,特别重要的是他们的印章,因为上面有凸雕图形。这些图形的题材多种多样,代表了原始时代的不同阶段。起初,动物居多,或排列成行,或围绕一个轴心对称分布(图1-26A、B)。有些印章中的人物勾画得十分细致。至捷姆迭特-那色时代,宗教的内容已很流行。有一个印章刻的是一群受神祇推崇的圣牛,旁边衬有麦穗(图1-27)。原始时代末期,文字已经问世,印章雕刻艺术渐趋没落,平面上的画面也变得单调了,刻画动物常用简单而抽象的线条,这种风格被称为"刺绣手法"[①](图1-28)。

图1-26A 乌鲁克时代末期圆柱形印章 卢浮宫

---

① 亨利·弗兰克福特教授以此命名那些图形简朴、类似刺绣花样的圆柱形印章。

图1-26B　那尔迈王石板细部

图1-27　捷姆迭特-那色时代圆柱形印章　卢浮宫

图1-28　原始时代末期圆柱形印章　芝加哥大学东方研究所

在原始时代,埃及和苏美尔之间显然存在着艺术上的联系和相互影响。学者们认为,处于前王朝时代末期的埃及加尔采文化时期,正好是两河流域乌鲁克文化的尾声阶段,而埃及初王朝时期又适逢两河流域的捷姆迭特-那色文化时期。也就是说,埃及统一大业告成之时,两河流域还处在原始时代。

埃及和两河流域发现的古物,其造型颇为相似,由此可资证明这两个地区之间存在着联系。阿尔克山出土的那把刀柄上镌刻的站在双狮间的男子形象(图1-8),无论是面容、发式或服装,都与现藏伊拉克博物馆的苏美尔人石像(图1-23)相仿;刀柄上的裸体男子群像(图1-8B)跟乌鲁克雪花石膏器皿上雕刻的裸体男子像,有异曲同工之妙;埃及的《捕狮图》(图1-9)内背上被射中两支利箭的狮子,与苏美尔人镌刻的狮子(图1-23)也很相似。

我们发现,直到前王朝时代末期和埃及王国时代初期,这种艺术上的相互影响依然见诸一些图形之中。我们迄今解释不了的那尔迈石板(图1-13)中那对长颈相互缠在一起的动物,与乌鲁克时代末期苏美尔印章中的动物十分相似;而那尔迈石板中人面牛形的哈特胡尔神(图1-13),跟乌尔的人面牛头铜像(图1-29)可谓是同出一辙。

这些图形显然源出于两河流域,因为在埃及,只在前王朝时代和第一王朝的艺术中出现过,尔后就消失了。而在两河流域,诸如阿尔克山出土的刀柄上的站在双狮间的男子和猛扑公牛的狮子一类的图形,则不断地出现。事实上,这两个地区艺术上的相互渗透是没有障碍的,其原因可能是埃及北部和两河流域存在着友好的关系,也可能是由于来自东方的一部分迁徙者的影响。

还应注意的是,这两个地区的原始文明当时除了造型上的相似外,又同时创造出图画文字。学者因此断定,那时期埃及人和苏美尔人有着艺

图 1-29 铜双角神头像

术上的交流。后来,这两个地区进入有文字可稽的历史时期,各自产生了具有鲜明特色的建筑、雕刻和绘画艺术,那种相似的图形才不复出现。原始文明结束之后,苏美尔文化进入了有文字记载的阶段,以乌尔第一王朝诸王和特罗拉伽什列王的统治为起点,一系列的王朝开始了。

科威特法拉卡岛出土物表明,两河流域与该岛曾有过商业往来,岛上发现许多圆柱形印章,其图形极似苏美尔人的印章,其中一枚圆形印章上还刻有苏美尔人英雄吉尔伽美什的形象。岛上的考古发掘工作尚在继续,也许将会揭示居住在伊拉克南部的苏美尔人的渊源。

第三章　叙利亚、巴勒斯坦和约旦

考古学家近年来在叙利亚北部和东部、黎巴嫩洞穴、巴勒斯坦丘陵地带和约旦境内发掘的古迹证明，这些地区有旧石器时代人的遗物；公元前6000年左右的中石器时代人已经懂得耕耘和畜牧。

发掘出来的有关中石器时代人的遗迹证明，他们的文明程度颇高，已懂得用泥筑屋。这些遗迹中最早的一处发现于约旦埃里哈。那里有泥棚土屋组成的原始村落——被认为是世界上已发现的最古老的人类住宅残址。在埃里哈，还出土了泥捏的动物状祭品，如牛、山羊和绵羊。有的学者解释说，这也许反映了当地居民特有的宗教信仰，他们信奉巫术。最出色的埃里哈出土物，是表面抹有一层石灰的人头颅骨（图1-30）。

图1-30　新石器时代人头颅骨　约旦考古博物馆

在埃里哈房屋后不久建造的房屋

遗迹,发现于特勒贾迪德和沙姆拉角两城。遗址表明,那时候的居民用淤泥建屋,墙壁和地面上还涂上一层偏红的颜色。

到了新石器时代,这个地区发展显著。人们学会了制陶的方法,还发现了金属。这些发展也许得归功于公元前4000年左右新从高加索迁徙而来的部落。我们在阿姆克①平原找到了这一阶段的各种遗物。那里的房屋中有用淤泥烧制而成的小型女俑,眼睛用小贝壳镶嵌。这些泥俑在风格上大多受到公元前6000年埃里哈的抹有一层石灰的人头颅骨(图1-30)的影响。叙利亚的陶器,色调单一,北部特勒贾迪德也发现了绘有原始图形的器皿。

中石器时代叙利亚、巴勒斯坦文明跟中东其他地区古文明不同,其特点是,在人类发明制陶工艺之前,那里已有农业、畜牧业,并已用泥筑屋。

公元前4000年,当地的人们已广泛使用金属,特别是铜和青铜。铜器出现于叙利亚乌加里特和巴勒斯坦塔利拉特加苏勒一带。这个阶段的文明叫作加苏勒文化。加苏勒位于埃里哈东南,那里发现一座泥屋,屋顶用糊上稀泥的芦苇秆搭成,其中一堵墙上,发现有一组组人形和几何图形的装饰,一颗八角形星颇似特勒希拉夫陶器上的图形,这就令人揣测,巴勒斯坦加苏勒文化与两河流域特勒希拉夫文化是同时代的。上述的墙饰被认为是已知的最早的室内装潢尝试,惜今荡然无遗。叙利亚在使用金属以后,造型艺术进步显著,从叙利亚北部发现的一些首饰和铜器的制作上可见一斑。在特勒贾迪德还找到一批小型铜像,也许是做礼拜者(图1-31)。

接下来的一个阶段,受到开始广泛传播的两河流域文明的影响,出现了体现苏美尔文明的中心,例如幼发拉底河中游玛里(特勒哈里里)。同

---

① 阿姆克地区位于叙利亚北部,今成一湖,即阿姆克湖。

时，由于埃及人入侵当地的一些重镇，埃及文明开始影响这个地区，在美吉多、朱拜勒（朱贝伊勒或毕布勒）发现的各类陶器，与埃及陶器很相似。

图 1-31　小铜像　公元前 2900 年　卢浮宫　芝加哥大学东方研究所

第四章　安纳托利亚地区

近年土耳其的出土物证明,安纳托利亚地区南部有新石器时代人的遗物。学者们推断,这些遗物中最早的属于公元前 7000 年,即与约旦埃里哈文化和两河流域贾尔摩文化同时代。这些遗物表明,当时的人已具有相当的文明程度,能够用土盖屋,用浮雕和彩绘装饰墙壁。新近在沙塔尔休于发掘的古迹[①],在安纳托利亚地区艺术史上有着特别的重要意义,我们从中找到了古代中东地区绘画史上最古老的壁画。造成那个时期出现绘画艺术的原因,显然是宗教性的,被发掘的六座建筑物都是供作祈祷用的神殿。它们乃是迄今已发现的最早的宗教建筑之一。

浮雕装饰由形体大小不一的长角公牛头像组成,而壁画装饰则多呈几何图形。还有一些男子画像,都没有脑袋,周围是大群的飞鸟。反映壁画艺术发展第二阶段的是另一组壁画,它们描绘捕捉羚羊和舞蹈的情景,色调以玫瑰红为主,乳白色的衬底上配以少许黑色。壁画中的人物栩栩如生,男子充满活力,动作自如;女子的躯体用白色涂描,显得丰满甚至笨重。

---

① 从事这项发掘工作的是英国考古学家詹姆斯·梅拉特。

石头或泥土烧制的体态肥硕的小型女性像不断被发掘出来,建筑物内还找到一些也许是代表母性之神的丰满的女性像(图1-32)。

在安纳托利亚南部,石器时代人分布在不止一个地区,其遗迹在哈锡拉地区也有。该城出土的女性陶像,体态肥胖(图1-33),部分像上还留有着色的痕迹。尽管这一地区古迹的历史只能追溯到公元前6000年中期,亦即沙塔尔休于古迹之后,但从文明发展的角度来看,却具有头等的重要性。因为我们找到了这个阶段的精制陶器,它们被认为是古代中东地区西部最早的制陶尝试。根据这些发现,有些学者宣称,古代世界的彩陶制作业有两个发源地,一是伊朗,从此地流传到两河流域和叙利亚高原各中心;一是安纳托利亚地区南部,由此地传往叙利亚、巴勒斯坦,尔后在欧洲东南部传开。哈锡拉陶器溯其历史,在公元前5300年左右,其制作工艺精美绝伦,有的在白底上绘有红线几何图形(图1-34),有一件彩陶塑造一个端坐的女神。

图1-32 母性之神泥像
公元前6000年 安卡拉安纳托利亚文明博物馆

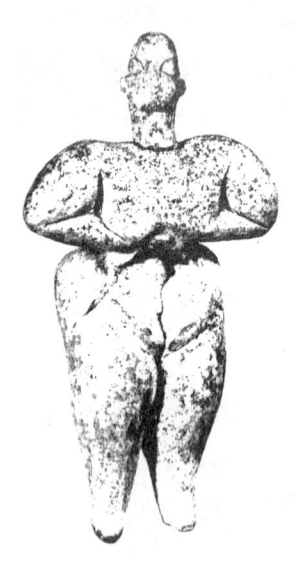

图1-33 母性之神泥像
公元前6000年 安卡拉安纳托利亚文明博物馆

图1-34 陶器 公元前6000年 安卡拉安纳托利亚文明博物馆

这些原始文明的古迹中断了一个时期,直到公元前3000年才重新出现。

第五章 伊朗

有许多证据表明,早在公元前5000年初,伊朗的河谷地带就已有原始部落居住了。在两河流域东南部苏撒,出土过最出色的陶器,白底上绘有黑色或棕色的图形。这些图形是几何形的走兽和禽鸟。其中有一件陶器,中段的装饰图形是一头带有弯角的动物(图1-35);最上端画有坐卧的偶蹄目动物;在颈部,一排长腿水鸟组成各式装饰图形。这些陶器以及同时出土的饰针和印章,证实了伊朗的早期文明。

这个阶段相当于两河流域欧贝德文化之前的时期。两河流域陶器上的动物图形(图1-36),与苏撒文化陶器上的弯角兽十分相似。不过,苏撒的陶绘表明,伊朗人要比同时代的两河流域人更有艺术素养,亦证明欧贝德人是从伊朗高原迁徙到两河流域的。

图1-35 苏撒陶器 卢浮宫

图 1-36 特勒希拉夫陶器 卢浮宫

在伊朗锡亚里克地区,出现与苏撒文化同时代的文化,这两个地区的陶器装饰图形虽然很相似,但锡亚里克的装饰艺术水平略逊一筹(图 1-37)。

图 1-37 锡亚里克陶器 伊朗国家博物馆

以基扬高原为中心的文化，与两河流域欧贝德文化的后期处于同一阶段，那时的器皿都带有成组动物或人物的彩色装饰。

在伊朗高原广泛传播的苏撒文化的重要性，在于创造了后来发展起来的文字，这种文字取人和动物形，刻在锡亚里克圆柱形印章上。

公元前3000年初，伊朗一部分地区进入有史可稽的阶段。一些印欧人迁入伊朗高原南部，在依蓝地区定居下来；此后，加喜特人、路路贝人和库提人等又陆续迁来，散居在苏撒平原北部。

第二编　王国时代的中东艺术

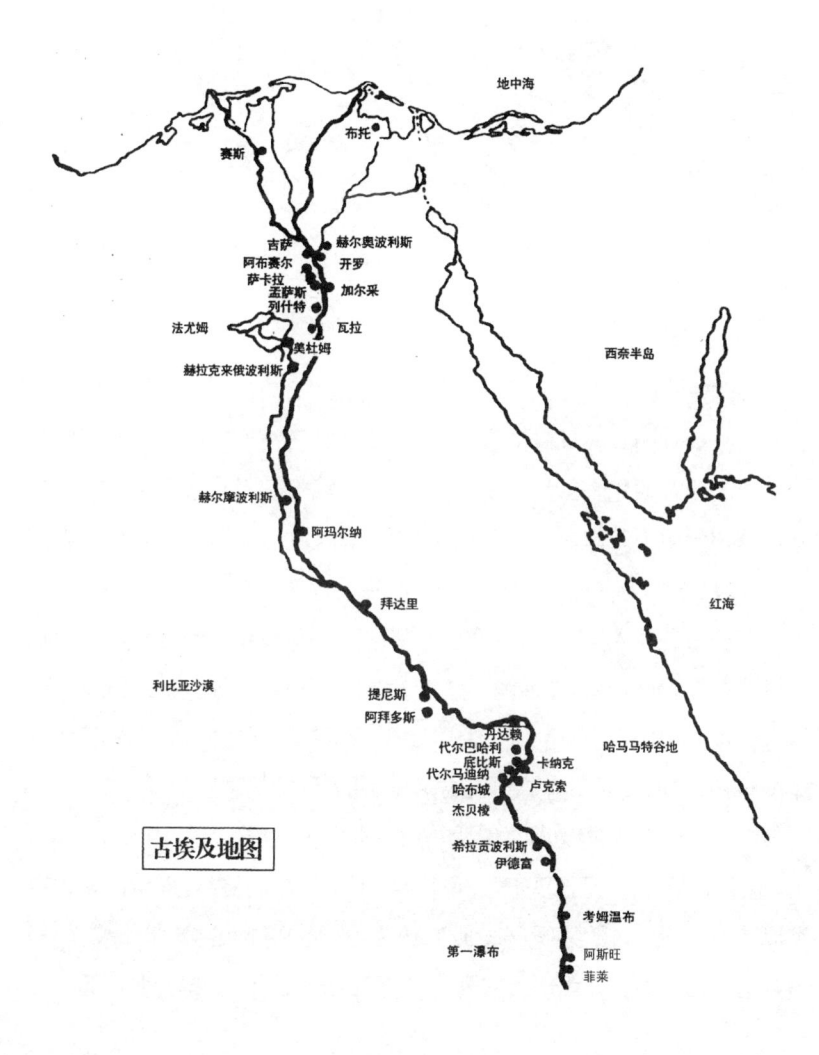

古埃及地图

第一章 埃及

引 言

　　王国时代的古埃及人相信，国王是自古以来统治着这片土地的神祇的后裔。那时的政权具有宗教色彩，为首的君王被奉若神明，因为他是全国最伟大的神的化身。全国统一之前，每座城池都有自己的神，人们笃信这些神祇的威力及其对生活的影响。他们把神祇拟作各种象征，造像建庙，加以供奉。为了取悦神祇，后代的国王建造神庙的方法可谓五花八门。他们争奇斗胜，极尽富丽堂皇之能事。特别在新王国时代，人们用石块建造神庙，神庙坐落在沙漠的边缘，避开尼罗河洪水的侵蚀。世俗性的住房则位于农田之中，用生砖建成，由于建筑材料不坚固，如今早已湮灭。除神庙外，古埃及人还建造国王的享殿，供节日祭祀之用。

　　宗教信仰对古埃及人的生活具有举足轻重的影响，其中最主要的一条，是埃及人相信"死后复生"之说，死亡不是生命的终结，而是向永恒的、类似世俗生活的过渡之瞬间。他们认为，人是由物质的躯体和被称为护身灵的世俗灵魂"卡"组成。人死后，"卡"会返回人的躯体。他们还认为，另外存在着灵魂"巴","巴"通常以鸟的形状出现,直飞天际。出于对"死后复生"的信念,古埃及人死后尸体必须保护好,不让它腐烂,以便护身灵能辨认出来。他们把尸体制成木乃伊。他们对建造陵墓的重视,超过了对建造世俗性住房的关心。万一尸体发生腐烂,为了帮助护身灵辨认自己的主人,陵墓的墓室后面得放置一个貌似死者的石灰石头像。刻制酷似死者的头像,是一种防范措施,以确保头像能取代万一腐烂的尸体。陵墓是为死者继续过尘世生活而准备的,因此必须布置得跟死者生前的生活情景一样,放上必要的家具。起初,陵墓中只摆上食品、饮料、兵器、首饰和化妆品,后来又放上了软榻和安乐椅等物,还排列着曾在宫内供他役使的仆佣的雕像,墓壁上绘有反映死者日常生活的图景,有时还画上许多历史事件和传说。

综上所述,我们可以推断,宗教信仰对埃及艺术的影响是巨大的,埃及艺术产生的基础在于宗教。宗教信仰贯穿整个王国时代,促成了埃及艺术的繁荣并使之达到顶峰。前面谈到,我们迄今未能找到值得一提的世俗性建筑,因此在研究埃及古代艺术的时候,我们只能依靠遗世的陵墓、神庙和享殿,以及其中保存着的王国时代历代王朝的艺术品。

关于各历史时代的资料,我们只能凭借王陵中发掘的刻有帝王名的石碑[1],以及现藏都灵博物馆的载有王名及历史事件的纸莎草文卷。除埃及的国内史料来源[2]外,还有一些外国资料,如公元6世纪后游访埃及的古希腊作家希卡纳、米利蒂和公元前430游访埃及的古希腊人希罗多德所著的书籍,还有埃及大祭司马涅托[3]撰写的编年史。马涅托把王国时代

---

[1] 如巴勒莫石碑,一块闪长岩石碑,现藏西西里岛巴勒莫博物馆。
[2] 如卡纳克碑铭、阿拜多斯碑铭和萨卡拉碑铭。
[3] 公元前280年,托勒密二世委托僧侣马涅托编写埃及史。马涅托借助于从神庙中找到的典籍,我们因而得到历代王朝年表。

分为30个王朝,这些王朝组成了埃及的不同历史时代,即:

提尼时代—古王国时代—第一衰微时代—中王国时代—第二衰微时代—新王国时代—末期时代。

埃及艺术的发展过程,集中在四个阶段:古王国时代为第一阶段,中王国时代为第二阶段,新王国时代为第三阶段,和体现最后阶段的振兴时代。

第一节　提尼时代

（第一[①]、第二王朝,公元前3100～前2650年左右）

历史背景

这个时代大约持续了4个世纪。在阿拜多斯和萨卡拉发现第一王朝王陵,在阿拜多斯还发掘出第二王朝两个国王的墓。第一王朝诸王真正的中心墓地究竟在何处,众说纷纭。考古学家们认为第一王朝的墓地在萨卡拉,阿拜多斯的陵墓只是象征性的,因为该王朝诸王的故乡在阿拜多斯附近的西斯。

继那尔迈国王之后登上统一的埃及王座的几个国王,曾讨伐亚洲人、利比亚人和努比亚人,后来王室内部觊觎王位的争权夺利造成第一王朝的崩溃,导致第二王朝的崛起。第二王朝统治期间,穿插着与努比亚人的战争,王国的北部也反对法老的统治。第二王朝期间,最重要的国王是卡·塞赫穆伊。

[①] 第一王朝始于何时,看法不一。有的史学家认为从公元前3188年开始,有的推断为公元前3198年。沙尔夫教授将第一王朝的古迹与两河流域地区相类似的古迹进行科学的比较之后,把年代定在公元前2850年。这些推测很可能是远离事实的。我倾向于公元前3100年一说。

早在前王朝时代，埃及人就显露出艺术的才华。描绘那尔迈国王的岩板，反映了前王朝末期至第一王朝的历史阶段。第一王朝第二个国王扎特墓中的发掘物表明第一王朝时期艺术的不断发展。

建筑

有助于我们研究当时建筑艺术的，只有王室陵墓和民间坟茔。对这些残存建筑的研究，能看清远古时代埃及在陵墓建筑上的巨大进步。

在原始时代，墓只是一个小坑，死者葬入后，覆上一层沙石。墓坑呈椭圆形，到加尔采时代演变为长方形，偶尔墓坑之壁衬上一层砖坯。前王朝时代末期，墓穴上增建墓室，安放死者的财产。墓室用沙石盖成，四壁斜墙墙面砌有砖头。这种高出地面的长方形石平台，叫作"马斯塔巴"。

有文字的历史时代初期，陵墓建筑开始发展。从第一王朝起，"马斯塔巴"的体积增大，广泛利用土坯垒墙，至于墓的门、柱和顶，则用木头制成。第一王朝也有少数陵墓的个别部位是用石块砌成的，如韦提谟国王在阿拜多斯的陵墓，地面就是用花岗岩铺成的。在阿拜多斯，还发现第二王朝末叶的卡·塞赫穆伊王陵的墙，墙面覆有石灰岩。最近在赫勒万发现的一片民间坟场[1]，是第一、第二王朝的墓地，均用石头垒成。

雕刻和浮雕

从史前时代起，埃及艺术家就在磨光的石板上从事雕刻。前已述及的那尔迈王岩板是当时雕刻艺术的顶峰，并为王国时代初期开始形成的埃及艺术风格开了先河。在扎特国王——或称蛇国王——的墓中发现一块石板，上面刻着荷拉斯神，站在王宫建筑的正面；踞于宫墙之上的蛇的形象，是国王名讳的象征。这雕刻是一个比喻，表示神鹰庇护着国王和社

---

[1] 指扎基·优素福·萨阿德教授在赫勒万发现的一片拥有数千个坟的墓地。

稷(图1-38)。石板雕刻细致入微。前王朝阶段的雕像体积较小,按照真人同样大小进行雕刻,显然是在第二王朝末期才流行起来的。第二王朝的重要出土物之一,是分别用青石和石灰石雕成的卡·塞赫穆伊国王的坐像[1],它们是埃及艺术史上已知的最古老的国王雕像。这两尊雕像的国王都坐在宝座上,头戴上埃及的王冠,左手搁在胸前,右手护住膝头(图1-39)。雕像的底座上刻着被战败的下埃及人,作为装饰。国王的脸部显得威严、庄重。据揣测,第二王朝的艺术家还用木头、乌木和铜雕刻人像[2],可惜这些作品业已泯灭,没有值得一提的东西留存下来。

图1-38 扎特王石板
卢浮宫

图1-39 卡·塞赫穆伊王像
第二王朝 阿什莫林博物馆

---

[1] 奎贝尔教授在希拉贡波利斯发掘到这两座雕像,其一是石灰石,正面破损,现藏埃及博物馆;另一座系青石,已修复原状,现藏牛津阿什莫林博物馆。
[2] 刻有第二王朝诸王名字的巴勒莫石碑上提到,曾有过一尊卡·塞赫穆伊国王铜像。

实用美术

已发现的那个时代的小型工艺品表明,当时的技术极为精致、出色。第一王朝陵墓中,发掘到金、绿松石和天青石手镯,其中一只饰有荷拉斯鹰神雄踞王宫正上方的形象。这些手镯均属扎特王后所有。第一王朝韦提谟王陵中,发现一件牙雕,描绘国王鞭笞一个俘虏头部的情景。发掘者们在韦提谟的宰相哈马卡王子的墓中,发现不少属于那个时代的美丽的金器。

第二节 古王国时代
(第三至第六王朝,公元前 2650~前 2290 年)

历史背景

公元前 2650 年左右,第三王朝第一位国王左塞开创古王国。他把首都从上埃及阿拜多斯迁到尼罗河三角洲南面的孟夫①。在他执政时期,埃及作为一个强国在中东地区崛起。在他身后即位的几位国王,都未能达到他在世时的水平。第四王朝(公元前 2600~前 2480 年)的奠基人斯尼弗鲁王保持住了埃及在中东地区的地位,曾征伐努比亚地区和利比亚。在马加拉谷地发现的岩雕,记述了他远征西奈半岛打败沙漠贝杜因人的情景。第四王朝胡夫、哈夫拉和孟卡尔诸王统治期间,政权中心迁至孟夫北面的吉萨。

到了公元前 2480 年至前 2380 年的第五王朝,埃及已成为一个伟大的中心,从政治上来说,是中东的第一大国。巴勒斯坦、叙利亚和腓尼基沿海诸城都臣服于她。然而,第六王朝期间政局不稳,出现了半割据状况,时有

---

① 即孟菲斯。——译者

动乱,原先的盛况日渐衰落,导致了古王国在公元前2290年左右的终结。

此后是衰微时代,延续了第七、第八、第九和第十王朝。这个阶段从公元前2290年一直持续到公元前2065年。事实上,那些王朝的国王,谁都没有强大的权势。第八、第九王朝期间,实权掌握在大臣们的手中,从而使埃及分裂成两股相互抗衡的力量,一股在阿赫纳西亚①,另一股在底比斯。据认为,第七、第八王朝的政权所在地在孟菲斯,而第九、第十王朝的京城则是希拉贡波利斯。

建筑

古王国时代,陵墓建筑艺术有了长足的进步。这种发展始于左塞王在位期间。宰相兼祭司伊姆荷太普为他在孟菲斯建造了一座独具一格的陵墓,墓由六层平台叠成,平台越往上越小,外观呈金字塔形,被称为"梯形金字塔"(图1-40)。它开创了埃及建筑艺术史上金字塔形陵墓的先河。

图1-40　左塞王金字塔　第三王朝

---

① 即赫拉克来俄波利斯。——译者

垒筑这些高耸的平台并无具体的目的,墓室位于作为金字塔底座的最下面一层石台之中。伊姆荷太普的这一创造,也许是想为左塞王建造一座高过周围诸贵族陵墓的巨墓。

伊姆荷太普不仅在设计上别出心裁,而且在平台施工中用石块取代土坯。这在埃及建筑史上开创了一个新时代,从此以后埃及人利用石料盖房造屋。梯形金字塔被认为是埃及建筑史上——也可能是世界建筑史上——第一座巨形石结构建筑物。这座金字塔的附属建筑有门厅、王室庆殿和享殿。

附属于该金字塔的一系列祭祀用建筑和神庙,亦体现了革新和发明。可以看出,伊姆荷太普模仿纸莎草的外形,设计了北建筑群中傍墙而立的石柱(图1-41)。他还从芦苇茎的外形得到启发,设计了另一些建筑的连墙柱(图1-40)。门厅的屋顶运用木结构的原理,用石块拼建而成。伊姆荷太普是人类历史上知名的第一位艺术家。在以后的时代里,他被神化了,古希腊人认为他是医学、科学和工程之神。

图1-41 梯形金字塔附属建筑的纸莎草式半面石柱墙

第四王朝初期,石陵建筑艺术又有了发展。这从斯尼弗罗国王在美杜姆修建的金字塔上可以看出。我们看到它是在一座梯形金字塔上架起另一座完整的金字塔。那是修建金字塔的首次尝试。斯尼弗罗在代赫舒尔建造的一座金字塔①跟后来在吉萨地区出现的真正的、完整的金字塔一模一样。

第四王朝胡夫、哈夫拉和孟卡尔诸王时期,金字塔形的陵墓建筑艺术达到了宏伟、卓绝的顶峰(图1-42)。这些国王的金字塔都建在吉萨,与梯形金字塔相比,壮观多了。胡夫修建的金字塔占地12费丹②,高146米,而左塞的金字塔高仅60米。修建吉萨金字塔的石块很大,每块重约两吨半。金字塔的四周覆有一层打光的石灰石。随着时光的流逝,除哈夫拉国王金字塔的顶部外,大部分石灰石层已经剥落。

图1-42 胡夫王(公元前2570年)、哈夫拉王(公元前2530年)和孟卡尔王(公元前2500年)的金字塔 第四王朝 吉萨

---

① 代赫舒尔现存的两座金字塔系斯尼弗罗所建。因此,他一人拥有三座金字塔。
② 埃及面积单位。1费丹合4200平方米。——译者

胡夫王时期，金字塔陵墓的工程设计发生了变化，原来在左塞王金字塔里置于地下的墓室，改在金字塔塔身之内，四壁和天顶都覆有巨大的花岗石块（图1-43）。由于王陵通常居于王家墓地的中央，因此我们看到，其东面和南面尽是王室成员的小金字塔，南面有埋葬国家要人的石台（图1-44）。金字塔的东面一般都附有一座享殿，另有一座享殿位于尼罗河边，与金字塔有路相通，称为"河谷享殿"。

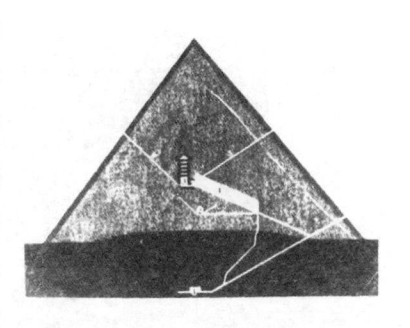

图1-43 胡夫大金字塔断面图

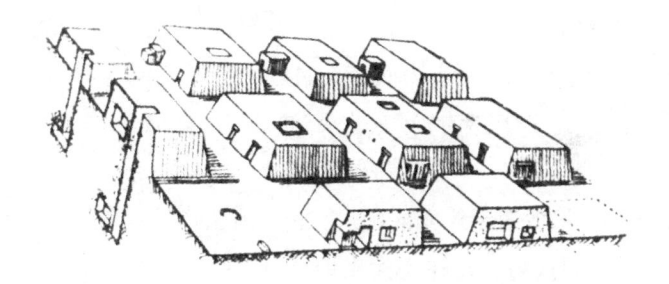

图1-44 "马斯塔巴"复原图 第四王朝 吉萨

在哈夫拉王金字塔周围被完整地发掘出来的一组建筑物，也许最为出色。它们的重要性还在于河谷享殿旁边的那尊巨石雕像——匍匐在地的狮身人面动物（图1-45），名叫"恐怖之父"[1]，高达6米的头部很可能是哈夫拉王的容貌。这尊雕像耸立在这里，大概是为了保护享殿的大门。[2]

---

[1] 这是阿拉伯人的叫法。它的另一个埃及名称，叫"沙斯布·安赫"，意为"栩栩如生的形象"。古希腊人把它叫作"斯芬克司"。
[2] 狮身人面像虽然不是一件建筑物，但很难把它与金字塔分隔开来。

图1-45 狮身人面像 第四王朝

金字塔建造者时代陵墓营造工程的完美程度是无与伦比的。古王国的能工巧匠所从事的这些宏大而动人的建筑工程，代表了埃及当时建筑艺术所能达到的了不起的极限，此后，再没有出现如此雄伟巨大的金字塔。

建造金字塔，是表示对神的服从。古埃及人承担这项工作是心悦诚服的，因为他们认为这是在为代表地上的神——法老尽一项神圣的义务[1]。尽管如此，有些作家仍然错误地指责法老在修筑金字塔的过程中奴役百姓。一些古代的史学家确切地提到，那些服劳役的民工是领取报酬的，碰到尼罗河泛滥季节，农事被迫中辍的时候，这有助于活跃经济[2]。

雕刻

古王国时代的雕刻，达到了非常精巧的程度。艺术家在雕像时，善于

---

[1] 这在教授们的著作里都提到了，见贾克：《埃及文明史》，第163页；梅耶：《艺术史》第二卷，第221页。
[2] 希罗多德记述说："洪水季节，农民们被迫丢下他们被水淹没的田地，去帮助修筑金字塔，以换取他们的衣食。"

利用手头现成的各种材料。当时制作雕像的目的,是把它们置放在通向墓室的地道里,因此正面雕得很细,其他部位则失之粗糙。

艺术家通过国王雕像的制作,表达对法老之威严和神圣的信念,故雕像总是显得安详、庄重。如左塞王像(图1-46),大小如真人,看上去年事已高,正襟危坐着,右手按于胸前,左手搁在膝盖上。这尊雕像的面部表情,具有国王的威严和凛然之态,雕像有着色的痕迹。雕像被发现时已严重损坏,致使我们无法通过对雕像的研究来了解第三王朝雕刻艺术的发展情况。

古王国时代,石灰石雕像通常是着色的:男子躯体涂红棕色,女子躯体涂黄色,原因是男子常在户外,风吹日晒,而妇女深居简出,保持了皮肤的白皙。这方面最典型的例子,是拉

图1-46 左塞王石灰岩坐像 埃及国家博物馆

阿荷太普王子和诺弗尔特公主像(图1-47)。那是第四王朝初期斯尼弗鲁王统治期间的作品,发现于美杜姆拉阿荷太普王子陵墓地道。细细地研究这对雕像,可以看出雕刻艺术的进步。人像的线条柔和、舒展,出色地表现了公主那长衣亦遮不住的灵巧身段,用透明石块嵌成的眼珠使雕像栩栩如生。

第四王朝建筑艺术的发达,必然伴随着雕刻艺术的进步,这是无可争辩的。已经发现的那个时代的雕刻作品,被认为是古王国雕刻艺术中的最佳典型,从而使埃及艺术家在古代世界雕刻中独占鳌头。

迄今为止,还没有发现按真人大小雕成的胡夫王像,只有皮特里教授发现的一尊象牙雕刻的胡夫王小型坐像(图1-48),这是首次用象牙刻成

图1-47　拉阿荷太普及妻诺弗尔特公主像　第四王朝初　埃及国家博物馆

的王像,不过它对于我们研究第四王朝的雕刻艺术并没有什么帮助。

吉萨哈夫拉金字塔旁附属的河谷享殿中,发现一批哈夫拉王雕像[①],被认为是古王国时代雕像的最高典范,为我们的研究提供了丰富的资料。只要研究一下其中的一尊雕像,就可以看出,艺术家塑造的国王是以传统的姿势[②]端坐在宝座上,头部后面是荷拉斯鹰神,正张开双翼庇护着他(图

---

① 除了哈夫拉王立像外,还有他的七尊坐像,其中五座闪长岩像,一座青石像,还有一座雪花石膏像。
② 直到胡夫王时期为止,国王的坐像都是一手按在胸前,一手放在膝上。哈夫拉王时期以后,坐像的外形设计变了,改为双手都放在膝上,这样就有助于把雕像的外部线条拉直。

1-49)。雕像独具一格的设计风格，是雕刻家受到了立方体的启发，他尝试把整块石头刻成三段组成的雕像，而且克服了雕刻侧面的困难，全部细微之处表现无遗。同时，艺术家在雕刻时遵照着人体的正常比例。

图 1-48 胡夫王
象牙像 埃及国家博物馆

图 1-49 哈夫拉闪长岩
坐像 埃及国家博物馆

艺术家喜选用深色的闪长岩造像，这种石料虽然质地坚硬，颇难雕凿，但艺术家却能运用娴熟的技巧将其表面磨光，成功地凿出国王的面容，使欣赏者感受到国王的威势、尊严和高傲。从这些国王的雕像上还可以看出，他们的面容都一模一样，毫不流露表情。那时，为一个人雕几尊相同的像的做法，已经相沿成习，因为建立雕像的目的是为了让护身灵归附真身，因此雕像通常表现死者青春年少时代的形象。

表现年轻时代国王形象的雕像中，最杰出的是孟卡尔王和王后双人像（图1-50）。国王站着，两臂垂直贴着大腿，双手握成拳状，唯大拇指明显可见；王后站在他的身旁，用一条胳臂围抱着他。这尊双人像，正如古王国时代那位天才雕刻家所想表达的那样，既保持了人物的威仪，又完美地表现出了男性美和女性美。艺术家能够在石头上表现王后身披薄如蝉翼的衣衫，衣衫下透出姣好、健美的身体。这种服饰，是古王国的时尚。这尊雕像的线条挺直、舒展，清楚地表现出人物的基本特征。

图1-50 孟卡尔王和王后像 波士顿美术馆

古王国时代制作的雕像并不限于国王，我们还发现达官贵人的雕像，它们不如国王的雕像威严，却更富有表现力，更生动，第五王朝大臣卡珀像（图1-51）就是一例。它现在被称为"村长像"①，用木头雕成，双眼嵌着晶莹的带色的石粒。木雕质地柔软，对表现这位人物的个性很有帮助。我们看得出，他是个中年人。

第四王朝末第五王朝初，涌现出一批采取新的盘膝蹲坐姿势的人物像，表现的都是文书。文书的职务当时颇受人尊敬，任职者都是宫廷成员，一开始仅限于王室嫡系成员。这些雕像代表何许人物，不得而知。我们看到其中一位文书蹲坐着（图1-52），一手持记事板，一手握笔，脸上露出小心谨慎和专心致志的神情。

由于西奈半岛马加拉谷地所产的铜逐渐得到广泛的利用，古王国的艺术家已能够铸造铜像。奎贝尔教授在希拉贡波利斯发现第六王朝佩比

---

① 这是发掘到这尊雕像的埃及工人们给它取的名字，因为雕像酷似村长的形象。

中东艺术史·古代

图1-51 卡珀木雕像
以"村长"著称 第五王朝
埃及国家博物馆

图1-52 文书石灰岩坐像
公元前2400年 埃及国家博物馆

一世王铜像和一尊他的儿子蒙·拉阿王子小雕像(图1-53)。

在结束古王国时代雕像研究的时候,我们不能不提到那些置于陵墓中的石雕头像。从其中的一尊(图1-54)便可看出,当时的艺术家在表现死者形象方面,已达到登峰造极的水平。

图1-53 佩比一世铜像
后面是其子 第六王朝
埃及国家博物馆

图1-54 贵族石灰岩头像
公元前2580年

浮雕

前王朝时代以来，埃及艺术家就显示出在软硬不同质地的材料表面创作浮雕的卓越才能。到了古王国时代，我们发现这种艺术发展显著。这是出于墓壁上镌刻死者生前日常生活情景的需要，因为人们认为这些图景有可能变成真的，供死者在冥世过图中的生活。这样的图景，或刻在石头上，或画在涂有石膏的泥底上，而后着色。古王国时代的艺术家不爱彩绘，而喜在石刻或木刻上着色，因为雕刻是一种立体造型，接近实体，并且不易磨损。彩绘则正好相反，随着时光的流逝，颜色很少能保存下来。浮雕有两种，一为凸雕，即把形象的周围石面凿去，使形象突出在平面上；另一种是凹雕，刻出形象的轮廓线条并细节，使之凹入墙面。

王陵壁浮雕的特点，是宗教的题材，左塞王陵便是典型。我们看到壁浮雕上的国王身材匀称，头戴上埃及王冠，在行宗教礼仪（图1-55）。这块浮雕尽管雕得很浅，但是线条纤细，把国王身体的各个部位刻得一清二楚，这表明当时对人体已有明晰的研究。

左塞王时期首席文书哈西·拉阿墓内发现的木板浮雕，堪与上述浮雕媲美。木头质地软，也许有助于艺术家精雕细刻。这些浮雕反映了这位文书生活的各个阶段，其中有一帧是他手持书写工具站立着（图1-56）。

图1-55 左塞王行宗教礼仪 壁浮雕

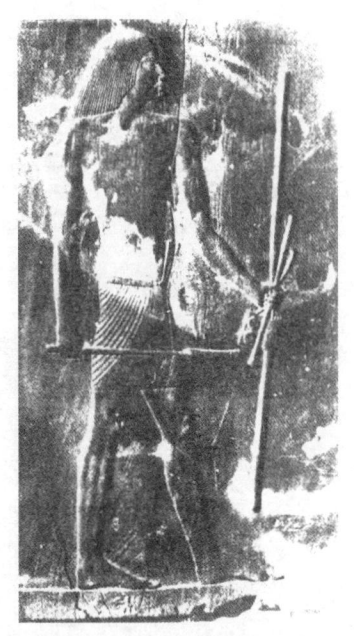

图1-56 第三王朝首席文书哈西·拉阿 木板浮雕

随着第四、第五王朝期间王公大臣们财富的增加,浮雕艺术明显地趋于完美。反映墓主生前生活情景的浮雕很多,它们表明达官贵人们拥有万贯家财和巨大庄园,并刻画了他们在家中的生活片断:举行盛宴以及准备美肴佳酿的情况。还可以看到户外生活的画面,如耕耘、收获、饲养家禽和放牧牲口等农事活动。我们通过这些情景,看到了各种行业的翔实记录。这群陵墓就像是描绘埃及生活的图画书。飞禽走兽的画面很精美,艺术家构图时注意到线条美,并很重视装饰性。

有美丽浮雕的陵墓中,最重要的当数萨卡拉第五王朝时期大臣提陵墓和普塔荷太普陵墓。这两座墓中的浮雕题材多样,画面生动,线条优美。大臣提陵墓①更被当作是这方面的最佳范例,墓中的浮雕反映了他的生活情景。在其中的一幅浮雕上,提伫立船头,纹丝不动,观看另一艘船上的下属们捕捉河马(图1-57)。画面的布局显示出艺术家高超的艺术才能,他用水中茂盛的纸莎草作背景,还有一群栖息纸莎草花中的各类飞鸟。艺术家很注意猎捕的瞬间情景,我们看到有两头野兽正在伺机袭击鸟窝;衬托鱼群和河马的清澈河水,用曲线表示,其装饰性是显而易见的。

图1-57 大臣提观看猎捕河马 公元前2400年

从这幅浮雕上,可以看到自原始时代初期起便已问世的埃及艺术风格的连续性。大臣提的形象,比他周围的人大,这种手法我们在那尔迈王

---

① 这座陵墓的历史,要追溯到伊西西王年代。

岩板上已经见过；提的站立姿势，又使我们想起描绘文书哈西·拉阿的木板浮雕。

提陵墓墙上，还记录着另一种题材，那就是通过画面来表现动物的内在感情的作品。艺术家进行创作时，显然具有敏锐的感受和卓越的才华。我们在一幅浮雕上，看到一群牛正在渡河，一个侍从怕一头嗷嗷待哺的牛犊淹死，把它扛在肩上（图1-58）。这里，艺术家表现出极高的造诣。他惟妙惟肖地描绘了小牛犊的惊慌，它回头向母牛求救，而母牛则哞哞地叫着，让小牛犊感觉到它的存在。同时，从遮不住人和牛的腿的清澈河水的描绘上，也可看出这位艺术家出色的技艺。

图1-58　群牛渡河　公元前2400年　彩色壁浮雕

绘画

艺术家们有时在浮雕上着色，使之更加鲜明，同时也在涂有一层石膏的墙上绘制彩色壁画。最著名的彩色壁画，是《六鹅图》（图1-59），此壁画已从美杜姆纳弗尔·马阿王后陵墓移到埃及国家博物馆内。这幅画表明艺术家为表现这几只家禽而精心选用了天然的色彩。

图1-59 六鹅图 古王朝彩色壁画 埃及国家博物馆

实用美术

古王国时代的出土物,证明当时精巧的手工制作技艺已很发达。发掘到的一些雪花石膏器皿,形状各异;诺弗尔特公主戴在颈上的镂刻项圈(图1-47),证明工匠擅长在金属工艺品上精细地镶嵌色彩和谐的宝石。最大的一组镶嵌工艺品是从胡夫王的母亲希太普·赫累斯王太后的墓中发现的,包括金器、镶有绿宝石和蓝宝石的银脚镯等,还发现有第六王朝的一只黄金鹰头。然而,到了第六王朝末期,由于政局不稳,艺术日渐衰落。我们没有发现第一衰微时代遗留下来的艺术品。

第三节　中王国时代

(第十一、十二王朝,公元前 2065～前 1787 年;
第十三至第十七王朝,即第二衰微时代
[包括喜克索人的统治],公元前 1787～前 1585 年)

历史背景

　　第十王朝末,爆发了反对统治者的骚乱,南方底比斯的统治者们战胜了阿赫纳西亚诸王。底比斯王子中,最负盛名的是门图荷太普。他最终消灭了阿赫纳西亚王国,一直打到中埃及和尼罗河三角洲,统一了埃及,加冕成为上埃及和下埃及之王,建立了第十一王朝,为他的后继者留下了一个统一、强盛、秩序安定的国家。第十一王朝只存在十年,到了后期,不断出现争夺权位的斗争。最后,底比斯的另一位王子阿美涅姆黑特一世①终于独揽大权,在公元前 2000 年左右建立了中王国时代最强大的第十二王朝。该王朝的历代国王把统治中心迁到地扼南北要冲的列什特。他们的统治,使埃及重振声威,势力一直伸入叙利亚北部,到达乌加里特,即今沙姆拉角。第十二王朝末期,埃及国运日趋衰落。叙利亚终于摆脱了它的统治。

　　出生于底比斯的第十三王朝国王们,把首都迁到了下埃及塔尼斯。这个王朝时有动乱,内战频仍。

　　公元前 1700 年左右,埃及有史以来第一次遭受到外族入侵。来自叙利亚北部米坦尼地区的未开化部落,在并吞了胡里特人、迦南人和一些沙

---

① 阿美涅姆黑特生于纳赫恩,母亲是努比亚人。登基前,他不仅是储君,也是国内最强有力的人物。

漠贝杜因部落之后，入侵埃及的北方。他们靠着铁制的兵器和马拉的战车赢得了战争的胜利。这些被称为"喜克索人"[①]或"牧人王"的入侵者，统治埃及北方达一个半世纪之久。他们定都在尼罗河三角洲东部阿瓦利斯，强迫已迁回南方底比斯的软弱无力的第十三王朝的国王们和后来的第十四王朝的国王们缴贡纳税。但是，在公元前1600年左右，底比斯诸王起来反抗喜克索入侵者，第十七王朝期间爆发了解放战争。这场战争的两位英雄是塞肯内拉王和他的儿子卡莫斯，他们终于将喜克索人逐出国土，并一直追击到东方。

处于乱世的中王国时代，并未留下可与古王国时代卓越的建筑和伟大的雕像相媲美的重要艺术品。但可以认为，第十二王朝时，曾有过一个艺术的飞跃。那时，国家统一，政局稳定，从而鼓励了艺术家们在艺术上求取进步，创作出大量的作品。然而，紧接着这个飞跃阶段的是喜克索人的统治时期，它没有留给我们诸如雕刻和建筑方面的任何重要痕迹。其原因，可能是埃及人驱逐喜克索人的时候，把与入侵者有关的一切毁坏殆尽。

建筑

在埃及，古王国消亡之后，便再没有出现像第四王朝诸王所修筑的那样宏伟的金字塔陵墓。第十二王朝的金字塔陵墓，规模都较小，如列什特阿美涅姆黑特一世和喜兹斯多利斯[②]一世金字塔形王陵、代赫舒尔阿美涅姆黑特二世和喜兹斯多利斯三世金字塔，以及法尤姆地区胡瓦拉和拉洪阿美涅姆黑特三世和喜兹斯多利斯二世金字塔。这些金字塔的周围，亦

[①] 是马涅托用这个古希腊名字来称呼他们的。但也有另外一种说法，认为该词是古埃及诺的词组，由Hek和sos组成，意为"异邦统治"。
[②] 也称"谢努塞尔特"。

有贵族的"马斯塔巴"。这些金字塔没有使用石块,而用土坯,外面砌上一层石面,年深日久,这层石面早已不复存在。

中王国时代的国王们在各地为诸神造庙,庙宇周围普遍竖有圆柱,柱形大多类似枣椰树。已发现的那个时代最著名的享殿,有代尔巴哈利门图荷太普享殿,由两层平台相叠而成,顶上是一座金字塔形建筑(图1-60),还有胡瓦拉阿美涅姆黑特三世享殿[1]。

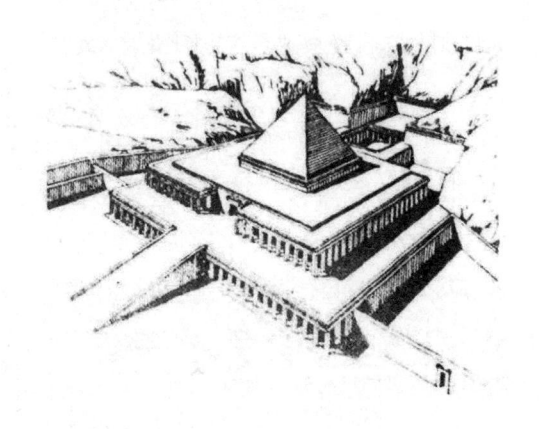

图1-60　代尔巴哈利　门图荷太普王陵示意图　第十一王朝

南方狭窄的山谷里,有在山壁上凿成的贵族石窟墓,那是艺术家们的杰作之一,其中贝尼哈桑、巴尔沙和大法乌等地的石窟墓尤为出色。

从中王国时代起,庙宇入口两侧开始竖立方尖碑[2]。这类方尖碑通常是用一块整石凿成,上面刻有国王的名讳和封号。方尖碑底座是正方形,

---

[1] 古希腊人很欣赏这座享殿,因其厅堂、长廊多分支,故称之为"拉比伦特",意为"迷宫"。希罗多德谈到这座享殿时,谓它胜过金字塔。
[2] 有些研究者认为,方尖碑是太阳的象征,另一些人认为它是最伟大的神的一根手指或一只手。

碑身朝上逐渐变窄，顶部呈圆锥形。喜克索人统治埃及期间，破坏了大量古迹，幸存的少量建筑中，有一座喜兹斯多利斯一世所建的方尖碑。它耸立于开罗北面赫利奥波利斯喜兹斯多利斯一世先王的享殿前。如与阿布苏韦尔附近阿布加拉卜发现的第五王朝那座短而粗的方尖碑相比，它便是埃及建筑史上最古老的长形方尖碑。

雕刻

古王国之后，雕刻艺术日趋衰微。古王国留下大量雕像，而发掘到的中王国作品却寥寥无几。显然，中王国雕刻艺术活动远不如古王国那样广泛和普遍。已找到的第十一王朝雕像中，最出色的是头戴北方王冠的门图荷太普王坐像（图1-61）。第十二王朝的雕像，表明中王国艺术家力求创新，他们把国王塑造成为普通人的形象，而不是一尊神像。他们塑造的人物，脸部微露不安，额头的皱纹反映了为巩固社稷所作的奋斗和征战。这方面的例证，可以看喜兹斯多利斯三世头像（图1-62），那上面，自大和忧虑的神态取代了古王国雕像上那种自信、威严、被神化了的表情。

图1-61 门图荷太普王着色石灰岩像 第十一王朝 埃及国家博物馆

图1-62 喜兹斯多利斯三世头像 第十二王朝

值得注意的是,中王国雕刻艺术的新意,还表现在工匠和墓主随从的木雕像上。这种做法始于第六王朝末期,但在中王国才见普遍。有的木雕,艺术水准极高,如头顶篮筐的少女像(图1-63)便是一例。这里,艺术家摆脱了王室的窠臼,创造出质朴的民众艺术。属于那个阶段的作品,我们还发现有彩陶河马(图1-64)。

图1-63 少女着色木雕 第十二王朝 埃及国家博物馆

图1-64 蓝色陶河马 中王国时代 埃及国家博物馆

绘画

贝尼哈桑达官贵人陵墓中的壁画，被认为是中王国艺术家的上乘作品之一。这些壁画生动、活泼，以临摹大自然为其特色。最出色的是喜兹斯多利斯二世时期霍姆荷太普王子墓中的壁画，其中一幅描画群鸟栖息在塘边阿拉伯胶树上（图1-65）。它反映了埃及画家精湛的写生技巧，画家把各色各样的鸟儿错落有致地分布在长有细叶的枝丫上。这些鸟的头部画得细致入微，鸟群中间的一只戴胜鸟，色彩尤为逼真。

图1-65 墓壁画 群鸟栖息阿拉伯胶树 公元前1920年

这座墓的另一面墙上，有一幅表现两个随从人员的浮雕，他们正在为两头牛科动物①喂食。这里，我们能看到艺术家对透视法原理的理解已有提高，他们不把生物画在一条底线上，而将左侧的动物画在底线上，稍高于右面的景物，从而突出了纵深感（图1-66）。

图1-66　墓壁画　侍从喂食图　公元前1920年

实用美术

在代赫舒尔和拉洪发现的嵌宝金首饰②，风格独特。其做工之精细，造型之美观，使某些学者认为比图坦卡芒王③的首饰更精美。其中最出色的，当数阿美涅姆黑特二世之女韩梅特公主的金冠（图1-67）和伊塔王的项圈。在喜兹斯多利斯二世和三世墓中发现的金项圈（图1-68）和金坎肩，也是埃及艺术史上最精巧的金制品之一。

---

① 这类动物名"阿布阿法斯"或"阿布赛夫"。
② 由弗兰德斯·皮特里教授发现。
③ 比奇教授说，第十二王朝诸公主陵墓发掘物的数量，超过（卢克索）国王谷的全部出土物。

图1-67　韩梅特公主宝石金王冠　中王国时代　埃及国家博物馆

图1-68　喜兹斯多利斯二世项圈　中王国时代　埃及国家博物馆

第四节　新王国时代

(第十八、十九、二十王朝，公元前 1580～前 1090 年)

历史背景

公元前 1580 年左右，埃及人在雅赫摩斯王率领下，攻克喜克索人的最后一个据点阿瓦利斯，把他们一直驱逐到巴勒斯坦边境。雅赫摩斯王建立了第十八王朝，在征服叙利亚和努比亚地区后，埃及帝国的疆域东起幼发拉底河流域，南抵第二瀑布，与巴比伦和克里特岛联系密切。至雅赫摩斯继承人吐特摩斯一世时期，埃及南部努比亚地区的边界似乎已伸至第四瀑布附近的纳巴塔。埃及人又有了自信心和强盛感，开始重建他们昔日的荣光。因此，到跟自己的同父异母兄弟吐特摩斯二世结婚的哈特谢普苏特女王时期，艺术和手工业活跃，对外贸易兴旺。但在这一时期末，埃及在叙利亚的势力已趋衰落，叙利亚各州组成反埃及联合阵线。不过，埃及人后来在吐特摩斯三世的率领下，打败叙利亚的胡里特人，挫败了他们的反埃及联盟。吐特摩斯三世缔造了一个幅员辽阔的大帝国，包括腓尼基的一些港口和叙利亚、巴勒斯坦，直到幼发拉底河东岸。当时的埃及，还控制了远至第四瀑布的努比亚地区。吐特摩斯三世时代的大帝国，威震四方，不可一世，迫使中东地区的强国争献厚礼，以媾和好。吐特摩斯三世在统治这片地区期间，执行一项新政策，即要各战败国的国王质子于埃及，让这些王子在埃及受教育，从小养成埃及人的习惯，日后一旦返回故土登上王位，便能与埃及保持牢固的联系。

第十八王朝诸王，通过缔约和联姻巩固了与邻国王室的关系。吐特摩斯四世曾娶米坦尼国公主为妻，阿门荷太普三世效法先人，与米坦尼国王杜什拉塔结为亲家。公元前 1400 年，他感到赫梯国王和亚述国王的势力正在兴起,便与米坦尼国王缔结和平条约。埃及在阿门荷太普三世时期到达了光荣的顶峰。

他的儿子,公元前1370年即位的阿门荷太普四世,发动过一次宗教革命,取缔对阿芒神的崇拜,规定只能崇拜唯一的太阳神阿顿,并且自己改名为"阿赫那顿"①。他选择埃及中部底比斯以北的特勒阿玛尔纳,作为崇拜阿顿神的新址,赐名为"阿赫太顿",意思是"阳光普照之地"。然而,新的宗教历时并不长久,公元前1352年新王图坦卡芒登基,即恢复对阿芒神的崇拜,并将都城再次迁回底比斯。

公元前1341年,哈列姆黑布②王建立第十九王朝,他的继承者是公元前1320年执政的拉美西斯一世。然而,拉美西斯一世坐上王位时,年事已高,因此他的儿子西提一世便与他共理国事。在接下来的第十九王朝和第二十王朝诸王的统治时期,战事频繁。公元前1100年,西提一世在卡叠什战役中收复叙利亚南部。公元前1298年,拉美西斯二世③从赫梯国王米塔拉手中奇迹般地拯救了埃及,在公元前1286年卡叠什之战中打败了米塔拉,于公元前1278年与米塔拉的继承者哈图西里三世签订和约,还进一步娶了一位赫梯公主为妻。在拉美西斯时期,埃及势力强盛,帝国疆界伸入叙利亚,直到今称阿西河的奥龙特河。同时,埃及人一直控制着迦南南部,拉美西斯二世的继承者美楞普塔④还扑灭了叙利亚和利比亚的叛乱。

---

① 意为"阿顿的侍奉者"。——译者
② 在立都特勒阿玛尔纳时期,哈列姆黑布是一位将领。他虽非王室成员,却能控制王位。有些史学家把他列为第十八王朝的末代国王,但绝大多数人把他称为第十九王朝的奠基人。
③ 有的史学家认为,犹太人是在拉美西斯二世时期从埃及出走的;有的史学家则说,犹太人出走事件发生在阿赫那顿时期。
④ 首次提到以色列人的埃及古物,是公元前1230年的美楞普塔王石碑。

公元前13世纪末叶,从小亚细亚迁徙而来的雅利安人占领叙利亚的北部和腓尼基的城市,初战告捷鼓励了他们入侵埃及。但是,公元前1211年,拉美西斯三世打败雅利安人,使埃及文明没有再次遭受浩劫。

拉美西斯三世以后的500年间,埃及没有出现值得一提的王室人物。那是割据的时代,拉美西斯诸王势力已衰,他们迁都北方,把底比斯让给阿芒神祭司管辖,以致到了公元前1090年,大祭司赫里荷尔的地位居然与法老相提并论。此后,一个阿芒神大祭司家族掌握了政权,那便是第二十一王朝。

前已述及,新王国时代埃及是处于强有力的君主统治之下的统一国家,其势力超越了国界,向东方和南方延伸,从而使一些作家把这个时代称为黄金时代。那时,首都底比斯①在很长一段时间内所达到的繁荣和进步,是古代中东任何一座城市都无法企及的。底比斯作为京城,是在中王国时代门图荷太普国王统一了全国之后的第十一王朝,而在古王国时代,它是无足轻重的,那里只发掘到第六王朝的陵墓。

底比斯的繁荣昌盛,自然促进了艺术的发展,尤其是王公贵族和达官显贵修建、装饰宫殿,营造神庙。国王们选中尼罗河西岸的一块地方修筑自己的陵墓。那是一个谷地,位于底比斯西部高地后,现在被称为"国王谷"②。贵族和国家要人在高地坡面凿修陵墓。上述这些建筑,均饰有浮雕和壁画,其美观和豪华,尤以贵族和当权人物的陵墓为甚。

新王国时代的社会繁荣,当然导致了艺术和工艺品的复兴,形成了一个艺术家和工匠组成的阶层,他们的作品美丽、细巧、精湛。当时,几乎每

---

① 这是古希腊人的叫法。但也有人认为底比斯是个古埃及词。阿拉伯人称它为"乌格苏尔"(意为宫殿),当时他们把城里的神庙当作了宫殿。底比斯在古代,还被叫作"努·阿米林"或"努"。

② 除阿赫那顿国王外,全部国王的陵墓均建在这一地区。

个家族都各有特色，因此，新王国的艺术，具有各种各样的风格，有的建筑宏伟壮观，有的建筑群以精巧的装饰见长；雕像有的大而呆板，有的奔放、美观，表现力很强。

建筑

新王国的国王们十分重视在全国各地修建神庙，其中最重要的是底比斯阿芒神庙。这些神庙，在波斯人攻打埃及的时候曾遭到破坏；后来托勒密人又拆除在南方的新王国时代的古老神庙，另盖其他建筑。幸运的是，托勒密人没有触碰底比斯的神庙。新王国的国王们在底比斯的西岸还建造了许多享殿，最主要的是哈特谢普苏特女王在代尔巴哈利山脚下修筑的那一座（图1-69），殿内辟出一部分专供祭祀阿芒神之用。这座享殿的设计，被认为是埃及最杰出的建筑成就之一。

图1-69 哈特谢普苏特女王享殿 第十八王朝

代尔巴哈利享殿由沿着地势高低分布的三层建筑组成，一条由低向高铺设的通道把各层建筑连成一体。通道两侧，耸立着两条柱廊，铺有台阶。最上面的一层建筑，凿在山里，里面雕有最神圣的阿芒神像。这座享殿的设计与吉萨的古王国享殿截然不同，它的最后部分是整块巨石雕成的神像，而古王国享殿的后部则直通金字塔陵墓。哈特谢普苏特女王享殿的设计，可与古王国时代的任何一座伟大建筑媲美。

承担修筑哈特谢普苏特享殿的是女王的谋士和宰相桑穆特。他的叠式平面建筑构思，可能是直接受代尔巴哈利享殿南面第十一王朝门图荷太普享殿（图1-60）的启发。桑穆特还在底比斯卡纳克神庙中以哈特谢普苏特女王的名义，竖立两块刻有女王名字的方尖碑（图1-70）。

底比斯在阿门荷太普三世时期，达到了辉煌的顶点。对阿芒神的崇拜广泛盛行。阿门荷太普三世在卢克索为阿芒神和他的妻子穆特、儿子洪苏①修筑了一座神庙（图1-71）。到拉美西斯二世时期，这座神庙进行扩建，它被认为是埃及第十八王朝建筑艺术的骄傲，并代表第十八王朝后半期以来风靡埃及的新的神庙设计风格，即整体呈长方形，各部分均坐落在一条中轴线上。卢克索神庙的圆柱线条优美，形

图1-70 哈特谢普苏特女王方尖碑 第十八王朝

状宛若绽开或闭合的纸莎草花。不过，这些豪华的圆柱虽然漂亮，却还无法与左塞王庙中的纸莎草形半边圆柱的古朴线条争胜。

埃及的国王们为了取悦于神，不仅竞相兴建新神庙，而且还对过去时

---

① 洪苏是当地的月亮神，被画成一个小孩的形象，头上是一弯新月，新月之上是一轮圆月。

图 1-71　卢克索神庙(公元前 1390 年)　左为拉美西斯二世修建的庭院和门楼(公元前 1260 年)

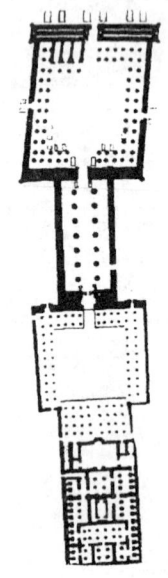

图 1-72　卢克索神庙示意图

代所修的神庙进行扩建,卡纳克神庙便是典型例子。它的一些局部始建于古王国时代,而后由新王国国王们不断地加以扩充,一直持续到罗马人统治时期。对卡纳克神庙进行扩建的有:新王国时代的阿门荷太普三世,西提一世,拉美西斯一世、二世、三世,以及阿比西尼亚人和托勒密人。由于多次扩建,神庙变得很复杂,原有工程情况已难以探究。每位国王在扩建时,都力图超过前人,因此我们可以看到,不论是建筑材料,还是从事这项工作的建筑师的风格和审美观,各个时代均不相同。

总的说来,在新王国时代,埃及神庙的建筑设计,外形几乎是固定不变的,卢克索神庙和卡纳克神庙便是如此,外形均取长方形,建筑物又都坐落在一根中轴线上(图 1-72)。中轴线由夹在两堵略为倾斜高墙间的大门开始，通向一个开阔的庭院。庭院四周是圆柱撑着屋顶的柱廊，这是供平民百姓祭祀之用。院子后部，正对大门是一条逐步升高的通道，连着一座宏伟的大殿，大殿的屋顶由许多根巍峨的柱子架托着，这是祭奠用的祭祀殿，当然，里面的光线很暗。人们越往前走，光线越暗，到神庙底端立有神像的地方，就完全没有光，漆黑一片。神庙底端是一间长方形的屋子，里面供着神像或神的象征物。如果一座神庙供有几个神，那么每个神各有一间屋。供神像的屋子周围还有一些房间，放着举行宗教礼仪的必需品。神庙四周的高墙系土坯垒成。外墙被称为"门楼"，正面一般排列着一对坐像、一对立像和两座方尖碑。

卡纳克神庙的圆柱殿（图1-73），由西提一世开始兴建，拉美西斯二

图1-73　卡纳克神庙圆柱殿　第十八王朝

世完成。第十九王朝的埃及建筑师解决了这座大殿的采光问题,他们把位于中轴线的两排圆柱,造得比旁边的圆柱稍高,形成高低不等的两层屋顶,这样就留出了空隙,有利于采光和通风。第十九王朝的建筑物,以宏伟见长,举上述的圆柱殿为例,它长达 84 米,宽为 54 米。埃及石料丰富,有助于艺术家在这座大殿里大量使用巨型石柱。该殿有石柱 134 根,分成 16 排,每根柱子的直径为 3.5 米。圆柱形似纸莎草,主通道两侧的柱头雕成盛开的纸莎草花形状,边柱柱头像纸莎草花蕾。

图 1-74 吐特摩斯三世巨柱

圆柱,一般来说是埃及新王国建筑艺术的一项成就,但是,第十九王朝艺术家好追求气势雄伟的效果,而不太注意细节。从仿纸莎草柱可以看出,那是表面光滑的圆柱,不像纸莎草的茎。柱头呈一朵花形,而不是我们在卢克索神庙看到的第十八王朝圆柱头——一组纸莎草花蕾组成的图案。吐特摩斯国王在卡纳克神庙竖立的两根花岗岩巨大圆柱(图 1-74),显然是很注意精雕细刻的,圆柱上面饰有美丽的莲花和纸莎草花浮雕,象征上埃及和下埃及。阿门荷太普在卢克索神庙所建的纸莎草形柱,也很重视细节。新王国时代,"哈特胡尔圆柱"①风行,枣椰形圆柱已属罕见。

阿门荷太普三世在为卡纳克神庙建造了巨门之后,又修建一条两旁

---

① 饰有浮雕的柱子,柱头是人脸牛身的哈特胡尔女神头像。

排列着狮身羊头石像的通道(图1-75),使之与卢克索神庙连接。

图1-75 狮身羊头像 第十八王朝

第十九王朝宏伟的建筑艺术通过阿布辛拜勒神庙表现得十分清楚。这座神庙位于阿斯旺南面阿布辛拜勒村的山中(图1-76),凿建于拉美西斯二世时期。它的宏伟是无与伦比的,正面有四尊与山体相连的拉美西

图1-76 凿建于岩壁上的阿布辛拜勒大庙 第十八王朝

斯二世坐像,像高21米;神庙内的柱子,雕成人形(图1-77)。拉美西斯二世虽然把某些前人完成的艺术品归功于自己,但他仍不失为是一位伟大的建设者。除扩建第十八王朝的神庙外,他还在拉美西姆兴建了一座享殿,式样与建筑群均与坐落在中轴线上的神庙相似。

图1-77 阿布辛拜勒大庙内通向供奉神像密室的内走廊

第二十王朝的神庙是新王国建筑的尾声,这一阶段的建筑物式样与第十九王朝相比,并无多大变化。可以引为例证的是拉美西斯三世在哈布修建的享殿。这位国王还在卡纳克神庙右侧增建一座神庙。

雕刻

在喜克索人统治埃及期间,雕刻艺术曾一度衰落,至新王国时代才再次兴盛起来。艺术家开始发挥古王国雕像上已显示出来的艺术才华,不仅制作真人一般大小的雕像,亦制作巨型雕像。他们的注意力不只限于雕像的脸部,而且重视对手、脚的研究。国王像的风格已有显著的发展,脸部出现了表情,线条柔和、流畅。这种变化是后来出现的阿玛尔纳雕刻艺术的前奏。以发现于卡纳克的吐特摩斯三世片岩像(图1-78)为例,那是一件了不起的艺术品,艺术家运用自己的才华在脸部刻画出隐隐约约的安详微笑。但是,艺术家为了表现国王的青春年少,用有力的线条把他塑造成英俊的形象,但缺少古王国国王像所具有的那种威严、庄重的特色。

第十八王朝以后的一个阶段里,王像雕刻有巨大的发展。雕刻家摆脱了旧有的王像雕刻的条条框框,而着意表现他们的气质和性格。一批阿赫那顿王的雕像(图1-79)就是最好的例子。细细研究这些雕像,可以看出王像雕刻史上,第一次出现了形象并不俊美

图1-78 吐特摩斯三世片岩像 第十八王朝 埃及国家博物馆

的雕像,长脸、大头、细脖子,还毫无顾忌地刻画了这位国王大腹便便的真相。这种变化是王像雕刻的一次新突破,它跟古王国那种体态优美、面容刚劲、威严的雕像风格迥然不同。艺术家的这一创新,显然受到国王的鼓励,有一幅浮雕描绘了国王参观雕刻家工作室的史实。① 阿赫那顿像看得出原先是着色的,因为上面有颜色的痕迹,还可以看出的是,阿赫那顿头上戴的

图1-79 阿赫那顿王像 公元前1365年 埃及国家博物馆

---

① 雕刻家的工头贝克记述说,他曾亲耳聆听国王的教诲。

是上埃及和下埃及的王冠。

阿玛尔纳艺术的影响,在现藏埃及国家博物馆的阿赫那顿之妻尼弗尔提提王后头像(图1-80)上,有明显的反映。这尊头像容貌清秀,线条柔和。仔细观赏过藏于柏林新博物馆的尼弗尔提提王后涂色头像(图1-81)的人,会感受到她的脸部洋溢着活力和女性美。艺术家在表现这一切时,摒弃了古王国雕像一意渲染王后地位的古典保守手法。

图1-80 尼弗尔提提王后像 第十八王朝 埃及国家博物馆

图1-81 戴王冠的尼弗尔提提王后着色石灰岩头像 公元前136年 柏林新博物馆

阿赫那顿的宗教革命结束之后,底比斯恢复了对阿芒神的崇拜,艺术又回到了旧有的传统,艺术家也重新沿袭过去的风格,但他们没有彻底放弃刻画带有表情的姣好面容的艺术特色。这在图坦卡芒的遗物中可以看得很分明。现藏埃及博物馆的一尊图坦卡芒木雕像(图1-82),清楚地表明了这位青年时代夭折的国王在风华正茂时的形象。

阿玛尔纳艺术流派还继续影响了第十九王朝的一些雕刻作品,从拉

图 1-82 图坦卡芒王着色木雕像 公元前1360年 埃及国家博物馆

美西斯二世的脸部神情(图1-83)可以清楚地看到这一影响的存在。创作这尊雕像的艺术家有一双不同寻常的巧手,他赋予顽石以生命,成功地刻出了国王薄衣裳的皱褶,足证他用心之细。同时,这尊雕像比例匀称,线条优美。

图 1-83 拉美西斯二世像 第十八王朝 卡纳克神庙 都灵埃及博物馆

新王国时代，神庙里往往竖有巨型雕像，但评价这一时期的雕刻艺术，却不能以这些雕像为凭。因为制作这些雕像的目的，是要同与之相连的宏大建筑物相称——石像的大小，须与这个阶段建成的神庙规模协调。例如底比斯平原上的两尊美姆农[①]像（图 1-84），可能刻画的是阿门荷太普三世[②]，放在享殿（今已踪迹全无）大门前。这两尊像，每座高 20 米左右。

图 1-84 美姆农巨像 第十八王朝

拉美西斯二世生前所立的跟宏伟建筑相配的巨型雕像，还有阿布辛拜勒大庙正面刻在岩石上的四尊像（图 1-76），和放在拉美西姆享殿里的高达 17.5 米的花岗岩像。

---

① 这是古希腊人给这两尊像起的名字。罗马人猜测，美姆农·本·艾里斯是月亮女神。相传，其中一座石像每天清晨发出怪声。
② 埃及博物馆里有两尊跟真人一般大小的阿门荷太普三世和王后蒂的雕像。这一对像，乃是埃及博物馆里展出的最大石像。

浮雕

新王国时代的神庙,墙上通常有各种内容的浮雕装饰。外墙和专供平民祭祀用的庭院围墙上,记录着国王的武功和通过贸易和战争所攫取的财富,为的是流芳百世。祭司专用的大殿里,镌刻的题材则是宗教性的,如祭司举行的宗教庆典、礼仪等。

在代尔巴哈利神庙的墙上,最重要的作品也许就是记录哈特谢普苏特女王时期贸易兴隆景象的浮雕。我们在浮雕上看到女王向邻国派出商队的场面。艺术家巧妙地描绘了派往庞特①的商队,出色地刻画了庞特的居民、住宅、庄稼、家畜和鱼儿,同时表现出庞特女王的个人特征,她过于肥胖,身子都无法挺直(图1-85)。在宗教题材方面,艺术家以娴熟、精湛的技巧描述了阿芒拉阿神生下哈特谢普苏特女王的故事。

图1-85　庞特女王浮雕　公元前1480年　哈特谢普苏特女王享殿

---

① 庞特究系何地,迄今未有定论。有些作家猜测是指索马里地区。

绝大多数国王把自己是阿芒神后裔的故事记载下来。在卢克索神庙一座内殿的墙上,刻着有趣的浮雕,描述阿门荷太普三世是阿芒神后裔的故事。我们看到一幅浮雕,描绘众神降临,参加阿芒神与穆特女神的婚礼。这则冗长传说的尾声是九头哈特胡尔神牛在为一个新生婴儿哺乳。这间大殿被称为"降生殿"。

第十八王朝的浮雕中,军事上的胜利有时是通过象征手法表现的。这一点,看卡纳克神庙墙上的吐特摩斯三世浮雕就清楚了,这位国王一手抓着亚洲敌人的脑袋,另一手紧握权杖向他们击去(图1-86)。这与图1-13右是一致的,从而表明了埃及从第一王朝以来艺术风格的一致性。

图1-86 吐特摩斯三世门楼浮雕 战胜亚洲敌人 卡纳克神庙

伴随着阿赫那顿时期宗教革命的,是一场艺术革命,反映在浮雕和圆雕的风格上。作品中追求真实之处,比比皆是。这个时期,装饰宫廷建筑物墙壁的艺术题材,也发生了全面的变化。在阿玛尔纳,发现了许多反映国王及其妻室儿女私人生活情景的作品,很值得研究。作品中的国王一家,处于自然状态之中,这在过去是难以想象的。我们在一幅精心制作的浮雕上,看到国王和王后正在逗引他们的孩子,太阳(阿顿神)放射的光芒把两人连接起来(图1-87)。

图1-87 阿赫那顿王全家浮雕 第十八王朝 埃及国家博物馆

表现阿赫那顿国王一家自然状态的写实作品中,有小公主坐在地上吃鸭子的浮雕,她的天真的神态(图1-88)可能是与传统的王室尊严格格不入的。我们从这里可以看到,艺术家在表现少女身躯的曲线时,是直截

图1-88 阿玛尔纳浮雕 阿赫那顿的女儿坐着吃鸭 第十八王朝 埃及国家博物馆

了当,不受拘束的。

镌刻在新王国贵族墓壁上的浮雕题材,与神庙墙上的浮雕内容不同,它们大多反映墓主生前的重大经历。第十八王朝最出色的陵墓之一,是贵族拉摩斯的墓。他是两朝元老,担任过阿门荷太普三世、四世(即阿赫那顿)的宰相。他墓中的浮雕兼收并蓄两个朝代的风格:阿门荷太普三世时期的浮雕,具有线条柔和、优美的特色;阿玛尔纳艺术流派的风格,则以写实、直率著称。

属于线条优美、柔和风格的,有为墓主的儿子远行归来举行庆祝会的浮雕(图1-89),人物腿部的线条十分细腻、优美,拉摩斯一家的脸上,充满生气,表情丰富,洋溢着青春美。这一浮雕证明了那个时期的富庶景象,艺术家注意刻画女眷梳妆打扮用的细巧物件,其中有各式各样的耳环、手镯、项链,以及漂亮的假发,还细心地刻出表示阔绰的宽大衣裳的细褶。

艺术家有时也在贵族的墓墙上镌刻反映王室成员的浮雕,例如在赫尔维夫王子陵墓的墙上,就有阿门荷太普三世的公主们在宗教仪式上站着洒圣水的浮雕(图1-90)。

图1-89 大臣拉摩斯墓壁浮雕 拉摩斯之弟及其妻 第十八王朝 底比斯

图1-90 赫尔维夫墓壁浮雕 阿门荷太普三世的女儿们手捧礼器 第十八王朝 底比斯

这个阶段艺术品的线条之优美,是世界上任何艺术都无法比拟的。哈列姆黑布王墓中的浮雕,便是集风靡阿门荷太普三世时期的线条美和阿玛尔纳流派的写实风格之大成的杰作。我们在一幅画面(图1-91)上,看到工匠们正在奋力搬运一块巨石,他们的动作自然,表现力很强。而在过去,要构思这样的作品是不可能的。我们还看到当时盛行精心雕琢衣裳皱襞的风气。在这幅作品中,艺术家已经懂得远近距离的透视规律,人物不再安排在一条基线上了。

图 1-91　哈列姆黑布王墓壁浮雕　搬运石块　第十八王朝　波伦亚博物馆

到了第十九王朝,由于王国版图的扩大,浮雕艺术增添了许多过去艺术家们从未涉及过的新题材。描绘战争场面的浮雕大量涌现,占了神庙外墙的大部。我们在卡纳克神庙的墙上,看到记录西提一世国王战胜利比亚人和拉美西斯二世战胜赫梯人的浮雕。

艺术家着意表现战争场面的细节和刻画人物各种动作方面,有时颇有些夸张。这从拉美西姆的享殿正面墙上的浮雕(图 1-92)中,可以看得很清楚。它记录了拉美西斯二世在卡叠什之战中大败阿勒颇国王的情景,反映了战场上的士兵们的慌乱,他们有的仍在漂着尸体的河上抵抗着。这一时期的浮雕中,已有马拉的战车,我们看到拉美西斯二世驾驭着双马战车。这在古王国和中王国的作品中,是不曾出现过的。相传,马拉的战车是喜克索人传入埃及的。

享殿墙上镌刻战争场面的做法,一直延续到第二十王朝。拉美西斯三世享殿的墙上,刻有他大败从海上进犯尼罗河口之敌的情景。还有一些浮雕,描绘他所进行的帝王们喜爱的狩猎活动。有一幅作品,刻画他在

图 1-92 拉美西姆享殿门楼浮雕　拉美西斯二世卡叠什大捷　第十八王朝

树林里捕捉野牛(图 1-93)。这幅浮雕是最出色的写实作品之一,艺术家竟然能够刻画入微,使作品生气盎然。比如,对站在树林中的野牛和眼看就要被国王捕到而还在拼命奔逃的野牛,艺术家突出刻画了它们惊慌的神情和因极度疲惫而耷拉下来的舌头。浮雕的线条镂刻得很深。

图 1-93 哈布享殿门楼正面浮雕　拉美西斯三世猎捕野牛　底比斯

绘画

新王国时代中，壁画艺术广为流传。在装饰陵墓墙壁方面，彩色壁画取代了彩色浮雕。最精彩的壁画，不在王陵之中，而见诸贵族的墓室。这是因为贵族的墓要求壁画反映墓主生前各方面生活的内容，从而给艺术家提供了纵情驰骋的创作天地。在时甚至连天顶都被壁画布满。反映日常生活情景的画，绘制在靠近陵墓入口的墙上；表现祭祀场面的画，则在墓室中。

这时期的埃及，政治上显赫到了极点。邻国的国王们纷纷进贡，以求亲善。这就有助于艺术家选择新的题材装饰墙壁。在哈特谢普苏特女王的谋士桑穆特王子墓中，就有这方面内容的壁画，我们看到携带礼品前来朝贡的外国使团（图1-94）。艺术家所描绘的克里特岛使团进献的银制器皿上雕刻的动物图案，真可谓是细致入微。

图 1-94 桑穆特墓彩色壁画 克里特岛使团朝贡图 公元前1485年

可以看出，第十八王朝初期的绘画作法是先勾勒轮廓，而后涂上大块颜色，对画面明暗对比的处理并不重视。到了阿玛尔纳时代，艺术有了发展，形成了写实的流派，绘画也发生了变化。在特勒阿玛尔纳，有一幅彩色壁画，描绘阿赫那顿的两个女儿神态自若地坐在一块垫子上（图1-95）。

图1-95　阿玛尔纳壁画　阿赫那顿王之女　公元前1365年　阿什莫林博物馆

通过阿玛尔纳的壁画群，我们可以得出这样的结论：艺术家越来越喜爱描画自然景物，还很注意把鸟兽草木当作独立的题材细加描绘。在阿玛尔纳的王宫里，找到三面墙上绘有同一条河流贯穿起来的画面，河畔纸莎草、莲花生机勃勃，形形色色的鸟儿栖息其中[①]。另一堵墙上，画的是一个湖，周围鲜花盛开，群鸟纷飞。

当时，埃及与克里特岛在艺术上肯定是相互影响的，因为它们之间存在着贸易关系。在克努索斯——克里特岛京城——王宫墙上发现的彩色

---

① 这组壁画是皮特里教授发现的。

壁画,构图显然受到埃及艺术的影响。同样,底比斯第十二王朝一座陵墓天顶浮雕(图1-96),反映出克里特岛进贡的银器上的雕刻图案(图1-94),说明埃及艺术家也受到异国情调的影响。墨西拿①王陵中的壁画(图1-97),留有受埃及艺术影响的痕迹,它们是借鉴了埃及狩猎图(图1-98)的布局。

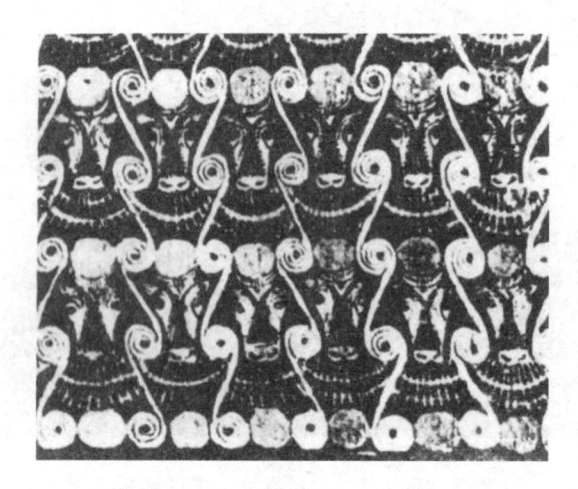

图1-96 陵墓天顶彩饰 第十八王朝 底比斯

图1-97 墨西拿王陵壁画 猫捉鸟图

---

① 墨西拿,意大利西西里岛东北部城市。——译者

图1-98 底比斯阿门荷太普三世时期陵墓壁画 嘴咬一只鸟、爪抓一只鸟的猫,背景是一片茂盛的纸莎草丛 大英博物馆

在新王国时代,埃及民间奢华之风盛行,遍及绝大多数阶层,尤以达官贵戚、宫廷要人为甚。这种追求享受的风气,入侵了埃及的艺术领域。贵族墓壁上,欢宴的场面屡见不鲜,贵妇、淑女身穿多褶的华服,悠闲地观赏着轻歌曼舞。

第十八王朝末期担任阿芒神祭司之职的王族纳赫特的陵墓,是研究这类表现庆祝场面壁画的最好典型。有一幅描绘这位王子宫里一次喜庆活动的壁画,其中一角画的是由一个舞女、两个抱着乐器的女乐师组成的乐团(图1-99)。那个时代,画舞女和年轻的姑娘习惯上都采用裸体。艺术家在这幅壁画中,摒弃了画人物下半身必用全侧面的传统表现手法,在画舞女的形象时,取了接近正面的角度,这在过去是难以做到的。我们还看到,艺术家通过透明的衣裳把女乐师的身体画得隐约可见,这显然已摆脱了古代艺术的传统。在那个时代另一座陵墓的壁画中,可以清楚地看到受阿玛尔纳流派的影响,艺术家描绘之细致是过去从未有过的,例如画

图1-99 纳赫特墓壁画 三个姑娘组成的乐队 第十八王朝 底比斯

出了一个女乐师的脚心,此外还取正面画她的形象。

纳赫特陵墓中,不仅有记载喜庆场面的壁画,而且也有反映他个人爱好——主要是渔猎——的壁画。同一幅画中有两处画到了这位王子,都是他带着家人,站在一条芦苇秆扎成的筏子上。艺术家采用河边萋萋的纸莎草作为背景,左面部分画的是纳赫特手持"蓬朗加"①和"栋塔拉"②,准备打鸟;右面画的是他在捕鱼。艺术家所画纸莎草丛中飞舞的黄蜂、蝴蝶和用曲线勾勒的水中的花儿、鱼儿,显然都力求逼真。他在描绘因捕鱼

---

① 一种打鸟的工具。
② 一种引诱物,制成鸟状,由捕鸟人提着,引真鸟飞来。

队伍逼近而惊飞的群鸟上,表现出师法造化的兴趣。

纳赫特墓中也有描画平民百姓的壁画。其中一幅反映酿制、贮存葡萄酒的全过程(图1-100),人们先是采摘葡萄,然后用脚踩踏,使葡萄液汁通过一个管道流入小槽,再盛入酒瓮。

图1-100 纳赫特墓彩色壁画 酿酒

哭亡人的场面,壁画中描绘得淋漓尽致,既刻画了动作,也反映了感情。贵族拉摩斯墓有群妇哭丧场面,她们一个个神情悲戚,举手朝天哭号(图1-101)。

图1-101 拉摩斯墓彩色壁画 群妇哭丧 底比斯

第十九王朝末期，贵族陵墓壁画内容发生变化：表现墓主生前生活的画少了，宗教题材的画则增多了。

实用美术

考古者从新王国陵墓中发掘出来的文物证明，追求奢华的风尚对精巧的手工艺品也有影响。研究这类艺术品的最佳素材，是图坦卡芒王陵中的出土物，因为这座陵墓与其他王陵不同，被发现时仍完好无损，没有被盗墓者偷挖过。

在这批珍贵的文物中，有一把御用的金椅。椅背的凹刻画面上，图坦卡芒王神态自若地坐着，他前面的王后正在为他涂香料。国王的坐姿极为自然，一改过去那种表现国王的呆板风格，这显示出阿玛尔纳流派的影响。图坦卡芒王的镶有彩色宝石的金面罩（图1-102）和金棺椁，工艺精细，具有很高的艺术情趣，说明那一时代的艺术家所达到的水平，是可以引为自豪的。我们看到，从图坦卡芒王墓中出土的一件雪花石膏器皿（图1-103），艺术家在制作它时受到了盛开的和含苞待放的莲花形状的启发，因此具有很高的艺术水准。另一只木箱，饰有雕刻，一面是捕捉狮子和沙漠野兽的场面，另一面是图坦卡芒王与亚洲人和努比亚人交战的情景（图1-104），雕刻技艺之高，令人叹为观止。两面的雕刻，虽然面积不大，但艺术家却充分表达出狩猎活动的激情、朝气和鏖战中的紧张气氛。那一时代用来盛放脂粉的木盒，也很讲究装潢。我们看到其中的一只，是第十八王朝的遗物，形状是一只凫水的鸭子，由一位游泳的少女用双手托着（图1-105）。

图1-102 图坦卡芒王宝石金面罩 埃及国家博物馆

图1-103 雪花石膏器皿 主体似盛开的莲花,柄如花蕾 埃及国家博物馆

图1-104 木箱饰画 图坦卡芒王在战场上 埃及国家博物馆

图1-105 盛香粉的木盒 柄是游泳的姑娘 第十八王朝 埃及国家博物馆

新王国时代,彩色料器制作中所反映出来的巨大艺术进步,也是不容忽视的。那些色彩鲜艳、形状各异的料器,便是这进步的明证。

第五节 末期时代

(第二十二王朝至第三十王朝[包括振兴时期——
第二十六王朝],公元前950~前341年)

历史背景

由于拉美西斯后代诸王的软弱无能,埃及国内政局动荡,结果经历了几个复杂而阴暗的时期,其间还夹杂着异族的统治:在第二十二、二十三王朝期间,利比亚人和阿比西尼亚人相继入主埃及。

埃及国内的动乱,使亚述人得以在公元前671年侵入埃及。亚述国王亚述巴尼帕攻陷底比斯,掳掠后返回北方,把南方让给阿比西尼亚人统治。然而,赛斯的王公普萨姆提克一世终于在公元前663年撵走了入侵者,赢得埃及的独立,建立了第二十六王朝。他还收复叙利亚,使埃及又恢复了昔日的荣光。他的儿子尼科力图向巴勒斯坦扩张,在摩加迪沙①一战中杀死了犹太国王。但是,他的恢复埃及的光荣、建立一个疆域扩张到两河流域的庞大帝国之梦想,随着尼布甲尼撒国王领导下的巴比伦的崛起而破灭了。

公元前525年,波斯国王冈比西斯侵入埃及,第二十六王朝政权告终。埃及受波斯人统治长达一个半世纪,中间夹有几个短暂的独立阶段,即第二十七、二十八、二十九王朝统治埃及的时期。接着,第三十王朝的一位国王内克坦布赶走了入侵者,在公元前35年恢复埃及的独立。然而,波斯人又卷土重来,重新控制了埃及。从那以后,没有一位统治埃

---

① 此处有误。查埃及出版《埃及史大全》,尼科并未到过索马里的摩加迪沙。尼科于公元前609年即位,上台第一年即挥师征讨巴勒斯坦,在海法城东面的美吉多(亦即特勒穆塔萨利姆)平原首战告捷,犹太国王约西亚战败被杀。此处的"摩加迪沙"显为美吉多之误。——译者

的国王是埃及血统的。公元前332年，马其顿亚历山大大帝攻占埃及，从此结束埃及的伟大时代。

随着第二十王朝政权的终结，埃及的艺术便走下坡路了。尽管政权中心移到北方以后，底比斯的艺术曾在一个短时期内继续影响过第二十一王朝，但在第二十一王朝后至第二十五王朝这一阶段，这种影响消失了，艺术家又回到了古王国风格。应运而生的是第二十六王朝涌现出来的振兴艺术，它代表了伟大的埃及艺术的最后一个阶段。

建筑

令人遗憾的是，希罗多德曾经提到过他亲眼看见的第二十六王朝的神庙，早就踪影全无了。不过，我们可以从迄今犹存的第三十王朝和托勒密王朝的神庙中，想见第二十六王朝的神庙，因为前者无疑是后者的继续。

雕刻、浮雕和实用美术

被发现的振兴时代的雕像，寥若晨星。通过这些数量极少的作品（图1-106），可以看到振兴时代的雕刻风格完全承袭古王国的遗风。不过，当时的艺术家在模仿古王国雕像的时候，还想表现服饰和动作，结果模仿的作品反不如古王国雕像那般细腻。艺术家不只用石灰岩，更多的是选用玄武岩作雕刻材料，这就有助于在平滑的雕像上表现整体和平面。有一尊玄武岩雕像（图1-107），很注意表现脸部的神情。艺术家

图1-106　振兴时期玄武岩像

在构思这尊雕像时,受到了这块石头原来形状的启发,这在古王国的坐像设计中,是很普遍的。

振兴时期的浮雕,没有什么鲜明的特色,而只是仿效古王国的浮雕,连同细节也一模一样。

已发现的这个阶段的精巧工艺品,有线条简朴、美观的金属器皿和青铜兽(图1-108)。

图1-107 祭司波狄亚米努太普像 振兴时期 柏林新博物馆

图1-108 青铜猫 振兴时期 埃及国家博物馆

属于这个阶段的出土物,还有在萨卡拉附近塞拉彼阿姆的棺椁,那是葬牛用的。这说明了当时的人们对神牛犊"阿比斯"的崇敬,他们相信这牛犊是普塔神转世。

第二章 两河流域
(苏美尔第一王国时代、阿卡德时代、苏美尔第二王国时代和古巴比伦时代，公元前 2600~前 1600 年)

引 言

在两河流域，通向阿拉伯湾的幼发拉底河河水泛滥，淤泥沉积，形成了一片肥腴的土地。早在历史的黎明时期，便有许多不同血统的部族迁居于此。考古发掘表明，两河流域历史最悠久的文明，发祥于幼发拉底河三角洲南部。最早于公元前 4000 年迁徙来此的是苏美尔人。他们的到来，促进了文明的繁荣和这一文明主要特色的发展，其中最重要的是文字。苏美尔人的渊源已不可考。他们来自亚洲，在幼发拉底河的河水退下去之后，便在三角洲定居下来，以他们定居的地区——苏美尔著称。他们建立了一批城市。

宗教影响着苏美尔人的生活：他们用神祇来象征自然力。日月星辰在他们的宗教生活中起着重要的作用。

移居幼发拉底河三角洲北部的,显然是闪米特人①。他们来自阿拉伯地区,定居在苏美尔人地域的北部,从时间上说,比苏美尔人晚。这两个部族,语言和外貌都不相同,一开始显然各自为政,互不来往。但随着时间的推移,出于经济上的需要,他们有了交往,发生混居。闪族的阿卡德人从苏美尔人的文化、艺术中获得裨益,他们的宗教信仰也受到苏美尔人的影响。

这个地区先由苏美尔人掌权,后被闪族的阿卡德人接管,他们把苏美尔地区和阿卡德地区统一起来。自此之后,这里就叫作巴比伦地区。公元前 2000 年,阿摩列伊人在巴比伦国王的领导下,巩固了该地区的统一,这个时代称为"古巴比伦王国"。

阿摩列伊人也是闪族的一支,是从阿拉伯半岛迁入苏美尔-阿卡德地区西北部的部族。

第一节 第一王国时代的苏美尔
(第一、第二王朝,公元前 2600~前 2350 年)

历史背景

苏美尔人跟埃及人不同,他们不是在统一政权治理下的团结的民族,而是形成许多各自为政的城邦,由自己的地方长官管辖。这些城邦最主要的有乌尔、乌鲁克、启什、拉伽什、拉尔萨、埃利都和乌玛等。它们都力图控制邻邦。这个阶段享有盛名的君主是乌尔的长官,他们并吞了一些松散的城邦,于公元前 2600 年建立乌尔第一王朝。在拉伽什(今特罗)也有一个独立的政权,同时并存。继乌尔第一王朝的,是乌尔第二王朝。第

---

① 简称闪族,也译作塞姆族、塞人。——译者

一王朝时期，文化发达，影响遍及整个两河流域。但这浩大的声势到了第二王朝末期，便衰落了，政局又陷入半割据状态，纷争频仍，从而导致这一时期在公元前2350年终结。

建筑

在史前时代向王国时代转变的过程中，苏美尔人的艺术作品虽然有变化，但由于从原始时代起便恪守的宗教传统一直沿袭下来，所以城市中央的神庙，除建筑式样略有发展外，基本上还是旧的风格。乌尔第一王朝第二位国王安尼帕德，于公元前2550年在欧贝德建造一座神庙。神庙高台基的上面用熟砖、下面用生砖砌成。庙前有一个带顶的柱廊。大门口兀立着一对铜狮，眼睛、牙齿和舌头均用彩色石子嵌成。神庙的正前方，有两根枣椰木柱，上面涂着一种黑色的物质，嵌有一块块贝壳和红黑两色的小石块。从整体来看，这对马赛克的形成显然是有影响的。这两根柱子上托着一块青铜匾（图1-109），匾上的浮雕是一只狮头鹰身的动物保护着一对羚羊，象征动物的守护神伊姆杜吉德。这类由不同动物的肢体构成的生物，是苏美尔人自原始时代起奉行的信仰的一个组成部分，它们屡屡出现在圆柱形印章上，并在后来的艺术作品中流行。

图1-109　欧贝德青铜浮雕　狮头鹰身伊姆杜吉德神　苏美尔第一王朝　大英博物馆

这座神庙的内墙上有陶片镶嵌装饰，似马赛克。这种方法源于原始时代乌鲁克的墙面装饰。神庙内墙的顶端，有涂沥青的铜制飞檐，用贝壳和石灰石块镶嵌成一幅宁·胡尔萨杰女神的种植园图（图1-110）。图中的女神被绘成一头母牛，象征月亮的乌尔守护神纳纳尔被遴选作她的丈夫，形象是一头健壮的公牛。神庙里有一排公牛木雕，覆裹铜片，显示出当时技艺的精巧。

图1-110　欧贝德铜飞檐　伊拉克国家博物馆

在底格里斯河畔的特勒艾斯马尔和哈法加，发现了这一历史时期的神庙废墟，已破败不堪，无法供研究之用。

雕刻

原始时代的苏美尔人曾作雕刻，并在一个时期内达到了相当的水平，如我们在乌鲁克看到的头像。从王国时代初期的神庙里，发现许多雕像。它们对研究苏美尔第一王朝统治期间雕刻艺术的发展，是很有帮助的。

亨利·弗兰克福特博士在特勒艾斯马尔阿布神庙内发现12座摩苏尔石像（图1-111）。这些石像，属原始时代创作，人体各部位比例失调，代表了小城市低下的雕像制作水平。

艺匠在制作雕像时，受到圆柱形和圆锥体的启发，把人体上部塑造成圆锥形，头部为锥顶，横贯双手肘部的水平线为锥底，人体下部则呈圆柱形或高圆锥形。雕像抱胸的双手与身体之间，有一个小小的空隙，双脚也稍稍分开。从这些雕像上可以看到自原始时代乌鲁克头像以来苏美尔雕

图 1-111　阿布神庙十二石像　四尊藏伊拉克国家博物馆　八尊藏芝加哥大学东方研究所

刻艺术的传统特点：双眼睁得很大，眉毛连在一起。

　　神祇被认为是城市的真正主宰，神庙总是占据着城中的主要位置，因此，制作雕像很可能全出于宗教的目的。雕像制成后同神像一起置放在神庙的广场上，以便在礼拜者们缺席的情况下，代之向神祇行礼如仪。正因为这样，我们看到的雕像，身体绷得笔直，没有丝毫动态，脸部表情整齐划一，眼睛瞪得很大，几乎睁裂眼眶，流露出纯真、朴实、向神祈求的目光。另外，雕像的眼睛都嵌以彩色石粒，这也有助于表达它们的专注神情。苏美尔艺术家制作雕像时，并不重视衣衫下的躯体，这跟古王国埃及艺术家的做法不同。一般说来，除原始时代的乌鲁克头像外，苏美尔雕像中没有一件与埃及雕像相似的作品。

　　苏美尔王国北部地区的雕刻家，摒弃了南部雕刻家所沿袭的传统，他们让膜拜者取正襟危坐的姿势,而不是站立的姿势。玛里①曾出土许多这样的坐像。如贵族伊本伊尔像(图1-112),下半身被衣服遮住,在表现像是由一绺绺的羊毛编成的衣衫细微之处方面,显示出艺术家的技能。这尊坐像虽然仍是双手合胸,但没有膜拜者的神情,而是一个统治者的形象。

玛里的雕像,线条大胆泼辣、曲折有致。伊什塔尔神庙内乐队女乐师长乌尔·南希像(图1-113),说明艺术家在雕刻艺术上所取得的成就和对人体研究的进一步重视。

图1-112 玛里人像 伊拉克国家博物馆

图1-113 女乐师长乌尔·南希 伊拉克国家博物馆

① 在最初的王朝时代,苏美尔文明得到广泛的传播,其结果是西部形成了一些文明城邦,如幼发拉底河畔的玛里。

浮雕

在各城寺庙里，都发现某种题材的浮雕镌刻在正方形的石灰石板上。从石板中部都有空隙这一点来揣测，石板制成后是用来固定在某一地方或挂在神庙内宗教礼器上的。

艺术家在这些石板上镌刻的题材是有限的，或是颂扬石刻的主人为神祇大兴土木的业绩和为此举行的庆典，或是记录军队挺进，战胜邻邦的史实。

这类在各种石板上反复出现的题材是如此的相似，以致哈法加出土的浮雕(图1-114)若缺少一块，也可以拿乌尔发现的浮雕拼凑。哈法加出土的浮雕，由三幅横向的画面组成，记载庆祝神庙落成的情景。浮雕的线条没有表现出人体轮廓的圆润，衣服和人体本身处理得很马虎。这说明当时的艺术水平很低。

图1-114　神庙落成庆典浮雕　公元前3000年　伊拉克国家博物馆

描绘国王的浮雕,虽然画面千篇一律,但可以通过刻在衣裙上的名字,将他们分清。例如,在拉伽什(今特罗)发现的浮雕,其艺术水平和题材都与上述的哈法加浮雕相似,我们在画面的上部看到国王乌尔·尼那,头顶装有建筑工具的篮筐,前面站立的是他的家人。在下部,国王坐着,家人簇拥在旁,一起庆祝佳节。在这两排画面中,艺术家都把国王刻得比他的家人大,并把家人们的名字刻在他们各自的衣服上(图1-115)。

图1-115　乌尔·尼那王石碑　公元前3000年　伊拉克国家博物馆

把上下两排的人物跟埃及前王朝时代雪花石膏器皿上的人物作比较,我们可以得出结论说,这一时期的苏美尔浮雕艺术是低下的,特别是人物十分粗糙。

在拉伽什发现一块战争题材的浮雕,记载拉伽什第二位国王安那吐姆攻克邻邦乌玛的情景,被称为"鹫碑"(图1-116A,图1-116B)。

我们从这一浮雕①的一面上部(图1-116A)看到,国王率领一队士

---

① 塞雷兹克教授发现这浮雕时,浮雕已破成几块,教授将其拼合修复。浮雕长1.5米,宽1.8米。

图1-116A 安那吐姆王浮雕 公元前3000年 卢浮宫

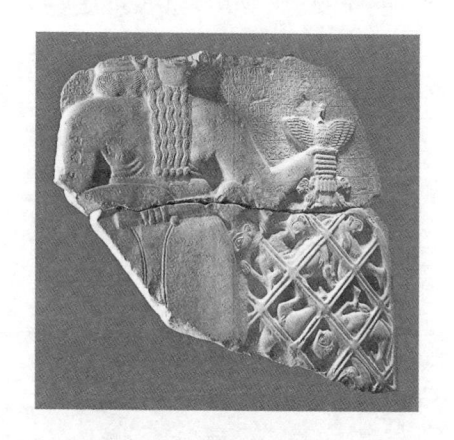

图1-116B 安那吐姆王浮雕 公元前3000年 卢浮宫

兵,他们身披方形铠甲,脚踩敌人尸体;下部也有国王,他独自驾驭战车,率领手持武器的队伍,追剿落荒而逃的乌玛士兵。在这一石碑中,国王与士兵的形象,大小是一样的。

镌刻这块石碑,显然不仅是为了纪念,而且也有宗教目的。石碑的另一面(图1-116B)上,绘有身躯伟岸的拉伽什守护神宁吉尔苏的形象,他把敌人装入一张绳网，另一手举着一只狮头兀鹰，兀鹰的两只利爪各抓着一个兽头，那是我们前已述及的伊姆杜吉德神的象征。

这块石碑描绘拉伽什神战胜敌人的情景。如果对这块石碑的艺术进行研究，那就可以看到，它比起前面两块石碑来，浮雕技术已有所进步，尽管人物仍一如以往刻在两个平面上，但艺术家已作了让人体具有立体感的尝试，在描绘成排的敌兵方面，艺术家对透视概念也有了进一步的理解。

圆柱形印章

镌刻艺术不仅表现在上述的石碑上，而且遍及宗教礼器，这类器皿上的浮雕题材，只限于宗教内容和苏美尔神话，在圆柱形的印章上，这样的画面更是屡见不鲜。原始时代末期，印章上的人物、鸟兽图案已转变成装饰性图案，现在，人物、鸟兽图形的印章又再次出现了。描绘神话故事的镌刻作品中的英雄形象，大多是令人费解的，如有的人，顶着一个长胡须的牛头（图1-117），人形的英雄吉尔伽美什在同群狮搏斗（图1-118）等。这些画面总是刻在一块块的长方形内，画面之间用镂空的花纹连接，有时这些花纹可能就是印章主人的名号。印章的镌刻风格虽然与方形石碑的双面刻相似，但两相比较，印章镌刻得更精细，也更考究。

图1-117　圆柱形印章　长须牛首人　海牙市博物馆

王国时期的苏美尔人擅长用象牙和贝壳刻成栩栩如生的人物、鸟兽，然后巧妙地固定在涂有沥青的平面上，组成一幅幅画面。

图 1-118 圆柱形印章 吉尔伽美什斗群狮

这方面最好的实例之一是乌尔出土的一幅镶嵌画(图 1-119),两面

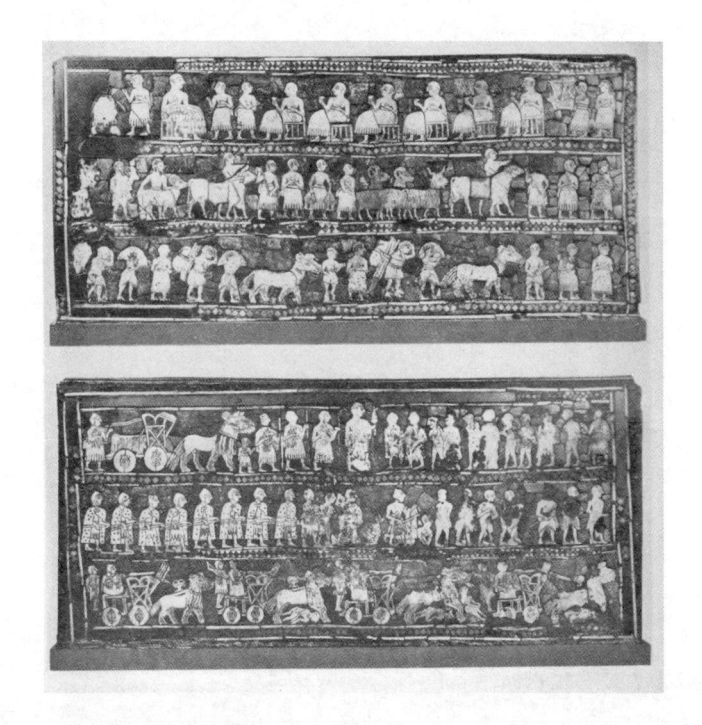

图 1-119 乌尔镶嵌面 公元前 3000 年 大英博物馆

的画面均按横向排列，题材与前已述及的浮雕雷同。各层的画面用几何图形隔开。从正面的画上，可以看到军队、战车出发去同敌人作战；反面的画面是欢庆胜利的场面，国王正检阅赢得的战利品。这两幅画面的布局，要比相同题材的石碑浮雕清晰得多，其原因，是镶嵌技法为艺术家画面构思、人物布局提供了更多的方便，也有助于收到更好的效果。不过，贝壳质地细而脆，雕琢时需特别小心。

通过上述文物可以看到，苏美尔艺术家刻画人物形象是从不同的角度观察的，身躯和头部是侧面，上半身和眼睛则取正面；同时，统治者的形象比他周围的人要大，这使我们联想起了埃及艺术的风格。

实用美术

苏美尔境内虽然没有铜矿，但在神庙里发现几件做工极为精致的铜制工艺品，如在哈法加发现一尊小铜像：一个裸体男人站在一个托架上（图1-120）。据揣测，他的头上原顶有一个小罐。这件铜像证明，艺术家已经掌握了人体的正确比例。

艺术家制作的这类金属像还能够表现激烈的动作。特勒阿格拉卜出土的两个摔跤力士扭在一起，头上顶着器皿（图1-121）的像，就清楚地表明了这一点。

制作这种头顶器皿的像，系出于宗教目的，因为这些器皿是为神庙举行庆典时盛放驱除邪魔的熏香所准备的。

图1-120　男子铜像　公元前3000年　伊拉克国家博物馆

艺术家运用他们打制金属器皿的本事制造苏美尔骡车模型（图1-122），并制成苏美尔神话故事的画面，装点神庙的正面（图1-109）。金属

图 1-121　头顶器皿的摔跤力士铜像　公元前 3000 年　伊拉克国家博物馆

制品不限于铜，在乌尔陵墓中还找到过一批金器[1]，它们表明早期苏美尔文明的繁荣。苏美尔人在陵墓里置放这些物品是因为他们相信来世，热衷于把死者的私人用品随葬入墓。

图 1-122　骡拉车青铜器　公元前 3000 年　伊拉克国家博物馆

---

[1] 伍利教授从 1922 年起先后发现了 450 座地下坟墓，墓室顶呈拱形。其中有乌尔诸王的王陵。发掘工作于 1927 年结束。

墓葬物中的精品,是从王陵中出土的①。其中的金器,如国王们用过的金器皿和金樽②(图1-123),已达到那一时代艺术的顶峰。同时,黄金打制的兵器(图1-124),有的还镶有宝石,证明当时有一批杰出的金银匠。马斯卡蓝·杜杰王的仿苏美尔人帽兜金头盔(图1-125),做工精细,代表了苏美尔艺术家高超的技艺。那是人类为了作战时保护头部而利用金属制成头盔的最早尝试。

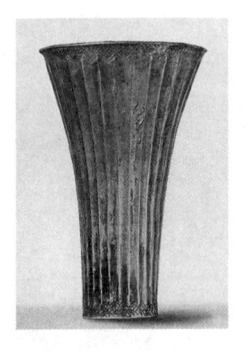

图1-123　金器皿和金樽　公元前3000年　乌尔舒巴德王后陵　贵城大学博物馆

图1-124　金匕首　公元前3000年　乌尔王陵　伊拉克国家博物馆

---

① 伍利教授著《乌尔的出土物》(1954年)一书,对这些陵墓的墓藏有详尽的描述。
② 这些金樽系从舒巴德王后墓中出土。

中东艺术史·古代

图1-125 金头盔 公元前3000年

图1-126 装饰性马嚼子 大英博物馆

苏美尔人除擅长用单一金属打制物件外，还会用几种金属混合制成工艺品。这方面的例子不胜枚举。在舒巴德王后陵墓中，找到一件装饰用的金属马嚼子（图1-126），其形状是银戒指上镶一头镍银[①]打制成的小巧骡子。在另一座王陵中，发现了一件小巧玲珑的神话动物雕刻，像一头带翅膀的小山羊（图1-127），站在嵌有贝壳的木底座上，前腿搭在一棵用纯金打制成的枝叶茂密的树上。这头小山羊由几种物质制成：头和腿是金的，背上的翅膀羽毛，上部用贝壳下部用蓝宝石镶拼。小山羊有时被当作塔穆兹神的化身，而那棵树，在苏美尔人眼里，则是象征生命的圣树。至于把各种动物的特征糅合在一起的构思，正如我们所知，乃源于苏美尔人的信仰和神话。

---

① 镍银是铜和银的合金。

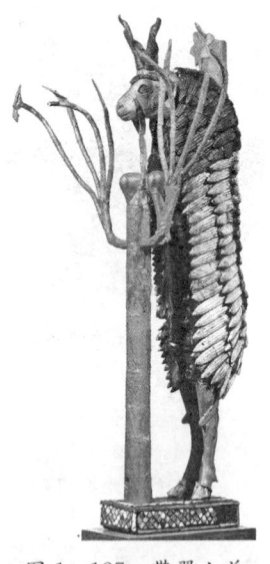

图1-127　带翼山羊　乌尔王陵　大英博物馆

图1-128　牛首乐器　乌尔王陵　大英博物馆

木弦乐器(图1-128)也是苏美尔人设计的别出心裁的工艺品之一。在箱状琴身的顶部，有一个长着黑胡须的金牛头(图1-129B)。琴身的正面，用贝壳镶嵌人和动物的装饰画面，分层排列(图1-129A)，最上面的是英雄吉加美士抱着两头长有人头的公牛。其余的都是动物，它们担当起人干的活儿。艺术家装饰琴身正面的办法是把贝壳刻成人和动物的形状，然后分层嵌入涂有沥青木板的表面。

中东艺术史·古代

123

图1-129A　木琴正面的人和动物
贝壳镶嵌饰　大英博物馆

图1-129B　牛首乐器细部

第二节　阿卡德

（公元前2350～前2150年）

历史背景

苏美尔第二王朝后期，各地统治者之间的争斗愈演愈烈，导致从阿拉伯地区迁来、在水草肥美的两河流域定居的闪米特人的势力日益壮大。他们在苏美尔北部的一些城市如启什、乌赫马尔形成集团，并攫取苏美尔各地的要职。他们乘苏美尔王势败力衰之机，在一位强悍的领袖率领下，于公元前2350年一举推翻苏美尔政权。这位领袖——萨尔贡王在北方建立新都,命名为阿卡德。控制苏美尔和阿卡德两个地区,并没有使阿卡德萨尔贡王感到满足,他还多次发兵征讨幼发拉底河以西地区,一直打到地中海沿岸,从而控制了两河流域北面玛里和亚述两城,为了攻打依蓝地区,他率军来到波斯湾。萨尔贡王在两河流域建立了第一个幅员辽阔的闪族大帝国。

萨尔贡王的继承者中,最著名的是纳拉姆辛王,他们都竭力维护这个庞大的帝国。但阿卡德帝国建立一个半世纪后,居住在波斯边境山区的野蛮的库提人终于消灭了阿卡德政权。

阿卡德文明直接源于苏美尔文明,这是因为阿卡德人曾长期生活在苏美尔人的统治下,他们用楔形文字表达自己的闪族语,他们从苏美尔艺术中得到许多借鉴,并有所发展。

在萨尔贡王的京城阿卡德,没有挖掘到什么遗物,因此,对阿卡德艺术的研究,只能依靠其他地区在战争中掳掠到的阿卡德物品,它们数量少,而且分散。

雕刻

在尼尼微[①]发现的一个青铜头像(图1-130),显系出自一位巧匠之手,虽然头像上没有说明人物身份的铭文,但发掘者们根据雕像庄重、威严的神情推断,此系在两河流域建立闪米特族大帝国的开国君王。

图1-130 阿卡德萨尔贡王头像 公元前2500~前2000年 伊拉克国家博物馆

---

① 尼尼微,在今伊拉克北部摩苏尔附近,古代亚述帝国的首都。——译者

在这尊头像上，苏美尔艺术的影响清晰可见。萨尔贡王头上戴的，很像四百年前苏美尔王的头盔（图1-125）。苏美尔艺术在这尊头像上的影响还表现在：双眉在鼻梁上方连接在一起。把这头像与苏美尔雕像相比较，可以清楚地看到，阿卡德时代雕刻的对象已有发展，不光是制作一些膜拜者的雕像，而且已用来表现世俗生活了，头像脸部的威严、刚毅显示出统治者的个性。这一头像的制作工艺十分精湛，可与埃及古王国艺术家所创作的那些刚健的头像相媲美。统治者已不再被神化，这在阿达卜①出土的一位阿卡德王子的头像（图1-131）上，显而易见。

图1-131 巴斯马亚贵族头像
公元前2500～前2000年
芝加哥大学东方研究所

浮雕

在苏撒和特罗两城，发现记载阿卡德诸王武功的石碑，其中最清晰可辨的是萨尔贡王的孙子纳拉姆辛王的庆功碑（图1-132）。

艺术家在这块石板上镌刻的浮雕描绘了纳拉姆辛王战败敌人的情景。②把这块石刻与苏美尔王安那吐姆庆祝胜利的石刻相比，阿卡德艺术

---

① 阿达卜，古名巴斯马亚，今伊拉克迪瓦尼亚附近。1903年，美国芝加哥大学考察团曾在此发掘出苏美尔文明的古迹和文物。——译者。
② 关于这块石刻，格·弗兰克福特女士所著《阻力与运动》一书有全面的叙述。

图 1-132　庆功碑　阿卡德纳拉姆辛王战胜山民　公元前2500～前2000年　卢浮宫

在画面的整体设计上有明显变化。苏美尔浮雕分层记载历史事件,而阿卡德艺术家的镌刻风格颇有创新,即通过一个大画面反映整个故事并安排各种人物。我们看到纳拉姆辛王踩着敌人尸体,率军在林木丛生的山区前进。他头上戴的是双角头盔①,形象比士兵们大,位置也比他们高。能盖过他的,只有山顶和星星。山区用斜线刻画,山顶呈圆锥形。这件文物的意义在于是两河流域第一块通过一幅图画来记载历史事件的纪念碑。

圆柱形印章

在苏美尔第一、第二王朝便已取得发展的圆柱形印章镌刻工艺,至阿卡德时代臻于高度繁荣。就题材丰富、镌刻精美而言,阿卡德时代是两河流域艺术史上印章艺术的全盛时代。苏美尔人喜爱的题材,在阿卡德印章上继续得以体现,许多印章都刻着跟群狮搏斗的民间英雄吉加美士和宗教中的神(图1-133)。想象力丰富的神话故事也出现了,最著名的是牧人埃塔那的故事:他的羊群得了不孕症,于是他跨上雄鹰,飞向天空,探索生命的奥秘(图1-134)。地上的万物惊异地望着凌空翱翔的埃塔那……画面虽然很小(4厘米×7厘米),但人和动物都刻得十分清楚。

此后,宗教题材的印章渐渐减少,几至绝迹,这反映了当时阿卡德的政治状况:统治者们正忙于扩大帝国的版图。原先苏美尔的神灵都改换

---

① 这是神灵的标志,因为神所戴的帽子形状与此相似。

中东艺术史·古代

图1-133 阿卡德宗教题材的圆柱形印章 公元前2500~前2000年 伊拉克国家博物馆

图1-134 阿卡德埃塔那圆柱形印章 公元前2500~前2000年 柏林新博物馆

了新名字,司爱情和战争的神由伊娜娜变成伊什塔尔,西恩取代了纳纳尔充当月神,太阳神不叫乌萨巴巴尔,而叫沙玛斯。

第三节　第二王国时代的苏美尔
（第三王朝，公元前 2112～前 2015 年）

历史背景

阿卡德王国在纳拉姆辛王的儿子沙尔卡利·舒里王时期开始走向衰落，致使生性好斗的库提人能够乘机侵入。然而，库提人在赢得战争胜利之后却宁可待在北方，允许苏美尔各城邦在缴纳贡税的前提下享有某种程度的自主权。这就给了苏美尔各城邦以喘息之机，得以重新积聚力量。他们在乌尔统治者乌尔纳姆的领导下，赶走了入侵的库提人。公元前 2112 年，乌尔纳姆自封为苏美尔-阿卡德王，建立乌尔第三王朝。与此同时，在古迪亚长官统治下的拉伽什，也存在着一个半独立的苏美尔政权。

这一系列事件促使居住在西北部城市中的阿摩列伊人的实力增长，而北方底格里斯河两岸的亚述人也企图建立自己的国家。

但是事实上，控制着两河流域和依蓝国土的是苏美尔人，他们还一直在叙利亚北部保存着自己的势力，而让叙利亚的其他领土置于埃及法老的统治之下。过了一个阶段后，依蓝人终于能够报仇雪恨，在公元前 2015 年推翻苏美尔第三王朝的政权，建立依蓝王朝，立都于幼发拉底河畔拉尔萨，从此与伊新城的闪米特政权长期分庭抗礼。这些事件，标志着苏美尔势力在两河流域已经日薄西山，伟大的苏美尔文明的最后一段历史至此结束了。

库提人诸王没有给我们留下任何艺术珍品。从后代编纂的文献看，我们只知道他们是一个强悍、凶残的部族。

建筑

使苏美尔人重获荣光的乌尔纳姆王，在乌尔广事改革，并大兴土木，建造与他地位相称的宏伟寺庙（图1-135A），在建筑艺术上有不少创新，如增加神庙的台基（齐古拉）。他那时的神庙台基有3层，每层高达11.5米左右（图1-135B）。乌尔纳姆王靠这种新方法建成了两河流域史无前例的高大建筑。同时，他还大量使用在沥青中浸泡过的砖块来垒砌神庙的基础。

图1-135　苏美尔第三王朝开国君主乌尔纳姆所建神庙
约公元前2100年　A　神庙废墟　B　神庙和齐古拉（台基）示意图

雕刻

在乌尔，未能找到这一时期的雕像。反映苏美尔第二王国时期的雕刻作品，全是在拉伽什发现的。与乌尔纳姆王父子同时并存的拉伽什，在古迪亚的管辖下，是一个半独立的政权。这里出土的30尊黑色闪长岩古迪亚像，不论是立像还是坐像，都刻画了这位统治者对神的虔敬之情。

考古者在拉伽什废墟中发现的文物，表明古迪亚对于重逢城里的神庙十分关注，他的一尊坐像，膝头上放着神庙的设计图（图1-136），清楚地说明了这一点。这些出自高手的雕像，刻得极细，人物的肌肉、衣服的褶皱在质地坚硬的闪长岩上，表现得惟妙惟肖。艺术家还善于利用雕像上的反光来增强平面感和立体感，如古迪亚双手交叉在胸前的立像（图1-137）就是一例。同时，这尊雕像的脸部，毫无表情，只有直视的眼睛才流露出神往的目光。

图1-136　古迪亚闪长岩坐像　约公元前2100年　卢浮宫

图1-137　古迪亚闪长岩立像　卢浮宫

浮雕

国王们总是要做各种各样的事情来亲近苏美尔的神祇。乌尔纳姆王也把能使自己流芳百世的功绩刻在石碑上。这块石碑是苏美尔艺术家当时最杰出的浮雕艺术作品。它的画面分层排列，题材各自独立，除了都有国王形象出现之外,相互间毫无联系。我们看到其中的一个画面(图1-138),国王当着月神纳纳尔的面洒圣水,月神和国王穿的衣服截然不同。在这一浮雕上,我们看到艺术家再次承袭了苏美尔古代的传统,用分层的办法来镌刻这类纪念性的画面。

图1-138 乌尔纳姆纪念碑 约公元前2050年 费城大学博物馆

圆柱形印章

阿卡德政权消亡后,印章艺术中落,民间喜闻乐见的题材不见了,我们从当时的印章中再也看不到吉尔伽美什[①]那样的神话人物或苏美尔的神话故事了。宗教题材压倒一切,总是镌刻印章主人伫立在最伟大的城市守护神跟前的情景,如图1-139,就是古迪亚由他的私人保护神带领着,去朝见那最伟大的神,以求赐福。

[①] 这类画面到了基督时代曾再次出现,我们在一块装饰布上看到过先知丹尼尔站在两头狮子中间的描绘。

图 1-139　古迪亚圆柱形印章　约公元前 2100 年　卢浮宫

第四节　古巴比伦王国时代

（公元前 1728～前 1600 年）

历史背景

前已述及，苏美尔第二王朝崩溃以后，它的城市被依蓝人和阿摩列伊人所分占，依蓝人的拉尔萨城和闪米特人的伊新城长期对峙，争战不息，最后依蓝人虽然取得了胜利，但西北部的玛里仍始终处在独立的闪米特人政权控制下。

依蓝人打败了伊新闪米特政权，却未能长期保住自己的胜利，因为闪米特人的势力在西北部的城市中蔓延滋长,经过一个阶段后,他们在汉穆拉比王的领导下,终于能够驱逐了拉尔萨依蓝人政权。公元前 1728 年,汉穆拉比建立巴比伦第一王朝,立都巴比伦城。

铲除依蓝人的危险之后,汉穆拉比便能够向南、向北开拓疆土。他建成一个大帝国,版图包括北方的亚述城,西部的玛里,南面的苏美尔、阿卡德以及依蓝地区,从而在公元前 1754 年成为整个两河流域的君主。这时,印欧人[①]如胡里特人和加喜特人从东面潜入巴比伦境内。

这个阶段的文明,繁荣昌盛,是两河流域文明的黄金时代。然而,遗憾的是,巴比伦第一王朝历时并不长久,频繁的战事使它的国力日衰,印欧人中的赫梯人趁势崛起,于公元前 1600 年侵入巴比伦,战而胜之,后在安纳托利亚地区建立国家。这样,曾称雄中东的汉穆拉比的巴比伦第一王朝灭亡了。

赫梯人洗劫巴比伦地区之后,撤回自己的地域,这使人数不断在增长的加喜特人得以独揽巴比伦的政权,并控制两河流域的南部。印欧人中的米坦尼人也渗入并定居下来,通过和平的方式掌握了两河流域北部的实权,他们在杜什拉塔王的统治下,于公元前 1400 年成为一股强大的力量,迫使埃及法老阿门荷太普三世表示友好,签订和平条约。

一、玛里城（今特勒哈里里）

两河流域在成为汉穆拉比王的一统天下之前,经历了拉尔萨依蓝政权和伊新闪米特政权两个阶段,但那两座城市并没有留下什么值得一提的艺术作品。

那个时期的古迹集中在享有独立的玛里城,当时的玛里由于借鉴了

[①] 印欧人是指雅利安人。

苏美尔第一王国时期的苏美尔文化，造就了自己的繁荣文明。苏美尔王朝消亡以后，它的艺术还继续影响着玛里，我们看到，城里的宫殿是按苏美尔式样设计的，造房也采用砖。

建筑

玛里国王建造的宫殿，大约占地三费丹，是两河流域最豪华的宫殿之一，以致乌加里特王致函胡里特王亚里姆林，要求把他介绍给玛里国王。玛里国王拥有一座富丽堂皇的宫殿，墙上饰有彩色壁画，而他——乌加里特王——也想依样盖一座宫殿。

绘画

玛里宫殿遗留下来的珍品之一，是白底墙上的彩色壁画，题材有宗教性的，也有神话故事，还有日常生活的情景（图1-140）。

图1-140 玛里宫殿壁画 卢浮宫

艺术家安排这些画面，采取了分层的办法：上面的一层是国王伫立在战神伊什塔尔跟前；从下面一层上，可以看到一些人举着喷洒圣水的器皿。这两层的左右两侧，描绘的是当时两河流域有名的神奇动物和树木。

这些壁画中有的可能照搬了圆柱形印章的内容,特别是这些彩色壁画的轮廓线是刻在墙上的。

雕刻

关于雕刻,所发现的玛里统治者像,都具有古迪亚雕像上那种尽人皆知的苏美尔风格。例如埃什图布·伊卢姆长官像,艺术家特别注意表现衣裳的质地(图1-141);另外一尊双手捧着圣水器的女神像(图1-142)和玛里出土的抱着献牲的人像(图1-143),都明显受到苏美尔雕刻的影响。

图1-141 埃什图布·伊卢姆像 公元前1900年 阿勒颇国立博物馆

图1-142 捧圣水器的女神像

图1-143 抱献牲者像 公元前1800年 阿勒颇国立博物馆

二、巴比伦

在两河流域历史上,汉穆拉比是一位伟大的国王,他建立了庞大的巴比伦王国,历时 300 年,管辖着整个两河流域、叙利亚和依蓝。尽管如此,考古者在巴比伦找到的艺术文物却微不足道,不过是些圆柱形印章和小型陶像。

雕刻和浮雕

巴比伦最重要的独具一格的文物,是在古依蓝首都苏撒发现的,那是一块纪念碑和深色闪长岩汉穆拉比王头像,头像的脸部表情说明这位垂暮之年的国王,对连年战争已感到疲劳了(图 1-144)。

图 1-144　汉穆拉比王闪长岩头像　公元前1800 年　卢浮宫

这尊没有铭文说明的头像很有名,也许可以同那块刻有保证民间享有公正、繁荣的法典条款的纪念碑上的国王浮雕像(图 1-145)相提并论。

那块玄武岩纪念碑①上部,雕有法典的缔造者——太阳神沙玛斯,他坐在宝座上,正向肃立在他跟前的汉穆拉比口授法典内容。法典的条款刻在人物的下面。这块纪念碑被认为是两河流域一系列法典中最古老的一部文献。雕纹十分突出,令人感到其中的人物呼之欲出。这一浮雕中的人物布局,使我们想起乌尔纳姆王站在月亮神纳纳尔跟前的苏美尔浮雕(图1-138)。

在那个时期,圆柱形印章上镌刻的也始终是伫立在神前的题材,其他内容并不多见。

图1-145 汉穆拉比王法典 玄武岩碑 卢浮宫

三、加喜特人

汉穆拉比政权结束,两河流域的历史便翻过了伟大的一页,此后,异族统治接连不断,先是赫梯人,他们的政权历时不久,接着是加喜特人在巴比伦执政,长达600年左右。加喜特人是公元前3000年末迁到伊朗高原的一支印欧人,同居住在扎格罗斯山区的部落通婚而形成的世系。大约在公元前2000年的时候,他们由扎格罗斯山脉中部移居到两河流域,尔后又控制了巴比伦。

在两河流域的艺术史上,加喜特时代没有留下任何痕迹,加喜特人也没有带来新的文明。我们只发现他们借鉴了巴比伦的文明,利用了两河流域的艺术。

---

① 这块石碑于1902年在苏撒废墟中发现时,已断成三段,但能拼全。

建筑

加喜特人的神庙建筑继承了苏美尔传统。在当时的京城杜尔库里贾尔祖(今阿克拉卡夫),发现齐古拉的残迹,齐古拉由砖块砌成,墙面饰有几何图形。乌鲁克神庙围墙下部,也是用突出的砖块装点的。墙上的这些装饰图案,都是神祇的形象,有男有女,托着圣水器(图1-146)。在阿克拉卡夫的宫墙上,还发现那个时代的壁画,画的是侧身的人物(图1-147)。

图1-146　乌鲁克神庙墙　公元前1500年　加喜特人时代　柏林新博物馆

图1-147　阿克拉卡夫宫壁画

雕刻和浮雕

残留在巴比伦城的加喜特人时代的艺术文物之一,是神庙中的石碑,名叫"库都路",亦即界碑,上面镌有宗教活动的场面和宗教象征,例如国王梅利什派克二世界碑(图1-148)。

关于加喜特人的雕刻艺术,在阿克拉卡夫发现一尊彩色石灰岩头像(图1-149),没有任何特色。有些学者认为它受到埃及雕刻的影响,因为加喜特人王卡兰达什一世与埃及阿门荷太普三世之间是有联系的。还出土一些动物小陶像,做工细致、讲究(图1-150)。

图1-148 加喜特王梅利什派克二世界碑 公元前1200年

图1-149 彩色石灰岩头像 加喜特人时代

图1-150 牝狮小陶像 公元前1400年 加喜特人时代 伊拉克国家博物馆

第三章　安纳托利亚地区（今土耳其）
（公元前 2300～前 1000 年）

引　言

　　至公元前 2500 年，中东地区的历史文明就不限于尼罗河流域和两河流域了，在安纳托利亚地区出现了与两河流域阿摩列伊-阿卡德政权同时代的新文明，它是学者们称为哈梯人所创建的。哈梯人的根源和种族尚无从稽考，两河流域的文献和碑铭上均未曾提到他们。他们住在安纳托利亚地区的时间，似乎是在公元前 2300 年至前 2000 年，离群索居，不同两河流域的居民交往，因此没有受到苏美尔文明的影响，也没有以自己的文明影响两河流域。后来，在赫梯人加入之后，他们离开了安纳托利亚地区，有的去克里特岛，有的进入希腊人的地域。

　　赫梯人属印欧人，公元前 3000 年由高加索东迁，越过两河流域北部地区，被胡里特人逐出他们的势力范围后，定居在安纳托利亚地区西部。

　　赫梯人开始时并没有统一的政权，而是分散在各邦，由各邦的执政官领导。历史上知名的最早的赫梯人执政官是阿尼塔王，他的统治中心在卡苏拉。过了一个时期,他侵入哈里斯河流域哈图沙①——那里似有一些非雅利安人的部族,尔后折向东面,占领住着阿卡德商人的伽尼什。公元前1900年,阿尼塔王把京城迁到涅萨。

公元前17世纪,哈图喜里王定都哈图沙(今波加兹科易②),建立了古赫梯王朝,势力东到马拉提亚,西抵爱奥尼亚海岸,又将叙利亚北部的阿勒颇和亚马哈德两城并入王国的版图。公元前1600年,穆尔西里王摧毁巴比伦,结束了巴比伦王国在两河流域的统治。但是在他的继承人时代里,动乱持续不断,终于导致古赫梯王朝的覆灭。

后来,伟大的将领苏庇路里乌玛重新整顿国家,在公元前1400年建立新赫梯王朝,接着渡过幼发拉底河,击败控制两河流域北部的米坦尼人,占领胡里特人的卡尔赫美什和阿勒颇,让他的兄弟们统治。这样,新赫梯王朝就直接与埃及帝国的北疆接壤。为了控制叙利亚地区,赫梯人与埃及人之间争斗不息。苏庇路里乌玛的孙子与埃及法老为此而兵戎相见了四分之一个世纪以上,公元前1269年,哈图喜里三世与拉美西斯二世签订和约,战争始告结束。

中东地区在公元前2000年末迭遭变故,致使雅利安人进一步迁入,控制了叙利亚北部、腓尼基和安纳托利亚地区。新赫梯王朝因而消亡。

然而,避居叙利亚北部的赫梯人,于公元前1100年在辛吉利、卡尔赫美什和马拉提亚等地建立赫梯的地方政权,保持了五个世纪的兴盛,后受到亚述人攻打叙利亚的影响而消失。这样,赫梯人的势力便彻底退出了中东地区。

至于安纳托利亚地区,在赫梯政权消亡之后,就被几个不同的部族瓜

---

① 赫梯一名乃源于哈图沙,个人即叫"哈梯人"或"赫梯人"。(据《世界通史》,最早的赫梯居民叫哈梯人。——译者)
② 1906年,温克勒教授在波加兹科易城发现赫梯首都遗址。

分：费里基扬人和吕底亚人占领中部和东部，西面形成乌拉尔图王国，西密利安人迁居在该地区南部。最后，吕底亚人控制安纳托利亚地区的大部，成为小亚细亚最强大的力量。公元前546年，吕底亚被波斯居鲁士王击溃。

定居在安纳托利亚地区的赫梯人，开始并没有自己的文明，后受到由胡里特人传入的两河流域文明的影响。赫梯人操雅利安语，但学会了用两河流域创造的楔形文字书写。他们崇拜地神、天神和太阳神，从苏美尔人那里引进一些神的象征，如张开双翼的兽头鹰，还吸收了埃及人的太阳神标志——一个带翅膀的圆盘。

第一节 安纳托利亚最早的居民

人们知道，赫梯人是公元前1500年移居到安纳托利亚地区的，考古者在寻找赫梯人的遗迹时，偶然发现了这里最早的居民——赫梯人的遗物。安纳托利亚的地下，蕴藏着丰富的金属矿，这使得那些最古老的安纳托利亚人掌握并擅长金属的冶炼。赫梯人的遗物是从两个相距颇远的地点发现的，一是北部近黑海的阿拉卡胡约克，一是西面地中海沿岸的特洛伊[①]。对这些文物的研究表明，赫梯人在创造独具一格的艺术方面是很有贡献的，这种艺术不同于两河流域的艺术，两河流域艺术对除埃及外的整个中东地区都深具影响。

谢里曼[②]教授发现特洛伊城遗迹，他从这些遗迹推断，特洛伊当时围

[①] 也叫伊利昂，今名希沙立克。——译者
[②] 谢里曼教授于1870年至1890年在特洛伊城发掘赫梯人的遗迹，发现的实物却与赫梯艺术毫不相关。

墙高耸,军事上可谓是固若金汤。而在阿拉卡胡约克发现的陵墓①证明,那时的平顶墓室是很宽敞的。

实用美术

安纳托利亚地区以产铜、银和少量的黄金闻名,在阿拉卡胡约克的陵墓中,发现许多金块、银块和金制饮具,贵妇的墓中还出土有金制的项链、手镯和带图案状饰头的别针(图1-151)。

图1-151 阿拉卡胡约克陵墓中的金器 安卡拉安纳托利亚文明博物馆

这批文物中最美丽的是一尊动物像,它像野羚羊,站在用铜和镍银制成的桠枝上(图1-152)。可以看出,动物的身躯是铜制的,上面镶有银的几何图形,头部包有一层金箔、银箔。这尊动物像的制作时代应上溯到公元前2200年。

特洛伊发掘到的金银制品(图1-153)从精巧性上说,比阿拉卡胡约克出土的相似物要逊色得多。两地虽然相距遥远,但有些装饰设计却很相像,这证明两地的遗物乃是同一种族遗留下来的。

---

① 这些陵墓是一个土耳其考古队在1935年发现的。

图 1-152 野兽铜像 约公元前 2200 年 安卡拉安纳托利亚文明博物馆

这批遗物如果与乌尔陵墓出土的金首饰相比,其特色与苏美尔风格大相径庭。

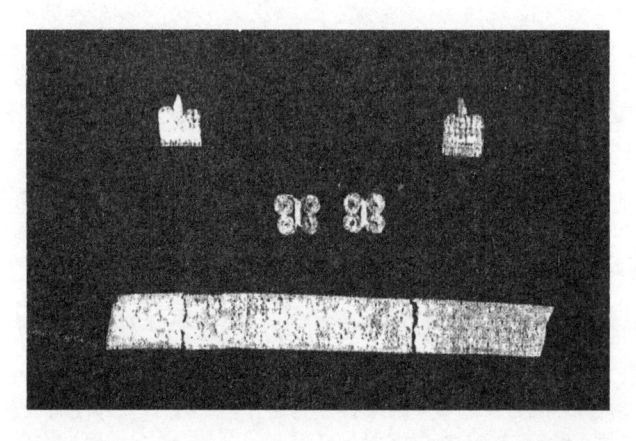

图 1-153 特洛伊金器 安卡拉安纳托利亚文明博物馆

第二节　赫梯人和胡里特人

历史背景

在古城伽尼什(今名库勒特卜)发现的赫梯时代最早的遗物[1]，其历史可追溯到公元前1950年。这些遗物证明，安纳托利亚最早的居民最早的遗物[2]在外来移民统治下时，仍然留居当地。遗物中有陶制饮具，形状像动物，这是借鉴阿拉卡胡约克艺术的结果。此外，赫梯人显然向最早的居民学习金属冶炼术，阿尼塔王曾提到，他的宝座是铁做的。

到公元前18世纪穆尔西里王时期，这些相互争斗的部族终于安定下来，他们创作了许多风格独特的艺术作品，不同于最早的安纳托利亚人的艺术，而是源于曾对整个两河流域产生过巨大影响的苏美尔艺术。此外，在过了一个时期之后，我们看到，赫梯人的艺术也影响了两河流域的民族。

在安纳托利亚的不少城市中，发掘出赫梯人的古迹，胡里特人居住的叙利亚北部也发现赫梯人的遗物。赫梯艺术虽然产生在这两个地区，但就受两河流域艺术影响的程度而言，安纳托利亚地区远不及叙利亚北部地区，这是因为胡里特人吸收了大量的两河流域艺术的缘故。赫梯人和胡里特人在艺术上的共同点很多，以致很难将两者截然分开，特别是它们的风格都有别于两河流域或叙利亚中部、南部的艺术。

建筑

赫梯人的建筑方法与两河流域不同。赫梯人盖房，大量使用当地盛

---

[1] 在伽尼什宫殿的遗迹中，发现一把刻有阿尼塔王名字的匕首。这证明赫梯人原先定居于此，后来才迁往哈里斯河，建立他们的王国。
[2] 指赫梯人。——译者

产的石料和木材，石块用来砌墙基，墙的上部则只用土坯或装在加固木框里的小石块垒砌。这种方法——大石块砌墙基，土坯或小石块装在加固木框里砌墙上部——在叙利亚北部，仅见诸胡里特人的居住区，赫梯人是从他们那里学会的。在阿拉拉克（今特勒阿查纳），胡里特国王亚里姆林王宫，建于公元前1760年，就是以上述方法建造的。该王宫的入口，有三道带高耸塔楼的门，其豪华程度，超过了赫梯王国首都波加兹科易的主门。王宫内墙，都饰有彩色壁画①，在风格上类似玛里王宫的壁画。

苏庇路里乌玛王很重视重新加固波加兹科易的城防，造了一道坚固的城墙，入口有三道门。赫梯人在装饰这一入口时，引进了一种新的建筑式样，墙的下部雕了一对凸出墙面的石狮子（图1-154）。这种式样在阿拉卡胡约克城门口曾采用过，用作装饰的是一尊凸出城墙的兽身女人首像（图1-155）。从头像的帽子看，其受苏美尔人和腓尼基人所喜爱的埃及艺术的影响十分明显，而张开双翼的双头鹰浮雕，则表明其受苏美尔艺术的影响。

图1-154　波加兹科易城入口　公元前1400年

① 亚里姆林王宫中发现的残存壁画今已无存。

图 1-155　阿拉卡胡约克城门

我们看到，胡里特人造的房子，与赫梯人引进的这种建筑方法颇为相似。在胡里特人的阿拉拉克找到砌墙用的整块石头，凸出墙面的是狮头雕像（图 1-156），这是公元前 14 世纪中叶的作品。

图 1-156　阿拉拉克城墙石块　公元前 1400 年

雕刻

赫梯人统治安纳托利亚时期，没有留下值得一提的完整雕刻作品，这证明他们对雕刻艺术漠不关心。柏林博物馆里有一尊波加兹科易出土的青铜男子像（图1-157），也许代表赫梯人信奉的一个神。

至于胡里特人的完整雕刻作品，发掘到的也不多。最出色的一件是在阿拉拉克的一尊闪长岩小型头像（图1-158），创作的时代是公元前1760年。它有可能是著名的王宫主人亚里姆林王的头像。头像雕得很细，说明是当时繁荣的城里一位能工巧匠的杰作。亨利·弗兰克福特教授形容这尊头像是"北叙利亚唯一出自一位无与伦比的叙利亚巧匠之手的艺术品，这位叙利亚高明的艺术家曾在一所先进的胡里特学校里受过训练，而在伟大的玛里城，却没有相似的学校"。这尊头像雕凿之细，可谓是前无古人，后无来者，因为零零星星找到的雕刻品中无有佳作。

图1-157 波加兹科易青铜像 柏林新博物馆

图1-158 闪长岩头像 安塔基亚博物馆

浮雕和圆柱形印章

赫梯人用浮雕装饰他们宫殿门厅的内壁，如波加兹科易城门墙上的浮雕，刻画了一个男子的形象，他身穿短衣，头戴圆锥形帽子（图1-159）。这件浮雕的风格表明，这是一位特别注意表现细节的赫梯艺术家的作品。浮雕上的人物，也许是一位神或一位战士，其形态在许多方面都

图 1-159 波加兹科易城门侧墙浮雕 公元前1400年 安卡拉安纳托利亚文明博物馆

酷肖柏林新博物馆的那尊青铜像(图1-157)。

赫梯人在当地的岩石上镌刻赫梯诸王时代发生的重大事件。这些岩刻中，最著名的是雅兹来凯亚地方的神庙岩石浮雕，所刻画的题材是军事性的和宗教性的。由于这些岩刻记录了赫梯王国各个时代发生的事件和故事，因此我们可以通过它们看出赫梯第二帝国①时代浮雕艺术的发展。这些岩刻还说明，参加创作的不只是一个部族。以那幅刻画一排奔跑的士兵图(图1-160)为例，镌刻风格和人物的衣服表明，这是一位赫梯艺术家的创作，而转移到柏林博物馆的那一部分，描绘的则是站在群兽背上的胡里特人供奉的神祇(图1-161)，它具有鲜明的胡里特风格，很可能是取自胡里特人的印章。

图 1-160 雅兹来凯亚岩刻 公元前1350～前1250年

---

① 即本书后面的"赫梯新联邦"。《世界通史》上古部分第96页作"赫梯人小国"。

图 1-161　胡里特诸神岩刻　从左至右：气候之神塔舒卜迎接女神海巴特及其子沙鲁马　柏林新博物馆

圆柱形和圆形印章，也是属于那个历史时期的。国王们的印章，大多只刻有赫梯的文字而没有图画，即便是个别圆柱形的印章上有些画面，那也是雅兹来凯亚岩刻胡里特神像的翻版。塔德哈利亚王的印章，明显受到埃及艺术的影响，刻了一个赫梯人的神，取胡里特人的名字，神像上面那个带翅膀的太阳，则是埃及神的象征（图1-162）。

第三节　叙利亚北部新赫梯联邦艺术

赫梯艺术在公元前2000年末随着赫梯王国的泯灭而消失，但到公元前9世纪、前8世纪，在叙利亚北部形成新赫梯联邦之后，又再次复苏。发掘到新的赫梯艺术的主要中心，是卡尔赫美什、马拉提亚、马腊什和辛吉利等地，而乌夫里兹则受到这种艺术的影响。

图 1-162　赫梯塔德哈利亚王印章　柏林新博物馆

建筑和浮雕

这个历史阶段的建筑物遗址,未能找到,但发掘到某座建筑物墙基的部分石块。石块正面刻有浮雕,每一块石头上的浮雕,是一个独立的宗教故事,相互之间并无联系。有时还可以看到毗邻石块的颜色也不一致,这进一步证明各石块的题材是不关联的。

公元前9世纪,装饰浮雕的创作构思有了发展,它不再限于宗教场面,而开始反映历史事件,这就需要在整片石块上描绘相互连贯的题材。这种变化说明赫梯艺术家可能借鉴亚述人的经验,使自己的艺术得到发展。① 这个时期,赫梯人在艺术上虽然深受亚述人的影响,但是在表现历

---

① 有的学者认为,赫梯浮雕艺术构思上的变化并非源于亚述艺术,倒是亚述人借鉴赫梯艺术,因为亚述那西尔帕王的浮雕是在公元前883年突然出现的,事先并无先兆。

史事件的方法上，两者是不同的。赫梯的浮雕刻在一条飞檐上，以说明一个事件，而亚述人的浮雕则是尽可能通过一块墙面反映一系列历史事件。

卡尔赫美什发现的阿拉拉斯王时期的一条石飞檐，清楚地反映出这种新的赫梯艺术风格。我们看到的这一石刻是国王的士兵们排成一行向前挺进（图1-163），镌刻的时间为公元前780年。可以看到，全部人物刻在同一类型的玄武岩上，这说明整幅画面是相互关联的。

图1-163　卡尔赫美什石飞檐　安卡拉安纳托利亚文明博物馆

雕刻

在新赫梯联邦时代初期，赫梯雕刻艺术没有受到亚述艺术的影响，卡尔赫美什卡图瓦斯王时期的一个柱石（图1-164），清楚地说明了这一点。我们看到柱石是一个端坐在宝座上的赫梯神，两旁各有一头石狮守护，座位下部雕的是一个羊头人身的形象。这件雕刻，丝毫也不注意透过衣服来刻画神的身躯。

至公元前9世纪，赫梯艺术家已无法抗拒亚述艺术的影响了。特勒

图 1-164　卡尔赫美什柱石

图 1-165　双卧狮柱石　公元前900年　伊斯坦布尔考古博物馆

图 1-166　马拉提亚王像　公元前800年　安卡拉安纳托利亚文明博物馆

泰纳特发现的伏卧的双狮形柱石（图1-165），虽然是按赫梯风格雕成的，但已具有亚述艺术的特色。公元前8世纪上半叶雕成的马拉提亚王像，也具有明显的亚述风格，像的头部与身躯的比例不协调（图1-166）。

我们还知道，赫梯人除受亚述艺术的影响外，还受到埃及艺术的影响。赫梯艺术家习惯于把亚述和埃及艺术糅合进自己的作品中，这在辛吉利发现的柱石上显而易见。柱石的形状是一对带翅膀的狮身人面像（图1-167）。

综上所述，我们可以得出结论，赫梯人在叙利亚北部的联邦安顿下来之后，艺术有所发展。他们把自己旧有的传统同胡里特艺术结合起来，在亚述那西尔帕王时期，他们受到亚述艺术的影响，在构图方面，也受到埃及艺术的影响，他们的圆柱形印章上的人物，有的甚至穿着埃及的服装。

图 1-167 辛吉利带翼狮身人面像 公元前730年 伊斯坦布尔考古博物馆

安纳托利亚地区很早就掌握金属冶炼术，赫梯人从当地最早的居民那里学会这门本事，制作银的带底座的饮具。有一件饮具的座托，是一头金制的公牛（图1-168），公牛前身的肌肉部位被刻成翅膀。

图 1-168 马腊什金制公牛座托银饮具 大英博物馆

第四章 叙利亚、腓尼基和巴勒斯坦
（公元前 2500~前 975 年）

历史背景

叙利亚地区的重要性在于中东地区进入有文字记载的历史时代后，它在艺术史上曾起过一个中心的作用。叙利亚地区的地理位置得天独厚，它位于中东的中心，介于西面的尼罗河流域和东面的两河流域之间，是沟通这两大文明的枢纽。中东地区经历的政治事件，使叙利亚经常能接触到这两大文明。故叙利亚既不断地受到埃及文明的影响，又持续地受到巴比伦-苏美尔文明的影响。

由于叙利亚在中东地区居于交通要冲，从有文字记载的历史年代初期起，各民族在此混杂相处。在漫长的历史岁月中，辗转跋涉于旷野荒漠的游牧部族，向往条件优越的叙利亚地区的富裕生活，不断迁居来此。

公元前 2500 年左右由沙漠迁入叙利亚地区的闪米特人中，阿摩列伊人是最重要的一支。他们定居在叙利亚北部平原，在幼发拉底河中游地区立国，定都流入幼发拉底河的哈布尔河河口以南的玛里。阿摩列伊人分布在叙利亚中部、黎巴嫩和巴勒斯坦南部，这样，除胡里特人居住的北方地区外，古代叙利亚几乎完全闪米特化了。

由于游牧民的络绎迁入，南部的闪米特居民人数不断增加。通过一次年月已完全无从查考的迁徙，迦南人在叙利亚的沿海平原出现，他们建立了沿海城市。公元前1200年前后，到这里来经商的希腊人把这些迦南人称之为"腓尼基人"①。

迦南人的势力范围，包括巴勒斯坦和叙利亚沿海地区。他们形成许多集团，住在沿海诸城，其中最重要的有的黎波里、毕布勒（今朱拜勒）、比里图斯（今贝鲁特）、赛达和苏尔。南部，则主要分布在内陆城市，最著名的如美吉多、沙什姆和耶路撒冷。迦南人没有一个统一的政权，分布在各城中的迦南人各由地方当局管辖。

定居在两河流域北部的胡里特人，于公元前18世纪末迁往原先阿摩列伊人居住的叙利亚北部，他们也没有组织，不受一个中央政府的领导，而是同阿摩列伊人、迦南人和闪米特人杂居。在一些北部城市，如亚马哈达、阿拉拉克、阿勒颇和基尔库克，胡里特人占大多数。

公元前14世纪、前13世纪，另外一些闪米特人集团从阿拉伯半岛迁出，定居叙利亚沙漠的边缘。后来，有的向北渗入两河流域，有的朝东潜居叙利亚境内。这些部族统称为"阿拉米人"。局面稳定下来以后，他们又转向其他部族居住的沙姆地区各地。阿拉米人不断地施加压力，逐步控制了阿摩列伊人、胡里特人和赫梯人在阿西河和北方地区的居住区，促使这些部族退出或被同化。阿拉米人把沿海地区的北方城市留给迦南人，南部留给希伯来人。

阿拉米人在公元前1200年建立起许多拥有地方政权的小王国，最重要也最强盛的是古大马士革城。大马士革夹在两河流域文明和腓尼基-

---

① 古希腊人把沿海地区居民叫作"福尼克斯"，意为红色，"腓尼基"一词由此产生。这是因为当地居民擅长从海洋生物中提炼出某种物质，加工制成紫红色染料。

希伯来文明的中间,这对它成为地中海与东方贸易的部族中心作用极大。经商使阿拉米人富裕起来,使他们的城市文明繁荣,从而成为一支政治势力在中东地区崛起。但是,亚述人力量的发展使阿拉米人的势力衰落了,公元前732年,亚述消灭了阿拉米王国。

叙利亚的地理位置使叙利亚成为沟通埃及和苏美尔两大文明的枢纽,受到两大文明中主要的文化艺术潮流的影响。叙利亚与两河流域接壤的部分,受到苏美尔文化的影响,而它的西部则受埃及艺术的影响。在苏美尔第一王国统治时期,阿摩列伊人兴建的玛里也是苏美尔文化的重要中心,那里通用的语言是阿卡德语。玛里的末代君主在公元前1700年被汉穆拉比王所灭,城里残存的古迹说明它曾深受苏美尔的影响。因此,我在谈到苏美尔艺术的时候,先对玛里的文物作研究,并把它与苏美尔文物进行比较。

至于胡里特艺术,则很难将它与赫梯艺术断然分开,因为两者具有共同的特点。相传阿拉米人的城市中,有豪华而坚固的宫殿,可是很遗憾,挖掘、勘查这些城市的工作尚未全部结束,无从了解它们的特征。考古者的全部所得,是一些阿拉米王像,研究表明,这些王像具有鲜明的赫梯艺术和亚述艺术的特点。

沿海的那一部分,古代称为迦南人地区,后在公元前2000年被古希腊人叫作"腓尼基",今名黎巴嫩。

埃及与叙利亚的关系密切,因为埃及国王需要叙利亚的木材,用来建神庙、宫殿、造船舶、棺椁,打制豪华的家具。埃及人与叙利亚沿海城市的接触,可以追溯到公元前3000年初腓尼基人进入叙利亚地域之前。在毕布勒发现的石制器皿的金盖上刻有提尼时代后埃及国王印章的图案。在近美吉多的塔纳什,也有一些叙利亚遗物具有明显的埃及艺术的特色。

由于在那么早的历史时期中毕布勒已出现金属冶炼术,有些学者便认为,当地有过的金属制品,与安纳托利亚地区的阿拉卡胡约克和特洛伊两城的出土物,应属同一时代,一次地震毁灭了这个地区,使它的遗物、古迹消失殆尽。另外一些学者解释这一地区遗物稀少的原因时说,当地屡遭邻邦的侵袭,埃及人与赫梯人逐鹿叙利亚,能幸免于兵燹的只剩下了沿海城市。

建筑

尽管没有找到值得一提的腓尼基城市遗址,然而从残存在亚述人宫墙上的描绘他们与腓尼基人战斗的浮雕中,可以看出腓尼基人精于建造坚固的城市,他们的城墙上有两河流域艺术风味很浓的高塔楼;腓尼基人从两河流域人那里学会了建造圆顶和拱架结构的方法,在美吉多曾发现一个垫托厚墙的拱架结构。腓尼基的国王和贵族很重视修建宫殿,他们用石料筑宫殿、造陵墓,在乌加里特,他们把陵墓建在王宫的底下(图1-169)。

图 1-169　乌加里特王陵　公元前 1400 年

这些宫殿的建筑风格,与克里特岛上的王宫很相似,从而使一些学者猜想，在腓尼基人到来之前，沿海城市的居民曾参与修筑这些宫殿，后来，他们渡海迁往古希腊的岛上去了。能证明腓尼基人擅长修建漂亮宫殿的，是一则发生在公元前10世纪的故事，当时所罗门王[①]为了建造和装饰自己的宫殿，曾借助于提尔[②]国王希兰派去的工匠。

腓尼基人崇拜自然现象，崇拜天空及其变化，如风雨雷电等。他们把自己所敬奉的、代表这些自然现象的神称为"伯阿勒"，立高大的石碑作为象征。他们还崇拜孕育生命的丰饶大地，把它喻为女神，名叫"阿什塔尔"，为她建立神庙。这种神庙，起初只是一间带门的屋子，后来房间增多，中央大厅是宰牲场所，在那里向女神贡献牺牲。

这样的神庙古迹，毕布勒亦有，其中有些高石碑，类似埃及的方尖碑（图1-170），建造时间在公元前1900年。在乌加里特，还发现建于公元前14世纪的伯阿勒神庙。但是，这些神庙不足以证明建筑艺术的进步。

雕刻

乌加里特人和毕布勒人虽然跟埃及人有来往，亲眼见过美丽的埃及雕像，但是，他们却并不重视制作石像，而满足于制作小型的金属神像。从毕布勒神庙的地下，发现放在器皿上面的小青铜像，大约制于公元前1900年，其中一尊是伯阿

图1-170 毕布勒高石碑 公元前2000年

[①] 公元前10世纪以色列王国国王。——译者
[②] 地名，位于黎巴嫩南部，濒临地中海，又名苏尔。——译者

勒神立像，颇有动态感（图1-171），他一手前举，可能原先持有一支长矛，身上没有特别的衣服，只覆有一层金箔。与身体相比，头颅显得很小，不过艺术家细腻地刻画出他的表情，而对身躯的研究，仅限于正面。这尊像，虽然是腓尼基的高手制作的，但受到其他地区艺术的影响。头上的尖帽，取自胡里特女神的帽子式样；站立的姿势、肢体的比例和制作方法，均源于埃及艺术。

图1-171 伯阿勒神青铜像 公元前1900年 贝鲁特国立博物馆

图1-172 两尊银像 大马士革国立博物馆

腓尼基北部受埃及艺术的影响较小，因为这里距埃及较远。这从一男一女的两尊银像（图1-172）上可以看出。这两尊像是在乌加里特伯阿勒神庙附近被发现，约是公元前2000年至前1800年的作品。男像比女像大,可能分别代表伯阿勒神和他的妻子阿什塔尔女神。男像的下身,覆有纤薄的金片制成的衣服。两像说明当时的技艺尚属原始,工匠对人体的构造还不了解。伯阿勒神像的身躯细长,肩膀很宽。两像的头都不圆,背后也不平滑。类似的像,在巴勒斯坦加沙、美吉多和埃里哈也有发现,这说明这里最早的部族在移居去古希腊岛屿之前,分布颇广。

这一阶段的遗物,其重要性突出表现在青铜器上。发现的青铜别针、金、银和青铜镯子,银耳环和脚环,都是公元前 2000 年左右居住在乌加里特的部族制作的。

乌加里特的伯阿勒神青铜立像(图 1-173),制作于公元前 15 世纪,跟上面提到的两尊神像完全不同。青铜像的圆锥形帽子、身体表面的制作法,都证明当地住有胡里特人。腓尼基人的雕像说明他们非常喜欢金属制作的工艺品。

浮雕

浮雕艺术仅限于一些石刻。研究表明,腓尼基人对这门艺术是很精通的。例如腓尼基国境外马拉图斯石碑,正面刻有伯阿勒神像(图 1-174),稍加审视,即可看到艺术家刻画衣服的杰出才华。这一石刻,兼收并蓄其他艺术的风格:神像的站立姿势受埃及艺术的影响,神站在兽身上则模仿赫梯浮雕的构图。这一类浮雕,还见诸叙利亚北部特勒巴尔西卜石刻(图 1-175)。

图 1-173 伯阿勒神青铜立像 公元前 1400 年 阿勒颇国立博物馆

图1-174 狮背上的伯阿勒神浮雕 公元前900年

图1-175 兽背上的塔什卜神浮雕 公元前1000年 阿勒颇国立博物馆

证明浮雕艺术进步的最好范例,是在毕布勒发现的公元前975年的希兰国王石棺(图1-176)。石棺外壁饰有浮雕,一面刻的是一排膜拜者,正向端坐在另一面宝座上的国王走去。国王的宝座由一头带翼的狮身人面兽垫托着。这一排仆役和膜拜者的前面是一张放有食品的桌子,上面的装饰图案是莲花。石棺的下方,刻了四头狮子,它们的头凸出在棺身的侧面。浮雕上的人物虽然穿着腓尼基衣服,但在艺术风格上,埃及色彩极浓。凸出的狮头又使我们联想起了赫梯浮雕的特点。

图 1-176　毕布勒希兰王石棺　公元前 1000 年　贝鲁特国立博物馆

实用美术

毕布勒的重要性,表现在公元前 1900 年左右曾是一个金属冶炼的中心。它的遗世之物,有许多是用金属打制的各式武器。在毕布勒的神庙里,发现一把金匕首(图 1-177),镌有按腓尼基方式有条不紊地排列的胡里特、埃及和苏美尔的图形。狭长刀身上的精细雕刻,显示出卓越的艺术才华和金属冶炼水平。腓尼基艺术家虽然崇尚外国图形,但我们看到,在某些情况下,他们还是能够制作出独具一格的兵器的,如现藏贝鲁特国家博物馆的金斧(图 1-178)。

图 1-177　金匕首　公元前 1800 年　贝鲁特国立博物馆

图 1-178　腓尼基金斧　贝鲁特国立博物馆

在腓尼基的制作业中，金、银用得极为广泛。人们把金、银打制成各种光耀夺目的餐具，出口邻国。这类工艺品在腓尼基国界外，如埃及和亚述的宫中、塞浦路斯以及希腊境内，都曾大量地被发现。这些金属工艺品上的镂刻图形，也因此掺杂有埃及的、胡里特的和亚述的艺术特点，占主要地位的是埃及风格。这方面的最好例子是在塞浦路斯发掘到的一只银盘，上面的埃及图形和亚述图形一目了然（图1-179）。

腓尼基人天生是商人，他们不受为艺术而艺术的影响，而把全副精力放在制作工艺品上，使之能够运销国外。这在象牙工艺品的制作上，有充分的反映。公元前14世纪，乌加里特的象牙制品享有盛誉，美吉多留给后世的许多象牙制品，也属于这一时期。证明腓尼基人这方面才华的最好文物之一，是在乌加里特出海港贝达发现的一件牙雕，上面刻的是一位女神，女神身旁站着两头小山羊（图1-180），这是公元前8世纪的作品。

图1-179　伊德利昂银盘　　　　图1-180　贝达盒盖牙雕

在腓尼基城邦境外的萨马里亚、阿里斯蓝塔什和亚述的城市里发现的一批象牙文物，是公元前9世纪制作的，它们表明腓尼基人长于把邻国

最美的式样镌刻在自己的象牙作品上。有些考古学家认为，这批牙雕是在腓尼基境外出现的，其中的一部分有可能是住在叙利亚的、没有受到异国图形影响的阿拉米人创作的；刻有埃及图形或埃及图形和亚洲图形兼而有之的牙雕（图1-181），是腓尼基人的作品；那些没有受到埃及影响的象牙盒子、梳子和雕像（图1-182）等，则是叙利亚人制作的。

图1-181　埃及女神伊西斯牙雕　公元前800年

图1-182　双手捧物之女

公元前10世纪以前的腓尼基艺术作品中，一直有埃及的图形出现。我们发现腓尼基人采用的埃及图形，有莲花、纸莎草花、带翅膀的太阳和埃及神像等。当亚述帝国兴起之后，腓尼基的艺术作品中，不仅有埃及的图形，而且也出现了亚述艺术的成分。

腓尼基人的艺术作品虽然没有独树一帜，但我们却不能否认他们在艺术史上的贡献。从公元前 14 世纪起，腓尼基人的地盘便是一个国际市场，埃及的、胡里特的、赫梯的和古希腊的作品都在这里聚散；腓尼基人把许多作品由一国输往他国，从而成了古代中东艺术联系的纽带；他们还把中东艺术输送到地中海沿岸各国。对西方的文明来说，腓尼基的文字具有最大的贡献。古希腊人和罗马人借鉴了这些字母，从而创造了他们的拼音文字，北部的阿拉伯人的字母则源于阿拉米人的语言。

第五章 两河流域

第一节 亚述帝国

(公元前 1700~前 612 年)

历史背景

两河流域各地区的民族,为了扩大各自的势力而争斗不息,致使两河流域的文明几遭毁灭,只是由于公元前 1500 年至前 1000 年期间亚述帝国成功地控制了这块土地,才奇迹般地把文明保存下来。亚述帝国发祥于两河流域北部,但不能断定这里的居民是闪米特人[①],他们的渊源迄今难以弄清,称他们为亚述人是因为亚述城的关系。

亚述人兴起之初,正值两河流域王国更迭时期,他们的城邦享有地方自治权,曾臣服于阿卡德人、库提人、苏美尔人和巴比伦人等。公元前 1700 年,他们在汉穆拉比王殁后才摆脱巴比伦王国的统治,获得完全的独立。公元前 1366 年,亚述国王亚述路巴里特战胜米坦尼人,开创新时代。此后,亚述成了一支强大的力量,能够干预巴比伦的事务。接着,亚

---

① 有些研究者认为,亚述人属闪米特血统,但绝大多数学者反对此说。

述国王吐库耳提尼努尔塔于公元前 1257 年打败统治巴比伦的加喜特人，公元前 1230 年又把他们逐出巴比伦，亚述帝国便掌握了两河流域的统治权。公元前 1100 年，提格拉特帕拉沙尔一世开拓疆土，北抵底格里斯河源头，西濒地中海，东至伊朗高原边境，南达巴比伦，这段时期，史称"中期亚述"。然而，继这些胜利之后，亚述帝国又经历了衰落时期，阿拉米诸王控制了境内的不少地方。公元前 900 年，在几位强大国王的领导下，亚述帝国再次奋起，他们的继承者在公元前 722 年占领阿拉米人的京城大马士革，公元前 710 年攻克犹太人的首都萨马里亚。公元前 870 年，亚述国王阿萨尔哈东将埃及北部并入版图，并且发兵征伐依蓝。至亚述巴尼帕时期，亚述帝国进入鼎盛时期，他派远征军去埃及，扑灭那里反抗亚述人统治的起义；公元前 640 年，他摧毁依蓝人的京城苏撒，并杀死他们的国王。不过，这种胜利并不持久，在米提亚人和西徐亚人[①]的不断侵袭下，亚述帝国日渐衰微。公元前 612 年，米提亚人与统治巴比伦的迦勒底人结成同盟，攻陷亚述尼尼微。亚述帝国又归于灭亡。公元前 1000 年至前 612 年，称为新亚述帝国时期。

像罗马人吸收古希腊人的文明一样，亚述人接受苏美尔人的文明，在大量照搬苏美尔人的信仰、尊奉他们的神明的基础上，又增加了风暴之神阿达德和战神亚述。作为一个好战的民族，他们特别喜欢战神亚述，其偶像是一位人形的神，站在长翅膀的太阳中间，弯弓搭箭射向敌人。这一形象借鉴于赫梯人，而赫梯人塑造的这个象征，则源于埃及。亚述人在脱离巴比伦加喜特王国独立以前的艺术，业已湮灭。亚述城从公元前 12 世纪以后，始有一些苏美尔风味极浓的艺术品问世。至公元前 9 世纪亚述那西尔帕国王时期，才有独具一格的亚述艺术出现。

---

① 原先在伊朗境内辗转迁徙，后定居在伊朗与俄罗斯之间的山区。

建筑

亚述人由于穷兵黩武,顾不上深入研究宗教事务,因此没有留下许多宗教建筑。迄今能找到的遗迹,都受到苏美尔风格的影响。在亚述和胡尔西巴德两城发现齐古拉的古迹,即几层架托神庙的石墩。亚述人不信仰来世,故不重视修筑陵墓,王室成员死后,即埋在王宫的地下①。亚述的建筑艺术,仅见于符合亚述国王身份的豪华宫殿。在后来的年代里,亚述的国王们只要一登上王位就大兴土木,竞相建造新宫,宫殿之宏伟和富丽,在两河流域是史无前例的。这种建筑活动,从公元前 1000 年一直持续到公元前 612 年首都尼尼微失陷,亚述帝国覆灭。

亚述的宫殿,从总体设计上看,彼此十分相似。宫殿建在一块长方形的土地上,四面高墙围绕,设有供守卫用的塔楼。亚述人在造房时,懂得利用柱和拱架结构。柱身呈圆柱形,表面光滑,柱头带冠②。这可能是从腓尼基人处学来的。这种柱在建筑学上没有什么意义。

由于战火连绵,亚述的城市曾屡遭破坏,亚述国王们遗留下来的宫殿没有一座是完整的。胡尔西巴德萨尔贡王的宫殿残址,被认为是最典型的亚述建筑物之一,为我们提供了许多有关这类王宫建筑艺术的资料。

萨尔贡王选择尼尼微以东的一块地方建都,并修造自己的王宫。这块地方名叫沙鲁金(今名胡尔西巴德)。新都营造 7 年方告竣工,萨尔贡王只在里面住了一年便去世了。这座城市的面积,约 25 费丹。巍峨的城墙遮住了城里的王宫,城墙上盖有高耸的塔楼。这座王宫有三扇拱形大门,周围矗立着守卫塔楼。宫殿系用砖建成,这是采用苏美尔人的方式,但亚述人在门墙底部铺垫两河流域北部取之不尽的石块,里面的宫墙墙

---

① 在亚述城的王宫地下,曾发现许多这类埋放尸体的地窖。
② 完整的亚述宫殿迄今没有发现,文中资料引自宫墙上的王宫外观浮雕。

基也衬有石板。他们把凸出在入口两旁的石块雕成带翅膀的人头兽身像（图1-183），这些动物有公牛，也有狮子。亚述王宫里这种动物石雕的构思（图1-184），显然是取自波加兹科易赫梯王宫大门的雕像（图1-154）。亚述的国王们似乎见过赫梯人的宫殿，颇为欣赏，于是大量采用他们的建筑式样。可以佐证这一点的是，辛那赫里布和提格拉特帕拉沙尔两位国王曾说，他们是按赫梯式样建造自己的宫殿的。在王宫的大门口放上如此雄伟的雕像，其目的不言而喻是为了影响来访者，使之感到亚述国王的威力和伟大。当来访者进入宫中，看到贴在

图1-183　尼姆鲁德王宫门口的翼牛　公元前900年　大英博物馆

图1-184　胡尔西巴德萨尔贡王宫大门　西侧是翼牛

砖墙下部的大理石板上的浮雕，他的这种感受就会更加强烈，因为宫殿上的浮雕，描绘的是亚述人获胜的军事征伐场面。亚述国王进行的征伐，按时间顺序排列，各次战争都配有详尽的说明。来访者看到的总是亚述军队出发去攻打敌人，把他们打得大败，最后满载战利品，押着俘虏胜利归来。浮雕的上方有文字说明这些战争的年代，如果征战很多，浮雕便排成上下两条，文字说明放在中间。

浮雕

用浮雕装饰石墙，只有赫梯人才能与亚述人媲美。对亚述人来说，浮雕并没有什么建筑上的意义，而只是装饰墙面。赫梯人的浮雕，高仅一米，而亚述人引进这门艺术后，增加了浮雕的高度，借以显示跟亚述国王们的身份相称的宏伟和豪华。在亚述那西尔帕王宫中，浮雕高达 2.5 米左右，萨尔贡王宫中的浮雕约 3.5 米高。

这种亚述浮雕的重要性在于再现了闻名中东史上的最长的故事。埃及人曾利用神庙的墙壁雕刻了一场战斗的全景，苏美尔人在他们的纪念碑上也是这样做的，在杜尔-库里贾尔祖宫中发现的一面墙上，有加喜特人刻的一排彩色人物。但是，亚述人的做法截然不同，他们在长幅画面上详尽地刻画战事，这既是历史性的艺术，又是装饰，很便于理解和观赏。

在两河流域，除了乌尔纳姆和纳拉姆辛的庆功碑，亚述人第一次让我们看到了非宗教题材的浮雕。这种变化被认为是两河流域的艺术特色开始发展的一个先兆。过去各个时代大量描绘的伫立在神前的画面，已完全消失，描绘神的作品成了凤毛麟角，而且神的形象在画面中也并不醒目。

苏美尔传统艺术唯一保留下来的，是带翼人像或鸟头人身像。这些神话形象都穿着国王的衣服，衣服刻画极细，反使他们失去了威严。神话形象的雕像，置放在大门的两侧翼牛像后，借以驱魔避邪。在亚述那西尔帕和萨尔贡两位国王的王宫大门(图1-185A、B)前,可见到这样的神话形象。

图1-185 浮雕
A 神话人物 公元前800年 尼姆鲁德亚述那西尔帕王宫
B 鸟头人 公元前800年 胡尔西巴德萨尔贡王宫 卢浮宫

这种浮雕艺术始于公元前9世纪的亚述那西尔帕王时期,在萨尔玛那萨尔王和提格拉特帕拉沙尔三世时期获得发展,到萨尔贡王年代渐趋成熟,及至亚述巴尼帕王时期,达到了登峰造极的水平。对上述诸时期的浮雕进行研究可以探明浮雕艺术发展的各个阶段。凯勒赫(今尼姆鲁德)亚述那西尔帕王宫中的描绘战争场面的浮雕,显然未遵循透视的原理,令人感受不到景物的远近。另一描绘亚述人拉希什之战大捷的浮雕(图1-186),也是如此,泗水逃跑的敌人士兵一个叠着一个,彼此间没有任何联系,而亚述士兵站立着的对岸,也模糊不清。

图 1-186　尼姆鲁德王宫浮雕　被亚述人打败的敌兵仿佛在空气中游泳　大英博物馆

在这样的军事画面中,亚述国王的形象跟周围的人物相比,一般没有什么与众不同之处,因此他个人的重要性并不突出。但是,在反映亚述国王们喜爱的狩猎场面中,国王的威严、勇武被刻画得十分传神。国王若欲狩猎,就把围在专门地方的狮子放出来。有一幅浮雕描绘亚述那西尔帕王驾辇率众狩猎,国王勇敢地扯满弓反身瞄准那头已被箭射伤的雄狮,而狮子张牙舞爪地扑向御辇(图 1-187)。这幅浮雕比军事场面的作品生动多了。它证明艺术家对动物观察细致,研究透彻。受伤狮子的凶猛表情,勾画得惟妙惟肖,那头已被国王的箭射中要害的狮子,又显得那样地无能挣扎,同时,艺术家还通过骏马的紧贴头皮的耳朵,刻画出它们畏惧狮子的心理。

图 1-187　尼姆鲁德王宫浮雕　亚述那西尔帕王猎狮　大英博物馆

把埃及的狩猎图（图1-93）与亚述的狩猎图作比较，可以看到，埃及艺术家是从装饰角度出发处理这一题材的，而亚述的狩猎画面则具有强悍的特点；亚述的马虽不如埃及的马灵巧，但更富有生气。

在某些时代，军事胜利是通过完全没有暴力的和平场面表现的，这一类作品的典型是萨尔玛那萨尔三世庆功碑上的浮雕。庆功碑立在齐古拉（台基）上，浮雕画面分层横向排列，底下有文字说明这些画面的事（图1-188A）。浮雕朴素，清晰，艺术家准确无误地刻画人物的衣服，使他们的民族属性一目了然。其中有一个画面表现犹太国王跪伏在亚述国王的跟前（图1-188B）。

图1-188A 萨尔玛那萨尔三世庆功碑 公元前700年

图1-188B 庆功碑浮雕 犹太国王跪伏在萨尔玛那萨尔三世前 大英博物馆

到萨尔贡王朝，浮雕艺术有长足的进步，军事画面渐渐稀少，高大的石板上只有一个画面，人物大而清晰，人物中出现了古代苏美尔神话中的英雄。我们看到身躯伟岸的英雄吉加美士怀抱着一头幼狮（图1-189）。这幅作品的雕纹非常凸出，英雄吉加美士简直要脱墙而出。

萨尔贡王宫中的狩猎浮雕，没有其他亚述国王宫殿中的同类浮雕那种强悍色彩，那里的作品努力表现国王进行田猎的环境，森林中的树木参差错落，背景中的景物布局合理，显得很美（图1-190）。艺术家在这幅浮雕中虽然对透视法缺乏研究，人物和树木都刻在一条线上，但他却注意到让整幅画面布满各种清晰的景物，他在表现动物特征方面刻意求工，也收到了极佳的效果。

图1-189　胡尔西巴德王宫浮雕　吉尔伽美什怀抱幼狮　公元前800年　卢浮宫

图1-190　萨尔贡王宫森林浮雕　公元前800年　卢浮宫

亚述的浮雕艺术在萨尔贡之子辛那赫里布王时期，取得了巨大的发展。辛那赫里布在尼尼微营建一座宏伟的宫殿，在战争题材的浮雕上，出现的人物很多。艺术家一心欲在高大的画面中安排尽可能多的人物，这就迫使他缩小人物的尺寸。我们看到亚述士兵追剿居住在沼泽地区的部族的浮雕，士兵们在画面上分成了几组（图1-191）。描摹水中植物的笔法，令人感到艺术家对透视原理和远近感都有了进一步的体会。同时，辛那赫里布王宫浮雕上的人物，显得很有生气，充满动感；通过波浪起伏的线条来衬托水中动物的手法，又使我们想起了古代的狩猎图。

图1-191　尼尼微王宫浮雕　辛那赫里布王军追剿敌兵　公元前700年　大英博物馆

尼尼微亚述巴尼帕王宫中的浮雕，证明亚述浮雕艺术达到了巅峰，形象愈益清晰，对细腻地表现各种动作也愈益重视，而且第一次出现了斜线构图。这些，在描绘亚述军队战胜依蓝王国的浮雕中，有清楚的反映。我们知道，亚述人曾猛攻哈曼，然后将其摧毁，携掠战利品后弃城班师。从这幅浮雕中，可以看到亚述的士兵们正在毁城，他们的各种动作都充满生气（图1-192）。

图 1-192　尼尼微王宫浮雕　亚述巴尼帕
王军洗劫哈曼　公元前 700 年　大英博物馆

　　有一幅描绘亚述巴尼帕王为战胜依蓝国王在御花园里举行庆功宴的浮雕(图 1-193)，亚述巴尼帕躺在靠椅上，跟坐在他面前的王后共饮胜利酒，依蓝国王的脑袋挂在一棵树上。这幅浮雕是反映亚述妇女的少有的作品之一。①

图 1-193　尼尼微王宫浮雕　御花园里的庆功宴　公元前 700 年　大英博物馆

---

① 在亚述浮雕中，只出现过辛那赫里布王后和亚述巴尼帕王后的形象。

亚述巴尼帕王宫里的浮雕，多动物画面，这证明那时候的艺术家所具有的艺术才华和技巧。这批浮雕被认为是整个亚述帝国时代的杰作。狩猎场面中的动物浮雕，不论是狮子还是骏马、羚羊，都表明艺术家对动物特性颇有研究，也说明艺术家具有丰富而细腻的感情。

艺术家在这一类画面中，虽然丝毫不注意将烘托动物的背景勾勒清楚，但是，由于对动物的刻画极细，又非常重视描绘它们的各种神情，故观赏者感觉不到这个缺陷。例如，艺术家在那头被箭射中、后半身已经瘫软的牝狮头部上，细致入微地表现了牝狮所感到的剧痛（图1-194）。

图1-194　尼尼微王宫浮雕　受伤的牝狮　公元前700年　大英博物馆

在这些浮雕中，还有捕马的作品。我们看到的是群马惊逃的画面。这里，显然反映了艺术家对马的喜爱和对马身体构造的熟悉程度，他抓住了奔逃的母马担心被群狗追逐的马驹而扭头顾盼的瞬间，表现出他的敏锐的感觉（图1-195）。

亚述的这种宫廷艺术是公元前9世纪在亚述那西尔帕王宫中突然出现的，事先既无征兆，也没有赖以生长的艺术根基。正当它达到顶峰状态

图1-195　尼尼微王宫浮雕　猎野马图　公元前700年　大英博物馆

的时候,却又随着公元前612年尼尼微被巴比伦国王尼布甲尼撒所攻陷而销声匿迹,换言之,这种艺术存在了大约两个半世纪。这就使一些学者心存疑窦:"它纯粹是亚述艺术家创作的亚述艺术呢,还是许多民族通力合作才达到如此高妙境界的作品?如果这种宫廷艺术不是出自亚述艺术家的民族创作,那么,这些题材的构思又是怎样形成的?是什么人参与了创作的指导?"

刻画军事战役和狩猎场面的设想,有可能取自埃及拉美西姆庙和底比斯的哈布神庙墙上的类似画面,那里的浮雕要比亚述的浮雕早好几百年,也许是特别喜爱模仿埃及艺术的腓尼基人把这类题材的构思带给了亚述人。能证实这种假设的是:腓尼基王国在公元前877年曾归附亚述帝国,而亚述浮雕艺术也正是此时问世的。腓尼基人把刻有埃及画面的象牙和金属雕刻礼献亚述国王,也是顺理成章的事。再说,腓尼基艺术家参加了这类优美作品的创作,特别是在雕刻国王和神话人物的衣服的细枝末节方面,亦并不是不可能的,因为腓尼基人在象牙和金属工艺品上精雕细琢,那曲尽其妙的功夫是遐迩闻名的。但是,腓尼基艺术家充其量不过是些擅长摹制佳作的高明工匠,他们没有创新的才华。因此,说赫梯人参加描绘动物尤其是奔逃的马,乃是一种值得嘉许的想法,因为赫梯人熟悉马,有可能对马作过研究,能够体会马的感情。至于长翅膀的神话人物和鸟头人身形象,那就不是腓尼基人或赫梯人所熟悉的了。但这些神话形象,在两河流域的艺术作品中,长期以来一直屡见不鲜,很可能是亚述的艺术家设计这些人物的造型并参与创作。

认为亚述的浮雕是由各民族的艺术家协力完成的,并不是异想天开,因为这些作品仅见于王宫,国王们很可能从帝国各地招来技艺高超的工匠,让他们一起工作,而一俟帝国崩溃,这项工作也就停止了。

绘画

在某些不多见的情况下,浮雕装饰墙壁的条件不充分,便以彩色壁画代替浮雕。胡尔西巴德萨尔贡王宫里的小厅堂里有壁画的残迹,它们反映了亚述壁画艺术所沿用的风格。通过研究,我们看到,墙面涂有一层白色的涂料,彩色的图形就分布在上面。有一幅装饰壁画的图形由带翅膀的人物组成,他们整齐地排列在上下两行之中,彼此间用圆形的植物图形隔开(图1-196)。夹在这上下两行之间的,是一排公牛图形,它们又与几何图形相间。这三行图形的上面,是一幅彩图:国王站立在亚述神的跟前。这幅壁画采用的颜色,有红、蓝、白、黑四种,用来勾勒图形轮廓的是黑色。遗憾的是,这类壁画绝大多数未能遗留下来,只是在特勒巴尔西卜(今特勒阿赫

图1-196 胡尔西巴德王宫彩色壁画 国王站立在神的跟前 这类构图在亚述浮雕中寥若晨星

马尔)找到了一座公元前8世纪建造的宫殿①,里面的壁饰仅限于彩画(图1-197),图形与上述胡尔西巴德王宫壁画雷同。特勒巴尔西卜宫殿归一座小城的执政官所有,他无力召请为亚述帝王装饰京城宫殿的工匠,因此可以肯定,它的壁画要比胡尔西巴德王宫壁画逊色多了。两河流域的王宫装饰艺术,从公元前18世纪起便采用彩色壁画,这一点,在玛里王宫的遗迹和公元前14世纪加喜特人统治巴比伦时代的阿克拉卡夫中,都有清楚的反映。

图1-197　特勒巴尔西卜执政官宫壁画　宫廷贵人
公元前800年　阿勒颇国立博物馆

从亚述那西尔帕王时期起,亚述人便懂得了利用彩色陶砖装饰墙的各个部分。在亚述那西尔帕王宫里,发现了制彩色陶砖的模子,在胡尔西巴德齐古拉(台基)建筑中,还找到了蓝色的陶砖。

---

① 一个法国考古队于1930年至1931年间在特勒巴尔西卜进行勘查,在这座宫殿里发现一段宽约130米的墙,上面饰有各种画面。

实用美术

亚述人用刻有反映重大事件画面的青铜板装饰他们的木大门。在巴拉瓦特（今乌姆胡尔），霍姆兹德·拉森教授[①]发现萨尔玛那萨尔王宫大门上的青铜板，每一块板上有两排浮雕，都是国王征战的场面，两行中间用玫瑰花饰图形隔开。这些不同的画面，描绘了亚述城堡的式样和亚述人作战用的武器。由于画面很窄，艺术家只能用曲线表示亚述军队行军途中的山地环境。我们看到其中的一幅是亚述军队在山区挺进，前面押着一排赤身裸体、双手被反绑的敌人（图1-198）。除上述的青铜板外，还在胡尔西巴德发现钉在女眷宫门上的青铜板。

图1-198　萨尔玛那萨尔王宫木门上的青铜板
浮雕俘虏　公元前800年　卢浮宫

亚述人擅长制作青铜像，胡尔西巴德出土的一尊青铜狮像（图1-199）便是明证。狮子凶相毕露，这在亚述人的猎狮题材的作品中已为人所熟知。

亚述人宫殿中藏有各种用途的大量牙雕，或嵌在家具上，或装饰宝

[①] 霍姆兹德·拉森教授曾随莱亚德教授见习勘察工作。1871年，他在考察尼尼微的过程中发现这些青铜板。

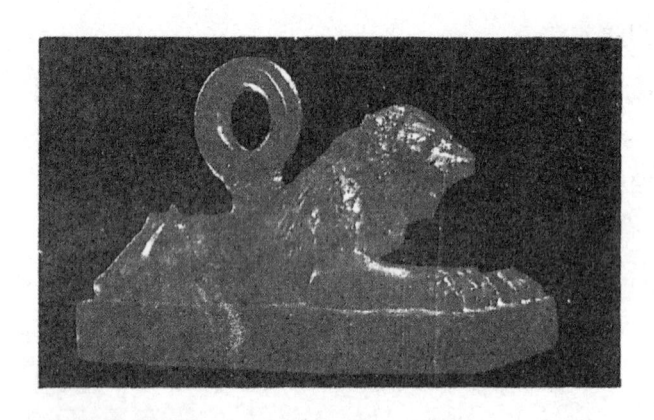

图 1-199　胡尔西巴德青铜狮　公元前 800 年　卢浮宫

座,或用来制盒子、偶像和梳子等。这些象牙制品,有的表面光洁平滑,有的雕琢工细。有时候,象牙上涂有色彩或镶有彩色宝石,某些部分甚至包有金箔。最大的一批象牙制品发现于尼姆鲁德和胡尔西巴德两城,那当然是腓尼基人和叙利亚人的杰作。有几件象牙工艺品的表面,可以辨认出腓尼基字母;胡尔西巴德发现的那一批,埃及图形十分鲜明。有时在埃及图形旁也有亚述图形,这是为了取悦亚述帝王而作。例如,尼姆鲁德出土的一件牙雕,描绘一头牝狮袭击一个黑人,旁边是一片莲花(图 1-200)。这件彩色牙雕,从设计到加工都堪列为腓尼基人为亚述人所制作的精品之一。

图 1-200　尼姆鲁德彩色牙雕　公元前 800 年

没有受到埃及艺术影响的牙雕,颇有可能出自叙利亚阿拉米人之手,如洛夫特斯教授在尼姆鲁德发现的微笑的妇女像①(图1-201)便是一例。奇怪的是,象牙工艺品上一反亚述艺术的传统,经常出现妇女的形象。

图1-201 尼姆鲁德牙雕少女像

雕刻

在亚述人看来,雕刻的重要性决不能与浮雕相提并论。雕刻显然本来就少,而且即使有些残存下来,其技艺也属平常。

在亚述城发现的最早的雕像,是小型石像,具有鲜明的苏美尔艺术特色,这是因为当时的亚述城处于巴比伦政权的控制之下。在别具一格的亚述艺术风格形成之后出现的数量极少的雕刻中,有一尊亚述那西尔帕王像。可以看出,艺术家塑造的这位国王,身子绷得紧紧的,既无表情,又无动感。他不戴冠冕,一手持权杖,一手握着钩形武器(图1-202),服饰

---

① 有人把这件艺术品称为"东方的蒙娜丽莎",因为她与卢浮宫里的达·芬奇名画一样,脸上带有一种婉约的微笑。

也不像亚述浮雕那样精细,并把身体全遮住了。雕琢的水平远不及浮雕,整体造型虽与库迪亚的雕像雷同,但后者要工致精巧得多。

圆柱形印章

亚述时代,圆柱形印章因无多大用途而鲜有所见,但也有一些刻着人们喜闻乐见题材的印章。在印章中宗教画面业已消失,取而代之的是狩猎图或动态逼真的动物画,雕刻工细、考究,这说明当时有一批能工巧匠,他们也可能参加了浮雕的创作。

图1-202 亚述那西尔帕二世雪花石膏像 公元前900年 大英博物馆

第二节 新巴比伦王国

(公元前625~前539年)

历史背景

到亚述诸王时代的末期,由于西徐亚人的频繁入侵,帝国已日薄西山,气息奄奄了。由亚述人任命的巴比伦执政官那波帕拉萨尔或叫巴赫特尼撒,趁机在公元前625年宣告独立。这位巴比伦国王在米提亚人的协助下,攻克了尼尼微,于公元前609年消灭亚述帝国在哈兰的残余势力,建立新巴比伦王国,共有十代国王。

新巴比伦王国成了亚述人统治两河流域的中心。在尼布甲尼撒王执政期间,这支新生的力量日趋强大。尼布甲尼撒王在公元前604年卡尔赫米什之战中,力挫埃及国王普萨姆提克,统辖了亚述帝国原有的版图,直接与埃及接壤。他还打败犹太人,迫使大部分犹太人迁居巴比伦,致使犹太王国覆灭。新巴比伦王国末期，衰朽之象出现，这时，正值波斯人势力渐增，他们推翻了同宗兄弟米提亚人在伊朗的统治。公元前539年，波斯人在居鲁士王的领导下攻入巴比伦。居鲁士使中东地区的势力范围再次改变，两河流域因而又沦于异族的统治之下，长期成为波斯帝国的一个部分。公元前332年，马其顿亚历山大大帝侵入这个地区，占领巴比伦。

考古者没有发掘到新巴比伦王国时期的遗物，可供我们研究巴比伦新艺术之用。唯一发现的，是巴比伦城废墟。

建筑

罗伯特·科德韦教授发现尼布甲尼撒王重修的巴比伦城外墙。在尼布甲尼撒统治时期，巴比伦城是古代世界最伟大的城市。这些断墙残垣表明，当时的巴比伦城围有两道厚城墙，上面设有高塔楼，十分坚固，各道城门分别用巴比伦人尊崇的神祇命名，其中最重要的主门，叫伊什塔尔门[①]（图1-203）。

伊什塔尔城门的正面和城门大道的两侧城墙上，都饰有一层彩陶拼嵌的各种动物图形。城门大道直通在城中心齐古拉（台基）上

图1-203 巴比伦城门示意图 中为伊什塔尔门

[①] 这道城门的位置距巴格达不远，有一部分保存下来，另一部分被运到柏林博物馆，现已修复。

的马都克神庙。巴比伦城的齐古拉多达7层,这在古代世界是享有盛名的。① 伟大的旅行家希罗多德记述说,这些台基系由砖块砌成。神庙的墙面,覆有彩陶;供神像圣殿的墙和天顶木板上,镶金嵌银。神像是金铸的。欧洲的大画家曾凭想象描画过这位神祇的风姿。

巴比伦人依靠彩陶装饰墙面,并把这种从亚述人那里学来的技艺加以发展。这些陶砖,特别是伊什塔尔门上的陶砖,为我们提供了五彩缤纷的装饰画面。伊什塔尔城墙用蓝色作底色,上面分布着横向排列的各种颜色的动物图。其中有一排神牛阿达德,牛身呈黄褐色,牛的角、蹄、尾巴和脊背上的毛呈青色。另一排图形,是马都克神的坐骑,一种神话中的圣兽:身子和脖子都很长,头像蛇,带角,舌头伸出在外,它的前脚似狮子,后腿如鹰。上述画面四周,围绕着一圈黄色的几何图形。至于城门大道两侧城墙上,则饰有一排排猛狮的形象②。

巴比伦人还用陶砖点缀金銮殿的大门正面,殿内墙上的装饰设计是植物图形,另绘有一排狮子。墙面居中的位置上,可以看到四根枣椰树形的柱子,由莲花图形连成一体(图1-204)。这种装饰设计,很可能是受胡尔西巴德王宫女眷宫正面墙上枣椰形圆柱图形的

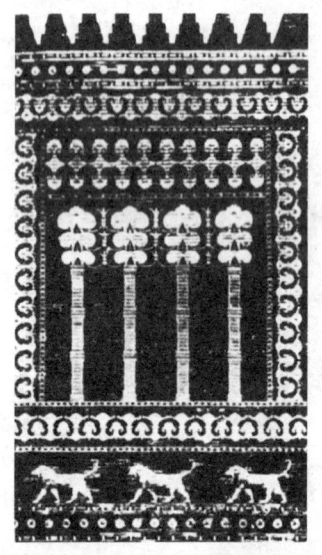

图1-204 巴比伦宫金銮殿墙面 公元前600年 柏林新博物馆

---

① 马都克神庙雄踞在七层石墩之上。据猜测,这就是宗教典籍中所提到的"巴比伦塔"。公元前450年,波斯国王阿塔薛西斯的太医提亚斯曾对它作过描述。古希腊的大旅行家希罗多德也在书中提及。亚历山大大帝还曾企图将其修复。
② 相传,城门大道两侧城墙上,各绘有60头猛狮,总共为120头。

影响。

雕刻

巴比伦雕刻中硕果仅存的是一尊描绘狮子扑人的石雕(图1-205),这一作品的构思源于亚述人的牙雕。

图1-205 巴比伦石像 猛狮扑人

印章

那时,平面印章流行,印章石身通常为平截头圆柱体,顶部呈圆形。巴比伦的新印章并无特色可言,画面仍多为狩猎题材(图1-206),也有一些宗教内容。

图1-206 圆柱形印章 逃避猎人的鸵鸟 新巴比伦王国

第六章 伊朗

(公元前9世纪至前7世纪鲁里斯坦、西徐亚人和公元前9世纪至前4世纪米提亚人、阿黑门尼德王朝波斯人)

引 言

公元前3000年,雅利安人由东向西迁徙,其中不少部族定居在伊朗高原。公元前2000年,一些强悍好战的部族移居依蓝北面的伊朗山脉中,西徐亚人则居于伊朗高原。原先居住在伊朗的那些好战部族转向东部居住,他们落户的那些谷地即以他们的名字命名。其中最主要的有米提亚人、波斯人和帕提亚人①。米提亚人居于伊朗高原西部和库尔德斯坦区域,波斯人选择了西南地区的扎格罗斯山脉,后叫法尔斯省②,帕提亚人定居伊朗的东部。

米提亚各部族在公元前9世纪联合起来,立国伊朗西部,定都埃克巴坦那。这样,他们就敢于侵袭亚述人。他们在波斯人的支持下,与亚述人

---

① 即安息人。——译者
② 法尔斯是"波斯人"一词的音译。——译者

会战于扎格罗斯山区。然而，米提亚人并没有取得最后的胜利，因为公元前8世纪时，西徐亚诸王控制了米提亚人地区，将其洗劫一空，尔后又掠夺亚述各地，接着一路向西掳掠，直抵地中海沿岸并深入到安纳托利亚境内。他们控制所侵占的地域长达一百年左右。但由于长年用兵，他们的人员递减，剩下的兵力越过高加索，回到俄罗斯疆域内。

米提亚王国恢复了元气，东山再起，与新巴比伦王国的开国君主那波帕拉萨尔联合，于公元前612年摧毁尼尼微。米提亚国王占领亚述帝国北部和安纳托利亚南部，把哈里斯河定为与吕底亚王国的界河。米提亚国王的统治还包括当时由一位阿黑门尼德族出身的国王冈比西斯一世所治理的波斯人地区。米提亚人与波斯人之间的联系，由于冈比西斯一世娶了米提亚王国的公主而变得紧密起来。然而，好景不长，至公元前555年，波斯王储居鲁士起兵反对米提亚国王阿提亚格，大获全胜，波斯人取代了米提亚人，成为伊朗的统治民族，波斯人成了米提亚的执政者。居鲁士接着便向伊朗境外扩展势力，吕底亚首当其冲，于公元前546年被征服。居鲁士挥师向西，攫取了希腊人在小亚细亚的属地和许多地中海岛屿，公元前538年攻克巴比伦。巴比伦的失陷意味着它所管辖下的全部地域已被居鲁士所控制。波斯帝国的版图包括沙姆、腓尼基和巴勒斯坦，势力甚至伸入地中海，居鲁士成了中东独一无二的君主。公元前529年，冈比西斯国王即位，旋率师进犯埃及和努比亚地区。公元前512年，大流士一世企图征服印度，他的军队又进入欧洲，直打到多瑙河。大流士一世身后诸王均未达到他那样的武功，波斯帝国败象渐多。公元前330年，马其顿亚历山大大帝在伊苏一役中，打败了大流士三世。这样，历时约两个世纪的阿黑门尼德王朝崩溃，马其顿亚历山大大帝继承波斯帝国在中东的版图。

第一节　鲁里斯坦和西徐亚人

鲁里斯坦

前已述及，有些迁徙到伊朗高原的雅利安人，在当地定居过一段时间，与当地的土著融合。他们后来被迫离去，迁往两河流域、小亚细亚或俄罗斯南部，但没有留下什么艺术品或载有文字的物件。因此，我们只能通过考察他们的随葬品来了解他们。这些随葬品有木头、骨头或金属制成的器皿，如武器、马鞍或用以装饰马匹的东西，从而可以推想那些埋葬在地下的人，生前乃是骑士。此外，还有一些器皿和饮具。这些随葬品分布在一个辽阔的地域，从西伯利亚边境到欧洲中部，从伊朗到伊斯肯德伦，溯其历史，约在公元前1500年至前1000年之间。随葬品纵然分散，却有一个共同的艺术特色，亦即所谓的"兽形风格"。发现这类物品最多的地区，是伊朗鲁里斯坦。① 从那里出土的大量公元前9世纪至前7世纪的青铜器看，艺术家以动物图形作抽象风味的装饰。例如，这一件金属饰品（图1-207）很可能原来是固定在一根柱子上的，其形是两头狮子袭击一对野生动物。不过，这类青铜器出自什么人之手，又是为哪些国王制作的，至今不得其详。

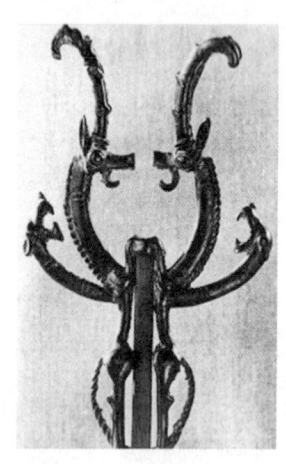

图1-207　鲁里斯坦动物青铜饰　公元前900年或前700年　大英博物馆

---

① 这些埋有青铜器的陵墓，是在1930年至1943年间偶然发现的。

西徐亚人

毋庸置疑，上述的遗物与零星分布在伊朗境内的西徐亚诸王的金属遗物，就艺术特色而言，是有联系的。西徐亚诸王的金属物，制作于公元前7世纪至前6世纪，其中如金制的野生羚羊（图1-208），是在俄罗斯南部发现的。它与青铜饰件（图1-207）

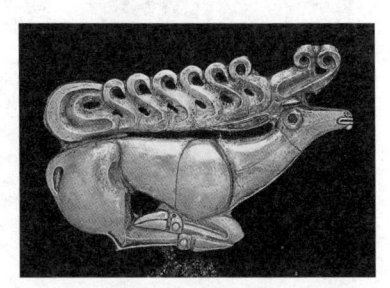

图1-208 金铸羚羊 公元前700年 埃尔米塔什博物馆

在制作方法上虽有不同，但可以肯定，西徐亚人定居伊朗后，一定向鲁里斯坦的部族学到过一些东西，特别是他们本身也属于迁入伊朗境内的印欧人。另外，米提亚人和波斯人也是印欧人的分支。

第二节 米提亚王国和阿黑门尼德王朝

米提亚王国

除了陵墓外，米提亚人没有留下什么建筑物。这些陵墓是在岩石上凿建而成，最有名的一座是在与伊拉克交界的基斯卡班。可以看到，陵墓的正面颇像用半面圆柱撑住的建筑物大门，墓穴的入口上方，有浮雕（图1-209）。米提亚时代金制物发现很多，有黄金的器皿、武器和手工艺品，制作精巧而细致。这些物件中，特别是绘有兽形图饰的，是西徐亚人的作品。卡拉尔达什出土的金器，便是一例。它雕有狮像，三只狮头凸出在器皿的表面之外（图1-210）。米提亚王国灭亡后，波斯人取代了米提亚人统治伊朗，这是波斯艺术走向繁荣的一个新时代的开始。

图 1-209　基斯卡班岩窟陵入口　公元前700~前600年　　图 1-210　卡拉尔达什狮头金器　公元前800~前700年　伊朗国家博物馆

阿黑门尼德王朝

风格独特的阿黑门尼德王朝的波斯艺术,始于居鲁士王执政时期。波斯人吸收了两河流域的文明,当然也借鉴了两河流域人的艺术,同时还受到米提亚人的传统尤其是宗教信仰的影响。

建筑

波斯人虽然大量吸收两河流域的文明,但仍保留了盛行于伊朗地区的宗教信仰。他们信奉两位神祇,一是存在于火中的善神,叫阿胡拉马兹达,一是藏在黑暗中的恶神,叫阿希拉姆。波斯人声称,火是光明之源。他们筑起四方形祭坛,里面点上火,让火焰从墙壁的孔洞中窜出(图1-211)。这类宗教性建筑,结构简单,并无创新之处。波斯人囿于他们的宗教信仰,不像埃及人和苏美尔人那样推崇建筑艺术。

但波斯人豪华的王宫是享有盛名的。促进波斯建筑艺术繁荣的原因,是波斯帝国的统治者们为了压过亚述人和巴比伦的宫殿,一心要建造宏伟、壮观的宫阙,使之与管辖着从印度边境到尼罗河流域庞大版图的帝

图 1-211　方形石坛　公元前 600 年

王身份相称。这些宫殿都耸立在高石墩上,宫墙嵌有雪花石膏片,装饰着描绘帝王庆典的浮雕,其风格显然是同亚述艺术一脉相承。

居鲁士王在京都帕萨加第修筑的王宫,早已倾圮湮灭,唯遗下一段残垣,上有长翼的人形浮雕(图 1-212),其风格兼有埃及和亚述的特色。此外,还在帕赛波里斯①和苏撒两城,发现王宫遗迹,可供研究阿黑门尼德王朝各个时代的建筑艺术所用。

众所周知,大流士一世在帕赛波里斯把王宫修筑在高层石墩②上(图 1-213),这座宫殿经历了三代国王:大流士一世、薛西斯和阿塔薛西斯一世。它由大小不等的厅堂组成,最宽

图 1-212　帕萨加第王宫正门浮雕　公元前 600 年

① 阿拉伯人称帕赛波里斯为伊斯塔赫尔。
② 石墩的面积是 500 米×350 米。

图 1-213　帕赛波里斯王宫正面和通向平台的台阶　公元前 600～前 500 年

敞的一间是迎宾厅，里面用许多石柱支撑木顶。大流士一世的接待厅中，有 36 根柱，而薛西斯国王的金銮殿，则有石柱百根。大量采用石柱的目的，是要对觐见者施加影响，令其感到波斯宫殿的宏伟和豪华。这些柱厅使我们想起了埃及卡纳克圆柱殿。埃及的艺术影响还表现在这座波斯王宫的柱头形状一如埃及的花朵，柱厅像一朵倒置的怒放鲜花（图 1-214）。而起棱的柱身，则是模仿小亚细亚闻名的爱奥尼亚式。① 阿黑门尼德王朝建筑物中唯一的独创，是垫托天顶横梁的柱头，雕成两头背对背匍匐着的、脖子和躯体连在一起的动物形状（图 1-215），它们可能是公牛、马或非驴非马的动物，有时它们还长着人头（图 1-216）。由此可以看出，波斯的雕刻乃是建筑艺术的一个组成部分，而不是一门独立的艺术。

---

① 有些学者认为，是波斯人借鉴了古希腊人的建筑特色和雕刻风格，但也有另一些学者说，恰恰是希腊人吸收了波斯人的建筑艺术。

图 1-214　帕赛波里斯王宫残迹　公元前 500 年

图 1-215　帕赛波里斯王宫石柱
公元前 500 年　伊朗国家博物馆

图 1-216　帕赛波里斯王宫柱头
细部　芝加哥大学东方研究所

这些雕刻的构思虽然源于亚述艺术，但对称地放置动物则是继承了伊朗文化遗产的波斯风格，与我们前面提到的鲁里斯坦地区出土的青铜像同出一辙。

在装饰大流士王宫门的拱形结构方面，波斯艺术家也受到埃及艺术的影响，那上面的图饰，均取自埃及的神庙。

浮雕

在帕赛波里斯王宫中发现的浮雕，被认为是研究波斯雕刻最重要的一个部分，因为那个时代并未留下许多独立的雕刻品。

波斯王宫的墙面贴有雪花石膏板，上面雕有各种反映帝王生活中重大事件的画面。这种做法虽然因袭亚述艺术的传统，但是，就目的和内容来看，它与亚述艺术迥然不同。亚述的壁画，描绘了亚述国王在征战和狩猎中表现出来的威武、英勇，而波斯的宫廷壁画反映的却是元旦在宫廷内外举行的庆典，那时，波斯辖下的各藩属使团纷纷前来进献贡品，向"诸王之王"表示臣服。壁雕的目的，就是在宫殿里里外外的墙面上把这样的庆典情景记录下来。因此，我们在王宫的外墙上，看到了一排排全副武装的卫士的浮雕像（图 1-213）。

在通向王宫平台和迎宾厅的台阶两旁的墙上，刻有这类的庆典浮雕，我们还看到一排排正在拾级而上的人物形象，其中有一排是米提亚的贵族（图 1-217）。这些贵族形象的浮雕，是王宫中发现的杰作之一，它表明艺术家具有极敏锐的观察力，他把那些回头与同伴对话或将手搭在他人肩上的人物，描绘得栩栩如生。墙上的藩属使团浮雕，也很逼真，他们手捧当地名产，依次登上台阶，向波斯国王进贡（图 1-218）。这一类人物形象，在宫墙的浮雕中屡见不鲜，代表了波斯装饰艺术的特色。如果把这些使团的浮雕与亚述萨尔玛那萨尔王庆功碑相比，那就可以看出，波斯的人物浮雕在表现细节方面要工细得多。

图 1-217　帕赛波里斯王宫通向平台的台阶浮雕

图 1-218　藩国使团进贡浮雕　公元前 600～前 500 年

觐见者一旦进入王宫迎宾厅，就会看到大流士王端坐在宝座上，后面站立的是王储薛西斯和卫士们。大流士王接见来提亚贵族代表的浮雕，清楚地描绘了这种场景（图 1-219）。从浮雕可以看出，波斯艺术家在表现波斯地区人物的衣褶上，远较亚述艺术家审慎，波斯艺术家还尝试透过衣袖的襞褶来烘托国王的肩部和胳臂。这种新颖的手法是参与创作这些浮雕的古希腊人带来的①，因为早在公元前 6 世纪，希腊的爱奥尼亚海岛上就有用这一技法镌刻的作品了。

图 1-219　帕赛波里斯王宫金銮殿壁浮雕　公元前 500 年

---

① 这一点，大流士王曾亲口说："雕刻匠是爱奥尼亚人，银匠系吕底亚人和埃及人。"

波斯浮雕中出现的各族人物，服饰大不相同。波斯籍卫士身穿宽袖带褶长袍，一肩挎着插长矛的皮套；米提亚人身穿短衣短裤，无襞，头上的圆帽也很有特色，他们佩戴的匕首，镶有从西徐亚人学来的纹饰；进贡者的装束别具一格，他们所持的贡品也各有千秋。这些浮雕显得从容、稳健，波斯艺术家避免亚述叙事艺术作品中的强烈动作和激情。这种风格，从公元前500年左右的大流士王时期开始，直到帝国崩溃，始终保持未变。波斯浮雕艺术不见有显著发展，显然是艺术家过于重视追求装饰效果所致。他们的风格，是从鲁里斯坦人和西徐亚诸王时期起便盛行于伊朗的艺术风格的继续。

亚述艺术对波斯艺术的影响，在薛西斯王宫的大门上反映得很清楚，那上面镌有一对带翼的人头兽身浮雕（图1-220）。波斯人虽然借鉴亚述艺术作品，但时时赋予引进的画面以新的含义，描绘亚述国王捕捉猛狮的浮雕（图1-221），就被波斯艺术家巧妙地利用作为一个宗教题材的画面，它表示善良和光明之神阿胡拉马兹达战胜罪恶和黑暗的精灵阿希拉姆，这里，持剑扑击的大流士王代表光明之神，而那头神话中的野兽财象征黑暗之神（图1-222）。

图1-220　与帕赛波里斯王宫连成一体的薛西斯王宫大门　公元前500年

图 1-221　亚述巴尼帕王手刃猛狮
公元前 600 年　大英博物馆

图 1-222　大流士王手刃怪兽　公元前 400 年

在帕赛波里斯王宫外墙上，这类斗争的画面不少，有一幅浮雕是一头长翅膀的狮子扑杀一头公牛（图 1-223），那狮子也许是阿胡拉马兹达神的助手密特拉神，他杀死了恶神的爪牙。在以后的时代里，密特拉神的威力逐渐压倒了阿胡拉马兹达神，至罗马帝国统治时期，对密特拉神的崇拜凌驾于一切之上。而这种善战胜恶的斗争画面，则是首先在波斯地区传开的。后来，在基督教艺术里，也曾出现过圣乔治杀死怪兽的画面。

图 1-223　帕赛波里斯王宫正面壁雕　雄狮扑杀公牛

大流士王在原依蓝王国的京城苏撒修筑冬宫①，其装饰方法与帕赛波里斯王宫相比迥然不同。冬宫的装饰依靠的是色彩，彩陶取代了雪花石膏的浮雕，另外，也出现了一些新鲜的题材。在冬宫两道门中间的墙上，刻着一对有翼的双人头兽身像，正对大门的两个脑袋连接在一起，上面是阿胡拉马兹达神像，他被画成人形，居于有翼的圆盘中央。很明显，波斯人的这幅构图乃取自亚述，亚述人又是继承了赫梯人的艺术，而这种构思最早的创作者则是埃及人。有翼的人头兽身造型是波斯人向亚述人学来的，不过动物的对称布局却是伊朗特色。这些动物的着色，通常采用绿、黄两色。

考古者在苏撒王宫发现的彩陶装饰中的精品，是一批手持长矛的贴身卫士②像，他们的形象同帕赛波里斯王宫外墙上那排卫士颇为相似。艺术家娴熟地表现出这些贴身卫士身上的色彩鲜艳的绣袍：袍服的颜色为白中带黄，绣线系绿色和棕色。苏撒王宫中，还发现用神话动物构成的装饰，这当然是借鉴了巴比伦艺术的结果。不过，波斯艺术家在吸收了伊什塔尔门上的构图后，又有所发展，他们创作的公牛带有翅膀，描绘的神话动物也有翼，狮子头上长着角，而我们在巴比伦城门大道两旁的城墙上看到的狮子造型，则是完全不同的风格。波斯艺术家采用几何形构图，酷似伊朗西徐亚人遗物上的图形，图形的颜色不同于墙上衬底用的蓝陶，以求得凸出于墙面的效果，这是沿袭了新巴比伦王国时代的处理手法。显然，大流士王曾借助于擅长制作凸面陶砖的巴比伦人③，也用了古希腊艺术家，我们可以从人物的衣裳上看出希腊艺术家留下的痕迹。波斯人忙于

---

① J.德·摩尔根教授在 1903 年发现这座王宫，他对依蓝王国舒加扎姆比勒的挖掘工作进行研究后断定，波斯王宫的设计系取自依蓝的宫殿式样。
② 贴身卫士是指一批经常簇拥在国王身边，负责守卫和保护他生命安全的卫士。
③ 对此，大流士王曾说："陶砖匠系巴比伦人，墙面装饰工匠是米提亚人和埃及人……苏撒城内完成的辉煌业绩……使朕获得了阿胡拉马兹达神的庇佑。"

战争，并不重视艺术，他们把艺术工作丢给雇佣来的波斯属下各藩国的艺术家去做。因此，大流士从亚述、巴比伦和希腊地区招聘能工巧匠来装饰他的宫阙，是毫不奇怪的。可以证明这种看法的，是在比苏敦发现用巴比伦语、依蓝语和波斯语三种文字刻成的铭文，上面有大流士王像。比苏敦石刻的被发现，终于使楔形文字之谜得以解开。

陵墓建筑

波斯诸王对修筑陵墓的重视，并不亚于他们对兴建宫殿的关切。居鲁士王在帕萨加第附近修建的陵墓颇有特色，是在一块平地上用石块巧妙地垒成，墓呈长方形，墓基由七层石墩组成（图1-224）。居鲁士后代所修建的墓与这座陵墓大不相同。纳克什鲁斯坦的波斯王陵群，形状相似，都是开凿在半山腰间。大流士王陵（图1-225）正面，与波斯王宫正门一样有雕饰石刻，门旁有四根嵌入墙面的圆柱，柱头是一对匍匐着的动物。门上方像个平台，雕的是大流士王站在一座坛上，这坛由许多人擎起，他们代表波斯帝国治下的各藩属。国王的前面是圣火祭坛。墓正面石壁的最高处是居于带翅膀圆盘正中的人形主神阿胡拉马兹达像。可以看出，带圆柱陵墓正面的建筑艺术风格，是模仿米提亚陵墓（图1-209）。

图1-224　居鲁士王陵　公元前600年　　图1-225　大流士王陵

雕刻

波斯帝国与埃及间往来的书信证明，波斯诸王曾从埃及延聘雕刻匠制作装点他们宫阙的像。遗憾的是，至今未能找到有助于我们研究波斯雕刻艺术的大型像，而仅仅发现了一些名不见经传的波斯人物的石雕和金属制头像，以及若干小型的金属人像。从一尊波斯王公的头像（图1－226）来看，波斯的雕刻风格显然受到在两河流域盛行的苏美尔风格和亚述风格的影响。

图1－226 蓝宝石王子头像 可能是公元前5世纪薛西斯王子 伊朗国家博物馆

实用美术

波斯帝国时代，对宫廷御用的金、银器皿的制作特别重视，这可以从一只金樽看出，它的底座是一头匍匐着的狮子（图1－227），波斯艺术家表现出独具一格的装饰风格，樽口上镌刻的花纹是借鉴某些埃及的植物图形。在乌克苏斯出土的大批金、银文物中，有一件银器的底座造型很像苏撒王宫门墙上的那头怪兽,银器口饰有植物图形(图1-228)。如果我们研究一下这批器皿与前已述及的赫梯器皿(图1-168)之间的巨大相似之处,那么就可以推断出这类器皿的制造业和波斯装饰艺术风格所经历的发展过程。

图1-227 金樽 公元前500～前400年 伊朗国家博物馆

图1-228 乌克苏斯银器

乌克苏斯出土的金器中,有一只手镯,其两端都是有翼的神话动物①,动物身上绘有几何形(图1-229)。另有两只波斯人用来盛放饮料的器皿的柄,一只银制的,现藏柏林博物馆,另一只金制的,现藏卢浮宫,它们的造型都是有翼的羚羊(图1-230)。

波斯人跟亚述人原先的做法一样,用青铜器点缀木质的大门,苏撒发现的青铜狮子像(图1-231),具有明显的亚述风格。

---

① 从拾级而上的朝贡者浮雕中,可以看到他们的手上就戴有这样的镯子。

图 1-229　金手镯　藩国使臣进献　波斯国王的贡品

图 1-230　器皿的柄　形若带翼羚羊　卢浮宫

图 1-231　苏撒青铜卧狮　公元前500～前400年　卢浮宫

从古希腊作家普鲁塔克的记述中，可以对波斯王宫收藏的文物数量形成一个概念，他说："希腊人用了一万头骡子和五百峰骆驼搬运帕赛波里斯王宫中的文物，并从苏撒王宫中取走了三万九千件金器和银器。"

圆柱形印章

阿黑门尼德王朝的圆柱形印章，是中东地区雕刻家的上乘作品之一，刻纹之细犹如宝石上的雕琢。已发现的最佳题材,是表现国王驾辇捕狮的画面(图1-232),具有明显的亚述艺术风格。

图1-232 大流士王御玺 驾辇猎狮 大英博物馆

通过对波斯各类艺术的研究,我们可以得出这样的结论,即波斯人大量地借鉴中东地区文明发祥较早国家的艺术,并能兼收并蓄地创造出一种为波斯人喜闻乐见的崭新装饰形式。阿黑门尼德王朝的波斯艺术从公元前6世纪中叶至前4世纪中叶,大约存在了200年。古代中东艺术的一些原理,正是通过波斯人和希腊人传入西方的。波斯帝国是中东地区在遭受外族入侵之前最后一个强国,在那以后,便是马其顿亚历山大大帝的东侵了(图1-233)。

图1-233 庞培城法维那宫地面马赛克 大流士三世与马其顿亚历山大大帝交战 约公元前200～前100年

中东艺术史·希腊入侵至伊斯兰征服

〔埃及〕尼阿玛特·伊斯梅尔

中东地图
希腊入侵至伊斯兰征服时期

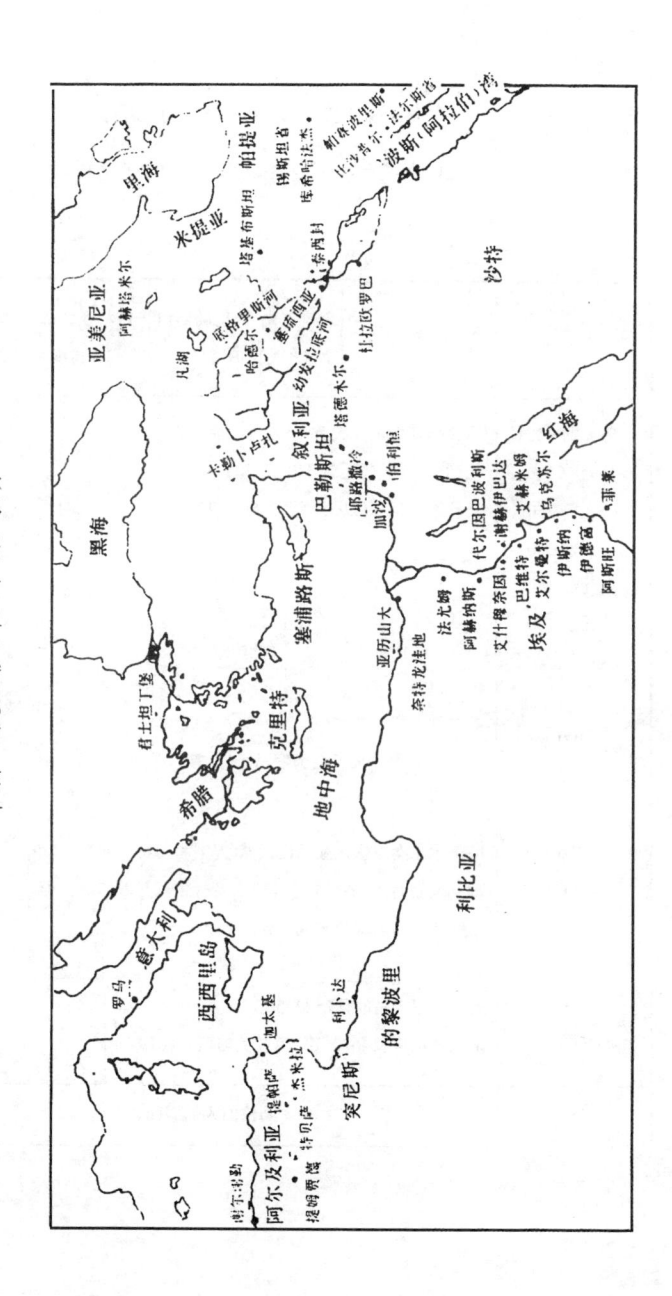

里海
亚美尼亚
阿赫塔玛尔
米提亚
帕提亚
塔基布斯坦
锡斯坦谷
传布哈法
波斯（阿拉伯）湾
凡湖
哈兰
埃德萨斯
幼发拉底河
杜拉欧罗巴
舍布哈法
黑海
卡帕卜加
叙利亚
巴勒斯坦
萨迈拉
伯利恒
耶路撒冷
加沙
沙特
君士坦丁堡
塞浦路斯
贝里特
亚历山大
奈特龙洼地
法尤姆
阿赫纳斯
艾什蒙奈因
巴维特
代尔巴波利斯
谢赫伊巴达
支赫米姆
伊斯娜
伊德富
阿德富
红海
乌克苏尔
希腊
克里特
地中海
罗马
意大利
西西里岛
迦太基
利卜达
的黎波里
突尼斯
利比亚
埃及
艾尔盖坦
提姆赋城
特贝萨
提帕萨
提帕萨
杰米拉
阿尔及利亚

中东地区大事年表

希腊入侵(公元前334)至伊斯兰征服(641)时期

	埃及	北非	叙利亚南部、巴勒斯坦和阿拉伯诸岛	叙利亚北部和拜占庭	两河流域	伊朗
公元前350			马其顿亚历山大大帝入侵(公元前334~前323)			
公元前300			托勒密王朝(公元前320~前30)			
公元前250			托勒密三世在位(公元前246~前221)			
公元前200						
公元前150			奈伯特部族		帕提亚脱离塞琉古王国独立(公元前250)	
公元前100			塔德木尔城			
公元元年			杜拉欧罗巴城			
50			罗马帝国			
100						
150			埃及成为罗马行省(31)			
200						
250			塔德木尔女王进入亚历山大城(269)科普特历问世			
300			戴克里先时代(284)君士坦丁大帝皈依基督教(323),拜占庭帝国境内基督教成为合法			
400						萨珊王朝
500			查士丁尼大帝时代(527~561)			
600			萨珊统治埃及~620年被希拉克略所逐(619)			
650			阿拉伯人征服(648)			

序

  读者在"中东艺术史·古代"一卷中看到，古代文明为我们留下了伟大的文化、艺术遗产；古代世界各民族的宗教信仰，通常都是孕育艺术的绿野沃土，中东地区即使处在最黑暗的时期，亦即被东方最后一个统治者阿黑门尼德帝国征服之后，各民族的艺术火炬也未曾熄灭。

  当波斯人攻伐希腊人位于小亚细亚的城邦，企图扩大他们的胜利时，东西方之间开始爆发一连串漫长的争斗，最后以古代世界惨遭浩劫告终：马其顿亚历山大大帝荡平波斯人的帝国，帝国的版图转属这位希腊征服者掌握。这样，中东地区及其艺术便成了希腊文明史的一个组成部分。

  在亚历山大大帝的继承者——控制中东地区的马其顿人和罗马人时代，希腊、罗马文化持续不断地渗进中东地区的思想、习俗和艺术。中东艺术与希腊-罗马艺术融合的结果，产生了一种新颖的艺术，既不同于希腊艺术，也有别于古代东方艺术。

  罗马人统治东方的时期意义重大。因为当时产生了基督教，这一遍及东西方各地的新宗教影响了中东地区各民族的文化和习俗，形成了别具一格的崭新艺术。

  因此，本书将叙述中东地区被亚历山大大帝攻占后的文化艺术，亦即希腊化艺术和基督教艺术。我们将对建筑、雕塑、绘画等造型艺术进行探讨。

在基督教时代,波斯对中东地区的政治和艺术作用巨大。拜占庭艺术的一些杰作,乃是罗马思想与东方表现手法相结合的成果;由于波斯人的思想渗入了拜占庭的宗教艺术,致使在中东地区占统治地位的拜占庭艺术的美学标准的基础和概念都发生了变化。

最后,我谨向所有曾帮助我完成本书的人士,特别是向我提供了部分照片的埃及国家博物馆和开罗科普特博物馆致谢。

尼阿玛特·伊斯梅尔
1974年12月

第一编　希腊、罗马时代
(马其顿亚历山大征服东方至罗马帝国建立)

历史绪论

马其顿亚历山大于公元前4世纪上半叶登上历史舞台。他的出现，结束了古代世界各民族史的最后篇章，掀开了东西方交融的新的一页。这新旧转换的过程，历时甚短。

亚历山大在公元前334年，从波斯人手中收复小亚细亚希腊城邦，继而向东，大举侵入波斯帝国地域。公元前332年，他攻占苏尔和巴勒斯坦。同年，率师进犯埃及，未遇认真抵抗即一鼓而下。公元前331年，亚历山大占领叙利亚和伊拉克。公元前333年伊苏战役和公元前330年阿尔比勒战役中，他大败波斯阿黑门尼德王朝末代帝王大流士三世，完全控制了伊朗。亚历山大东侵，直达印度境内。他的新帝国定都巴比伦城。

亚历山大大帝成了波斯帝国的合法继承者后，即开始征东方世界传播希腊文化。他传播希腊文化的办法是将希腊精神与东方精神熔于一炉，通过在幼发拉底河、尼罗河和印度河流域修建希腊式样的新城市，来达到这个目的。在这类希腊式样的城市中，最著名的是埃及亚历山大城，当时该城的声誉可与雅典媲美。亚历山大大帝承认被征服民族的宗教信仰，借以与他们亲近，他娶了一位名叫鲁克萨娜的波斯公主，还鼓励他的将领们与当地人通婚。

亚历山大大帝于公元前 323 年殁于苏撒，将领们为瓜分希腊东方帝国，争斗骤起，最终一分成三：埃及属托勒密所有，叙利亚、两河流域和伊朗为塞琉古占据，帕加马归阿塔罗斯统辖。至于马其顿本土，则始终在安提柯的治下。

亚历山大的继承者们，在他们割据称王的地区，继续奉行前者传播希腊文化的政策，建造许多新城市，作为希腊文化的中心，其中有名的，如底格里斯河畔的塞琉西亚，阿西河旁的安塔基亚。位于小亚细亚的帕加马城，以古希腊的名城著称于世。

在中东地区臣服于各独立的马其顿家族的新的希腊化时代，原先统一的各个地区开始相互角逐，托勒密王朝与塞琉古王朝，塞琉古王朝与统治伊朗的帕提亚王国之间，斗争尤为激烈。不过，它们相互间的分歧并未妨碍这些地区共同接受希腊文化的影响。

当时，罗马战胜迦太基，在西部地区称霸，作为一个商业大国，它需要维护周围海域的平静。因此，它干预希腊化东方的政策，先与和平的商业国家，如埃及、罗得岛、帕加马结盟，公元前 190 年，向塞琉古王朝开战，占领它的全境。罗马把势力渐次伸入马其顿、埃及、中亚细亚以及叙利亚之后，终于彻底控制了东方。

古希腊诸王国成为罗马帝国的藩属后，便充当了隔在罗马与帕提亚王国之间的屏障。公元前 250 年，帕提亚人撵走塞琉古人后，统治着伊朗。中东地区的西部，至公元前 1 世纪末叶，是罗马帝国的一部分；其东部——伊朗和两河流域，则是帕提亚王国的一统天下。

屋大维时代（公元前 30～公元 14 年），罗马在东方的统治范围进一步扩大，远达幼发拉底河流域，罗马帝国建成，屋大维获"奥古斯都"称号。

以后,屋大维的后裔相继执政,其中出名的有尼禄(69～79 年)和图拉真(98～117 年)。图拉真曾将亚美尼亚和两河流域并入帝国版图。但到了他的后人哈德良时代(117～138 年),帝国的疆域又缩至幼发拉底河。马可·奥里略时代(161～180 年)的罗马帝国,与北方蛮族的战争仍频。

那一阶段的罗马,在世界史上是执牛耳者,其主要职能是:在西方蛮族中间,大力巩固法律和文明的基础;在东方,它的使命是维护由亚历山大大帝及其后裔建立的、比罗马文明更先进的希腊城邦的结构。

马可·奥里略去世后,罗马帝国急剧衰落,至卡拉卡拉时代(211～217 年),更是每况愈下。戴克里先在位时(284～305 年),企图将庞大的帝国划分成几个部分,由几个统治者分治,力挽颓局。他自己专管东方,政权的中心在罗马城;西部由另一位统治者执政,中心在米兰。然而,这种制度随着戴克里先的故世消亡,君士坦丁大帝(306～337 年)再次将帝国政权全部集中在首都罗马。

在君士坦丁信奉基督教之后,罗马帝国的政权中心移到了东方。他建立的新都,定名为君士坦丁堡。

罗马人统治中东地区,并未留下引人瞩目的文明古迹,因为他们崇尚希腊文明,对他们发现的希腊化文化,不想作丝毫改变。因此,罗马的任务不是创造,而是维护希腊文化传统,使之延续,并且继续使用希腊语。

罗马贵族学会了推崇和欣赏文学艺术。他们的将领把美妙的古希腊雕像运回罗马,装潢他们的宅邸。罗马人不仅注意保存古代纪念品,而且鼓励希腊艺术家们创新,这是因为罗马人始终达不到古希腊著名艺术家的水平。

《亚历山大大帝战胜波斯大流士三世》(历史绪论图 2-1),是古代中东的艺术佳作。公元前 4 世纪起,在希腊人统治的地域中出现的希腊艺术,反映了已经趋于现实的人生观,这些作品制作精美,刻画出具有个性的人的感情。在马其顿王国和罗马帝国两个时期,希腊艺术与当地古老的艺术相结合,形成一种被称作希腊化风格的新颖艺术,它在受希腊文化影响的地区内日趋繁荣。亚历山大城、塞琉西亚、安塔基亚、帕加马和罗得岛,都产生了希腊化文化艺术,它在希腊-罗马时期,伸入到北非和阿拉伯诸岛。

历史绪论图2-1 亚历山大大帝战胜波斯大流士三世 公元前1至2世纪 庞培城福纳尔宫地板马赛克 现藏那不勒斯国立考古博物馆 原作是公元前3世纪亚历山大时代的一幅壁画

第一章 埃及

第一节 托勒密时代
（公元前305～前30年）

亚历山大于公元前330年东侵之时，埃及还是波斯的一个行省。为了摆脱波斯阿黑门尼德王朝的暴虐统治，埃及人没有抵抗亚历山大。亚历山大尊重埃及人的神祇，借以接近他们。他来到孟菲斯，即向阿比斯神和比塔神献上牺牲；访问锡瓦绿洲的阿蒙神庙时，也进行了祭祀。遵照法老时代埃及沿袭下来的传统，祭司们替他加冕，奉他为阿蒙神的儿子。他以埃及神羊的双角为自己的徽号，因此被称为"双角的亚历山大"（图2-1）。公元前332年，他修建亚历山大城。亚历山大殁后，托勒密一世起先以希腊委派的总督身份统治埃及，不久便宣告独立。公元前305年，他自封为埃及王。托勒密王朝在埃及的统治，一直持续至公元前30年，此

图2-1 刻有亚历山大肖像的钱币 他头戴埃及双角王冠 约公元前3世纪

时，王朝的末代君主亦即女王克利奥帕特拉七世去世，埃及被并入罗马帝国的版图。

尽管埃及境内特别是首都亚历山大城，希腊色彩浓郁，但托勒密王朝的统治方法仍沿袭古埃及人的传统，它维护亚历山大大帝的政策，尊崇埃及的神祇以博得埃及人的好感。托勒密二世（公元前285～前247年）和三世（公元前248～前223年）时期，亚历山大城是最大的希腊文化中心之一。它的艺术成就卓著，是学者和艺术家荟萃之地，就希腊的文明、文化而言，它的地位仅次于雅典。

这个阶段令人瞩目的是历史著作。托勒密二世曾责成埃及祭司马涅托编纂古埃及诸王编年史；当时，还修建了两座巨型建筑物，一是藏书库，一是博物馆。希腊世界各地的学者纷至沓来，在博物馆里从事研究的学者，有几何学家欧几里得、阿基米德等。

以后，托勒密王朝的统治者力量渐衰，内部纷争剧增，罗马共和国于公元前168年对埃及实行保护，托勒密王朝向它东方的世敌塞琉古王国开战，结果，托勒密王朝介入了罗马的党派之争。公元前48年，庞培逃入埃及，朱利乌斯·恺撒追踪而至；在托勒密王朝克利奥帕特拉七世女王时代，罗马的统帅安东尼对她倾心爱慕。为维护这位女王的利益，安东尼与他的朋友屋大维反目成仇。公元前30年，屋大维在亚克兴海战中获胜，克利奥帕特拉自杀，埃及沦为罗马帝国一行省，直至公元7世纪被阿拉伯人征服。

亚历山大大帝殁后，希腊文化虽然在他统辖的范围内仍占主要地位，但是，托勒密王朝却并不热心在境内传播之，埃及的希腊艺术仅囿于首都亚历山大城。

托勒密人的私生活，虽按希腊方式，但他们信奉的却是埃及古代宗教，并恪守埃及传统。因此，与世俗相联系的希腊化艺术和反映宗教内容的古埃及艺术,并行不悖地流行。希腊化艺术的遗迹见诸亚历山大城,宗教艺术则盛行于上埃及。

建筑

亚历山大城从亚历山大大帝兴建时起,至托勒密二世时代末,建筑物不断拔地而起,托勒密二世时代尤见增多,托勒密二世在城里建造为轮船导航的巨大灯塔,高100米,设计图形为一白石叠砌的多层塔(图2-2),在希腊世界中遐迩闻名,惜毁于1307年的地震。托勒密二世还在亚历山大城内盖建两座有名的图书馆,并扩建翁斯伍朱德宫。托勒密四世(公元前222~前205年)修筑塞拉彼斯和伊西丝等神的寺庙。

图2-2 被毁前的亚历山大灯塔

信仰埃及宗教的托勒密人,很注意按照他们在上埃及发现的神庙式样修建供奉埃及诸神的庙宇,较多地借鉴振兴时期的神庙式样,在上埃及的伊德富、丹达赖、伊斯纳、考姆翁布和菲莱等城,都筑有富丽堂皇的神庙。研究托勒密王朝时期的神庙,最好的典型是托勒密三世建造的伊德富神庙。

伊德富神庙是按流行的埃及神庙传统式样设计的,亦即整体呈长方形,各部分坐落在一中轴线上,大门居中而立,进去是一个露天庭院(图2-3),再往里是石柱大厅,最后是神龛。神庙里的石柱雄伟奇丽,曾在新王国时期问世的枣椰形柱头再次出现。在伊德富神庙的庭院里,还能看到一尊荷拉斯神像,这座神庙就是为他而修的。

图2-3 伊德富神庙露天庭院 站在有顶大厅门旁的是荷拉斯神像 组合石柱柱头呈枣椰形 托勒密时代

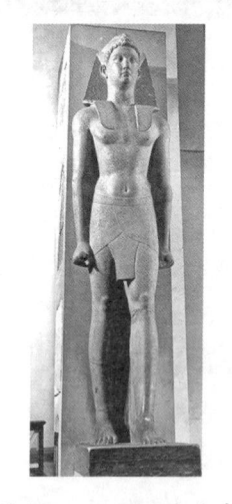

图2-4 亚历山大大帝大理石像 李西巴斯作于公元前4世纪后半叶

雕塑

亚历山大大帝驻骅中东阶段,有一位希腊雕塑家李西巴斯在他的宫廷中生活。相传,李西巴斯为亚历山大大帝雕塑了许多尊个人像。图2-4是他的作品之一,表现出明显的希腊风格,塑造的人物生动、传神。

托勒密王朝鼓励雕塑家按照埃及传统创作,当地的雕塑家终于形成他们独特的希腊风格。我们看到,为神庙和陵墓而作的雕像,既继承古埃及的传统,又有明显的希腊影响。在卡纳克发现的一尊雕像(图2-5),就兼有这两种风格(现藏埃及国家博物馆)。雕像的头运用希腊表现风格刻画了一个希腊人物,但雕像的站立姿势和衣服却是埃及式样。

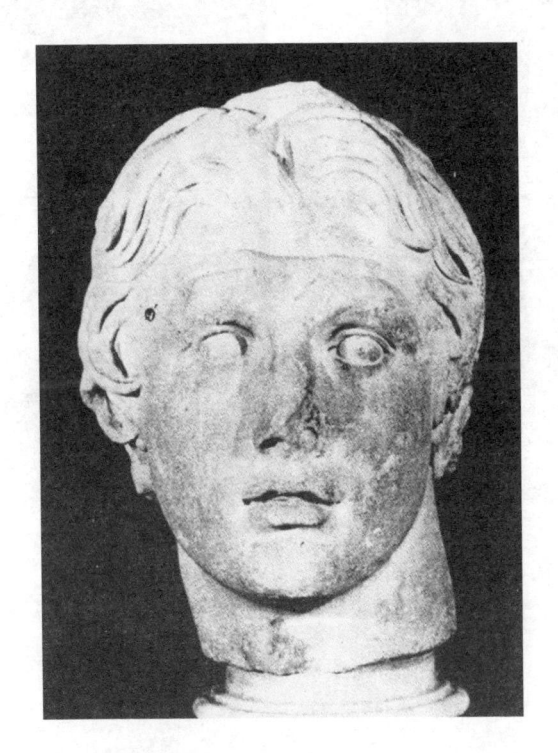

图 2-5　男性石像　相传是亚历山大　站立姿势为埃及风格　头部则按希腊式样　埃及国家博物馆

然而,两种风格融为一体的创作历时并不久远,这是因为凝重的埃及风格与表现力很强的希腊风格迥然不同,很难糅合在一起。此后出现的雕像,要么是埃及风格的(图 2-6),要么具有鲜明的希腊特色(图 2-7)。当时,许多雅典的艺术家迁入托勒密王朝境内,大多在亚历山大城定居,他们的创作纯属希腊风格。

图2-6 按埃及姿势站立的托勒密二世石像 梵蒂冈博物馆

图2-7 女性石雕头像 希腊文化时代 亚历山大市希腊罗马博物馆

托勒密王朝时代的亚历山大城,是希腊化雕塑艺术的重要中心,这里的作品可与希腊其他艺术中心的作品一比高低。据说,托勒密四世曾下令制作塞拉彼斯神像,放入神庙。这尊象征来世的雕像,乃是力和美的典范,神像的脸部带有一抹慈蔼之情,而观众瞻仰时却会肃然起敬。雕像着蓝色,眼睛里镶嵌的两颗宝石,在幽暗的神庙里闪闪发亮;头上顶着一个量麦的米克雅勒①,象征主要粮食产地埃及。艺术史专家们认为,这尊像是希腊雕塑家巴尔亚克斯的杰作,他曾师从雕塑家塞科巴斯。

在孟菲斯的塞拉彼斯神庙,还发现另外一些雕像,大多塑造埃及的神祇,如阿蒙、伊西丝、塞拉彼斯、尼罗河神等,均按希腊风格作成。另外也

---

① 埃及量器,容量8加仑。

发现反映平民百姓的现实主义雕像。根据记载,雕塑艺术在托勒密四世殁后急剧衰落。

　　能代表亚历山大城希腊化雕塑艺术的杰作,是一尊男子像,他正当壮年,侧卧着,靠在狮身人面像上,周身上下有16个小孩(图2-8)。这一人物象征尼罗河及其支流和源头。那时的雕塑家很喜欢创作象征城市和河流的像。① 罗马人继承了这种象征主义的手法,曾雕出一个男人像,借以表现意大利的台伯河。

图2-8　尼罗河像　取壮年男子形象　侧卧　靠在狮身人面像上　周围16个孩子　代表尼罗河支流　属希腊文化时代亚历山大流派　梵蒂冈博物馆

　　当时的亚历山大城里,住着各种民族的居民:马其顿的希腊人、埃及人、努比亚人,以及大量的犹太侨民,致使斯特拉波②称它为"世界的仓库"。艺术家们十分重视创作希腊手法的民间题材作品,这可从一尊努比

---

① 亚历山大城和司海女神伊西丝,都被塑成一个头戴王冠的女人像。
② 斯特拉波(约公元前63～公元20年),古希腊地理学家和历史学家,著有《地理学》十七卷和《历史学》四十三卷。

亚少年的青铜像(图2-9)中窥见一斑。

浮雕

一般来说,托勒密王朝时期神庙的壁雕,与古埃及神庙墙上的浮雕题材并无多大区别,一幅描绘托勒密二世的凹雕(图2-10)清楚地说明了这一点。作品中的国王头戴双重王冠,周围诸神簇拥。我们发现,托勒密王朝的浮雕刻痕颇深,令人联想起埃及第二十王朝的浮雕。

图2-9 努比亚少年青铜像 属希腊文化时代亚历山大流派 卢浮宫

图2-10 伊德富神庙墙上的托勒密二世凹雕像 两旁是神祇像

希腊东侵之前,在波斯人统治的各地民间,波斯阿黑门尼德艺术的影响虽然已趋向衰落,但是在托勒密时代仍时有出现,伊德富神庙内通向屋顶的台阶墙壁上的浮雕(图2-11),便是明证,它使我们回想起伊朗帕赛波里斯王宫内的一幅浮雕:国王和祭司们正拾级而上,去参加宗教庆典

(图2-12)。

图2-11 伊德富神庙台阶墙上的浮雕 描绘拾级而上参加宗教庆典的队伍

图2-12 帕赛波里斯王宫台阶墙上的浮雕 阿黑门尼德时代 伊朗

在赫尔摩波利斯-图纳杰贝尔的一座托勒密时代的古墓中,也可找到波斯艺术的影响。那是信仰图特神的大祭司贝图齐里斯的墓,从墓室的一幅描绘工匠劳作的浮雕上,可看到一件波斯器皿和一根柱子,柱头呈莲花状,上面雕有匍匐的动物(图2-13)。这类柱头在帕赛波里斯王宫并不鲜见。

图2-13 大祭司贝图齐里斯墓室墙上的浮雕 描绘金匠的劳作 上埃及图纳杰贝尔 托勒密时代

实用美术

图2-14 刻有托勒密王朝创始人苏提尔亦即托勒密一世头像的钱币 大英博物馆

亚历山大城和巴尔贾蒙作为重要的冶炼业中心而享有盛名。在希腊化时代,把国王肖像或神祇的形象镌刻在银币上的做法,已很普遍。这类头像的镌刻,具有鲜明的希腊现实主义风格,人物的一绺绺头发飘洒自然,例如一枚银币上的托勒密一世肖像便是如此(图2-14)。马其顿的统治者们鼓励希腊艺术家离开雅典,到他们的统治区域去生活。在依附苏提尔

(托勒密一世)宫廷的艺术家中,有一位名叫安特菲鲁斯的画家,肯定曾为国王画过多幅肖像,用于银币上的镌刻。

亚历山大城和安塔基亚在希腊化的地域里,还是首屈一指的浮雕宝石中心。有一块浮雕宝石上刻有亚历山大大帝和他的母后奥林比娅的形象;另一块上,刻有托勒密二世和他的一位姐妹的像。浮雕宝石在希腊化时代颇为兴盛,艺术家们争奇斗巧,镌刻各种题材,技法都极其细腻,图2-15即是一例。

图2-15 浮雕宝石 描绘端坐着的奥古斯都皇帝和罗马女神 公元1世纪罗马时代 属亚历山大流派 维也纳艺术史博物馆

第二节 罗马时代
(公元前31～公元306年)

在罗马人统治时期,埃及已非昔日托勒密人当政时可比,不再是希腊文化的中心了。托勒密王朝崩溃后,古埃及的特色几乎丧失殆尽,代之而起的是新的希腊-罗马色彩,它作为古希腊艺术的延伸,普遍见于亚历山大大帝后人统治的所有地域,这种希腊-罗马的艺术特色,在住有希腊-罗马侨民的亚历山大城和法尤姆尤为突出。

建筑

有几位主张改良的罗马皇帝,曾为托勒密王朝的神庙增建了附加建筑物(图2-16)。哈德良皇帝在法尤姆附近建立一座新城,称为安东尼奥，今名谢赫伊巴达。一位犹太侨民在亚历山大城为戴克里先皇帝立了一根纪念柱（图2-17），其形状取自希腊南部科林斯城中的纪念柱。

图2-16 菲莱神庙一部分 公元1世纪 罗马图拉真皇帝在位时期

图2-17 亚历山大城纪念柱 罗马时代

图2-18 统治者利西努斯（308～324年）像 罗马时代 埃及国家博物馆

雕塑

在罗马时代的公元前1世纪，亚历山大城中的雕塑艺术再次活跃起来。已找到的那一阶段的石像，纯属罗马风格，毫无新意可言，例如现存于埃及国家博物馆的一尊名叫利西努斯的人像（图2-18）。另有一尊藏于亚历山大城希腊-罗马博物馆的人像，塑造的是一位罗马人物，据估计，很可能是戴克里先皇帝像。我们看到，亚历山大城原先的希腊化雕塑风格，已经受到罗马艺术风格的影响。

绘画

希腊-罗马的艺术风格,明显地反映在图纳杰贝尔陵墓的部分壁画上。可以看出,埃及艺术家将古希腊神话绘制成彩色壁画。如在一座陵墓中发现的壁画,描绘了奥狄浦斯神话的三段内容:奥狄浦斯王子进希腊地域底比斯城的城门,见到狮身人面兽(斯芬克斯);底比斯城被绘成人形;最后,奥狄浦斯王子杀死他的父亲(图2-19)。在这幅画中,艺术家竭力表现明暗,注意用建筑物作背景来衬托主题。在罗马时代,亚历山大城的壁画流派有可能已很兴盛,它的不少内容传到了西方。能够佐证这一点的是在庞培城发现的一批壁画(图2-20),借鉴了亚历山大城流派的技法,描绘有关尼罗河的题材。

图2-19 图纳杰贝尔陵墓的彩色壁画 描绘奥狄浦斯王子的故事 埃及国家博物馆

图2-20 描绘尼罗河景色的壁画 受亚历山大流派的影响 庞培城 那不勒斯国立考古博物馆

不过，罗马时代的绘画不同以往之处在于出现了画在木乃伊棺椁正面的男、女、儿童彩色像(图2-21)，而不像过去在棺椁上部刻一张亡故者的面庞。那些彩色人物像，绘制在涂有一层石膏的布帛上，或直接绘制在木板上。

当时，绘制彩色人物像的目的是为了保护死者的面容，从而有助于灵魂永生不灭。因此，这些青年男女的彩色像刻画得极为细腻(图2-22)，为整个罗马统治地区所罕见。我们看到，艺术家很注意运用阴影，使脸部具有立体感，脸部着色明显带有层次。这批在法尤姆发现的画，系罗马哈德良皇帝时代一位希腊侨民所作。

图2-21　木乃伊棺椁上的人物像　公元2世纪罗马时代　法尤姆　柏林新博物馆

图2-22　木乃伊棺椁上的女性像　公元2世纪罗马时代　法尤姆　维也纳艺术史博物馆

罗马时代在埃及颇为流行的另一种艺术，是马赛克地面。在亚历山大城附近的特勒塔迈发现的马赛克，即属于这一类。有些马赛克反映了尼罗河畔的生活，后被罗马人运回他们国内(图2-23)。

在罗马统治阶段，希腊化的影响已经减弱，亚历山大城东面的谢赫祖

图2-23 庞培城一住宅发现的马赛克 描绘的是尼罗河景色 采用了亚历山大流派的技法

韦达村的马赛克可以证明这一点。这些装饰画是安东尼·提奥(128年)至君士坦丁二世(361年)期间的作品。也许,有些马赛克的题材乃是取自壁画,如在庞培城出土、现保存在那不勒斯博物馆中的一幅马赛克,描绘了亚历山大大帝与大流士三世交战的情景(历史绪论图2-1),据记载是模仿公元前300年画家费鲁基菲斯所绘制的两幅壁画。

众所周知,玻璃器皿制造业从远古以来便是埃及一门享有盛誉的工艺。这一工艺直至希腊时代和罗马时代仍然很繁荣,在法尤姆以西库姆乌希姆(古代叫克拉尼斯)出土的一批美丽的玻璃器皿,即是明证。现藏罗马博物馆里一件器皿(图2-24),上有彩绘,说明了埃及玻璃制造业的精湛技艺。

图2-24 玻璃器皿 库姆乌希姆出土 罗马时代

第二章 叙利亚地区

第一节 塞琉古王朝统治伊拉克
（公元前312~前139年）、叙利亚（公元前312~前64年）
时期和罗马时代（公元前65~公元300年）

亚历山大大帝殁后，印度河以西的亚洲地域落入了他的东部地区将领尼卡图尔（塞琉古）之手。这位塞琉古一世（公元前312~前281年）遂在亚洲称王，建立塞琉古王朝，在底格里斯河两岸兴建新都，称为塞琉西亚，取代了两河流域旧都巴比伦的地位。塞琉古一世还建造了一些希腊式样的城市，其中最著名的是阿西河畔的安塔基亚，当时，以塞琉古父亲的名字命名，叫安条克。塞琉古王朝的历代国王大多数不是叫塞琉古就是叫安条克，最有名的一位是安条克三世（公元前223~前187年）。当塞琉古王朝国力渐弱，势力缩至叙利亚以后，塞琉西亚便失去了它原先的地位，安塔基亚成为王朝的统治中心。

当时，埃及和马其顿团结一致，较易于自卫，而帝国的亚洲部分并不统一，君王们无力维护他们的疆域。旁遮普不久就恢复独立；帕提亚人在公元前 250 年据伊朗而立国，势力远达底格里斯河以东。公元前 139 年，安条克七世在位期间，塞琉古王朝的统治仅限于叙利亚，帕提亚人进而控制两河流域。塞琉古王朝至公元 2 世纪中叶，疆土日蹙，东至幼发拉底河，西与托勒密王朝接壤，夹在帕提亚与罗马两股势力之中。

公元前 95 年，安条克九世时代，觊觎中东地区的罗马帝国终于挥师征服叙利亚。塞琉古王朝又在叙利亚北部存在了一个阶段，公元前 65 年，彻底被罗马所灭。

在希腊的马其顿族各王朝中，塞琉古王朝诸王对希腊文化最热忱，积极在境内传播，当地居民与由希腊各地迁徙而至的人一起，住在新建的城市中，使之增添了希腊文化的色彩。塞琉西亚城始终是一座希腊化的城市，甚至在被帕提亚人占领之后仍然如此。

我们注意到，埃及托勒密王朝执政者对传播希腊文化缺乏热情，受希腊艺术的影响甚微，而叙利亚的统治者们却非常喜爱希腊文化，因而大大促进了希腊文化和艺术的传播。遗憾的是，希腊马其顿族当政阶段并未留下值得一提的古迹，考古学家在叙利亚各城市找到的希腊文化遗迹，大多属于罗马时代。在叙利亚边陲的沙漠城市里，也发掘出希腊文化的古迹。

建筑

巴勒贝克地处要冲，在罗马时代是个重镇，至塞琉古王朝，被称作太阳城。这座城市之所以闻名世界，是因为在塞琉古王朝之前，城里修建了一座祭祀叙利亚当地神祇伯阿勒的神庙。相传，庙里原供有一尊伯阿勒神金像。从公元 2 世纪至 3 世纪，罗马人曾不断扩建神庙，这神庙的遗址（图 2-25）在叙利亚已发现的罗马古迹中，是无与伦比的。神庙中，专有一块膜拜朱庇特和巴克科斯两神的地方。神庙建筑十分壮观，它有一批带科林斯式柱头的石柱，逼真的花叶饰，显示出明显的希腊化风格。

图 2-25　叙利亚巴勒贝克城神庙　罗马时代

然而,神庙窗框上的花叶形装饰浮雕,具有东方特色,因为刻纹很深,这是叙利亚艺匠赖以扬名的东方技法。在塞维鲁皇帝时代,这种风格传入了北非,塞维鲁曾召集一批叙利亚艺匠,为利比亚利卜达城修建的长方形大会堂作壁浮雕(图 2-38A)。东方浮雕风格以后又传入意大利,在罗马的复兴时代显现出来。假如说,太阳城是一座罗马式样的城市,那么,城里的伯阿勒神庙留有明显的东方痕迹,使这座神庙有别于欧洲任何一座罗马建筑。

雕塑

希腊化时代发生的文化变迁伴随着雕塑艺术的根本改变。艺术家在表现人物动作、表情和选择题材方面,趋于注意求实。那一阶段的雕塑家,把主要精力集中在塑造国王、神祇或民间人士的人像上。图 2-26 是安条克三世的头像,塞琉古王朝在他的时代得以振兴。这尊头像,刻画

图 2-26　安条克三世头像　塞琉西亚　公元前 3 世纪　卢浮宫

出这位统治者的个性,充分显示出艺术家的才华。

位于叙利亚边境的具有阿拉伯传统的城市,也是希腊化艺术的重要中心。希腊化艺术在某些罗马藩国兴盛起来之后,才传入这些叙利亚城市,如北部的塔德木尔,幼发拉底河畔的杜拉欧罗巴,约旦南部的佩特腊。这些城市归一些阿拉伯家族管辖,他们与强邻一直保持着友好关系。希腊化艺术还在塞琉古王朝统治下的一些地域流行,如也门、(科威特)法拉卡岛、巴林,以及罗马统治时期的北非。

第二节 塔德木尔城

该城在希腊统治时代,叫作帕尔米拉[1],它从叙利亚沙漠崛起的年代,要追溯到帕提亚王朝时期。建造之初,是阿拉伯部族的住地。到塞琉古时代,它在浩瀚沙漠中独立无傍的位置,使它成了商旅驼队的一个重要的货物集散中心。在罗马皇帝奥古斯都时期,它又是介于帕提亚与罗马中间的缓冲地带。塔德木尔居民大多以经商为生,他们沟通了地中海沿岸与波斯、印度和中国的贸易。因此,塔德木尔不仅是叙利亚也是中东地区最繁荣、最富裕的一座城市。

塔德木尔的王公们曾长期保持独立和中立,他们在罗马帝国与帕提亚王朝以及接下来罗马帝国与统治伊朗的萨珊王朝交战期间,一直与罗马帝国友好相处。然而,罗马帝国势力日炽,变得炙手可热,这时,塔德木尔就难以维护自身的独立了。它曾一度向罗马帝国称臣。后来,塔德木尔的无冕之王乌泽纳再次赢得独立。乌泽纳击败萨珊王朝的沙普尔一世,被罗马帝国封为"万王之王",成了东方的统治者,他的政权从亚美尼

---

[1] 这是个希腊名字,意为枣椰城。

亚一直延伸到埃及北部。

"万王之王"的封号，后由乌泽纳的妻子扎努比娅或称为"阿拉伯的扎芭"继承。扎努比娅时代，统辖的范围极为辽阔，囊括叙利亚、小亚细亚的一部分、阿拉伯半岛北部和亚历山大城。公元271年，罗马皇帝奥勒良的大军在安塔基亚大败扎努比娅，她死于罗马图圄，塔德木尔被洗劫一空，毁于兵燹，此后再未重建。

在受希腊文化影响的叙利亚古迹中，塔德木尔的遗址最令人赞叹不已。今日的遗迹证明了这座商业城市当年的繁荣。

建筑

塔德木尔城里的神庙，供奉的是塔德木尔当地的神祇。于公元2世纪建造的伯阿勒大神庙，设计兼有希腊神庙和两河流域神庙的风格。塔德木尔人没有自己古老的艺术传统，他们喜欢古典的建筑，为此便起用了希腊和罗马的建筑师。不过，我们看到，尽管柱和拱门是希腊-罗马式样（图2-27），但是，也有表现帝王风格的东方特色，那座伯阿勒大神庙的石柱中，有几块突出的石墩，是安放立有丰功伟绩的人物雕像的，这体现了塔德木尔的东方风格。

图2-27　叙利亚塔德木尔城伯阿勒大神庙　大拱门和科林斯式柱头明显可见　公元200年　罗马时代

雕塑

从塔德木尔人墓葬中出土的墓碑雕有人物像。这种绝无仅有的墓碑,有助于我们了解城里统治阶级中的男女形象。一位贵妇的碑石(图2-28),细致入微地表现了这位贵妇衣服的皱褶,塑造出一个养尊处优的人物形象,它清楚地说明艺术家受到东方风格的影响。有的墓碑,把死者及其全家都刻在一起,死者的名字用古叙利亚文和希腊文两种文字镌成。塔德木尔风格后来对拜占庭艺术产生过影响。

图 2-28 塔德木尔城发现的用作墓碑的石板雕 虽然具有明显的希腊风格,但衣服皱褶表现得极为精细 又有别于希腊艺术

在塔德木尔西面的霍姆斯城,出土一个人脸形的头盔(图 2-29),铁和银制成。用不同的金属混制艺术品,这是以前安纳托利亚的赫梯人享有盛誉的技艺。这顶头盔可以认为是塔德木尔早期艺术的代表作,因为塔德木尔与霍姆斯相距仅 150 公里左右。

图 2-29　人脸形金属头盔　是塔德木尔古文物之一　大马士革国立博物馆

第三节　杜拉欧罗巴城

亚历山大大帝的一位部将，在叙利亚沙漠建造杜拉欧罗巴城，它位于幼发拉底河中游，在玛里城以北。这个希腊殖民地最早形成于公元前300年左右。在塞琉古时代，它是商旅驼队穿越小亚细亚，前往伊朗和印度的要津，后在帕提亚王朝时期落入波斯人之手。罗马皇帝图拉真时代以后，罗马人把它当作边境的要塞，以防御幼发拉底河彼岸的帕提亚人。公元260年，杜拉欧罗巴城被萨珊王朝占领，公元250年已被毁[①]。

杜拉欧罗巴城里神庙林立，有供奉希腊的、罗马的、两河流域的、伊朗的和叙利亚的神的寺院，也有为塔德木尔城的商旅崇拜的神祇和阿拉伯人信奉的神祇所立的庙宇。城里还有一座犹太教的寺院和一幢基督教侨

---

① 此处年份似有错。据阿拉伯语有关辞典记载，杜拉欧罗巴城系在公元256年被萨珊王朝所毁。——译者

民居住的住宅。这位侨民在自己家里按基督教的规矩,行宗教礼仪。住宅的中间,有一个露天的院子。上述建筑物的墙上,布满壁画。

壁画

杜拉欧罗巴城的重要性,在于覆盖在宗教建筑物墙面上的壁画,因此它也被称为"东方的庞培"。壁画分别作于不同的时代。这些希腊艺术作品,大多具有明显的东方风格。

最重要的一幅壁画,是在一座祭祀塔德木尔诸神的庙宇中发现的,大约作于公元85年,描绘在举行宗教礼仪的祭司们(图2-30)。我们从这些人物像中看出,他们都取正面站立的姿势。这是受伊朗帕提亚艺术的影响。公元1世纪时,杜拉欧罗巴城曾被帕提亚人占据。

图2-30 壁画 两位正在行宗教礼仪的祭司 杜拉欧罗马城神庙

犹太教神庙里的壁画题材,与以往常见的题材截然不同。布满墙面的壁画，都取自《旧约》的故事，溯其历史，为公元245年左右。我们可以看出，其中的一幅是先知摩西的故事：幼婴摩西被放进篮里，投入河中（图2-31），法老的女儿看到后，便命女仆从河里捞起篮子；公主第二次出现在画面上，是她向埃及法老求情，求他不要杀死摩西，把摩西赐给她。这种主人公反复出现的叙事体绘画手法，源自东方。

图2-31 壁画 埃及法老和幼婴摩西的
故事中的几个场面 杜拉欧罗巴城犹太神庙

如果说，我们看到祭祀塔德木尔诸神寺院里的壁画受到东方的影响，那么，犹太神庙里的壁画则有几种类型：人物活动较多的和以建筑物为背景的，希腊化的色彩特别浓重，有些人物的构图，重心放在一条腿上，显然受希腊绘画的影响；人物取正面姿势，过细地描绘叙利亚、罗马服饰的皱褶，则属东方帕提亚艺术传统。

第四节 佩特腊城

此城建在约旦东部亚喀巴附近的叙利亚沙漠之中，当地的阿拉伯居民在希腊化时代，被称为奈伯特人。佩特腊一直是来往于阿拉伯半岛和北方的商旅驼队必经的要地。至公元前4世纪末叶，奈伯特人的佩特腊益显重要，他们在公元前312年成功地挡住了亚历山大大帝一位继承者的进攻。公元前2世纪，他们的王公哈里斯和伊巴达成为风云人物，崭露头角。公元前1世纪，确切地说，是公元前85年左右，奈伯特人从塞琉古人手中夺走叙利亚的一部分领土后，成为一支举足轻重的力量。公元109年，罗马皇帝图拉真占领佩特腊，该城沦为罗马的藩属。

建筑

奈伯特人在建筑艺术上是超群出众的。他们建造的有神庙，也有陵墓。神庙呈长方形，四周有围墙，里面供着他们的石头偶像。但是，他们的陵墓却很别出心裁，王公们的墓穴挖凿于岩石中（图2-32），正面雕出希腊式样的圆柱和窗框，从外面望去，陵墓犹如一座建筑物。这种陵墓被称作"哈兹纳"。当时，佩特腊人之王哈里斯也许把叙利亚工匠召到了首都，是那些工匠带来了这种希腊-罗马的建筑风格。

图2-32 一奈伯特王公的陵墓 凿建于岩石中 佩特腊王国时代

佩特腊以北，沿着驼队的道路，到萨利赫城，里面的古墓与佩特腊的神庙、陵墓颇相类似。这些挖凿于山岩中的、正面有岩壁雕饰的墓穴，使我们想起了波斯阿黑门尼德诸王的陵墓。杰尔什和安曼两城，也造有一些罗马建筑，但所有这些古迹，都不能与佩特腊的遗址相提并论。

至于雕塑艺术，则仅在佩特腊附近出土过一些残存的圆雕，然而，其式样毫无特色可言。

第三章　阿拉伯诸岛

第一节　阿拉伯半岛

在阿拉伯半岛南部,早在希腊商旅驼队集结的城市出现之前,阿拉伯人就已建立城市,从事商业,把收获物和香料运往埃及、叙利亚等北方的市场出售。那块地区,今名也门,它的古代文明,始于公元前 1000 年。当地居民是萨巴部族①,他们建城市,筑水坝,伟大的马里卜水坝建成于公元前 1000 年,即是也门古老文明的见证。也门由经商致富,繁荣昌盛,引起强邻的垂涎。亚述人与巴比伦人曾于公元前 8 世纪和公元前 6 世纪,先后同萨巴部族交战。

也门各城市出土的文物证明,公元前 350 年至前 50 年,是萨巴部族文化最重要的历史阶段,那是在亚历山大大帝侵入中东地区、希腊文化广为传播之后②,埃及托勒密王朝的船只驶返于红海,希腊文化便由亚历山

---

① 萨巴部族是伊卜拉欣之孙西巴·本·盖哈坦的后裔。
② 公元 3 世纪,希腊提奥弗拉斯托曾将亚历山大大帝派往中东地区的学者发回的报告汇编成册,研究阿拉伯的植物和香料。

大城传入也门。

在亚历山大大帝继承者时代,希腊文化对阿拉伯半岛南部的建筑影响不大。也门萨那城的一座清真寺里,有一根具有古希腊风格的石柱,系从当时建在城里的一古寺庙中移去。但到了罗马时代,希腊文化的传播就比较显而易见了,因为罗马人比起希腊人来,更深入阿拉伯半岛的腹地。公元前24年,阿里乌斯·卡洛斯侵入半岛南部。公元106年,图拉真占领阿拉伯人的佩特腊城,设罗马守军驻防,另在布赛雷、杰拉什和塔德木尔建立了罗马城镇。

现藏伊斯坦布尔博物馆的阿拉伯半岛发掘的部分石柱,明显带有希腊-罗马文化的影响。柱身上的葡萄枝蔓和动物形浮雕,令人想起公元2世纪或稍后阶段见诸巴勒贝克城神庙的罗马艺术遗迹。不过,罗马艺术此时对也门产生的影响,是通过叙利亚传入的。

我们注意到,比较突出地受到希腊-罗马艺术影响的,是雕塑艺术。也门的神祇像,身上均着希腊-罗马式样的衣衫,如拉特神的衣着便是例证。麦加的尊神麦纳特的形象,酷似希腊的太阳神。

希腊艺术的风格,还反映在墓碑上。公元3世纪一位名叫阿班的妇女墓碑上的浮雕(图2-33)具有典型的希腊风格。这种风格,我们曾在塔德木尔的棺椁浮雕上见过。具有动态特点的希腊风格,成功地影响了过去对此一无所知的阿拉伯艺术家,他们竞相模仿。现藏伊斯坦布尔博物馆的一块玄武

图2-33 一贵妇墓碑上的浮雕
阿拉伯半岛南部 公元2世纪

岩浮雕,系公元前1世纪的作品,描绘一个骑马的男人,动态栩栩如生。

萨巴部族以金属工艺著称,他们制作的金属箔,往往用来包木门。许多金属工艺品都有明显的希腊风格,如在塔姆纳发现的一对青铜像,其形象都是一个骑在狮子上的朱庇特,像上的铭文虽然证明它们是当地的作品,但是,原型则是从亚历山大城来的。另一尊藏于不列颠博物馆的青铜头像(图2-34),是公元2世纪的作品,它具有希腊的古典风格,脸部则反映出也门当地的东方特色。

图2-34 女性青铜像 也门萨巴部族所作 大英博物馆

第二节 科威特和巴林

曾在170年记载希腊历史的希腊史学家埃尔扬说,亚历山大大帝在幼发拉底河河口,征服阿拉伯湾的两个岛,下令在那里修建一些沿海的城堡,以屯驻军队;并记述说,那个小的岛上有一个供奉阿耳忒弥斯神的神庙,亚历山大大帝称这座岛为伊卡罗斯,较大的岛叫提卢斯。

考察过这两座岛的考古学家们倾向于认为,小岛伊卡罗斯即今科威特法拉卡岛,大岛提卢斯是巴林岛。在这两岛进行过勘查的丹麦考察团证明,在希腊塞琉古时代,两岛乃是文化和行政中心。[①] 它们地处要冲,因而成了沟通东西方贸易的要津。

4世纪,当时称为奥瓦勒的巴林,落入占领阿拉伯沿海大部的萨珊王朝沙普尔二世的掌握之中。

从法拉卡岛发掘的文物表明,在希腊化时代,该岛属塞琉古王朝管辖范围,那里发现一石块,上面的铭文是古希腊文字,这是一位铭文中未提及名字的国王致伊卡罗斯百姓的信,从镌刻文字的风格推断,这位国王很可能是塞琉古二世。

法拉卡岛上出土的一批银币和铜币进一步证实了上述的推断。有一枚刻有亚历山大大帝名字的古币,属于塞琉古一世时期(约公元前310～前300年);另外有两枚铜币,则属公元前223年至前187年统治塞琉古王国的安条克三世时代;还有一枚钱币上镌有安条克三世的肖像,可能是在叙利亚铸造的。巴林岛上也发现塞琉古王朝的钱币,有些铸有亚历山大大帝肖像。

建筑

这两座岛屿,均曾臣服于继希腊人之后统治中东地区的罗马帝国。那里发掘到的古迹,与希腊-罗马时代中东地区的古迹有着密切的联系。

在法拉卡岛,发现一座正方形古堡的遗址,每边长约70米,每个角都有一座方形的塔楼。参观者可从南北两门进入古堡。堡的东部有一大一小两间神庙,西面是住宅的废墟。在大一点的那间神庙里,可以看出其中

[①] 詹姆斯·贝尔格雷夫:《巴林》,第66～67页。

石柱的柱头属爱奥尼亚式(图2-35);小神庙里的石柱柱头,则呈圆形。这些石柱柱基上镌刻的纹饰,令人联想起帕赛波里斯城发现的波斯石柱。

图2-35 石柱局部 科威特法拉卡岛一神庙中发现 柱头是爱奥尼亚式 柱基纹饰令人想起帕赛波里斯的石柱 希腊时代

在神庙原址发掘到的残迹证明,神庙原先是按希腊祭祀神祇的建筑式样建造的,神庙外面还有宰杀牺牲的场地。这两座神庙也许是亚历山大大帝时期所建,也可能是亚历山大大帝殁后由一位塞琉古国王建造。塞琉古王朝的君王们为了传播希腊文化,在位期间都曾广建希腊式样的城堡。

雕塑

在法拉卡岛的出土文物中,有从某住宅的一房间里发掘到的许多砖制模型,经浇铸,制作出人物像。研究者认为其中的一尊是亚历山大大帝,另一尊女性像是希腊的胜利女神。

同时,还发现焙烧而成的泥像,具有明显的希腊雕塑风格。例如可能是代表女神阿佛洛狄忒的像(图2-36),和也许是亚历山大大帝或一位塞琉古王朝国王的小型头像。

体现下一个时期的雕塑艺术式样的是一尊焙烧而成的泥像,塑造一位正襟危坐的国王(图2-37),他的胡子和衣服,都让我们想起了公元1世纪时统治哈德尔城的阿拉伯君王的像。

图2-36 焙烧的女性泥像 令人想起阿佛洛狄忒女神像 希腊时代 科威特国家博物馆

图2-37 焙烧的男性泥像 发现时身体与头部分开但能拼合在一起 希腊时代 科威特国家博物馆

第四章　北非

地中海以南的罗马帝国诸行省中,北非地区的罗马时代古迹最多。研究这些古迹,当有助于了解东罗马帝国时代的艺术风格,因为那时代的古迹在中东地区并不多见。

罗马在第三次腓尼基战争(公元前149～前146年)中,摧毁腓尼基人的中心迦太基之后,即插手干预地中海沿岸地区的事务。当时,统治北非的是一些土王,由于腓尼基入侵占了他们的地盘,土王们已完全失势。腓尼基人握有实权的地区,包括突尼斯以及君士坦丁省的一部分。北非的其他地区,分成若干王国,由柏柏尔的土王管辖,他们不是直接听命于迦太基,就是与迦太基订立同盟。

努米底亚(今阿尔及利亚)国王墨西拿站在罗马人一边,反对迦太基,终于建立了一个从(摩洛哥)马拉喀什到(利比亚)巴尔卡地区的庞大的努米底亚王国。在这之前,罗马曾下令,要迦太基交出它辖下的的黎波里地区诸城市。但是,第三次腓尼基战争爆发的第一年,即公元前149年,墨西拿就去世了。

墨西拿的孙子朱古达,曾企图反抗罗马对北非的统治,战火又起。公元前104年,朱古达被捕,在罗马被绞死。公元前49年,庞培与恺撒之间争斗激烈，努米底亚国王尤巴一世偏向庞培。恺撒在公元前48年击败对手庞培之后，率军进入突尼斯。

的黎波里地区三城利卜达、萨布勒特和埃亚，利用罗马与努米底亚王国之间的矛盾，同罗马缔结为友好同盟，取得了某种程度的独立。

在恺撒时代，罗马已取代迦太基对北非的统治。恺撒彻底灭掉努米底亚王国后，重新确定北非的体制，把大部分地区划为罗马的一个行省，叫作新阿非利加，任命罗马人作行政长官。

罗马一直虎视眈眈，伺机进而控制整个北非。这个目的，在屋大维于阿克兴一战击败安东尼、托勒密王朝对巴尔卡地区的统治告终以后，终于得逞。

除新阿非利加省之外，罗马人把北非的其他地区都让当地的土王治理。获得"奥古斯都"称号的屋大维，重新建立努米底亚王国。公元前25年，他把尤巴一世的儿子扶上王位，成为尤巴二世，让他继承先辈的政权。

这位尤巴二世从小生活在罗马，在奥古斯都的监护下长大，他的王后系克里奥帕特拉与安东尼之女，埃及的宗教信仰即由她传入突尼斯和阿尔及利亚。

东山再起的努米底亚王国，是北非陷于罗马帝国直接统治前的最后一个民族主义政权。罗马对北非的占领，一直延续到罗马被汪达尔人所灭。北非地区在图拉真时代（98～117年），政治较清明，到塞普提米·塞维鲁皇帝在位期间（193～211年），尤为繁荣。

第一节　利比亚

在古希腊时代，利比亚西部叫作塔里波利斯，后改为今名的黎波里。的黎波里地区包括三个主要城市：大利卜达，罗马人称它雷普提斯；埃亚，即今的黎波里城；位于的黎波里城西面的萨布勒特。在的黎波里地区的城市中，利卜达独具一格，在腓尼基人和罗马人的统治时期，它都是重要的商业中心；到奥古斯都和他的继承人提比略时代，利卜达铸造自己的钱币。在塞维鲁皇帝时期，利卜达显然已十分繁荣，据考，这位皇帝具有利比亚血统。

利卜达城的城区划分，与罗马的城市颇相类似，由于受到罗马皇帝们的关注，城市不断发展扩大。城里的一位富豪曾建造了一座剧场献给奥古斯都。剧场呈半圆形，有台阶式的看台，两侧竖立着狄俄尼索斯和赫拉克勒斯的神像，他们是利卜达城的守护神。

历代罗马皇帝相继在利卜达城里兴修建筑物，我们可以辨认出的，有克利基迪孔建筑物和一座梯形竞技场。图拉真在城里建了一个广场、一座凯旋门和一座长方形大会堂。哈德良在126年至127年建有一些巨大的浴室。

利卜达的市政建设，特别受到出生在这座城市的塞普提米·塞维鲁皇帝和他的儿子卡拉卡拉的重视。塞普提米建造了一座长方形大会堂（图2-38A）和一个广场，长方形大会堂后由卡拉卡拉完成。

图2-38A 利比亚利卜达城塞维鲁广场的长方形大会堂

利卜达的长方形大会堂被认为是迄今犹存的最精美绝伦的遗迹之一。与墙连成一体的雪花石膏柱上的装饰极其美丽,有人物,也有累累的葡萄和乌头属植物的叶子(图2-38B),与巴勒贝克神庙柱上的装饰浮雕类似,可能是塞普提米·塞维鲁从叙利亚请来了石匠,参与他美化家乡的大量建筑工程。

萨布勒特是的黎波里地区的第二大城市,它的许多古迹可追溯到一二世纪,系罗马帝国时期所建。通过发掘,已发现了一座剧场(图2-39)、一座长方形大会堂和一个广场,其形状,均仿效罗马城市中流行的式样。

图2-38B 柱身上的浮雕 外框是花叶饰 中间是生物图形

图2-39 剧场遗址 利比亚萨布勒特城

此外,还有一些年代更为久远、在的黎波里以东巴尔卡地区的库里纳和图勒梅塔两城发现的希腊和罗马古迹。图勒梅塔城原隶属于托勒密王朝,托勒密三世娶库里纳公主巴尔妮克后,即以自己的名字命名图勒梅塔城。这座城市在托勒密王朝和始于公元前 74 年的罗马时代,曾很繁荣。

希腊艺术由亚历山大城向其他的希腊统治下的城市传播。在图勒梅塔,发掘出一座希腊式样的宫殿、一个广场和一座剧场。图勒梅塔市博物馆里,藏有一大批当初装饰建筑物的马赛克,其中有尼罗河的鱼、鸟图像。

库里纳城今名沙哈特,保存着华美的希腊和罗马遗迹。它的神庙,系希腊化时代所建,祭祀的是巴克科斯和赫耳墨斯,还有一座供奉宙斯神的圆形神庙。城里最重要的古迹是图拉真时代所建、哈德良时代修葺的浴室,以及剧场和凯旋门。库里纳市博物馆里有一批本城发掘的雕像(图 2-40),细加研究,显然能令人想起希腊阿佛洛狄忒女神像。

图 2-40 三仙女像 利比亚的黎波里以东库里纳城罗马古迹

第二节　阿尔及利亚和突尼斯

希腊的文化和传统在托勒密王朝时代，通过亚历山大城由东方传入北非，这一点可以从现藏突尼斯巴尔杜博物馆里的一尊青铜像得到佐证。这尊青铜像在马赫迪亚城沿海岸发现，塑造的是厄洛斯神的形象(图2-41)。

罗马时代的这些文化遗迹，是尤巴二世在位期间留下的。尤巴二世选择谢尔谢勒——今阿尔及尔——作为京城。他从小长在罗马，因而热衷于在自己的京城传播罗马艺术，修筑神庙、剧场、公共浴室、圆形竞技场、长方形大会堂和凯旋门，他请来的建筑师和雕刻家都师法罗马、雅典和亚历山大城的艺术手法。

图2-41　厄洛斯神青铜像　突尼斯巴尔杜博物馆

罗马艺术在尤巴二世的王国里广为传播，遍及提帕萨、迦太基和丹吉尔等主要城市。在图拉真皇帝在位期间，阿非利加因为是向帝国输送小麦的粮仓，地位更显重要，罗马式样的建筑散见于提姆贾德、特贝迪斯、兰贝兹、提帕萨、贾马拉亚和杰米拉等重镇。

提姆贾德的发掘证明，当年这座城里有公共浴室、图书馆和图拉真皇帝建造的一座凯旋门(图2-42)。提姆贾德城起初只是一个屯兵之地，后来才发展成为一座大城市。特贝萨城里有一座罗马神庙和卡拉卡拉皇帝修建的一座凯旋门。

图 2-42 提姆贾德城罗马古迹(今阿尔及利亚境内)
前部为图拉真凯旋门，后部是剧场　2～3 世纪

在突尼斯的城市里，也发现希腊-罗马的建筑物。迦太基的遗迹显然能够证明，2 世纪时，它曾欣欣向荣。现已发现一座阿波罗神庙，若干公共浴室和剧场，这些建筑物的石柱，都带科林斯式柱头(图 2-43)。

图 2-43 科林斯式柱头　迦太基安东尼浴室残迹

尤巴二世娶克利奥帕特拉七世女王的女儿为妻，他的京城深受埃及艺术的影响。在谢尔谢勒城，发现埃及女神伊西丝像。她身上穿的则是罗马的衣裳（图2-44），还有一些器皿和钱币，其中一枚金币铸有克利奥帕特拉七世女王像。

在上述城市里出土的最美丽的罗马时代艺术品，是突尼斯和阿尔及尔博物馆收藏的一大批马赛克。谢尔谢勒城发现的一幅马赛克，清楚地勾画出罗马城市的建筑群。最先传入突尼斯北部地区的是亚历山大城的马赛克，因此，那儿最初的马赛克包括在亚历山大城备受推崇的尼罗河景物。

突尼斯最重要的艺术品，便是马赛克。迦太基人是从公元前3世纪起，才通过希腊人掌握这门艺术的。在克尔克万城和迦太基的一些住宅里，都留下了马赛克的残迹，那是这两座城市遭到毁灭、被一座新的罗马式样的城市取代之前的作品。4世纪时，迦太基城名闻遐迩，它的马赛克也独具一格，从一住宅的地面上发现的马赛克便是明证，描绘的是房主尤利乌斯的宅第和花园（图2-45）。

图2-44 埃及伊西丝女神像 着罗马衣饰
舍尔沙勒考古博物馆

图 2-45 马赛克 描绘尤利乌斯庄园中的房舍、树木和动物 公元 2 或 3 世纪 突尼斯巴尔杜博物馆

阿尔及利亚城市中的马赛克论题材之美,绝不亚于突尼斯各城。在兰贝兹城一住宅发现的马赛克,描绘的是骑在神话故事中的海兽背上的仙女(图 2-46)。这类题材,在中东地区的希腊-罗马装饰艺术中,可谓屡见不鲜。

图 2-46 马赛克 发现于兰贝兹一住宅 阿尔及利亚塔祖尔特博物馆

第二编　东方的基督教时代
(4 世纪～15 世纪)

历史绪论

　　基督教最早于卡里古拉皇帝(37～41 年)在位初期出现于巴勒斯坦，在接下来的五个世纪里，盛行于罗马帝国境内各民族中间。新宗教的创立，自然遭到了统治当局的反对。从尼禄皇帝(54～68 年)时代起，基督教徒便受到一系列的迫害，3 世纪到 4 世纪初，狄苏斯(249～251 年)、瓦勒里安(257～258 年)诸帝统治期间，这种残酷的迫害愈演愈烈，至戴克里先(284～305 年)掌权，则达到极点，戴克里先在 303 年专门下过禁令。戴克里先退位后，帝国的西部各地对基督教徒的迫害趋于缓和；311 年，君士坦丁颁布敕令，东部基督教徒境况也逐渐好转。

　　君士坦丁于 306～337 年掌握帝国政权。他战胜政敌后，于 313 年颁布米兰敕令，给予基督教以充分的自由。君士坦丁虽然同情新宗教，但他本人直到 324 年以后才受洗入教，从此，基督教几乎成了罗马帝国的国教。

　　君士坦丁把统一的罗马帝国政权中心往东方迁移，遴选拜占庭城作为新都，取名君士坦丁堡。继君士坦丁家族之后执掌帝国大权的是伟大的狄奥多西(379～395年)。他大力扶植基督教,下令关闭多神教的寺庙,他也是这个西起法兰西、东至巴格达庞大的统一帝国的最后一位帝王。他殁后,帝国即分成东西两半,由他的儿子们分管,东部定都君士坦丁堡,西部以罗马为京城。中东地区隶属于东罗马帝国。

西罗马帝国连年战乱不息,终于导致它的灭亡,而东罗马帝国只限于同波斯人作战,故仍保持繁荣。查士丁尼(527～565年)即位,执掌东罗马大权后,拜占庭的疆域包括欧洲的巴尔干、亚洲的安纳托利亚地区和非洲的埃及,他的时代被称为拜占庭文化的第一黄金时代。

查士丁尼通过侵占北非、西班牙南部和巴利阿里群岛,扩大了帝国的版图,然而,他却败给了萨珊王朝的统治者——伟大的科斯洛埃斯。拜占庭帝国的政权,因与波斯萨珊王朝战事不断而遭到破坏,只是拜占庭皇帝与波斯人签订过一些和平协议,才使双方的争斗有所缓和。

希拉克略(610～641年)将波斯人从帝国境内赶走,但是,阿拉伯半岛崛起的伊斯兰民族却通过雅尔穆克战役击败拜占庭帝国,占领了叙利亚、巴勒斯坦和埃及。717～718年,利奥三世皇帝(717～740年)抵挡住阿拉伯人对君士坦丁堡的进攻。

利奥三世于726年曾下令禁止利用圣像布道,当时,形成宗教人士中支持或反对这项敕令两派的斗争。他的儿子君士坦丁五世(740～775年)于842年[1]颁布另一项法令,旨在恢复教会与艺术界的关系。843年,由于狄奥多拉皇后的斡旋,这场斗争终于结束。

在巴西尔一世(867～886年)创建的马其顿王族执政时代中,拜占庭帝国恢复了昔日的荣耀。其中最著名的君王之一君士坦丁七世(913～919年),为帝国争得了荣誉。巴西尔二世(963～1025年)期间,拜占庭帝

---

[1] 应为742年。——译者

国的疆界一直伸展到俄罗斯。这一时期,是拜占庭文化艺术的第二黄金时代。接着,有许多家族相继执掌拜占庭帝国的政权,直至1453年,奥斯曼帝国的穆罕默德·法提赫占领君士坦丁堡。拜占庭的文化艺术仍在俄罗斯和巴尔干诸国持续了好几个世纪。

继希腊和罗马文化之后出现的艺术形式,是国际性的基督教艺术,从4世纪一直延续到6世纪。这种艺术在西方各国和东方都有发展,它所经历的变化都与基督教的新教义相关联。

当然,这种基督教艺术并没有一个各地唯它马首是瞻的特别的中心。在罗马帝国境内,罗马、亚历山大和安塔基亚等地的各个民族几乎同时都有自己的艺术创作,这些地区的基督教艺术也都受到当地艺术风格的影响。罗马帝国分为东、西两部分,导致东方基督教艺术的出现,这就是拜占庭艺术。我们除拜占庭艺术外,还将探讨中东地区融于埃及科普特艺术中的基督教艺术,以及叙利亚和北非的基督教艺术。

第一章　君士坦丁堡拜占庭艺术

君士坦丁大帝选作罗马帝国新首都以取代多神教旧都城罗马的拜占庭，原先是公元前650年古希腊人建在马尔马拉海滨的一个小城。在希腊-罗马时代，它由于地扼东西方要冲，遂成为一个重要的商业中心。330年，君士坦丁正式迁入之后，这座城市成了新的首都，改名君士坦丁堡①，它拥有的政治和宗教势力，足以与罗马分庭抗礼。君士坦丁堡的文化，既有古希腊文明的成分，也受到移居到这座基督教京城的罗马人带来的影响。君士坦丁堡——从6世纪起，至15世纪中叶，被土耳其人攻陷——一直是拜占庭文化艺术的重要中心。

拜占庭艺术的初兴，始于6世纪，属于东方希腊-罗马艺术的基督教时代。拜占庭艺术由罗马和希腊化世界和当地的东方艺术几种成分相混合，接受基督教影响而熔于一炉。因此，研究拜占庭艺术，必须通晓影响它的中东艺术。在两河流域和伊朗，曾有萨珊王朝的艺术成分传入，在亚历山大、叙利亚和沙漠城镇，希腊艺术的成分到处可见。在拜占庭艺术中，可以发现产生于小亚细亚的赫梯艺术的成分；拜占庭的绘画艺术也可

---

① 学者们沿用旧名拜占庭，借以描述东方出现的基督教文化艺术。

从古典文化中追根溯源。

有助于拜占庭艺术风格形成的是6世纪查士丁尼时代立足稳固的基督教信仰。[①] 当时的艺术兴起,甚至可以与欧洲文艺复兴时代的文艺繁荣相提并论。8世纪起,围绕着能否利用艺术布道,宗教人士间的斗争剧烈,拜占庭艺术一度阒无生气。但到拜占庭艺术的第二黄金时代,它又再次欣欣向荣。伴随着宗教变革的拜占庭艺术活动的一个重要现象,是当时各主要城市中普遍兴修拜占庭的基督教建筑。因此,我们发现,基督教不只是影响拜占庭艺术发展的一个因素,而且也是形成拜占庭艺术的一个最重要原因。

建筑

基督教兴起后,宗教建筑开始活跃。那个时代最重要的活动之一是皇帝们为了传教布道,连续不断地建造宗教建筑物。宗教建筑的式样可以分为两类,一是在首都东迁之前的建筑,一是基督教罗马艺术明显受到东方影响的君士坦丁堡的建筑。

君士坦丁大帝在位期间,基督教广泛流传。最初的宗教建筑设计(图2-A),取自木屋顶的罗马长方形大会堂,而不是多神教的神庙模式。因为,长方形大会堂是出于世俗用途建造的,里面有适合集会的宽敞地方;多神教神庙则不然,宗教礼仪是在寺庙外举行的。这种教堂(图2-47)称作长方形教堂。

罗马帝国的首都迁到拜占庭后,长方形教堂的式样(图2-48)在欧洲直至8世纪末叶始终很风行,而帝国东部则从6世纪起就出现拜占庭式样的宗教建筑,在奥斯曼人征服君士坦丁堡之前,这种式样一直占据统治地位。

[①] 基督教信仰原先地位并不稳固,因为朱利安皇帝(361~363年)曾鼓励恢复多神教。

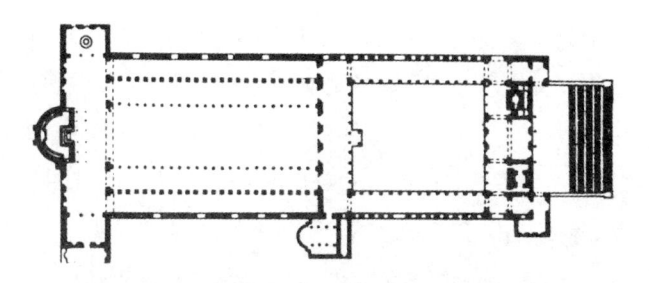

图 2-A　罗马圣彼得教堂设计图

图 2-47　罗马圣彼得教堂

图 2-48　罗马圣萨贝纳教堂　建于 422～425 年

6世纪罗马帝国境内建造的宗教建筑,可分为四种不同样式:1.木屋顶长方形教堂,如君士坦丁堡圣马利亚教堂和意大利拉文纳的圣阿波利纳里教堂(图2-49);2.中心布局的建筑,呈圆形或多边形的柱殿,如君士坦丁堡圣塞尔吉和圣巴克科斯教堂(建于526～537年。见图2-B和图2-50)、拉文纳圣维塔莱教堂;3.拱顶教堂,如君士坦丁堡的圣艾琳教堂(建于423年)和圣索非亚教堂(图2-C),这种式样是上述两种式样糅合而成。4.根据古希腊等边十字架形设计建成的教堂,这是6世纪出现的纯粹拜占庭风格的建筑式样,中间高耸的是一个拱顶,采取四方形的古希腊十字架形,以拱顶为交叉点,如君士坦丁堡的圣徒教堂(建于536～546年。见图2-D)[①]。

图2-49 拉文纳圣阿波利纳里教堂

---

① 这座教堂被土耳其人所毁,他们在原址改修了一座清真寺。

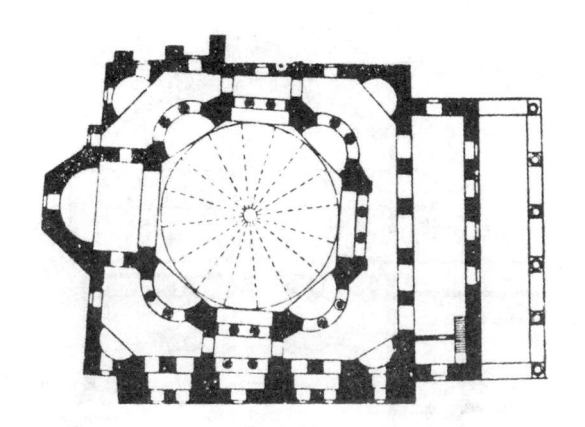

图 2-B　圣塞尔吉和圣巴克科斯教堂设计图

图 2-50　圣塞尔吉和圣巴克科斯教堂　建于 526~537 年

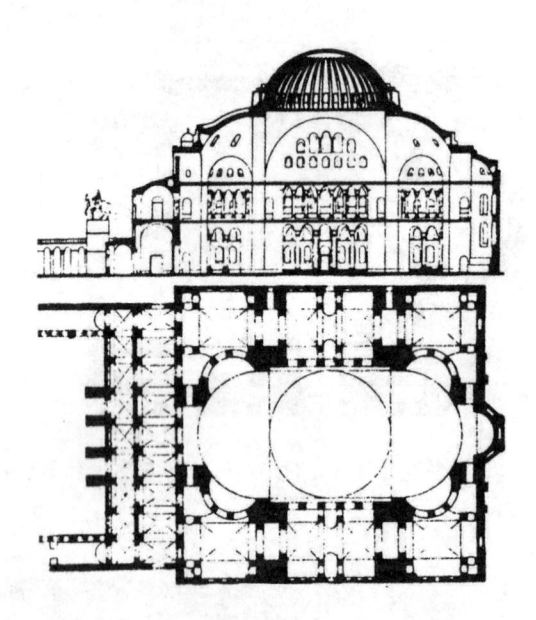

图 2-C 圣索非亚教堂设计图和剖面图

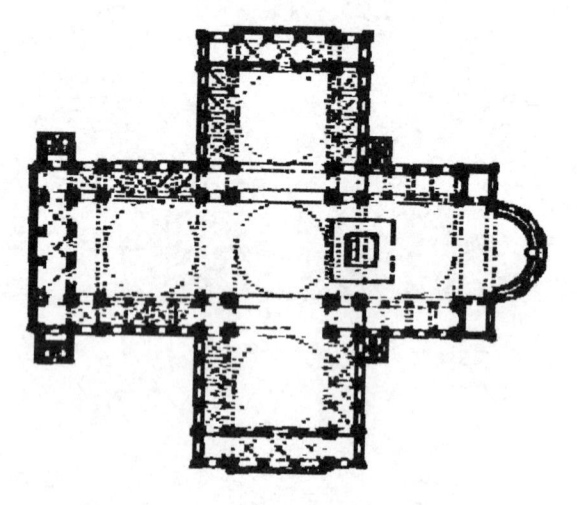

图 2-D 圣徒教堂设计图

圣索非亚教堂(图2-51)是查士丁尼大帝发展首都时建造的最宏伟的建筑,当时被引为拜占庭建筑的骄傲,以其标新立异而在建筑史上占有重要的地位。这座教堂声名远扬,它的希腊籍设计师也因而青史留名。[①]君士坦丁堡被奥斯曼人攻陷后,圣索非亚教堂被改成清真寺,周围另建四座宣礼塔,教堂内原来装饰的马赛克被涂上一层白石灰。

图2-51 圣索非亚教堂外景 教堂建于532～537年 后改成清真寺

研究一下圣索非亚教堂,可以看出,它的设计兼收并蓄各种艺术成分。它有人们熟知的长方形教堂的纵向轴线,但长方形柱廊殿的中央是一块正方形,上方顶着一个巍峨的圆顶。四周其余的殿堂,均罩有半圆形屋顶,因此廊柱呈椭圆形。半圆形屋顶与各角落相连的是一对拱门。主要的圆顶由四个弓架结构支撑,重心由竖立在正方形四角的柱子承受(图2-E)。因此,弓架结构下方的墙,实际不起什么作用。把圆顶与四个弓架结构连接起来的是三层拱门,这种拱门使中央的正方形貌似圆形。架托拱顶的圆壁上,开有许多小窗,让光线透入。

拜占庭建筑师设计的这种万神殿式样,比起罗马的万神殿、圣康斯坦

[①] 其中著名的建筑师有安提美斯和伊索多拉斯。

图 2-E 圣索非亚教堂中央的貌似圆形的正方形

丝教堂和圣维塔莱教堂那种圆顶的旧式建筑来，可以建造出采光更佳的高大建筑（图 2-52），因为它的圆顶凌驾在正方形或多边形的建筑物上。在四方形建筑上修建一个巨大圆顶的设计，是波斯人的发明，但用弓架结构支撑大圆顶和相连的半圆顶，则多半是拜占庭建筑艺术的创新。拜占庭人大量继承罗马人的建筑风格，这是合乎情理的，与此同时，他们还从波斯和叙利亚的建筑艺术中汲取许多精华。

图 2-52 圣索菲亚教堂内景 现改为清真寺

君士坦丁堡圣索非亚教堂，无论是规模还是设计之精巧方面，都为拜占庭帝国境内所空前绝后，它对以后建造的许多教堂均有影响，如萨卢尼卡的圣索非亚教堂便是。在土耳其境内，这种影响一直持续到15、16世纪，浏览一下土耳其人在君士坦丁堡建造的奥斯曼时代的清真寺，即可一目了然。

查士丁尼大帝时代的最主要的建筑式样之一，是按纵横轴线相等的设计，亦即古希腊十字架形修建的教堂。这一类教堂，除十字中心有大圆顶外，往往还带几个小圆顶——如前所述，坐落在十字架的四臂上。这种式样的教堂，最著名的是圣徒教堂（图2-D）。带五个圆顶的建筑模式，影响了后世许多教堂，其中，人们最熟悉的是1063～1095年建于威尼斯的圣马可教堂（图2-53）。

图2-53 威尼斯圣马可教堂外景　五个圆顶清晰可见　建于1063～1095年

从10世纪至拜占庭时代结束，拜占庭教堂建筑没有什么创新，仅限于建筑物内部的少许变化，特别是装饰，另外，由于圆顶的加高，教堂也显得更为高峻。

6世纪,拜占庭建筑艺术的影响渗入西罗马帝国,在被几位帝王立为新都以取代罗马的拉文纳城内①,教堂具有明显的拜占庭风格,如圣阿波利纳里·努夫教堂②和在查士丁尼大帝统治末期565年竣工的圣维塔莱教堂。

帝国境内的大部分地区,如君士坦丁堡、巴尔干半岛、希腊地区、两河流域和埃及,拜占庭式样的教堂通常都用砖砌成,少数地区如叙利亚、安纳托利亚、克里特岛和塞浦路斯,则用石块垒成。拜占庭人不太注意教堂的外部装饰,对内部的装饰却特别重视,往往用大理石和马赛克装点得富丽堂皇。

在拜占庭建筑中,圆柱具有明显的作用。在信仰多神教的罗马时代,圆柱大多用于装饰;在某些情况下,也用方柱替代圆柱。拜占庭人的柱头形状,源于某些罗马式样,但加进了他们的创新。

西方教堂的柱头花饰,始于拜占庭时代(图2-54),受圣索非亚教堂模式的影响(图2-55)。有些柱子的柱头,由两部分组成,下部是基本的柱头,镌有深痕浮雕,上部是附加成分,它的纹饰与下部不同,大多镌刻十字架或象征性的动物。

浮雕

我们在研究拜占庭艺术的时候发现,拜占庭的教堂里根本没有圆雕,这是因为君士坦丁堡下过宗教敕令③,教堂里禁止用人物雕像,有需要就

---

① 402年,乌努里奥皇帝立都拉文纳,取代罗马。拉文纳在492~539年狄奥多里科国王时代,也是哥特王国的京城。
② 510年,狄奥多里科在拉文纳他的宫殿旁修筑一座教堂,天主教徒们称它为金顶圣马里图教堂。
③ 752年,亚美尼亚籍皇帝利奥颁布法令,禁止艺术家制作或描绘人的形象,放逐君士坦丁堡大主教,因为这位大主教认为视比听更有助于坚定信仰。我们看到,罗马曾在教堂里利用雕像,特别是在罗曼王朝和哥特王朝时代。

图 2-54 柱头 拉文纳圣维塔莱教堂 530 年

图 2-55 柱头 圣索非亚教堂

用绘画代替。

拜占庭的浮雕艺术,仅见于石面上的凸雕。石棺板上多半镌有这样的凸雕(图 2-56),如人物、鸟兽、植物和基督教的标志。浮雕广泛地用于教堂。在讲坛、圣餐台的石板和柱子的柱头上发现的最漂亮的石浮雕,是植物形饰。用浮雕装饰石板的风气后来传到帝国各地。亚美尼亚阿赫塔米尔镇一座教堂里的石浮雕(图 2-57),便是 915~921 年期间的作品。

图 2-56 石棺板上基督教装饰图案的浮雕 5 世纪 伊斯坦布尔考古博物馆

图 2-57　阿赫塔米尔教堂　亚美尼亚凡湖附近　915~921 年塔吉克国王时代

绘画

罗马人以形象表达基督教题材的手段,有马赛克、壁画、圣像和手抄本中的饰画。

1. 马赛克

马赛克是拜占庭时代基督教艺术繁荣的标志之一。就拜占庭的教堂建筑而言,马赛克是最主要的装饰艺术,地面、圆顶、弓架结构和墙面都覆盖着马赛克。马赛克艺术虽然在希腊-罗马时代便已流行,但拜占庭人却把它作为一种宣传手段,大量地用来在教堂里,反映宗教内容,因而更显得重要。

根据基督教经书绘制的宗教画,开始取代过去宫殿里专为统治者歌功颂德、记录他们嗜好的世俗题材画。拜占庭时代初期,这种世俗艺术的典型作品业已发现。君士坦丁堡皇宫里地面上的马赛克(图2-58),属6世纪的创作;安塔基亚的一些宫殿里,也有这样的马赛克。但这些希腊艺术的仿作,并不属于拜占庭基督教艺术的范围。

图2-58 马赛克 君士坦丁堡皇宫地面上 6世纪

马赛克的方法,简而言之,即是把一小块一小块的彩色玻璃或大理石,按照装饰设计图,规则地固定在涂有一层糊状的灰泥或水泥的平面上,俟其干后,彩色玻璃或大理石块已按设计要求紧相连接在一起。马赛克的背景,有时候是金色的。绝大部分地面和墙面的马赛克方格呈横向排列的,而圆顶上的马赛克方格则有些凸出。覆盖地面的马赛克,在质地和题材方面,都不同于墙面的马赛克,它通常绘制的是神话故事和几何图案,而且从来不用玻璃做原料。

令人遗憾的是,君士坦丁堡城内6世纪的马赛克,大多已遭毁坏[1],只是在君士坦丁堡的双圣徒教堂内,发现有反映基督生平的马赛克,在加沙

---

[1] 当时正值禁止用圣像传教布道时期;也可能是奥斯曼人入侵造成的后果。

的圣塞尔吉教堂和圣司提反教堂,也找到了马赛克。

东方教堂里发现的最重要的一种马赛克,是1907年在萨卢尼卡圣德米特里教堂①发现的6、7世纪的作品。这教堂的其他马赛克中,还有一幅教堂建造者和圣徒德米特里站立在一起的像(图2-59),画像的构图呆板,缺乏动态,人物均取正面像,凝目注视前方。这是拜占庭马赛克像独具的风格。这类画像是按历史故事设计的拜占庭艺术的精品之一,在制作上并不比马赛克艺术最杰出的典范——圣阿波利纳里·努夫教堂的装饰画容易。

图2-59 马赛克 萨卢尼卡圣德米特里教堂墙面

拜占庭的马赛克风格对西方的教堂也有影响,尤其是查士丁尼大帝

---

① 该教堂毁于1917年。

下令修饰的拉文纳城的圣阿波利纳里·努夫教堂和圣维塔莱教堂。圣阿波利纳里教堂在艺术上极为重要,因为它的马赛克反映了前后两个时代的马赛克艺术的发展:基督教初期(520～530 年),马赛克显得生动活泼,对细节十分重视,这体现了罗马艺术的风格;查士丁尼大帝在位期间的拜占庭时代,马赛克的人像看上去沉闷、单调,都取瞪视前方的脸部表情,艺术家们虽然注意装饰效果,却不刻画人物的身体各部。

基督教初期的马赛克通常位于窗的上方,亦即是墙面最高处(图 2－60、图 2－61),拜占庭时代的马赛克则位于墙下方的腰线,如图 2－61,一排 25 个殉教的圣徒,都是身穿白衣,头戴王冠,尽头是基督端坐在王位上,旁边有四位天使。

图 2－60 马赛克布满拉文纳圣阿波利纳里·努夫教堂墙面

圣维塔莱教堂的所有墙面,都覆有马赛克(图 2－62),把拜占庭马赛克的特色表现得淋漓尽致。其中有两幅名画,一是查士丁尼大帝像,他身穿帝服,周围簇拥着宗教人士和侍卫;另一幅描绘华服盛装的狄奥多拉女皇,身旁是几位宫廷贵妇。这些马赛克都带有明显的东方特色,创作手法上,表现主义的成分较观念性的因素为多,艺术家很注意表达人物的个

图 2-61　墙壁上部马赛克细部　描绘中伤基督的情景

性，同时运用了强烈的色彩对比，从豪华的衣饰、镶缀宝石的王冠和正面描绘人物的手法等，都可以看出波斯艺术的影响。

图 2-62　马赛克　拉文纳圣维塔莱教堂左侧墙面

在君士坦丁堡取缔圣像时期,马赛克艺术便销声匿迹了。9世纪末叶,马赛克艺术再次兴盛,只是画面较小。君士坦丁堡圣索非亚教堂里美丽的马赛克,被认为是这门艺术最出类拔萃的杰作。这些马赛克,分属不同的时代①,有一幅12世纪的马赛克,制作极其精细(图2-63)。君士坦丁堡城内后来改建成清真寺的索拉教堂,建于1315年,里面的作品反映了拜占庭帝国末期马赛克艺术的繁荣。

图2-63 马赛克 圣索非亚教堂墙面

拜占庭马赛克艺术还传到了帝国境外,许多统治者向拜占庭帝国聘请希腊艺匠。这方面,可从俄罗斯基辅圣米哈依尔教堂(建于1108年)、圣索非亚教堂(建于1043年)和西西里岛巴勒莫教堂(建于1143年)的装饰中找到例证。巴勒莫的一些1170年的世俗建筑物中的马赛克,也具有典型的拜占庭风格,如王宫(图2-64)和齐扎宫的马赛克。

---

① 1453年,这些马赛克被奥斯曼人涂上一层灰泥。1932年,在美国拜占庭研究所的主持下,开始将灰泥剥去,发现了分属不同时代的八幅分散的马赛克。

图 2-64 马赛克 巴勒莫王宫发现

2. 壁画

无论是题材，还是风格和色彩，壁画艺术都与马赛克密不可分。马赛克在正式拼格子、固定位置之前，先得画出草图、着好颜色。这两项工作，很可能是同一些人所做。壁画一般直接在涂有灰泥的墙面或一块板上着色。不过，罗马人不太创作壁画，他们喜欢马赛克甚于壁画。已发现的东罗马帝国的最佳壁画，见诸埃及的科普特艺术作品和加沙地区。基督教壁画最初出现在多神教时代早期基督教徒的地下藏身之处，当时的内容自然仅限于基督教的故事和标志，如善良的牧人(图

图 2-65 壁画 罗马基督教徒地下藏身所发现 3、4 世纪

2-65),以及《圣经》中的人物,如基督、圣玛利亚等。

3. 圣像或人物像

圣像是最能反映拜占庭风格的艺术。拜占庭罗马帝国绘制圣像的中心有好几个,各具特色。圣像的风格,源于埃及法尤姆画派。这种圣像艺术,按理应出现在首都,可惜未能在首都找到这类作品。最杰出的早期圣像画,是埃及的作品(图2-66),但一直到12世纪,圣像艺术才在君士坦丁堡繁荣起来(图2-67),特别兴旺的时期,则在15世纪的俄罗斯。

图2-66 圣保罗像 背后是基督、圣玛利亚和圣司提反像 7世纪 西奈半岛圣凯瑟琳修道院

图2-67 圣像 名为《弗拉基米尔圣母》 约1130年作于君士坦丁堡 莫斯科特列嘉柯夫博物馆

圣像画用坦佩拉①或相类似的颜料，在一块平放在地上的、覆在木板上的布上绘成。在布上作画，是受到法尤姆画像中的木乃伊外面包裹的布帛的启发。开始阶段的圣像都画得很大，很占教堂的面积，后来，在取缔圣画时期，圣像又画得很小，以便供放在家里。目前博物馆里的许多圣像画，也许都属于后一个时期的作品。拜占庭时代最著名的圣像，藏于雅典巴纳基博物馆、拜占庭博物馆、莫斯科普希金造型艺术博物馆和特列嘉柯夫博物馆。埃及西奈圣凯瑟琳修道院藏有的拜占庭圣像数量最多。

4. 手抄本饰画

从拜占庭教堂马赛克上看到的宗教内容，其最重要的创作依据，可能是基督教时代初期写成的宗教书籍中的插图。这种最初的饰画，对于研究拜占庭绘画艺术的发展极为重要，因为我们迄今掌握的饰画，要比壁画或木版画的作品多得多。

希腊-罗马最早的饰画可以分为两类。一是卷画，它源于埃及，后传入古典世界；一是从 1 世纪到 4 世纪逐渐取代了卷画的装订成册的书。最初的饰画，不论是反映基督教的，还是犹太教和多神教内容的，都带有突出的曾风行于亚历山大和庞培的希腊-罗马绘画风格。

拜占庭时代的饰画，包括基督教的和世俗的，有两种截然不同的风格，这两种风格最后相互交错，融会一体。一种是流行于埃及和古典世界的绘画风格，如藏于奥地利国家图书馆的 6 世纪初叶的基督教《圣经》（图 2-68）中的画，问世最早；又如同一图书馆收藏的 524 年狄奥斯库里德斯的饰画，他不是宗教人士，曾研究过大自然的特性，还是一位历史学家；另一种风格，受到东方的、亚洲的和叙利亚的传统的影响，注重艺术装饰和

---

① 坦佩拉是指用一定比例的蛋黄（加蛋清或不加）调制的颜料。在中世纪，它是在木板上作画用得最多的"原料"。

现实主义,如意大利罗萨诺大教堂收藏的 6 世纪洛桑尼斯的饰画(图 2-69),有时一幅作品中反映出各种不同的影响,从而证明它是好几位艺术家合作的结果。

图 2-68　最早描绘基督教故事的书　6 世纪　奥地利国家图书馆

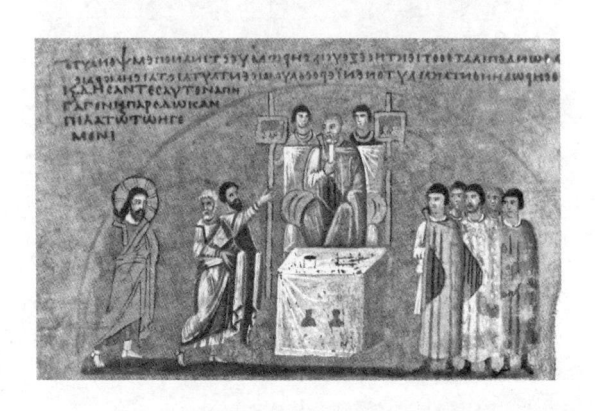

图 2-69　洛桑尼斯手抄本饰画　其中有站在审判官彼拉多前面的基督　6 世纪　意大利罗萨诺大教堂

在直到 842 年才告终结的禁止圣像时期,饰画数量剧减。到拜占庭艺术的第二黄金时代,出现的饰画都以笔触细腻见长。在我们见到的作品里,上面提到的影响均依稀可辨。有些著名的世俗书籍中的插画,反映出明显的叙利亚的和东方的影响。其中有一幅饰画,描绘 9 世纪的科兹马斯·安提珂·波留斯托斯的旅行(图 2-70),现藏在梵蒂冈博物馆;另一幅 10 世纪朱希亚的饰画,也属梵蒂冈博物馆的收藏(图 2-71),从中可以看出君士坦丁大帝主张恢复的古典艺术的影响。

图 2-70　手抄本饰画《科兹马斯·安提珂·波留斯托斯的旅行》　描绘圣徒保罗取道前往大马士革　9 世纪　梵蒂冈图书馆

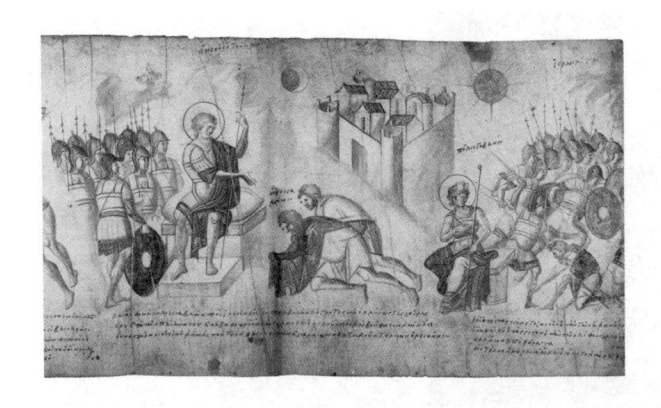

图 2-71　约书亚手抄本饰画　描绘约书亚和两个探子　10世纪　梵蒂冈图书馆

实用美术

1. 象牙工艺品

在帝国的一些中心,如君士坦丁堡、亚历山大和安塔基亚,象牙制品业十分发达。象牙大量用于箱、盒和家具的制造,也用来制作教堂里的宗教艺术品。这类艺术品由两部分或三部分组成,西方人称之为 diptych 和 triptych①。能证明拜占庭牙雕艺术精细入微的最出名的典型,是 5 世纪的"攀登"的作品(图 2-72),现藏在巴伐利亚国立博物馆。

然而,显示牙雕艺匠高超技艺的最好例子,则是公元 545～556 年制成的拉文纳大主

图 2-72　牙雕　内容叫"攀登"　5世纪　巴伐利亚国立博物馆

---

① diptych,可折合的双连画或雕刻品;triptych,三张相连的图画或三个相连的雕刻。

教的座椅(图 2-73A)。这件艺术品被认为是拜占庭时代典型的微凸牙雕中的精品。从图 2-73A 中可以看出，这张牙雕座椅上刻有许多人物、动物和植物的装饰图形。座椅究竟在哪个城市制成，众说纷纭。有人认为它先在亚历山大城制成，尔后流入安塔基亚；另有一些研究者坚信椅子上的象牙雕刻板要比椅子早半个世纪问世(图 2-73B)。

图 2-73A 拉文纳大主教马克西米连座椅 6 世纪初 拉文纳大主教博物馆

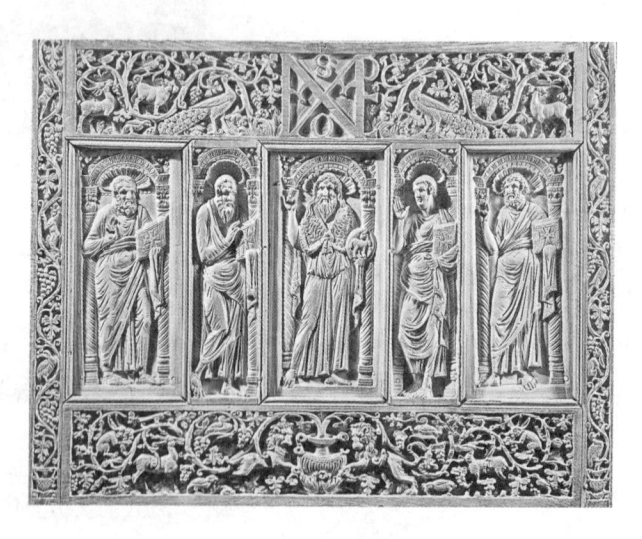

图 2-73B 座椅正面的象牙浮雕

2. 金属工艺品

拜占庭时代的金属器皿,表面的雕刻自然也以宗教内容为主体(图2-74)。斧钺、器皿、烛台和十字架的表面装饰,都是微凸浮雕。拜占庭人喜欢给金属涂上一层珐琅质,称为上釉。釉的颜色在9世纪以前稍稍偏深,10世纪后开始改变(图2-75)。上釉技艺早就在中东流传,拜占庭帝国建立后,在埃及和伊朗已有精妙的上釉器皿。拜占庭人从萨珊人处学会了这门技艺。

图2-74 银盘 描绘大卫和狮子的故事 6世纪 大都会艺术博物馆

图2-75 上釉十字架 描绘宗教内容 8~9世纪 维多利亚和阿尔伯特博物馆

3. 织物

早期的拜占庭织物,主要用亚麻做原料,饰以羊毛线。拜占庭人是有功劳的,他们于552年了解到中国掌握的缫丝方法[①],才使缫丝的秘密得以披露。在此之前,罗马帝国、希腊地域和波斯等地所用的丝绸都是从中

---

① 历史学家记述说,制丝秘密是由两位修士向查士丁尼大帝禀报的。

国进口的。

掌握了缂丝技艺之后,查士丁尼大帝于554年在首都君士坦丁堡建造一座丝织厂。帝王御用的深红色,只有首都的工厂独家能用,其他地区如叙利亚和埃及,都不见有这种颜色,这两个地区在被阿拉伯人征服以后,一直向拜占庭帝国供应织物。

波斯在发展拜占庭的编织物方面,作用巨大,它通过向拜占庭输出丝织品,提供了萨珊图案。于是,在拜占庭的织物图案中,出现了基督教的和波斯的内容。在罗马梵蒂冈博物馆里,有一块丝织品,描绘基督教的题材:从受启示、攀登、到基督的降生(图2-76),在一个个的圆环里,这些图案反复出现,金的底色上缀有绿、褐、金和白等颜色。

图2-76 宗教题材织物图案 外框是一个个圆环 罗马一教堂中发现 7或8世纪

这幅丝织品虽然有可能是亚历山大的织厂出品,但它的内容却带有拜占庭艺术的特色,因此,更可能是君士坦丁堡的帝国织厂的产品。圣马利亚坐的椅子上的装饰,反映了东方艺术的影响。圆框中的构图,也许是古希腊艺术的特点，也很可能源自萨珊王朝的波斯艺术。

把装饰性的图案放在一个个圆框中的做法在拜占庭时代的织物中十分普遍，这些圆框中的图案，有许多成分是从东方如波斯、叙利亚和埃及渗入君士坦丁堡的。这一点，藏于巴黎克吕尼博物馆的8～9世纪的丝织品(图2-77)足资证明①。

图2-77　织物　图案是一男人驾驭四骏马拉的车　8～9世纪　巴黎国立中世纪博物馆

桑斯主教座堂里有一块织物，装饰图案是一男子夹在双狮中间(图2-78)。我们从这一织物中可以看出，基督教艺术家把古代巴比伦的图案用来表达先知但以理和狮子的宗教故事。在维多利亚和阿尔伯特博物馆里的一块织物，图案取自神话故事里的萨马尔杰怪兽(图2-79)，这实际是萨珊王朝的图案，因为在伊朗塔基布斯塔尼岩石上，镌有科斯洛埃斯

---

① 联邦德国的亚琛教堂，也藏有一块相似的织物。

国王的浮雕,他的衣饰上就有这怪兽的图案(图2-140)。

图2-78 丝织品 图案是一男子和双狮 桑斯主教座堂

图2-79 丝织品 图案是萨马尔杰怪兽 维多利亚和阿尔伯特博物馆

第二章 埃及科普特艺术

公元前30年,屋大维战胜安东尼后,埃及成了罗马的一个行省。基督教出现在尼禄皇帝时代,埃及人开始偷偷地信奉新的宗教。2世纪,基督教在亚历山大城广为流传,但在图拉真皇帝下令镇压犹太人反抗的期间,亚历山大城遭到破坏,卡拉卡拉皇帝即位(211～217年)后,为了向信仰新宗教的教徒报复,又第二次洗劫、破坏了这座城市。到狄苏斯皇帝时代,基督教徒又一次受到迫害。

269年,塔德木尔女王扎努比娅占领亚历山大城,然而,马可·奥勒良(270～275年)于273年将她撵走,并向当时对扎努比娅不加抵抗的亚历山大城进行报复。戴克里先大帝执政期间,对基督教徒的迫害愈演愈烈,这迫使科普特人开始使用他们的基督教历,把戴克里先登基的284年作为科普特历的元年。

312～313年,基督教教会得到公认,亚历山大城在教会会议上占有显著地位。君士坦丁大帝受洗入教后,埃及人公开履行宗教仪式。到狄奥多西一世时期,基督教已成为罗马帝国的国教。狄奥多西一世殁后,帝国被他的子侄分裂成两部,埃及隶属于东罗马帝国。

此时,直到查士丁尼时代尚存在的多神教中心已经衰亡。5世纪,西方教会与君士坦丁堡教会脱离,埃及在任命主教方面的意见显得举足轻重。它曾拒绝狄奥多西担任它的主教,狄奥多拉皇后一气之下,下令烧毁亚历山大的一部分,以示对当地居民的惩罚。从此之后,古老的亚历山大城成了基督教埃及一个最重要的中心。

拜占庭帝国与波斯萨珊王朝连续不断的战争,其结果之一是萨珊王朝于619年占领埃及,但历时短暂,即被希拉克略撵走。希拉克略执政期间,贯串着他与科普特教会人士的斗争,这造成阿慕尔·本·阿斯于641年征服埃及时受到埃及人的欢迎。

基督教在罗马帝国各地兴起后,出现具有地方色彩的基督教艺术风格,它与中东盛行的拜占庭艺术略有不同。这种艺术风格中最主要的一种,乃源于埃及,受到过东方的或当地的传统影响,独立于殖民统治者所代表的希腊文化之外,被称为科普特艺术。

科普特艺术是中东最早产生的一种民间艺术,它完全不受国家当局的羁绊,是313年教会被承认为合法以后,埃及基督教徒所创造的艺术。在埃及被阿拉伯人征服以后,它还持续了一个阶段。科普特艺术的最初时期,曾受惠于希腊-罗马艺术。继马其顿的希腊艺术之后,在中东和北非流行的,便是希腊-罗马艺术。

随着时间的推移,埃及的科普特艺术由于受到当地各种因素的影响,开始带有新的特征。科普特艺术逐步发展,摆脱了殖民统治者的势力范围,形成了源于科普特人的、具有地方特点的基督教艺术风格。由于萨珊王朝曾一度占领埃及,所以科普特艺术含有萨珊艺术的许多成分。在埃及的一些基督教中心,如阿赫纳斯、萨卡拉和巴维特的修道院,以及丹达赖的教堂和索哈杰的僧院,都有埃及基督教艺术的遗迹。

用来称呼埃及基督教徒的"科普特"一词,是一个阿拉伯词,从埃及的希腊语名字伊杰普图斯派生而来。科普特语是存在的,它的字母由古埃及民间语的字母和古希腊语的字母拼凑而成,在埃及被阿拉伯人征服以后,科普特语还流行过一个时期。

建筑

埃及的第一座教堂于68年建在亚历山大城海滨。圣徒马可被处死后,葬在里面。不过,这类早期的教堂,在戴克里先大帝时代已被拆毁殆尽。

基督教成为埃及的国教以后,建造修道院和教堂的活动活跃起来。在阿尔卡迪尤斯皇帝时代,350年修建过一座圣米纳①教堂,位于亚历山大附近的迈尔尤特沙漠;大主教德奥菲罗斯拆毁塞拉彼阿姆神庙,在原址改建圣哈拿教堂。这些教堂都是按长方形教堂的式样设计的。

5世纪中叶建造修道院,是最初的具有科普特特色的宗教建筑。最古老的修道院是索哈杰附近的白修道院(图2-F)和红修道院。这两座修道院极可能是440年前后修建的。丹达赖教堂的建造年代为5世纪末叶,巴维特阿波罗修道院和萨卡拉圣伊尔米亚修道院,建于5世纪末或6世纪初。

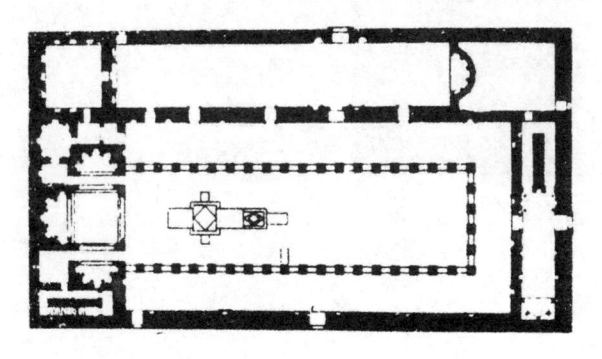

图2-F 索哈杰白修道院剖面图

---

① 圣徒米纳原是罗马军队的一名军官,296年因信奉基督教而蒙难。当他的尸体运往亚历山大城埋葬途中,驮着棺椁的骆驼在迈尔尤特沙漠一地跪了下来,米纳遂就地安葬。他的墓地旁有一口井,病羊饮了,霍然而愈。这显示了米纳的恩惠,埃及人便在当地替他修了一座教堂。

此后，科普特人在古老的埃及建造了许多教堂。其中最享盛名的，有空中教堂、圣塞尔吉和圣巴克科斯教堂①、圣巴巴拉教堂、圣艾布·赛芬教堂和圣马利亚教堂。空中教堂建于5世纪，地基原是罗马巴比利荣堡的一部分。② 这座堡垒在奥古斯都皇帝时建成，图拉真在位时重建，到阿尔卡迪奥斯皇帝时期又进一步扩大，以蜡烛宫或巴比伦宫著称。

圣巴巴拉教堂约在684年落成，起初是为圣徒哈拿所修，后圣女巴巴拉的遗骸放入，改名为圣巴巴拉教堂。圣马利亚教堂，也叫达姆希里亚教堂③，马克里齐记述说，它毁于785年，在哈伦·拉希德时代（786～809年）又修葺一新。这些科普特教堂，都有讲经坛④和雪花石膏祭坛，饰有植物和几何图形的浮雕，教堂里面的木挡板（隔板），上面的浮雕装饰显示了科普特艺术家的精湛技艺。

浮雕

科普特艺术家擅长石雕，琢刻象征基督教的图案或宗教故事。早期的石雕宗教建筑墙上的基督教题材（图2-80），反映了亚历山大城古典艺术末期的影响。

科普特艺术按其装饰纹样，可以分为

图2-80 浮雕 圣米纳像
亚历山大附近圣米纳教堂
亚历山大市希腊-罗马博物馆

---

① 他们是叙利亚里萨费的两位圣徒。教堂在296年初毁于罗马人之手。
② 有些研究人员认为，在罗马人统治时期，这座教堂建在罗马的堡垒里面，这是不可思议的，它应是伊斯兰时代的建筑。
③ 因为由达姆希尔一位科普特人在17世纪修葺一新。
④ 最漂亮的一座，是圣伊尔米亚讲经坛。

三个发展阶段。首先是罗马阶段,它受古希腊艺术和多神教题材的影响,现在见到的遗迹,均属4、5世纪的作品;其次是基督教时代,作品中既有基督教的标志,又有上一个时期流传下来的某些内容,时间为5~6世纪;第三是科普特时期,包括6~7世纪科普特民间的和基督教的艺术作品。科普特艺术的某些成分,在伊斯兰教征服以后仍存在过一个阶段。所谓早期阿赫纳斯阶段,则是指3世纪末至4世纪初,又叫前科普特艺术阶段。

从5世纪的石板雕刻内容可以看出,它们汲取了多神教的古希腊神话故事,如勒达和天鹅的故事①,或古希腊的神,如阿佛洛狄忒、厄洛斯和赫拉克勒斯,或象征尼罗河的人物。我们在阿赫纳斯发现的一堵墙上看到的浮雕是阿佛洛狄忒从一个张开的蚌中出水(图2-81)。它具有希腊艺术的细腻风格,与在科普特文化最古老的中心阿赫纳斯发现的其他古迹一样,充满动态。

图2-81 石灰石浮雕 阿佛洛狄忒女神出蚌
5世纪 上埃及阿赫纳斯 开罗科普特博物馆

---

① 据古希腊神话记载,希腊主神宙斯常变化成一头天鹅去看斯巴达王廷达瑞俄斯的妻子勒达。

在阿赫纳斯，还发现一对弓架结构①，它们多半是一座基督教教堂的残迹，那上面不论是阿赫纳斯原有的多神教内容，还是后来的基督教题材，浮雕风格相同，从而证明是一位艺术家的作品，或一地的产品。

另有一批石雕，既有基督教的标志，又有多神教的成分，是5世纪下半叶的作品。我们在索哈杰发现的一堵墙上看到一对酷肖厄洛斯神的孩子②，托着一个放在桂冠里的十字架，周围是乌头属植物的枝蔓（图2-82）。这类石雕中的人物形象比较僵硬，缺乏动感。研究者们一致认为，比较生动的石雕是400年前后的作品，而风格呆板的那批石雕，则成于5世纪中叶。

图2-82　石灰石浮雕　一对孩子托着一个放在桂冠中的十字架　5世纪下半叶　索哈杰　开罗科普特博物馆

十字架有时也被雕成古埃及人的生命标志——安克架的形状（图2-83）。这是埃及的基督教徒向古埃及艺术借鉴的少数例证之一。

---

① 系A·纳费尔教授于1890～1891年在上埃及的阿赫纳斯发现。
② 厄洛斯是希腊的爱神，罗马人称之为丘比特。在艺术作品中，他以带双翼的小孩形象出现。

图 2-83　十字架和安克架浮雕　5世纪末叶　丹达赖托勒密神庙院子里的教堂

在巴维特、萨卡拉和其他一些城市出土的石板浮雕,反映了拜占庭宫廷艺术的风格。有一块石雕,刻有十字架图案,旁边衬以葡萄枝装饰(图2-84),重复的饰纹分布成美丽而规则的几何图形,显示了早期的拜占庭艺术风格。后来,科普特艺术家创造出了一种新的抽象风格,完全摆脱了古希腊和拜占庭艺术的窠臼。沿用这种新颖的风格,形成了借鉴植物枝蔓的几何形装饰图案(图2-85)。

图 2-84　石灰石飞檐上的浮雕　图案是十字架居中
旁边衬以葡萄果实和枝蔓　6 世纪下半叶
上埃及巴维特圣艾布·阿波罗修道院　卢浮宫

科普特教堂和修道院里面的石柱，柱头的装饰浮雕是动植物和几何图案。这些柱头中，最早的一批取自罗马科林斯式，如圣米纳教堂的石柱。但从巴维特教堂的科林斯式柱头看，浮雕图形已有明显的变化（图 2-86），三排乌木属植物图案之间的距离加宽了，最高一层的叶子雕饰直接与天顶相连。

图 2-85　浮雕　图案
是植物和几何图形
巴维特　柏林新博物馆

图 2-86　科林斯式柱头　巴维特　卢浮宫

巴维特教堂的柱头浮雕，反映了进一步的发展，乌木属植物叶子不再仿照自然形态，而是变阔了，上面还有锯齿形的字母装饰（图2-87）。

呈筐形的柱头，显然受到拜占庭艺术的影响。这种拜占庭风格最初出现于5世纪，在巴维特、萨卡拉、阿什穆宁和亚历山大的建筑物里，都可找到这种风格的典型。从巴维特发现的一个柱状（图2-88）可以看出，筐状的交叉编织饰纹已被葡萄枝蔓的饰纹所取代。拜占庭筐状柱状浮雕中，通常总是刻有四只飞禽或走兽的图形。

图2-87 柱头 浮雕图形以十字架为中心 衬以乌木属植物图案 巴维特城 卢浮宫

图2-88 柱头 饰有葡萄枝蔓和十字架图案 巴维特城 柏林新博物馆

古希腊时代象征酒神狄俄尼索斯的葡萄，在基督教艺术中已非昔日的含义，成了象征教会的祝圣的酒。东方的葡萄叶子的形状变化很大，科普特艺术家创作的葡萄叶子非常阔大，以致有时就像是一种象征，呈连续的几何图形，从而为伊斯兰艺术的阿拉伯式图案的问世铺平了道路。

木雕

木雕艺术也经历过石雕和石膏雕那样的发展阶段。基督教时代初期的木雕，深受古希腊艺术的影响，例如选择尼罗河的题材，有鳄鱼、鱼、莲花或捕鱼的孩子等;它的花叶饰中,也有古希腊艺术常采用的葡萄枝蔓和果实。

现收藏在科普特博物馆的圣巴巴拉教堂大门上的浮雕(图2-89),充分显示出科普特艺术家追求理想装饰效果的创作才华。尽管有些学者认为这扇门(图2-90)是4世纪的东西,然而,上面的葡萄饰已摆脱篮筐设计,使我们联想起现存于拉文纳的马克西米连主教座椅上的相似雕饰(图2-73)。因此,两者的雕刻风格虽有差异,但圣巴巴拉教堂大门上的木雕仍应为6世纪末叶的作品。

图2-89 木雕 饰有葡萄枝蔓图案 圣巴巴拉教堂大门 开罗科普特博物馆

图2-90 圣巴巴拉教堂大门 开罗科普特博物馆

过渡时期的木雕作品随着风格的变化，内容也在更换，木雕装饰中开始出现十字架和天使的形象（图2-91），艺术家还利用植物枝蔓图案为主体作为生物的浮雕的框饰。

图2-91　木雕　植物图形　圆环中是生物和十字架　开罗科普特博物馆

巴维特教堂、艾布·萨尔贾教堂和空中教堂里的木雕，集中体现了科普特的艺术风格，木雕内容多属基督教题材，如基督胜利进入耶路撒冷和《圣经》中的人物形象等。在过渡时期，艺术家不太重视人物各部分的比例。

阿拉伯人进入埃及之后，科普特人的木雕艺术继续繁荣，有些木雕表现的仍是圣徒等基督教内容（图2-92），艺术家对人物的头部和身体的比例也不注重。那时代的艺术家，往往用颇带伊斯兰色彩的图案装饰他们的木雕（图2-93），这从圣巴巴拉教堂发现的10世纪的木雕作品中可以看得很清楚。

在伊斯兰时代，普遍用象牙装饰木雕。科普特艺术家在教堂的大门和挡板上充分表现出卓绝的木雕技艺。

图 2-92 木雕 圣徒形象 开罗科普特博物馆

图 2-93 圣巴巴拉教堂大门 饰有伊斯兰图案 科普特时代

绘画

1、2世纪,法尤姆的人物画流派很兴旺,当狄奥多西二世皇帝取缔制香尸的习俗后,这个流派便无作品问世。亚历山大城曾以建筑物作背景的壁画而闻名遐迩,至基督教时代初期,这类壁画已绝迹。5世纪起,基督教修道院里出现了一种全新风格的壁画。

这种新颖壁画的特色是,艺术家很注意正面描绘人物,与东方盛行的风格如出一辙;艺术家与其说是关心形似,毋宁说是重视神似。这种新风格的主要典型作品,已分别在巴维特、乌姆巴里贾特、法尤姆以及萨卡拉的伊尔米亚修道院里发现,现均收藏在埃及科普特博物馆里。一个波兰的考古团曾在努比亚地区的一个修道院里发现一批壁画,用笔工细,技艺精湛。

建筑物的绘有壁画的墙,大多用土坯砌成,表面涂有灰泥。彩色壁画的内容,是先知的故事和基督的生平。亚尔米亚修道院里的壁画,绘有四位圣徒;乌姆巴里贾特发现的壁画,有亚当和夏娃的形象(图 2-94),这幅壁画上的人物形象,别致、简练,颇具民间风格。

图 2-94　壁画　乌姆巴里贾特一教堂

教堂中央的祭坛也绘有彩色宗教画。其中的代表作在巴维特和萨卡拉发现,现藏于科普特博物馆。从巴维特出土的一个 5 世纪或 6 世纪的穹窿(图 2-95),上面的画分成两个部分:上部的正中,端坐着基督,他左手持《圣经》的启示录,右手在祝福,两旁分别是天使米哈依尔和伽百利;下部是圣玛利亚端坐着,怀抱着年幼的耶稣,旁边是十二使徒和两位圣徒——穹窿所属的教堂,就是为纪念这两位圣徒建造的。我们从这幅画的风格上注意到,艺术家用刚劲的线条刻画人物,人物均取正面,凝目注视前方,眼睛瞪得滚圆。这是拜占庭绘画艺术中司空见惯的风格。

这种特色也反映在木板画上。图 2-96 就是一块描绘基督和圣徒米纳的木板画。埃及曾是最主要的圣像画中心之一。圣像画的风格,起源于法尤姆画派。圣凯瑟琳修道院里有一幅描绘圣徒的圣像便是一个极好的例证(图 2-97)。

图 2-95　壁画　描绘基督和圣马利亚　巴维特一教堂穹窿　6世纪　开罗科普特博物馆

图 2-96　木板画　耶稣和圣徒米纳

图 2-97　圣徒像　7 世纪　圣凯瑟琳修道院

埃及有些修道院的墙上，采用马赛克创作人物画。埃及西奈半岛圣凯瑟琳修道院附近，有一座建于540年的圣玛利亚教堂，研究一下它的一个拱门上的装饰性壁画（图2-98）即可看出，它的某些图形与拉文纳圣维塔莱教堂天花板的图形，风格是何等的相似！在查士丁尼大帝时代修建的这两座教堂，很可能是同一批拜占庭工匠所装饰。

图 2-98　马赛克　西奈半岛圣凯瑟琳修道院

实用美术

科普特艺术中的实用物,其形式和内容均有明显的发展。

1. 象牙工艺品

亚历山大城以罗马帝国象牙工艺品的中心而闻名于世。它制作的象牙工艺品,如盒、梳,主要供个人使用。初期的象牙工艺品具有古希腊风格,但埃及的象牙工艺品别具一格,它模仿自然,内容充实。埃及小城镇的象牙工艺品民间风味盎然。安东尼城出土的一把6世纪的象牙梳,以朴实的民间手法雕刻宗教内容,现为科普特博物馆的收藏(图2-99)。巴纳基博物馆的一件象牙工艺品也属同一时期,刻的是天使的形象(图2-100)。

图2-99 象牙梳 两面饰有宗教内容雕刻 开罗科普特博物馆

图2-100 牙雕 刻有天使形象 雅典巴纳基博物馆

2. 金属工艺品

科普特用金属制作教堂用器具,如香炉、十字架、灯座和烛台等,也制作家用器皿。灯座和烛台一般用青铜制成。基督教的灯架呈十字架形;有的烛台却有明显的古希腊文化特征(图2-101),这就使人疑窦莫释:基督教的教堂里,怎么采用了多神教的艺术形式呢?

图 2-101　金属工艺品　烛台　中间是阿佛洛狄忒　两旁是一对厄洛斯　4或5世纪　卢浮宫

3. 织物

科普特的织物,是反映科普特基督教艺术发展的最重要的工艺品。科普特人精通编织,他们的织物在罗马统治时期还向罗马和拜占庭出口。

由于科普特艺术是一种民间艺术,不受政府的监督,因此编织业的中心并不只限于大城市,而是散见于各小乡小镇。亚麻编织业的中心是几个下埃及城市,如亚历山大、塔尼斯、迪巴克、沙塔、达米拉和阿什穆宁;羊毛编织业的基地在上埃及艾赫米姆、安东尼、艾斯尤特、阿赫纳斯、巴汉萨和法尤姆。这些织物的图案五彩缤纷,适合于做衣服、帐幔或盖罩物。

艺术家从多神教和基督教等不同的时期所流行的题材中,撷取他们需要的图案。装饰图案或织进布里,或织在布面上画出的一个个圆圈里,或采取刺绣的办法制成。织匠用彩色毛线织进亚麻布里,制作出图案。科普特的织物,根据图形可以分成三类:

一是继希腊化(希腊-罗马)风格之后的式样,专指4~5世纪的作品,内容为具有希腊-罗马特色的多神教题材,如现藏于卢浮宫的一块织物,图案是一个篮子,伸出葡萄枝叶,两旁是一对厄洛斯神(图2-102)。

图2-102 织物 多神教内容图案 4~5世纪 卢浮宫

二是基督教的艺术式样，称为过渡时期的作品，因为一方面多神教的一些成分继续存在，另一方面又有十字架和鱼这样的基督教象征，主要为5、6两个世纪的织物。这一阶段的图形中，有基督教或多神教的人物，也有植物和动物。不过我们发现，保存下来的这类织物中的人、兽形象，缺乏希腊艺术作品所具有的生动、活泼的特色。

三是6、7世纪作品特有的科普特式样，这类作品完全摒弃模仿自然的古希腊艺术风格的影响，图案中也有一些取自宗教的内容，如先知约瑟和他诸兄长的故事（图2-103），上帝命杀羊以代以实玛利的故事。① 这个阶段的花饰图案，明显地摆脱了临摹自然的科普特艺术的特色，其中的人物，头大，眼睛又圆又大，直瞪前方，总体构图呈大圆轴形，人和动物完全不受自然形态的束缚（图2-104）。

图2-103 宗教题材的织物 描绘先知约瑟的故事 圣彼得堡埃尔米塔日博物馆

---

① 据有的基督教典籍记载，被赎回者是易司哈各（以撒）。

图 2-104 织物 呈圆轴形 图案为人和动物 7世纪

图 2-105 织物 图案为方框中一人头像 周围是无脖子人头 6世纪

科普特的织匠们深受当时流行的萨珊艺术图案的影响。器皿、花盆图形中伸出的植物枝蔓，都对称地分布在两侧，生命之树挺立在所有活的生物的中央，这是广为流传的萨珊图案对科普特织物的影响。人头图案都没有脖子，织物的中心是一个正方形，里面也是头像（图 2-105）。事实上这种图案系从萨珊王朝传入。从谢赫伊巴德陵墓中出土的织物，上面带翼的骏马和长巨角的山羊，也是萨珊艺术中大有声名的波斯图案。

虽然科普特艺术从 6 世纪起已经形成自己的特色，但它的织物却未能摆脱古埃及艺术的成分，仍然有尼罗河的景致和安克架等图案。在伊斯兰征服之后，科普特织物特有的装饰风格还继续存在了一个时期。

第三章 叙利亚

1世纪,基督教在巴勒斯坦问世时,正值罗马人统治中东地区时期。叙利亚和埃及在基督教文化和艺术的初创阶段,作用突出。"基督教徒"或"基督的门徒"一词,最初大约在40年出现在安塔基亚;基督教的基本教义则是在亚历山大城举行的专门会议上制订的。

叙利亚和巴勒斯坦的贡献,不光在于使基督教初步形成和奠定基督教的教规,而且促进了东方艺术的传播,使之对罗马艺术产生影响。塔德木尔虽然在奥勒良皇帝时代的273年被毁,但它的艺术影响并未泯灭。同时,作为商旅驼队贸易中心的巴勒贝克,也在传播东方艺术方面作出了贡献。在杜拉欧罗巴发现的3世纪中叶的壁画,乃是基督教东方艺术借鉴的最早的典型。

基督教起初在叙利亚商人中流传,他们居住在希腊时代所兴建的城市里。在那严酷的罗马皇帝时代,基督教徒曾备受迫害。然而,272年塔德木尔女王扎努比娅被击败以后,情况很可能发生了变化,叙利亚的基督教徒开始掌握绝对的权力。

建筑

在杜拉欧罗巴发现的宗教建筑,居中是一个院子,建筑物的内墙上都绘有宗教题材的壁画。除这座城市外,叙利亚境内未能找到君士坦丁大帝时代以前的基督教艺术的任何遗迹。基督教徒们集会的房屋,显然仅限于小城市内,建房的材料可能也很原始,因此这类房屋荡然无存。4世纪建在叙利亚北部的最早的教堂,便是按这类房屋设计的,在克尔克卜齐找到的一座教堂,中央便是院子。

4世纪,君士坦丁大帝皈依基督教后,叙利亚和巴勒斯坦两地大兴土木,建造宗教建筑。拜占庭皇帝对圣地的重视逐渐增强。他们在耶稣入葬的地方修建一座长方形教堂,在橄榄山围着一块相传是耶稣升入天国前所踩的石头,建造一座圆形宗教建筑,周围是斜坡(图2-G),并在耶稣的诞生地建造一座八角形的建筑,与一座长方形教堂(图2-106)相连接,又在巴勒贝克建造一座长方形教堂。叙利亚当时的首都在安塔基亚,361年君士坦丁二世皇帝宁愿住在此城。传说中城里有一座八角形教堂,现在毫无踪迹可寻。

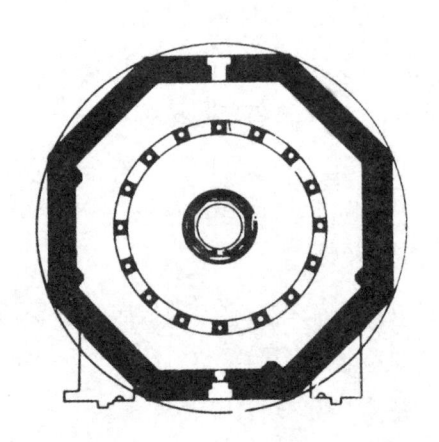

图2-G 耶路撒冷基督教罗马时代(6世纪)一宗教建筑剖面图

君士坦丁大帝逝世后的100年内,在叙利亚北部又建造了大批长方形教堂。从5世纪起,这些叙利亚教堂正门两侧各有一座塔楼。为纪念

图 2-106　伯利恒圣诞教堂

459 年皇帝芝诺在位期间去世的圣徒西门而建造的西曼堡，是 5 世纪最出色的建筑之一。

研究一下西曼堡(图 2-107)即可看出，它中间是座八角形的建筑，在伸出的四臂处各建一座长方形教堂，总体呈一个大十字架形。西曼堡内的弓架结构，代表了先进的建筑工艺；在君士坦丁堡圣索非亚教堂问世之前，西曼堡被认为是东方最伟大的建筑之一。

图 2-107　叙利亚西曼堡　约 470 年　图中所示为南长方形教堂柱廊

耶路撒冷城内，原先显然也有一座圣灵教堂，这一点，可以从约旦马达巴出土的马赛克中得到佐证（图 2-108）。

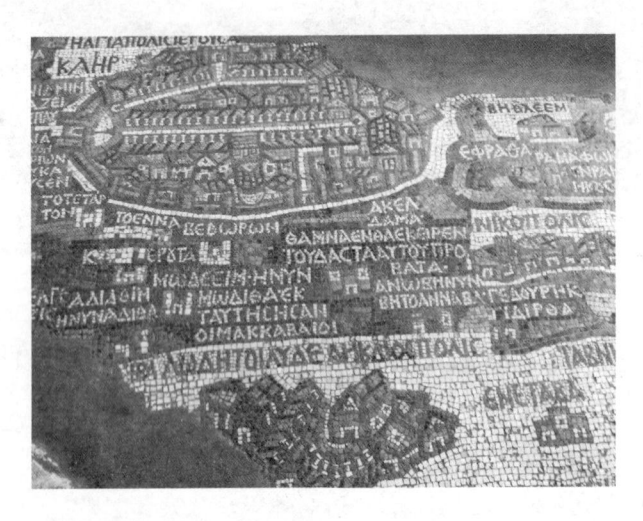

图 2-108　马赛克　约旦马达巴

此后，在 6 世纪，叙利亚境内所建的教堂均模仿早期石结构建筑的式样，例外的是 564 年左右本·瓦尔丹宫中的建筑，已用砖取代石头。它们的建筑式样和富丽堂皇的装饰，令人联想起拜占庭的皇宫建筑。

6、7 世纪巴勒斯坦的建筑，都具有典型的拜占庭风格，如 6 世纪建在加沙的圣塞尔吉教堂。至于鲁萨法的教堂，则是采取了长方形教堂的式样，带一个高耸的圆顶。

浮雕

叙利亚的雕刻家在基督教建筑物上的植物浮雕方面，技艺特别高超，他们能在门周围竖的或横的格子里刻出美丽的装饰图案。我们在西曼堡拱门的浮雕装饰中可以找到例证。罗马的浮雕艺术对教堂里的柱头装饰显然具有影响，西曼堡柱头便是沿袭罗马科林斯式柱头。

绘画

直到4世纪初叶,壁画始终是用来装饰住宅、宫殿墙壁的唯一手段,以后,才开始利用马赛克装饰。就基督教艺术而言,杜拉欧罗巴的壁画之所以重要,是因为无论在色彩、风格,还是在构图方面,都对拜占庭时代产生过影响。在该城一位基督教徒的侨民家中发现的壁画,反映了《旧约》和《新约》中的内容(图2-109)。这是基督教艺术中,首次描绘基督形象的尝试。画像取基督的正面姿势。杜拉欧罗巴发现的壁画说明,宗教题材的绘画问世,东方要先于西方。

图2-109 壁画 杜拉欧罗巴

叙利亚曾广泛地采用马赛克,最出色的一批在安塔基亚城发现,是铺在地面上的。装饰图案有花卉、带翼的羚羊和套着桂冠的狮子。安塔基亚发现的马赛克,明显地反映出在查士丁尼大帝时代出现的萨珊艺术的影响。

手抄本饰画

为拜占庭帝国服务的宗教手抄本中的画,大多是叙利亚各城市的作品。最早的有两幅5世纪的画,一幅属锡布恩城的创作,现保存在国民图书馆;另一幅称之为《科顿福音》,现为大英博物馆收藏。这两幅画都只占纸页下方的四分之一篇幅,画中的人物,头大身小,很不匀称,而且眼神瞪视前方,令人想起230～245年杜拉欧罗巴壁画中的叙利亚风格,从而证明叙利亚风格后来又延续了两百年之久。

叙利亚的装饰画充满动态,洋溢着激情,这说明古希腊的艺术手法在当地占据主导地位。有一幅描绘升天的画(图2-110)可作证明。这幅画是586年称为拉布雷手抄本①中的装饰画。拉布雷手抄本用叙利亚文而不是古希腊文写成。叙利亚的修士们大力传播现实主义的创作风格,从京城安塔基亚留下的作品,可窥得这种风格的全貌,而埃及的亚历山大城仍保持古典的传统。

图2-110 拉布雷手抄本饰画 升天图 佛罗伦萨洛伦蒂尼图书馆

从拉布雷手抄本中的装饰画可以看出,艺术家通过描绘几个仰望苍穹、相互商议的天使,巧妙地把上界天国与尘世人间联系在一起。

实用美术

1. 象牙工艺品

早在古代,叙利亚、巴勒斯坦和腓尼基的象牙工艺品制作业就比较发达,最杰出的一件是在阿里斯兰塔什发现的大马士革国王的宝座。5世纪时,基督教罗马帝国境内最重要的象牙工艺品制作中心,是安塔基亚和

---

① 这手抄本是两河流域的修士拉布雷的手迹,据认为,是专门讲述耶路撒冷升天教堂的。

亚历山大两城。自基督教成为国教后,象牙工艺品的图案中便出现宗教题材。

叙利亚的基督教色彩的象牙工艺品中有一件精品,下部镌刻基督的诞生,上部是人们在向圣母、圣子作奉献(图2-111)。我们通过这件工艺品可以看出,艺术家不太重视人体各部分的正确比例,把头颅刻得太大。这种手法的特点是从正面着笔,把较重要的人物刻画得较大。叙利亚的希腊化艺术中的东方特色,在希腊势力衰落后又一次显现出来。

2. 金属工艺品

教堂里用的金属工艺品上,出现了宗教内容的装饰,明显的例子是6世纪的一只银瓶(图2-112),上面镌刻的是一位领着众人礼拜的先知由众天使扶托着冉冉上升。这画面的构图,令人想起了圣拉布雷手抄本中的图画(图2-110)。这类器皿是朝圣的基督教徒从耶路撒冷带来,用来盛放圣油。

图2-111 象牙雕 宗教场面 叙利亚 6世纪 大英博物馆

3. 织物

叙利亚的编织业比较发达。在塔德木尔和幼发拉底河畔的哈勒比亚发现的少量织物,都是亚麻织物,上面有羊毛或丝线装饰成的图案。这类装饰图案,如在一个圆圈里的宗教内容或狩猎图(图2-113),曾在叙利亚地区风行一时。塔德木尔织物的装饰

图2-112 银瓶 镌有宗教题材 意大利蒙扎大教堂

图案对科普特织物具有明显影响。

图 2-113　织物　狩猎图　德国圣塞维茨教堂

# 第四章　北　非

　　4世纪,在罗马皇帝承认基督教后,基督教势所必然地在北非流行开来。汪达尔军队侵占北非部分地区期间,基督教依然存在。534年,查士丁尼大帝将汪达尔人从北非撵走,北非便隶属于拜占庭帝国。

建筑

　　基督教时代遗留下来的建筑物证明,拜占庭的统治者们把罗马的长方形会堂改成教堂,同时在北非的一些城市,如的黎波里诸城和迦太基,新建一些教堂。

　　从利卜达残存的遗迹可以看出,查士丁尼大帝把与塞维鲁广场相连的长方形会堂改建成一座基督教教堂(图2-114),并扩建附属设施。萨布勒特城中盖了一座教堂,地板上装饰有美丽的马赛克。库里纳(今沙哈特)城中的拜占庭时代陈迹是一座建在城墙外的大教堂,大厅的地面饰有内容丰富的马赛克。这座城里还有堡垒和塔楼。

　　突尼斯和阿尔及利亚的城市里,也有拜占庭时代遗留下来的古迹。在一些重要的城市中,已发现那个时代的教堂,其中最漂亮的是特贝萨、提姆贾德和迦太基等城的教堂。从这些教堂里的柱头可以看出,建筑师已引进拜占庭的建筑风格,如在迦太基发现的柱头(图2-115)就是一例。

图 2-114 利卜达长方形会堂（后改成教堂） 利比亚

图 2-115 柱头 拜占庭风格 迦太基

绘画

多亏基督教艺术，北非最大的一批马赛克壁画才得以问世。这些马赛克壁画，见于教堂和世俗建筑之中，最美妙绝伦的发现于突尼斯。

我们从拜占庭时代的马赛克看出，基督教禁止希腊-罗马时代流行的多神教题材，而鼓励取材于基督教经典或各国历史书籍中的内容。

在迦太基发现的一幅马赛克壁画是最美的典型之一（图2-116），这幅半身像描绘了一位头戴王冠、脑后有光环的妇女。我们看到，这位妇女抬起右手，伸出食指与中指，这与我们所看到的向人们赐福的基督教修士的形象是同一动作模式。

图2-116 马赛克壁画 在迦太基一贵妇宅中发现

第三编 伊 朗

历史绪论

马其顿亚历山大大帝征服东方居鲁士建立的波斯帝国，对于伊朗不啻是一个巨大灾难。伊朗阿黑门尼德王朝君主们冠有"万王之王"的称号已长达两世纪之久。大流士三世败北以后，"万王之王"的称号和波斯帝国便转给了马其顿的英雄亚历山大大帝。公元前324年，亚历山大大帝登上波斯帝国京城苏撒内原大流士的宝座，他大力提倡将希腊精神融入波斯文化和习俗，自己娶大流士的公主为妻，鼓励将领们同波斯人通婚，通过任用为他效力的波斯王公并承认波斯的宗教信仰来向当地人表示亲近。

亚历山大大帝殁后，伊朗沦为建立在叙利亚和两河流域的塞琉古王朝的属地，这是当地动乱阶段的开始。塞琉古王朝覆灭后，伊朗落入了原为游牧民族的赛人之手。然而，伊朗很快就涌现出新的领袖，他们摆脱了西方希腊人的控制。在帕提亚诸王的领导下，伊朗再次独立。帕提亚人原来管辖的是位于里海西南面的波斯帕提亚省。

新的统治者属印欧人种，祖先于公元前11世纪末叶迁入伊朗。因此，他们声称自己是波斯阿黑门尼德之朝贵胄。公元前3世纪，帕提亚人活跃在伊朗北部。帕提亚王朝的奠基人阿尔萨克利用塞琉古王朝和托勒密王朝之间连绵不断的战争宣布独立。以后,帕提亚人的势力逐渐增强。公元前250年,阿尔萨克终于将塞琉古人逐出伊朗,建立王室统治,立都爱克巴坦尼。

希腊统治时代的东方版图被罗马人占领之后,罗马与帕提亚之间爆发了一系列冲突。这些接二连三的战争,导致帕提亚王朝的衰落,促成238年①阿尔达希尔最终推翻帕提亚王朝,建立萨珊王朝。萨珊王朝的政权一直延续到642年,此后为伊斯兰征服时期。

---

① 此年代有误,在后面第一章"帕提亚王朝的艺术"中为226年。——译者

第一章　帕提亚王朝艺术

阿尔萨克国王于公元前250年在伊朗建立王朝政权。该王朝的国王，大多取名弗拉特、阿尔塔邦或密特里达提。他们相继同塞琉古人交战。在密特里达提一世期间（公元前170～前138年），帕提亚人在公元前139年征服两河流域，把安条克七世撵出巴比伦和米提亚，从而彻底控制了两河流域，定塞琉西亚为北方的京城。这座城市在帕提亚王朝时期不断向底格里斯河左侧扩大，以后就被叫作泰西封。帕提亚诸王统治了伊朗和伊拉克，他们与塞琉古人的战争从未停止过。

随着罗马帝国的扩张，罗马人占领叙利亚，他们与帕提亚人之间爆发了一系列的冲突。在公元前53年的恺撒时代，强大的帕提亚军队在卡雷战役中击败罗马人。公元前1世纪，中东地区的西部划入罗马帝国的版图，而伊拉克和伊朗，则处在帕提亚王朝的统治之下。

161～217年，罗马人与帕提亚人之间的战争互有胜负。罗马帝国终于占领帕提亚王朝西部的疆域，打到了泰西封。战争削弱了帕提亚王朝的国力，帕提亚国内王公贵族间不断出现内讧，这些都促成阿尔达希尔对阿尔塔邦五世的反叛，他在226年摧毁帕提亚王朝，建立萨珊王朝。

在帕提亚时代，叙利亚和伊拉克的沙漠里建立了一些城市，那是阿拉伯商旅驼队的中心，其中最著名的是佩特腊和哈德尔。阿拉伯的哈德尔位于底格里斯河与幼发拉底河之间的伊拉克沙漠中，是帕提亚王朝时期最著名的伊拉克城市之一，这是因为它正好夹在两股敌对的势力——东面的波斯人和西面的罗马人的当中。1世纪以后，统治这座城市及其毗邻地区的是一个阿拉伯家族，他们一直称雄到3世纪中叶，其中享有盛名的君王是大祭司纳斯鲁及其儿子桑塔尔克一世。纳斯鲁很可能是帕提亚国王瓦拉尔什一世（51～77年）的同时代人，桑塔尔克二世国王冠有"阿拉伯人之王"的称号。250年，萨珊王朝沙普尔一世率军攻入，哈德尔势力遂灭。

帕提亚艺术被认为是过渡阶段的艺术，前承由于马其顿希腊的入侵而告终的波斯阿黑门尼德艺术，后接在伊朗出现，直至伊斯兰征服的萨珊王朝的民族艺术。大批希腊侨民在亚历山大大帝和以后的塞琉古王朝统治期间定居伊朗各地，使希腊的文化传统和艺术在伊朗深深扎根。我们看到，这个阶段遗留下来的古迹，强烈的希腊风格影响依然清晰可辨。

帕提亚人直到密特里达提一世时期把塞琉古人撵出伊拉克之后，才表现出独具一格的艺术特色，这种帕提亚艺术特色在各种古迹和文物中都有明显的反映。然而，令人遗憾的是，迄今未能找到属于统治家族的值得一提的帕提亚艺术陈迹，因为现在所发现的古迹都是各个被统治民族的创作。

建筑

帕提亚人同他们的祖先阿黑门尼德人一样，也崇拜光明和黑暗，他们修筑的祭火石坛，已在法尔斯省帕赛波里斯和努尔阿巴德发现，其建筑式样沿袭阿黑门尼德时代所流行的祭火石坛的风格。

除祭火石坛外，伊朗境内没有发现其他值得一提的帕提亚时代的建筑遗址。有助于研究帕提亚建筑特色的大部分古迹，都越出了伊朗地域，位于靠近罗马帝国势力范围的地区。在乌鲁克、亚述、哈德尔①和伊拉克锡斯坦地区库希哈法杰,均发现帕提亚时代的古建筑,那都是在帕提亚人把塞琉古人赶出两河流域地区之后建造的。

研究一下哈德尔城内的古迹便可看出,帕提亚人发明了一种新的城市建筑式样,他们规划的城市呈圆形,有两道城墙围绕,每道城墙各有四扇大城门,内城墙上还设有塔楼以加强防御。建筑所使用的材料,是砖头和土坯。这座城市里的建筑物风格证明,古老的伊拉克艺术受到了希腊-罗马文化的部分影响,也糅合进了一些波斯艺术的手法。

哈德尔城的中央,是一座宏大的主神太阳神沙马什(马兰)神庙(图2-117),旁边还有几座别的神庙。哈德尔城主神马兰的神庙,反映出明显的希腊文化的影响。城内神庙林立,说明城市居民的富有,也说明东方的信仰与希腊的信仰同存共荣。

图2-117 哈德尔城主神沙马什(马兰)神庙 1或2世纪

---

① 德尔现在伊拉克境内摩苏尔以西50英里处。

哈德尔城中还发现了王宫和王陵的遗址。与阿黑门尼德王朝时期相比,宫殿的规划已不尽相同,而且也不再使用柱子支撑屋顶。平屋顶已被圆顶所取代。在亚述城的古迹中也找到了这样的圆顶。圆顶的大厅,称为"伊汪"①。哈德尔城的建筑还采用了弓架结构和连壁柱。帕提亚的建筑艺术后来对萨珊王朝的建筑风格始终具有影响。

哈德尔人重视装饰墙壁,图形用掺有石膏的胶泥制成。城里王宫的墙面装饰,是一个个的人脸像(图2-118)。在库希哈法杰建筑物墙面发现的,则是几何图形(图2-119)。用这类材料装饰墙面,对伊朗艺术来说,是很有新意的,而用人头像作装饰,也是帕提亚时代的一种创造。

图2-118 人脸浮雕 哈德尔城王宫外墙装饰 2世纪 伊拉克国家博物馆

---

① "伊汪"系音译,意为殿堂、大厦。——译者

图2-119 几何图形浮雕 墙面装饰 库希哈法杰城王宫 1世纪

雕塑

伊朗境内，未曾找到帕提亚艺术家创作的大量人像雕塑。能够反映这一时代雕塑的，是当时伊朗统治境内各个被统治民族的人像，其中最杰出的一尊是在巴赫蒂亚里省沙米城神庙发现的2世纪的青铜像（图2-120），这可能是城市统治者的像，他身上的服饰属帕提亚时代的款式。青铜像的制作工艺，证明当时对人体已有深刻的研究，衣服皱襞的表现具有高超的技艺。

在帕提亚境外发掘到的人体雕塑，有哈德尔出土的合乎人体自然比例的像，塑造的对象有统治者、神祇，也有当地的名流显贵。如乌塔尔国王像（图2-121），艺术家细致入微地表现他的衣服，国王抬起右手表示对神祇的服从。

图2-120　青铜像
帕提亚王公　沙米城神庙
2世纪　伊朗国家博物馆

图2-121　哈德尔乌塔尔
国王像　名字刻在底座上
2世纪　摩苏尔市博物馆

浮雕

　　帕提亚艺术家在伊朗境内的岩石上留下的浮雕，描绘的题材有面对神祇的肃立、取得对敌斗争胜利后的情景，也记录了帕提亚国王喜爱的狩猎场面。然而，这些浮雕都失之粗糙，在坦杰萨尔瓦克一块岩石上发现的浮雕便是明显的例子（图2-122）。我们看到，上半幅宗教题材和下半幅狩猎图中的人物，安排得很不细致，从而说明帕提亚艺术家对浮雕艺术尚不在行。

图 2-122　浮雕　哈尔兹斯坦地区坦杰萨尔瓦克发现　人物排成两行　中心是左上方身躯庞大的诸侯形象　2 世纪末叶

壁画

帕提亚人利用彩色壁画装饰大厅的内壁。在库希哈法杰发现的一座王宫的一堵墙面中央绘有国王和王后的形象，旁边是几个侍从（图 2-123）；另一堵墙上，描绘三位人形的神祇。但是，令人遗憾的是，这些墙壁都已倾覆。

图 2-123　壁画　库希哈法杰　公元前 1 世纪

要了解这些壁画的风格，可以通过帕提亚人从塞琉古人手中夺取杜拉欧罗巴后留在建筑物上的壁画。在可能是1世纪兴修的一座神庙的墙上，发现各种题材的壁画，其中最重要的是一幅描绘宗教庆典的壁画(图2-31A)，我们看到两位身穿白衣的修士在履行宗教礼仪，另外还有一个人与他俩站在一起。人物都取正面姿势，这反映了帕提亚艺术的特色。

第二章　萨珊王朝艺术

执政的帕提亚王朝衰落以后，伊朗形成了半封建制度。统治各省的是自称为阿黑门尼德王室后裔的伊朗诸侯。接着，法尔斯省的王公阿尔达希尔·本·帕帕克·本·萨珊①把波斯各地诸侯置于麾下，向阿尔塔邦五世开战，于226年胜而杀之，建立波斯萨珊王朝。阿尔达希尔于226～241年在位。他继承帕提亚王朝在伊朗和伊拉克的全部版图，将泰西封立为萨珊王朝的冬都。

阿尔达希尔与罗马人之间冲突不断。他的儿子沙普尔一世（241～272年）在叙利亚地区与罗马人交战，260年爱德沙一战，大败罗马皇帝瓦勒里安，终于建立起庞大的帝国。沙普尔一世曾攻入安塔基亚，掠夺大量战利品。他很注意将这些胜利铭刻在伊朗的山岩上。然而，在265年，他却败于塔德木尔国王乌泽纳。沙普尔一世在位期间，是伊朗科学和文化繁荣的黄金时代。伊朗摩尼教的创始人即生活在这一阶段。

接下来统治萨珊王朝的是几个软弱的君王，直到沙普尔二世（310～379年）执政。他曾与君士坦丁大帝交战，取得胜利。这个阶段，基督教已

---

① 萨珊王朝诸王均以他们的始祖萨珊命名。在帕提亚王朝期间，萨珊在伊朗一个省份担任安娜希塔女神神庙的主持职务。

成为罗马帝国的国教，萨珊王朝在沙普尔二世在位时再次拓宽疆域，成为中东地区一支雄视八方的强大力量。

当时，叙利亚地区的阿拉伯部族开始崛起，其中最著名的是分布在大马士革以南豪兰谷地的迦萨尼族。他们的势力逐渐强盛，奉行基督教者日众。在拜占庭帝国与萨珊王朝的战争中，迦萨尼部族支持拜占庭人。在希拉，莱赫米族的麦纳齐尔王国也负有盛名。希拉城位于伊拉克的幼发拉底河畔，靠近库法。希拉诸王始终站在萨珊王朝一边，反对迦萨尼王国和拜占庭帝国。

科斯洛埃斯一世（阿努希尔万，531～579年）国王于540年重建泰西封城（科斯洛埃斯王宫），攻克安塔基亚。科斯洛埃斯二世（阿伯尔维兹，590～628年）又扩大萨珊王朝的版图。他征服埃及，占领小亚细亚的一部分，并且包围拜占庭帝国的统治中心君士坦丁堡。阿拉伯人的先知穆罕默德（愿真主赐福给他，并使他平安）曾派使者去见科斯洛埃斯二世，要他皈依伊斯兰教。但是，当时科斯洛埃斯二世被胜利冲昏头脑，断然予以拒绝。他在位时间不长。拜占庭皇帝希拉克略将萨珊军队逐出埃及和小亚细亚之后，进而包围泰西封，科斯洛埃斯二世被弑。

叶兹底格德三世（632～651年）无法抵挡占领叙利亚和伊拉克后向泰西封长驱直入的阿拉伯军队。伊斯兰的征服，从642年阿拉伯军队在尼哈温战役奏捷，持续到651年叶兹底格德被杀，萨珊王朝的统治就此告终，中东地区开始进入伊斯兰时代。

帕提亚阿尔萨克王朝灭亡，由萨珊王朝取代，这是伊朗艺术欣欣向荣的新时代的开始。毫无疑问，伊朗和伊拉克境内的萨珊文化乃是以往各种文化，特别是帕提亚文化的延伸和发展。萨珊人大量继承帕提亚的传统，同时仍继续信奉伊朗原有的宗教。

建筑

萨珊人在建筑艺术的许多方面,都模仿他们的帕提亚前辈。这一点,在城市和宫殿的规划设计上尤为明显。萨珊王朝的创始人阿尔达希尔借鉴在哈德尔发现的圆形城市的构思,在菲鲁兹阿巴德建造一座圆形城市;同时,他还吸收前人修筑长方形宫殿的设计。

称为"伊汪"(大厅)的屋顶,呈半圆形拱顶状,"伊汪"后面,还有其他的殿堂。宫殿的内墙饰有拱门,拱门上方都有用灰泥制成的凸出装饰,图形带明显的埃及特色。

萨珊王朝历代君王沿照习俗,一登基都要修筑新的宫殿。第二代国王沙普尔一世建造的宫殿位于比沙普尔①——在他的出生地法尔斯至首都泰西封②的中途。法尔斯省是伊朗唯一没有受希腊文化艺术熏陶的地区。在该省的帕萨尔加德、帕赛波里斯诸城,仅发现阿黑门尼德王朝时代留下的古迹。

比沙普尔王宫与过去的宫殿相比,设计上并没有什么差异。王宫的主殿是"伊汪",它的屋顶呈半球状,墙壁上带六十四个拱门装饰(图2-124A)。墙面和拱门都围有胶泥制成的几何图形或植物图形的凸浮雕饰带,反映了希腊艺术的风格(图2-124B)。

萨珊人通常都用凸浮雕装饰宫殿。这类浮雕,图形各不相同,有动植物图形,也有人物形象。萨珊艺术中流行的最有名的图案,是四方形中的人头像(图2-125)。这种装饰手法后来传入埃及,被科普特艺术吸收(图2-105)。

---

① 比沙普尔意为"美丽的沙普尔"。
② 阿拉伯人称泰西封为"马达因"。

图2-124A 比沙普尔城沙普尔王宫大厅模型 3世纪中叶 卢浮宫

图2-124B 宫墙拱门上植物图形的胶泥浮雕 3世纪中叶 卢浮宫

图2-125 墙面胶泥装饰 方框中的人脸像 伊拉克国家博物馆

当时，宫殿地面的装饰出现一种新方法，有些殿堂的地面用彩色小石子铺成装饰图案，犹如一块地毯。装饰图案分为两部分，居中往往是宫廷贵妇或舞女、乐伎像，外框图案与墙相连，不外乎是几何图形或男女人头像（图2-126）。

图2-126　马赛克　人头像　比沙普尔王宫

用无脖颈的人头像作为装饰，是伊朗帕提亚人的独创，在希腊或罗马人的地区均未见到过先例。这种装饰以后流行起来，出现在埃及的科普特艺术之中（图2-105），其原因，也许是7世纪初萨珊王朝曾统治过埃及一段时间。

不过，用胶泥或彩色石子拼成图形装饰地面并非伊朗的发明，而是萨珊人从罗马人那里学来的。罗马人常用这种方法装饰他们的宫殿和澡堂的地面。从事这项工作的，大多来自罗马安塔基亚的工匠。在安塔基亚发现铺有马赛克的地面，图形内容颇为相似。

在萨珊王朝的各个时代，传统的建筑风格在宫殿建筑中始终占据主导地位。泰西封城里的科斯洛埃斯宫（图2-127）与以前的宫殿也没有什么不同，它的正面，同连墙柱和假窗作为装饰，其特色在于宫殿的中央有拱门。科斯洛埃斯宫是世界上不用钢筋完全靠砖砌成的最大的拱顶建筑，宫殿高 30 米。萨珊人借鉴罗马人的方法，用一排排的假窗和连墙半面柱装饰建筑物的正面。

图 2-127　科斯洛埃斯王宫　伊拉克泰西封

萨珊人不太重视用壁画装饰墙面，在苏撒城王宫里发现的壁画，只是凤毛麟角。这些壁画中，有两个真人大小的骑士形象，其中一个身穿玫瑰红底色、绣有金线的衣裳；骑士的前方是一群惊惶逃窜的猎物。这幅画绘制在蓝的底色上，创作的时间为 4 世纪上半期沙普尔二世在位期间。沙普尔二世对这种装饰方法显然十分赞许，苏撒城被毁后，他建造了伊万卡尔卡，从城里他那时代修建的一座宫殿里，也发现过彩色的壁画。

雕塑

在伊朗发现的萨珊王朝的古迹表明，萨珊王朝的历代君王并不重视雕塑艺术。艺术家难得有机会创作一些介于凸浮雕和圆雕之间的作品。在塔基布斯坦的一堵岩壁上，我们看到一幅突出墙面的浮雕，塑造骑在骏马上的国王形象（图 2-128），是 5 世纪的作品。

图 2-128　浮雕　骑士（可能是科斯洛埃斯二世形象）　伊朗塔基布斯坦　5 世纪

图 2-129　沙普尔一世像　远比真人大　比沙普尔

唯一的圆雕作品是沙普尔一世像（图 2-129），它是建筑物的一个组成部分，利用一根石柱雕成。这个石柱用来支撑石窟的顶。塑像高达七米，虽然力图刻画衣服细部，但技艺并不高明。这类石窟均凿建于山岩中，目的是存放在塔楼或高山顶上被阳光晒干的尸体残骸。人的尸体分解后，装入棺木，然后放进上述石窟或地下墓穴之中。

浮雕

萨珊诸王利用境内的高大岩石，刻下他们在位时的重大历史事件。这些历史事件，占据着大面积的岩面，内容限于君王们伫立在神祇跟前，或他们在观赏自己取得的胜利。反映萨珊君主胜利的岩刻未曾有过中断，一直延续到王朝覆灭。萨珊君王们大多在靠近帕赛波里斯的纳克什鲁斯太姆阿黑门尼德王陵的岩石上，凿刻他们的丰功伟绩。

在纳克什鲁斯太姆发现的宗教内容的岩刻中，有阿尔达希尔国王的浮雕，他骑在骏马上，从阿胡拉·马兹达神的手中接过权杖。阿胡拉·马兹达神因为阿尔达希尔战胜了敌人，在向他赐福（图2-130）。骏马踩在人头上，象征善神战胜恶神，国王击败敌人。

图2-130 石像 阿尔达希尔国王从阿胡拉·马兹达神手中接过权杖 伊朗纳克什鲁斯太姆 2世纪

沙普尔一世大败罗马皇帝瓦勒里安，在伊朗境内引起巨大反响。这历史性的伟大胜利，被分散凿刻在伊朗的岩石上。纳克什鲁斯太姆的一幅浮雕，描绘罗马皇帝跪伏在沙普尔一世的马前（图2-131）。浮雕中的统治者，身上的衣裳飘曳，像是受到了风的吹拂。这是萨珊艺术家借鉴了罗马人刻画衣服皱襞的手法。

图 2-131　浮雕　沙普尔一世战胜罗马皇帝瓦勒里安　伊朗纳克什鲁斯太姆　3世纪后半叶

难得的是，在这些浮雕中有一幅反映科斯洛埃斯二世追捕野兽的作品，这是在塔基布斯坦的一个洞穴壁上发现的，属萨珊王朝晚期的作品。这幅浮雕上，有三处描绘国王的形象，右面上方，他骑在马上，后面一个侍从，替他打着遮阳的伞；右下方，他在追捕羚羊；他第三次出现是驾着小舟，弯弓搭箭，欲射野猪（图 2-132），尾随的舟楫上坐的都是女乐伎。这幅浮雕的刻纹不深，与其他浮雕所沿袭的深刻纹不同。

图 2-132　浮雕　科斯洛埃斯二世捕猎羚羊和野猪　伊朗塔基布斯坦　5世纪

对萨珊诸王各自镌制的银币上的肖像作个比较,可以了解他们不同的性格。国王们的头像,通常都戴有帽子(图2-133)。统治伊朗的萨珊王朝28位国王的王冠有些细微的区别。

实用美术

1. 金属工艺品

银制品是萨珊人打制的最美的工艺品。银器、银盘等都镌有宫廷内外的生活内容,反映了萨珊时代普遍的繁荣昌盛,也说明了达官贵人沉湎声色犬马的享乐生活。有些银器上镀有一层金,有的银盘镶有五色斑斓的宝石(图2-134)。

图2-133 金属工艺品 萨珊国王头像

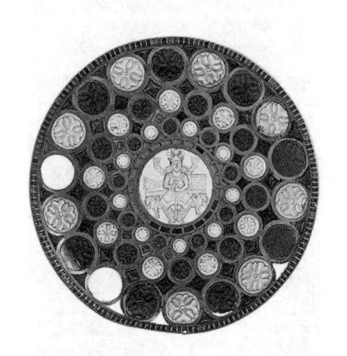

图2-134 银盘 镌有端坐的国王和王后形象 6或7世纪 法国国家图书馆

庆典和狩猎的内容,往往在银盘上占据醒目地位;萨珊国王一般坐在宝座上,周围是他的侍从,不过也可能斜靠在椅子上,由王后陪伴着(图2-

135)。为了表现萨珊诸王的至尊至贵,银盘上常镌刻他们高踞在由狮子或带翼的飞马垫托的宝座上(图2-135)。国王总是取正面像。有些器皿还刻有舞伎形象,四周围以植物枝蔓图案(图2-136)。

图2-135 银盘 镶彩色玻璃块 坐在宝座上的国王

图2-136 器皿上的镌刻 有舞伎形象和动植物图案 伊朗克拉尔达什 6世纪 伊朗国家博物馆

萨珊时代制作的银盘,镌刻较多的题材是狩猎,有的描绘国王纵马追捕群兽,有的描绘国王勇猛地用弓箭瞄准猛扑过来的雄狮(图2-137)。画面中国王返身回射的形象,令人联想起亚述时代的捕狮图。国王头盔后面刻上飘荡的一条条织物,也是其他地区的艺术作品中常采用的手法,科普特艺术作品中就不乏其例。金属工艺品中颇多马头形状(图2-138),从中可以看出,萨珊的君王们很重视打扮他们的骏马。

图2-137 银盘 沙普尔二世猎狮
4世纪 圣彼得堡埃尔米塔日博物馆

图2-138 金属工艺品 马头

2. 织物

萨珊人擅长丝织技术。丝织品向拜占庭境内输出，许多萨珊的图案也因而在拜占庭的织物中出现。

萨珊的织匠心灵手巧，图案设计常有创新，用以美化他们的织物。其中最重要的图案之一，是艺术家从以前的艺术品中继承下来的动物图案。常采用的神话中的动物形象，前半部带翼，后部是飞鸟的尾巴。这种图案并不罕见，在萨珊人非常擅长的编织产品图案中即能找到（图2-139）。另外，塔基布斯坦一幅反映科斯洛埃斯狩猎的岩刻中，国王的衣服上也有这种图案（图2-140）。

图2-139 丝织品 图案为怪兽萨马尔杰

塔德木尔的阿拉伯国王曾借助于萨珊的织匠，所以，萨珊王朝崩溃后，在叙利亚和拜占庭的织物中，始终能见到萨珊的装饰图案。这类织物成卷地传入西方，作为文物被保存下来，现分散在各博物馆里（图2-141）。埃及的织匠受这类图案的影响尤深，这反映在科普特和伊斯兰的

图 2-140　浮雕　怪兽萨马尔杰　取自科斯洛埃斯国王捕猎羚羊和野猪浮雕中国王衣服上的图案　伊朗塔基布斯坦

图 2-141　丝织品　图案为一个个圆框中的小鸟　梵蒂冈博物馆

艺术品中。

　　萨珊艺术的重要性,在于它为拜占庭艺术和伊斯兰艺术提供了大量的艺术要素,被伊斯兰时代的艺术家广泛借鉴,这在已发现的阿拔斯时代和法蒂玛时代的文物古迹中,表现得特别明显。

无身份世界中的爱国主义
——全球化的挑战

〔埃及〕侯赛因·卡米勒·巴哈丁

序

阿拉伯埃及共和国驻华大使

穆罕默德·努曼·贾拉勒博士

当今世界变化节奏很快,可以说,在 20 世纪最后的 10 年,这种变化速度已呈几何级数递增,到 21 世纪,它还将成倍增长。这种变化已涉及在过去被视为恒量的许多问题、原则、思想和观念,其中包括国家的绝对主权原则和国界的神圣不可侵犯性。新闻传播手段的革命,通过开放的天空超越了国界,边界仅成为地图上的标识和线条,不再拥有过去盛行的免疫性。同时,主权概念还因与国家意志相关的种种变化而受到了某些侵蚀。作为国际社会的成员,国家为了全人类的利益,甘愿为国际组织自动放弃部分主权,其中某些原因归于不可抗拒的外部条件,首先是诸如毒品、环境、难民和军备竞赛等问题对国际关系的影响。所有这些难题都对各国边界留下了深痕,因为其影响超出了国界,具有跨国性质。此外,是经济的持续发展。那是靠不断壮大的跨国公司,它们的实力超过了几十个中小国家,对各国的决策都毫无例外地产生着越来越大的影响。而且可以说,这些跨国公司代表着一种左右国际政治、经济和文化舞台的新的力量模式。

所有这些变化和发展都留下了深刻的影响，对所有的国家都构成了挑战和风险，也带来了机遇，首先是对发展中国家，特别是以埃及和中国为首的"古老文明俱乐部"国家。埃及和中国代表着人类最悠久的两种文明，在发展人类文明的物质和精神方面都曾发挥过前所未有的作用。

侯赛因·卡米勒·巴哈丁博士是儿科医学教授，也是享有盛名的思想家和政治家。他从早年起，就关注国内各种问题，尤其是第三世界的忧患。40多年来，他作为埃及20世纪50年代青年的先驱人物，作为激发众多第三世界民众的热情、鼓舞他们憧憬美好明天的埃及1952年革命思想的一位领导人，一直献身于埃及的公共政治生活，且长期以教育部长的身份参与其中。教育是最重要也是最艰巨的一项任务，它与社会身份、社会的几代人及未来领导人的思想建设，都密切相关。毫无疑问，智力的构建和形成，或思想的被侵蚀，乃是最重要的一种进攻方式。战争与和平，冲突与和睦，斗争与和解，都起源于人的理念。因此，作为埃及的教育部长，侯赛因·卡米勒·巴哈丁博士的任务极为艰巨，他必须对三种挑战作出应答：历经法老时代、基督教时代、伊斯兰教时代的埃及古老文明与不断变化的今日世界，建设必须植根于深远往昔和传统的未来，目前的困难和挑战。我认为，侯赛因博士在这方面已作出的巨大贡献，清楚地表明他了解各种变数，能以不对主体和身份构成负面影响的方式作出应对的卓越才能。简而言之，在这本书中，他提供了我们称为协调传统与现代的范例。

毋庸置疑，本书汉语版的发表是在介绍埃及的文明、历史传统、价值观和准则方面作出的一项宝贵贡献，它阐释了发展与维护埃及个性身份和传统的历程所面临的严峻挑战。埃及的个性一直受到学者和思想家的关注，同时也招引了许多贪婪的大国时而用武力、时而通过政治想竭力控制她。

另一方面，我要对倡议翻译、出版和发行这一有价值著作的朱威烈教授所发挥的作用给予赞扬。朱威烈教授是奠定中埃——或更确切地说——中阿相互理解和亲近的一代人中的杰出代表。他们这代人为将阿拉伯文化和中国文化熔于一炉作出了巨大的贡献和不懈的努力，使双方的思想和目标趋于接近——尽管我们还不能说是两者的融洽、协调和一致，也使中阿人民得以齐心协力。朱威烈教授等从事阿拉伯事务特别是埃及事务方面的学者和专家所付出的智力劳动，同中国领导人和政治家的努力、中埃人民的愿望，具有一种政治互动效应，从而导致了1999年（埃中）建立战略关系公报的签署。它是中国与阿拉伯国家或非洲国家，乃至所有第三世界国家之间所达成的第一份协议。同时，我还想指出，朱威烈教授为翻译本书所付出的辛劳，只是他有意识、有成效地向中国官方和民间各界介绍埃及的思想、创作和能力，以增进两国在各领域友好关系所作出的一系列努力中的一个环节。

真主保佑顺利。

2001年1月26日于北京

前　言

无身份世界中的爱国主义太空时代的属性

在暴风肆虐、波涛喧腾的凛冽寒冬，伴随着第三个千年的来临，人类进入了一个重大的转折点，全球化的种种离心力正把人们——各个民族、国家和个人推上新的征程。

全球化是不可避免的大势。我们事实上已踏上这条陌生的道路，听凭各种不受羁绊的强大力量推动，全被卷入了可怕的争斗。这究竟是奔往低谷的比赛，是通向深渊的推搡，还是人类对理想、公正与和平社会的虚幻梦想？

全球化已成为现实。通向全球化的道路，既闪耀着绚烂的光芒，又笼罩着阴沉的黑暗，但在其天际却浮现着需要为之付出巨大努力的一线希望。像醉心于文明的日本裔美国人福山所声称的，全球化是历史的终结抑或像塞缪尔·亨廷顿（Samuel Huntington）所描绘的，是令人生畏的文明冲突阶段？

前者的激情并未因黑格尔的辩证法和马克思主义理论的命运而受到遏制，而是再一次复述了他俩所指明的历史必然性；后者则重新发动了一场"十字军战争"，预言西方同伊斯兰文明和儒家学说之间的冲突，为西方的霸权主义宣教。

或许，全球化只是时代循环中一个新的轮次。如果人类不忘记其本性，众多西方人的科技中毒症状也不扩散、蔓延，那么，这个轮次便是为人类提供了难得的机遇。

一个重大的历史转折能否转变为一个新时代充满希望的始发平台？这个新时代将为全人类带来诸多福祉，为他们打开从未想到过的领域，使他们更加安全，更加稳定，更加健康，享受到人情的温馨和道德的安谧。在相互关怀和理解，尊重团结和体贴他人的世界里，科学技术的发明发现对提高穷苦人的生活水平发挥着令人瞩目的作用，将帮助低能者，为老弱病残者们创造新的机遇，为失去生活希望者开启治疗的大门。

2000 年 1 月于开罗

第一章 基础与前奏：新千年的挑战

第一节 史无前例的信息革命和通讯革命

在信息领域，包括信息的组织方式、分类方式和运用方式，曾发生过一场前所未有的革命，那就是公元 15 世纪（1455 年）谷登堡①发明了印刷机。如今，已有了以微型处理器（microprocessor）为基本动力的超级计算机，它的巨大能量就像印刷革命，但运行速度要快上几千倍，甚至几百万倍。

人类的知识量第一次每隔 18 个月就翻一倍，而计算机的能力也每隔 18 个月就提高一倍，体积却每隔 18 个月缩小一半。随着超级计算机的心脏和驱动器——微型处理器如今在发生的巨大变化和发展，这场革命的能量似乎是无限的。

现在，人们已能够生产如指甲大小、可容纳 1 亿到 10 亿个晶体管的芯片。最近，计算能力相当于 16 台超级计算机、费用高达 3.2 亿美元的

---

① 谷登堡（Johannes Gensfleisch zum Gutenberg，? ～1468）德国人，用铅合金制成活字版，用油墨印刷，为现代活字印刷术奠定了基础。——译者

新型超级计算机也在研制之中。这种新型超级计算机，其微型芯片（microchip）可容纳10亿个晶体管（计算机的基本构件），价格却不到100美元。

目前，被称作"全息摄影存贮"（holographic memory）的三维存贮器已能够通过多角度的激光扫描将信息贮存在各层晶片上，它只有几小块糖的体积，却可容纳10千兆个字节（giga bytes）。

目前，有些集团公司正在合作生产一种超级计算机，它具有被称为"cyc."（百科全书）式的理解能力，能令人信服地、聪明地针对任何问题作出回答，能够存贮信息，理解传入信息的意思。现在，这种超级计算机已具有六七岁儿童的智力，能够读报、质疑和从事语言翻译。卡内基·梅隆（Carnegie Mellon）人工智能公司的汉斯·穆拉维克（Hans Muravec）预言，有可能在2010年，生产出认知能力和计算能力均超过人脑的计算机。

类似这样的电脑、即兴翻译器、超级计算机的巨大能量和制作三维画面的技术，都为人类提供了从未想到过的机遇。

比如，一家跨国公司的董事会主席乘坐速度为音速三倍的专机，飞行在大西洋上空，他可以在飞机上召开董事会会议……五大洲的董事会成员操五六种语言，他们因所处的时间、空间和环境不同，穿着各异，但是，现代技术却使他们坐到了同一张会议桌旁，使他们全都身穿正式服装，一起讨论工作日程，而且都用英语发言，尽管他们实际上说的都是自己的母语。他们中间，有的在床上，有的在游泳池里。他们之间的昼夜时段也不相同，但令人眼花缭乱的"技术"却创造了与任何一次例会都毫无区别的虚拟会议。

我们面对着巨大的机遇。比如，通过研究几十年前拍摄的一些著名演员、艺术家和公众人物的影片，可以制作出新的影片。在新影片中，这些人将扮演他们一生中从未演过的、甚至也没有想到过有一天竟会扮演的角色。这些影片按包罗万象的不同剧本拍摄场景，极其精确地表现刺激、休闲、宣传、毁人名誉、精神谋杀等等。

牛顿的物理定律（Newtonian physics）认为存在两种系统，一是固定系统，二是不固定或无序系统。固定系统或线性系统是简单系统，易于应对和理解，是与可预见、可认知的事物相关联的。而应对无序系统或复杂系统，则几乎是不可能的。比如，我们既无法预测河道或溪流中水的流向，从烟囱中升腾起的烟雾轨迹，也无法预测某一洲上空的气象变化。

直至不久之前，这些复杂系统仍被假定为无法理解、不可预测的系统。这意味着生活、生态系统、社会制度和经济体系中的许多方面依然是难以探究、无法评估的领域。当人类或计算机的计算能力尚很有限时，这样说是正确的。

计算能力的进步已呈对数或指数形式成倍增长，因此已可预见，一切与自然、人类活动或复杂系统相关的难题，从汽车或火车的运行，油在管道中的流淌，公民在选战中的行为，到人脑的工作方式，都能进行分析，其过程和结果也都能知晓。

这一切都可以进行研究，作出科学的分析和预测。这是一场惊天动地的革命。

多伊奈·法默（Doyne Farmer）说："人类在上世纪中叶发明了能毁灭地表生命的力量，在下世纪中叶，将能够发现、创造新的生活模式。这种发现对人类可能十分危险，人类因此而承担的责任也许是有史以来最艰难的责任。"

直到近期，人类的问题仍然是如何应对这些线性系统、纵向系统或固定系统（linear systems）。根据人类已有的知识，我们可以充满自信、非常精确地预测未来的事件和今后的进展，并找到适当的解决办法。

关于复合系统或无序系统，不久前还无从着手，因为应当运算的数量超出了人类或任何一台计算机的能力。而现在，必须进行数百万次的运算过程已可以在短短的几秒钟内完成。

因此，人类已能够预测、发现和掌握存在于异常复杂的世界和纵横交错的复合系统中的各种可能性，能够运用一切资源，为未来的难题和复杂的剧本找到合适的解决方式。

第二节 巨大的技术革命

20世纪下半叶，在生活的各个领域，巨大的技术发明层出不穷，以人类前所未见的惊人速度不断涌现。

这些发明从理论到实际应用、产业应用，再进入商业推广，其中的时间间隔已经缩短，不再是漫长的数十年，而是屈指可数的几年，甚至是很少的几个月。在生活的各个领域中，人类已被数量惊人的技术发明所包围。如今，我们已听说将超级计算机、化学、纳米技术（nanotechnology）和人工智能（artificial intelligence）的巨大能力融为一体的统计化学（computational chemistry）；现已可以向超级计算机输入我们想在工业、医学和其他任何领域中使用的材料规格。超级计算机为我们提供所需材料的化学结构，人工智能和超级计算机负责制定生产这一材料的实施程序，微型仪器中的精密技术将基本分子聚合成这种地表上从未出现过的材料，形成绝无仅有的产品和制成品。这一技术还适用于生物学。现在，我们还可以通过统计生物学（computational biology），形成和创造出新的生活模式。

目前，生物学家们已首次能够穿越植物和动物、动物和人类之间的生物界线，通过同类生物中的不同谱系和不同品质，聚合、取消、分割、重组、渗透、黏结和重塑基因材料，以创造出地表上从未有过的新物种。

例如，宾夕法尼亚大学的科学家已在幼鼠胚胎基因密码中植入了人类成长的荷尔蒙基因，长大的成鼠比它们正常的体积要大出一倍。

在另一个试验中，科学家在烟草类植物中植入了萤火虫（firefly）身上负责发光的基因，这种植物因此变得能在24小时内发光。通过细胞融合技术，科学家将山羊和绵羊的细胞聚合在一起，植入母绵羊的子宫内，从而产生一种具有山羊头和绵羊身的新动物。

人类突破了植物和细菌、动物和人类之间的生物障碍和基因障碍，将某些基因植入某些微生物之中。我们能够进入遗传工程和生物学的新领域，做基因转移，在实验室内培植基因，用健全的基因替代坏损的基因，能发现遗传病、传染病和不治之症的新疗法，解决那些不久前还茫无头绪的难题。通过基因疗法，我们取得了医学的巨大进步，科学家们发现了与各种疾病有关的基因。在耗资30亿美元、共有19个国家参与、预计于2002年完成的庞大的人类基因图工程（human genome project）中，科学家们发现了与癫痫、糖尿病、肥胖症和阿尔茨海默病[1]相关的基因，还发现了一种可延年益寿的基因，许多公司已开始将这些基因注册为知识产权。在大多数情况下，科学家们已能够用健全的基因替代坏损的基因，从而得以完全治愈疾病。

广阔的天地，巨大的能量，同时也有可怕的隐患。比如，我们假设能在全人类中推广延年益寿的基因，人类的平均寿命就会提高到120岁或150岁。然而，在此情况下，那替代的基因在替代后显然会失去一种保护人类的特性，即抗新病毒或抗一种将来可能极为凶险、能毁灭人种的病毒威胁的特性，人类因此而灭亡，也将并非怪事。业已证实的是，一些疾病基因，如镰状细胞性贫血（sickle cell anemia），可使人类免患疟疾。基因可

---

[1] 这是以德国医生 Alois Alzheimer 姓名命名的病，即早老性痴呆病。——译者

能具有不止一种功能,其中的部分功能可能至今还不为人所知,只有在被替代之后,我们才能了解其重要性或危险性。

新技术为人类提供了诊断和治疗的巨大可能和能力。通过微型仪器,我们能够进入人体内腔、动脉、胆管和尿道,进行精细手术,也可使用机器人做重大手术;能够修复、更换破损的心脏瓣膜,消除致命的血栓,让血液重新流入循环阻滞的区域;还能够更换、移植许多器官,如肾脏、肝脏、心脏、骨头、皮肤、肌肉、神经——这拯救了成千上万名病人,延长他们几十年的寿命。然而,与此同时,无论是在诊断还是在治疗方面,技术又都有副作用。

事实上,1987年共有10万名美国人做了消除血栓大手术。手术的危险性,对于接受手术者来说,比患有血栓本身要大得多。美国国会调查委员会1974年的报告证实,有240万名美国人做了不必要的手术,其结果是导致11900名病人死亡。这些不必要的手术花费了国家39亿美元。

还有,器官移植手术也为器官交易打开了可怕的闸门。一些有组织的国际集团绑架男人、女人和儿童,将他们当作为开价者提供的部件,通过牺牲无辜者的生命或剥夺他们的器官,给有钱或有势者又一次生活和寿命。

不是设立服务于人类、遵循法律和道德运作的器官库,而是出现了无法无天、灭尽天良的黑市。

人类发明了可延年益寿、治疗时代恐怖——癌症的新药,科学家发现了携带基因的染色体在其末梢有一个称作端粒(telomere)①的小薄片。细胞分裂造成了这一薄片的长度逐渐缩小,在数十次细胞分裂后,这一薄片几乎消失殆尽,携带染色体的细胞生命便走向终结。因此,这一薄片被

---

① 端粒是指在染色体端位上的着丝点。——译者

称为"细胞的生命钟"(cell clock)。人们已注意到,尽管癌细胞分裂的次数很多,但其中端粒的长度却未见减小,那是因为癌细胞中存在着一种称作端粒酶(telomerase)的酶。

科学家从此开始进入运用端粒酶疗法的领域,要么通过一种刺激那些生成细胞内端粒酶的基因,生成更多的端粒酶的药物,服用抗端粒酶负面效应的药物,要么注射端粒酶或与端粒酶相类似且具有抵制或摆脱其在体内、血液内作用的针剂。这一切都能延长细胞寿命和人的寿命,为细胞内的生命钟重新上足发条。

另一方面,为了阻止癌细胞生长和消灭癌细胞,端粒酶的抗体已得到运用。这一发现因有为善的可能性,故前途无量,其积极的成果是能让人类作出更多的奉献,使世界充满生机,延续天才俊杰、爱国人士和英雄人物的奋斗历程。

与此相对应的是,这些发现一旦使用不当又可能产生祸害全人类的消极后果和危险。

物理学领域也有许多惊人的发现,如科学家艾哈迈德·泽维尔[①]的"飞秒化学"、可再生能源、风能以及空间能源。物理学家戴维·伯姆(David Bohm)曾说:"太空中存在一种能源,它每立方厘米的能量超过宇宙间的其他任何物质,这种能源就是'零点能源'(zero point energy)。"空间能源是一种大有希望的能源,获取空间能源的技术预计将在2012年左右成为最具经济效益的技术。

[①] 艾哈迈德·泽维尔(Ahmed H. Zewail)(1946~2016),埃及出生的美籍物理化学家,1999年获诺贝尔化学奖。80年代,他一直潜心研究观察分子水平上的化学变化动态。为了捕捉这一变化动态,他成功研制了世界最快速的闪光照相机,即一种台式激光器,其应用的脉冲时间只有10~100飞秒(即10^{-15}秒)。他率先运用超短波激光,通过慢镜头观察原子化学键连接和裂解的"舞蹈"动作,使化学变化过程中原子运动的实时观察和研究成为可能,从而引发了化学及其相关领域的全新革命。——译者

在超导材料（superconductors）开发领域，科研进展已接近发现常温超导的陶瓷材料，这将大大降低电能的价格，并更好地利用电器、计算机和能量巨大的电磁产业中的电能。磁力能使列车悬浮、运行在磁场内的轨道上，其时速将高达350英里以上。

在黄金（它仍然被视为金融市场上的战略储备）开采领域，截至1950年，每吨原料中必须至少含有1/2欧基亚①黄金，开采才具有经济效益。如今，在上述含金比例仅为1/20欧基亚的原料中开采黄金也属可行。科学家还发现了一种细菌，能够像白蚁（termites）一样，吞噬黄铜矿原料中的硫和铁，留下矿石中的纯金砂集聚。

这一切在生活的各个领域开辟了广阔的空间，构成了能为人类生活带来极大便利的巨大能量，能节约人类的时间，解决种种耗费人类精力和时间的日常问题。

这类技术的基本宗旨是节省时间，方便人类生活。它原应是为人类服务的一种工具和手段，可是在许多国家，却常常变成了一个不受羁绊的妖魔，成为控制人类、侵吞人类时间和精力、侵犯人类最实质性生活权利的主宰。

主次颠倒，手段变成了目的，仆人变成了执掌权柄的主人。人类失去了沉思和慎独的能力，失去了鉴赏美的能力，失去了感受生活中细微事物的能力，如鲜花的绽放、晚霞的色彩、树叶上的露珠、植物的清香、夜莺的鸣啭和孩童的笑靥。

生活各个领域——化学、物理、现代材料、数学、超级计算机和超导材料——中的这些惊人发现，每一项都是新的突破，为进步和革新提供了巨大的可能性和无限的能量。

---

① 欧基亚，一种重量单位，等于12迪尔汗，或4.73克。——译者

但是，不同学科和领域中的这些技术相互作用释放出类似于化学反应的巨大能量，其重要性和数量都超出了参与反应的元素本身，也就是说，它不是这些相互反应的技术能量相加之和，而是接近于这些反应要素相乘之积或自乘之幂。不同的技术相互结合，不同生物的生物学障碍或基因障碍均被突破，这一切若能加以利用，使之有利于人类，有利于方便人类的生活，解决人类的难题，那就将形成大有前途的可能性，为人类开辟广阔的天地，但与此同时，也可能成为毁灭人类和人类生活的开始。

技术并不总是尽善尽美，也并非总是飞来横祸。这取决于人类，取决于技术的创造者、发明者和使用者。说到底，技术只是一种工具，然而，假如它竟变成了主宰或独裁者，控制着人类，那么，它就是对人类及其生活的一个普遍威胁。

我们已开始从某些发达国家中收集到一些这类负面影响的苦果，那就是人所共知的"技术垄断现象"（technopoly，即技术控制文化和文明）及其所产生的令人遗憾的浪潮，如道德沦丧、家庭解体、毒品蔓延、吸毒成风、暴力犯罪盛行、自杀率上升等。技术导致社会结构的崩溃，它建立在社会和平的残骸之上，已从工具和手段变成了目标，从仪器和设备变成了猛兽。

在软件和多媒体制造业中，最突出的恶果之一是所谓的"任天堂军事集锦"（Nintendo Military Complex，它原是一组用于军事目的的电脑儿童战争游戏）。软件业开始为儿童和成人制作各种强化和宣扬形形色色暴力——包括摧毁、破坏、杀戮和灭绝的战争——的娱乐游戏。一种新现象开始出现，它不仅在于消除事实与想象、幻觉与现实之间的障碍，而且还产生了许多精神上和心理上的震荡，导致了注意力的涣散（attention deficit disorder，即注意力缺损紊乱症），此外，还有因诸事缠身，人类心灵受到伤害，人类在表达愿望的方式和行动上的紊乱，以及一种类似晕船的计算机病态(cyber sickness)的出现。

人类抵制暴力和凶残的敏感性减弱，与逐渐加大剂量服用微量毒素，最终形成了对该毒素的免疫力的情形极为相似。

人类丧失敏感和人情，对暴力和凶残习以为常，对他人的痛苦或伤害漠不关心。凶残变得平常，暴力也成为司空见惯的现象，人类失去了谴责和反对残忍、损人害人的人之常情。

令人遗憾的事件开始接连发生，其中最突出的也许要数两个少年在美国一座学校对同学和教师进行的集体屠杀。这些少年已习惯于观看与他们在人生舞台上的表演并无很大区别的电子游戏和电子节目，他们好像一直在操作电脑键盘，观看着这一场景在电脑屏幕上的效果，借助想象中英雄的名字，使幻想与现实、虚拟的事实与真正的悲剧难分彼此。这些少年在电子节目中看到过同样的场景出现在电脑屏幕上，而且在犯罪之前制作过类似的剧本录像带。他们(杀人)连眼皮都不抬一抬，眼睛也不眨一眨，实际上，他们已染上了后天暴力免疫缺乏症(acquired violence immune deficiency)。

制作这些宣扬暴力的电子节目，已成为暴力文化的基础，为建立在行凶、破坏、残暴和杀戮基础之上的恐怖世界铺平了道路。这一产业的产值仅在美国就达到了160亿美元，尽管有识之士和思想家们频频警告、大声疾呼，然而，市场机制和利益驱动却战胜了道德尊严和未来利益，该产业的产值仍在持续增长。

思想家们和改革家们的讲话，甚至克林顿总统本人的讲话，都已在1998年随风飘去。我们已开始听说技术中毒的社会，许多思想家也已撰文，谈论已患有技术中毒和已出现中毒症状的人民。

这一现象的征候之一是幻想与真实之间的障碍消失了，人类对暴力和凶残的现象安之若素，被技术弄得神魂颠倒，完全盲目地依赖技术，依赖简单的解决方法——快餐、自动洗衣机、保洁机器人。依赖技术的现象对人类行为构成威胁，削弱了他们自力更生的意识，诱使人类采用简易的解决方法，使他们缺乏安全感等。此外，还始终对未来表示怀疑，一直有预感因为某种错误——发射火箭或者核弹那样的技术失控——可能发生灾难。

人类已经把大多数时间花在使用、安排这些技术或处理其影响上。大约80％的美国人都食用现成的饭菜，要么在汽车里或快餐店（Take Away）里，要么在匆忙走下自家楼梯或登上办公室楼梯之时。

社会已遭受到技术造成的强大精神压力，人的个性被侵犯，失去了平静的安全感，甚至住在一地的家庭成员也形同陌路，各人都忙于自己的工作或消遣器械。

在遗传工程、生物技术、基因疗法和器官移植方面发生的惊人进步，如今不但成为我们先前所提及的以人类的痛苦、疾病和生命为代价才得以繁荣的商业垄断的领域，而且还滋生出有组织的犯罪团伙，人及其器官成了只是进行买卖的商品，是可以攫取横财的交易。绑架父母或儿童、剥夺其器官，或有时竟将其杀害，都无关紧要，重要的是这个人或他的某一个器官在黑市交易所里值多少钱，在这个道德沦丧、良心泯灭的黑市中可以得到多少利润。

在许多领域，特别是与能源（核能、激光）和遗传工程相关的领域中的惊人进步，为生产大规模杀伤性武器和工具敞开了大门。这些武器不仅由政府或大国所操纵，而且还落入个人、少数团伙的手中。这里，问题就凸显出来：在还存在社会不公、种族清洗、非法占领他国领土、极度暴虐等现象的条件下，当大量的大规模杀伤性工具掌握在少数派或个人手中，而他们却备感冤屈、压迫和冷落，觉得残酷和羞辱，有一种凄凉的空间陌生感，陷入了极度的绝望，于是便摧毁自己和他人的殿堂，破坏他们认为虐待他们或让他们走投无路的生活时，人类是否还能确保自己的未来？这一问题，我们最好在突然听到它晴天霹雳般的回答之前，先作一番思考。

随后是环境和由于这样巨大的技术能量环境所遭遇风险的思考。新技术除了可能带来许多好处外，也产生了各种令人痛心的景象，不少地方有环境恶化和环境污染的状况：作为人类呼吸的肺，作为构成生命延续必不可少的生态多样化的战略宝藏，世界上的大多数森林一直在受到侵蚀，水资源不断被污染，土壤继续恶化，对臭氧层的侵蚀日益加剧，包围地球的大气层被严重破坏，其中包含着不久将威胁人类健康的近期危险，和威胁生态多样化、人类基因规则以及生命稳定延续的远期危险。

这一切都是在新技术的发现和运用不断增多的情况下发生的。新技术的形成，只限于市场机制的范围内，仅以谋求最大利润为目标，却罔顾环境的考虑，无视对环境状况和生命延续必不可少的生态多样化可能造成的持续恶化的过程。

第三节 技术革命和信息革命对经济的影响

所有这些在信息和技术方面的巨大发展，对地方经济和国际经济——经济结构、生产要素、相对附加值、生产率、市场、社会与消费者，以及制度、结构、企业、关系和机制——都曾产生过重大影响。

工业革命导致制造业以前所未有的方式发展，劳动密集型生产、生产率密集型生产、大规模生产（mass production）、产品和仪器的生产，都以前所未有的方式次第出现，但是生产的核心或基本要素却并未发生实质性变化，仍然是资本、劳动力、原材料和土地，虽然它们在数量和质量上无疑是有变化的，但与农业革命时代的生产要素相比并无根本区别，只是受到了数量和可计算方式的影响。因为农业革命条件下的生产是开采型生产

(extractive production)，即从地下开采金属——铁、铜和金，从农场收集农作物，劳动力是最基本的要素，原材料也很重要，土地是核心，是经济财富的源泉。

而在第三次浪潮下，这些要素突然发生了根本性的变化。我们从劳动密集型生产过渡到知识密集型生产，从大量生产过渡到速度生产，从商品和机器的生产过渡到服务、软件和创意的生产，生产的显著特征变成了依靠智能技术（brainpower technology）。我们还从常规化生产过渡到订货生产（tailored production），用知识取代了资本，因特网（Internet）替代了计算机，生产的基本动力是消费者，而不是生产者，生产的重心也从大西洋转移到了太平洋。

这种革命性的变化并不限于（生产的）基本要素，而是延伸至（生产的）具体细节。生产不再是在固定体系中的机械生产、纵向生产或线性生产（linear systems），而是复杂的、连贯的、能在短期内迅速改变的合成型生产和网络化生产，因为要跟上消费者口味的变化和他们不断发展的需求。生产线通过高速的通信手段与消费市场直接联系，已变得非常必要。生产线要始终以突然、高速、连续和根本性的方式形成和变化，因而必须具有高度的灵活性。所以，主要的优势已不在于新产品的发现，更为重要的是要以最佳的方式、最少的成本和最快的速度找到有创新的实施方法或实施发明的过程。能够这样做的人实际上就攫取了发明者的发现所产生的利益。

除这一切之外，许多国家的消费者和非官方的压力集团所要求的环境考量，是产品的知识含量外又一个限制产品附加值和利润率的因素，它的作用巨大。

第三次浪潮还对企业本身具有重大影响。企业开始了结构重组，或叫企业的重新规划，或精减雇员数量，或所谓的精益生产（lean production）[①]；生产关系发生了变化，从职工拥有稳定、安全的长期工作的永久性关系，转换成了关系多变，工作持续性的保障不复存在，唯一可能的保障是，职工只要有经验和能力，就能在其他地方或别的行业中就职（employability），而不必坚守某一终身职业（life long employment）。

工作性质的本身已具有可变性，人们职业生涯或工作生涯中的一份职业和一种不变的细小专业已可以被替代。人们在第三次浪潮中极有可能两次、三次或五次改变自己的职业或专业，他们必须时刻准备转移、适应和改变，准备应对不稳定的风险；必须拥有广泛的经验和技能，使自己在必要时能够顺利、安全地向别的机会和工作过渡。

先前因结构重组、机械化以及计算机、超级计算机和机器人的引进而产生的变化，业已极大地影响了就业机会，大多数发达国家的失业率不断上升，在20世纪80年代末和90年代初，任何一个欧洲国家的失业率都不低于两位数。同时，这对个人与企业之间关系的性质也造成了巨大影响，忠于企业、公司或工厂的价值理念被取代，这种关系变成了临时性关系，取决于利润考量的变化和企业结构重组的需求。

技术革命和信息革命很有希望成功地催生出多种新产业所要求的新分支行业和生产线，如软件业、营销公司、娱乐业和服务业。然而，这些希望通常并不是以人们所需要的方式实现的。而且，这些变化对规定的教育水平也有很大影响。如果生产是知识密集型的生产，产业是依靠智力和有发展前景的领域，如微电子技术（microelectronics）、航天航空、通信器材

[①] 精益生产是由日本丰田汽车公司的丰田英二和大野耐一在总结研究美国轿车生产流水线的基础上创立的。理论和实践证明，精益生产是近年来加强企业生产计划和控制，并取得卓有成效的现代化生产管理方法之一。精益生产的成功，为人们研究生产组织、计划和控制提出了一系列新问题。——译者

(telecommunication)、新材料、生物技术（biotechnology）、计算机、软件、机器人和远程教育，那么，所有这些领域基本上都是依靠各自的知识含量，知识成为确定和影响其相对附加值的特定因素。这就必须要有经过高水平和高质量的教育形成的知识水平和独特能力。同时，伴随着第三次浪潮在确定竞争优势方面所发生的变化，也是需求不同教育的一个基本因素。

如今，举足轻重的因素不仅仅在于发现一种新产品，或找到一项新技术，竞争的优势已转变为有能力找到创新的方法和产生发明的独特机制。这就要求生产线上必须拥有一批干部，他们擅长运用复杂的数学，精通语言，胜任电脑操作，具备决策能力，不请示中心部门就能对生产线上的生产质量作出判断。鉴于第三个千年所需职业的特点，所谓的虚拟分析师（symbolic analyst），将在现有职业中占有很大的比例，约为20%到30%，其中包括课题策划员、分析员和战略调解员，他们除要有法律背景和丰富的社会经验外，还必须拥有广泛的经历，高超的知识水平，心理分析能力，出众的联系能力。而这一切都要求高水平的特色教育。

许多人认为，12年的基础教育加上几年有效培训是教育的最低程度。现在的主流倾向则认为，最低程度的必要教育是大学教育加上此后持续不断的终身培训。仅靠少数被寄予厚望的精英，已行不通或不敷需要，因为生产和社会服务领域都迫切需要具有特色教育水平的干部。

第三次浪潮中发生的变化，不但体现在生产关系、产品性质、就业机会、所需专业、企业形式或产品附加值因素的转变上，而且还延伸至产权和产地所在国范围，因为工业革命条件下的生产是从属于某个国家或具有特定身份的公司，而现在，任何一种产品的国籍或产地性质都很难确定，比如汽车，很可能所用的钢材是美国的，发动机和部件产于日本，汽车的设施是德国货，设计是瑞士的，而营销过程则由英国承担。

民族工业或外国工业一词已变得具有欺骗性，或最起码是不真实的。

随着国际贸易的扩大和关贸总协定规则（的制订），这些考量的重要性在缩小，不再具有意义和可行性；销售关系和贸易关系也发生了变化，国际性取代国内贸易和不同国家间的双边贸易，取代现金贸易往来的是电子交易和电子商务，一天内的电子交易额已超过万亿（trillion）美元。由于这些惊人的发现，所有经典的衡器和规则都改变了。

这些变化并不限于上述因素，而且还涉及相对优势的概念。相对优势已不同以往只论土地和劳力多寡的阶段，这些已不像当年那么重要。我们已听说无土栽培和无人种植，一些农作物的生产制品，如香兰素（vanillin）、索默坦蛋白质①（糖的替代品），乃是通过基因分离技术在实验室的菌池内完成的。

随着农业的纵向发展，遗传工程和生物学进入农业，相对优势已在于知识，而不是土地，农产品的产量借助有机生物学而成倍增长。

在工业方面，丰富的劳动力也不再构成相对优势。因为如今，我们已进入不用工人而用机器人生产，利用遥控、计算机辅助设计（CAD＝computer aided design）和计算机辅助制造（CAM＝computer aided manufacture）的时代。

相对优势已在于新技术和知识。也许日本、美国和欧洲的汽车工业竞争，日本如何使用机器人赢得了这场竞争，对那些侈谈使用没落或简陋技术的劳动力密集型生产的人来说，是一个教训。充足的劳力加上原始的技术或不发达的技术，面对先进的技术和有限的劳力，是必输无疑。

现在，劳动力已不再是相对优势。相对优势直到近代一直在于海外生产（overseas or offshore production），但是海外生产现在已不再是竞争优势，因为生产过程中的工资部分已不到产品成本的15%，但装载、运输

---

① 该词的法文词为 thaumatine，意译为低热值增甜剂。——译者

和保险费用却要占5%～7.5%,这意味着工资水平至少应该保持50%的差别,才能使海外的生产具有经济效益,而这在现在几乎是不可能的。

气候、土质和昼夜长短不再对第三次浪潮下的生产过程具有影响。生产已与气候和昼夜无关,而是与昼夜毫无关联的电子时间相关,气候对机器人也无关紧要。

与有限的教育水平相联系的廉价劳动力在经济上已变得无利可图,因为实践表明,在绝大多数依赖教育水平有限的劳力的服务领域中,教育水平高、会操作计算机、掌握几门语言肯定是有经济效益的。

比如说,受过较高教育、携带小型电脑的装卸工和卡车司机,可以通过电子邮件(E-mail)将详细的货单(inventory)分类有序地从一地发往另一地,直至仓库,这就跨越了许多障碍,取消了各种办事步骤和行文手续,还节约了时间和费用。这同样也适用于宾馆、加油站和其他服务行业中的工作人员。

另一方面,在立足紧密联系消费者市场与生产线基础上的"第三次浪潮经济"的条件下,依赖大量仓储商品和产品的传统制度也发生了变化。消费者的需求与批发商订单和商店上架商品之间有着持续不断的联系,它类似于连通器体系。生产线与商店货架之间也存在着有机的联系,从而大大削弱了仓库的作用,减少了库存的数量,因为生产计划中不该有大量的库存。在第三次浪潮下的明细生产,是为了跟上消费者变化空前巨大的口味和需求,这就要求生产线必须具有高度的灵活性和迅速适应这些变化的能力,使库存商品趋于消亡,因为生产是与有限的时间和时段相联系的(online production=just in time production 加上 zero point storage)①。当

---

① 意为"在线生产等于准时生产加上零库存"。"准时生产"是指"在需要的时候,按需要的量生产所需的产品";"零库存"是精益生产体系的子目标之一,库存被认为是生产系统设计不合理,生产过程不协调,生产操作不良的证明,故提出了"向零库存进军"的口号。——译者

情势随着新的规格发生变化时,高度灵活性的生产线理所当然地应该适应消费者的新需求,他们时尚的口味和愿望,不因为规格陈旧、需求减少的库存造成相当的损失——从经济学角度看,那已构成一种损失。

更为困难的是,同一条生产线可能既要生产出具有消费者所希望的特定规格、附加规格或要调整的产品,还要有条不紊地按附加规格完成定货数量。

新经济中的消费者已在很大程度上成为确定产品规格、特色、使用方法和价格范围的主人。强加给消费者的模式化生产时代已一去不复返,消费者已成为生产过程的一方。

当世界以惊奇的目光注视着日本的生产制度(Kaizen),即经理与工程师、设计师、技术员和工人开会制定生产计划之时,消费者已成为这支队伍中的缺席成员或决策中的虚拟伙伴。生产管理制度和工作方式已成为具有经济效益的相对优势的日子已经来临。我们如今都在谈论无缺陷管理(zero defect management)①,而不再谈论全面质量管理(total quality management)体系。

知识、知识积累和公共知识存量是一个国家或集团的相对优势。我们也许需要新的尺度或标准,即国民知识积累(NIR＝national information reserve),以替代国内生产总值(GDP＝gross domestic product)或国民生产总值(GNP＝gross national product)。在任何国家仅有一小批精英、学者或天才是不够的,任何国家的竞争力将在很大程度上依赖很大一批男女劳动者,他们是受过教育的佼佼者、杰出的科学家,依赖全体民众拥有的累积而成的经验和能力——发现新技术的能力,发现新的创造性实施方法

---

① 无缺陷管理是一种质量管理体系,强调"第一次就做对",是精益生产的最终目标之一,即日本丰田公司所说的:"价格可以商量,但是质量没有商量余地。"——译者

的能力,以实现更大的效益、更快的成就、更少的差错和损失以及更低廉的价格。而这,才是各民族在第三个千年中的财富。

第四节　社会、经济和政治关系发展的历史回顾

零维数:孤立有限的世界

人类在地球上的年龄,就时间长河而言是短暂的。人们已能取得的考古发现和研究成果均表明,人类在地球上生存的绝大部分时间内(近二百万年),在社会关系、经济关系和知识积累方面,都可以说是生活在丹尼斯·汉斯莱(Dennis Hensley)所谓的零维数之中。世界曾一直处于冰川时代,迁徙非常有限,人类被禁锢在洞穴中或有限的区域内,那里是生活的基本来源。人类聚居群的数量也很少,有限的区域只能确保约50人为一群的生活必需品。

孤寂是迫不得已的。世界各地的人群之间完全没有联系,人类群体间的接触所产生的知识积累也不存在,不同群体之间或一代代人之间传播和记载经验的方式还未被发现。

人类世代都需重复发现事物或发明(reinventing the wheel)。在近二百万年里,人类一直处在这种零维数(秘密的暗箱)里,社会、经济和文化的发展在如此悠长的时段内都极其有限。

情况就这样一直持续到冰川时代结束,那时,巨大的冰块开始融化,许多地区的天气开始转暖。这种变化为种植、动物驯养和利用牲畜进行运输与农耕打开了方便之门。人类群体的数量开始增加,形成了一个个规模更大的中心。大约在公元前5000年,开始了渐进的、持续不断的过渡,从狩猎捕鱼生活转向了农耕生活,从迁徙游牧生活转向了稳定的城居

生活。

不同群体开始了跨越河流或山岭谷地中的自然通道的迁徙和接触。一些道路日显重要，活动更趋繁忙。驼队携带着商品和驮子，穿越在沙漠和谷地之间，尤其是地中海流域，香料之路在运输、旅行和将原料、产品从欧洲北部运往希腊和地中海方面，作用巨大。

丝绸之路也发挥了历史性作用，将中国便于携带的昂贵商品，途经印度、巴格达、君士坦丁堡和开罗输向地中海，再从那里运往欧洲国家。于是，在这些道路沿途便形成了众多商贸中心，开始积聚起巨大的财富，其战略地位也愈显重要。

第一维数：打破隔绝的屏障

这样，孤立的群体间开始交融，形成了一条连线，将人类带入了丹尼斯·汉斯莱所说的第一维数。不同民族和群体之间的直线流动与日俱增，不仅带来了商品和货物，也带来了思想、风俗和经验。新兴的国家在传播科学、经验和知识方面发挥了先导作用。例如，印度发明了十个数字，突厥让世界了解了铁和铜，亚洲运来了骏马，波斯制造出了车轮，埃及令世界懂得了纸草、代数、数学、几何、玻璃、防腐术和建筑，中国让世界知道了火药、指南针和瓷器。此外，世界还开始认识到哲学、宗教、文化和习俗。

第二维数：伟大的旅行和发现

天然的道路和新建的道路数量不断增加，大道小路纵横交织。主要的交叉路口便出现了一座座城市，围绕城市，一个个聚居区、国家和帝国开始形成。这样，世界进入了导致文明质变的第二维数。光辉灿烂的文明在埃及、印度、中国、波斯、希腊和罗马诞生。统治者和将领们都意识到这些通道的战略意义。古代中国人建造了巨大的路桥网，罗马人铺设了数万英里建筑水平很高的道路，穿越丛林、山脉、谷地和河流。

埃及人和巴比伦人曾详细地研究地貌和道路，绘制出了不乏精确的地图。

交通工具和通信工具日显重要。腓尼基人、罗马人、中国人和葡萄牙人着手建造海上舰队，以加强对水上通道的控制。所有这一切都是向新时期过渡的步骤。

但事实上，向第二维数的全面过渡要到15世纪初海洋技术得到发展之时才开始出现。大型的船只和庞大的舰队被建造起来，配备先进的航海设备、导航仪器、计数工具和航海图表，使之能够穿越大海和大洋。这一切都预示着人类全面进入了第二维数。欧洲人已能够环绕非洲和好望角，并发现了美洲大陆；各大洲和国家之间的国际贸易活动不断扩大，导致了知识的积累、社会关系的拓展、经济结构和手段的改变，以及政治力量格局的变化。

随着人类进入第二维数，全球化的基础开始出现，占主导地位的各种力量——统治者、国家和商人，都开始了跨越国家边界、地区和地理界限的思考、策划和联络。经济利益超越了边界，有时得到使馆的指导和帮助，有时由传教士带任务先行，通常，这些利益受到舰队和军队的保护。

各种文明和思想的接触过程开始了，其产物常常是新发现的火花，理论和哲学的闪光，创造和新技术的能源。

国际空间或世界空间已被人类视为产生影响和接受影响的基本空间。

殖民主义出现了，殖民地形成了，有组织地掠夺弱小民族财富的过程开始了。掠夺不限于原料、贵重金属、历史文物和农业作物，有时还延伸到人力资源本身：奴化和绑架人类，役使奴隶，或招募雇佣军，把他们当作打仗的炮灰和军事行动的牺牲品。

第三维数：征服太空时代

人类自古以来就梦想穿越第三维数，到太空遨游，克服地球的引力，在广阔的天际飞翔。科幻小说曾是那些白日梦想与浮想联翩的沃土。随着 20 世纪的降临，希望开始实现，世纪初第一架用发动机驱动的螺旋桨飞机起飞了。

无论是在战争中，还是在和平时，航空业都取得了长足的进步。新能源显示出所向披靡的竞争优势，能够在战争中向敌军喷射成吨的烈焰，成为战役中的决定性武器。

同时，民航业也开始打破时空的屏障，将各个国家和人民前所未有地连结在一起，在人员和货物的运输过程中都发挥了主要作用。

随着人类进入第三维数，国际空间的重要性不断增加。发达国家已能够将其军队悉数运往敌对国家的领土，或将自己的意志强加给敌对国家的领袖和首都，而无须派一兵一卒踏入他国土地，只要投掷上千吨的炸弹，或用一件大规模杀伤性武器，或以毁灭和死亡胁迫就足够了。

运输已成为国际贸易中占领市场、领先国际贸易中的竞争对手和争取消费者的决定性因素。

持续了五千年的第一维数是城市和商贸中心产生的基本因素，历时五个世纪的第二维数是王国和帝国产生以及殖民地出现的基本原因，而第三维数，则预示着超级大国对太空的争夺，也预示着跨国公司对世界贸易的控制。

第四维数：虚拟化的世界

接着，是电子革命、知识爆炸、通信革命和惊人的技术进步来临了，为虚拟化的社会(virtual society)或无地域的社会(spaceless society)搭起了大舞台。

第一维数是线形的或直线形的,是为了穿越大自然的封锁和落后的封锁;第二维数是横向的,是为了建立社会和商业的桥梁和网络;第三维数是纵向的,是为了加强对太空的控制。

至于第四维数,则是虚拟化的或隐形的,其宗旨是穿越时空屏障,实现无存在的控制、无国界的穿越和无需枷锁地控制大脑。

在这一具有五大维数①的漫长历史进程中,社会发展了,文明诞生了,国家和帝国呈现出时起时伏波浪式的进步,真正的进步是在主流的或被发现的技术同价值结构或主流的意识形态相一致时才出现的。

法老时代的埃及取得了进步,是因为水源丰沛、洪水泛滥和来自尼罗河上游的充足淤泥所形成的自然技术,伴随着一种适合的意识形态,构建起了伟大建设者的社会,一个有组织、崇奉一种信念的社会,坚信有一个神灵,他在大地上的影子就是法老,服从法老是义务,听从法老的命令、在其领导下从事有组织的工作,是一种神圣的职责,在利用大自然的馈赠和自然技术的农业方面,在治理洪水、架设桥梁、播种、收获及其谷物存储的有序工作中,以及建筑和建设方面,都处于自然技术和主流意识形态相协调的状态,从而在永恒的尼罗河大地上形成了数千年的繁荣社会。

在罗马,一个伟大的帝国建立起来了,它的昌盛是因为罗马的民众信奉制度,满怀控制的渴望。他们的信念不是反对个人主义和自私自利,而是鼓励社会的归属感,半数民众得到了国家以粮食和面粉形式的支持。

他们偏爱富丽堂皇的公共建筑,喜欢属于国家的设施,那是雄伟和豪华的象征,对私人建筑,他们并不这样看待。

---

① 包括零维数在内。——译者

当盛行的意识形态与已拥有的技术相适应时，罗马帝国臻于繁荣。

一如觉醒和上升的出现，当后一个阶段的意识形态落后于进步的要求时，终结和陨落就到来了。

（罗马的）统治者们曾一度认为，作为其军事力量重要组成部分的外国雇佣军有可能通过通婚和繁衍而羽翼日丰，成为独立不羁的大多数，他们因此开始杀戮妇女和儿童。于是，忠诚消失了，由不义和残暴激起的仇恨占了上风，雇佣军反戈相向，投向敌营，那是罗马帝国衰亡的开始。

另一方面，在地球另一端的中国大地上，一种伟大的文明诞生了。比工业革命早八个世纪，中国已具备了发动一场大产业革命的一切可能性，中国人拥有大熔炉、生产钢铁的技术、火药、火炮、指南针、方向舵、纸张、印刷机、瓷器、天桥、机械播种工具、发达的挖掘工具和负数等数十项惊人的发明发现，为一场重大的产业革命奠定了完整的基础架构。

15世纪初期，中国已有资格领导以巨大经济资源和超常军事实力为基础的产业革命。然而，此事并未发生，因为这些技术发明与儒家信念相抵牾，技术没有转化为现成的机遇和强大的竞争优势，却被视作应予消弭的难题，被当作危险的根源，而非财富的源泉或进步的优势。中国失去的历史机遇，在三个世纪后被英国捕捉到了。

在这漫长历史进程中的进步，属于那些掌握主动的人，那些看出现有机遇、意识到潜在可能的人。领先、占据上风和胜利，属于那些以未来思维超越物质进步的人，那些以清醒的理念和踏实的想象开拓发展和创新道路的人，那些仰望群峰和繁星而非只看脚下的人。

第二章 全球化（或一体化）：无形的狂飙

导言

进入20世纪中叶，世界开始应对第三次浪潮——它巨大的发展、悲剧性的事件、可怕的冲击和强大的震撼。

问题在于，世界会不会在某一天清晨意识到这无形的狂飙？世界新秩序会不会在某个夜晚形成，突然为人类带来一个让其生活翻天覆地的新黎明？或者，世界会不会被放在放像机上，在历史进程的带子中按快进系统（fast forward）加速前进？

最确切的是，我们正面对着不同形式的新旧制度，发展事件以惊人的速度接踵而至，超出了许多人跟踪与把握的能力，成为托夫勒（Toffler）[①]先前所谈论的未来冲击。虚拟体系的绝大多数特点体现在虚拟真实的领域和物质上感受不到的电子领域，除非我们莽撞地坚持要触摸电线，试验它的电击影响。因此，变化通常是潜入我们的寓所，进而进入我们大脑的，只有少数人意识到了世界所发生的无形变化的程度。但是，诚如诺

[①] 指美国未来学家、《第三次浪潮》作者 Alvin Toffler。——译者

姆·乔姆斯基(Noam Chomsky)①所说,在世界秩序中,新体系的本质仍非新事物,基本规则依然如故:法律规则针对弱者,力量权势属于强者;经济理念和经济改革针对弱者,国家力量、干涉权和控制权属于强者。

形式变化了:力量及其运用的形式,法律及其实施规则的形式,利益的本质及其维护的形式。

第二次世界大战后,丘吉尔曾有一句名言:"世界的统治权应属于其需求得到满足的国家,如果将世界的统治权交给饥饿的民众,那么,全世界就有可怕的危险。"

除掉残留在丘吉尔话中的点缀,剩下的只有世界秩序的既定法则:"富裕社会里的富人们应当统治世界,他们相互竞争,镇压那些挡他们道的人。穷国里的富人会帮助他们,其他的人则提供服务,听命顺从,耐心忍受。"

全球化的本质

辩论到处都有,人们在相互询问,百姓们都在谈论,知识分子众说纷纭……有些人在谈论一只可怕的野兽,讲述着它的残暴和威猛,但他们却从未见到过它;有些人在交流侵袭人们的严重瘟疫传闻,为受害者的消息而悲天悯人;还有些人在谈论期盼已久的神秘救世主,届时天上将掉下金银,他还会带来长生不老药、哲人之石②和幸福的钥匙。

在试图回答"我们进入全球化,还是拒绝全球化"这一重大问题的人们中,讨论更为激烈。这个问题本身就是一个错误,根本不该提出来,因

---

① 诺姆·乔姆斯基(1928~):美国语言学家、作家、政治活动家,转换语法或生成语法的奠基人之一。著有《句法结构》《笛卡儿主义语言学》《语言学理论的逻辑结构》等。——译者
② 即点金石。——译者

为我们事实上已经成为全球化的一部分。

所有的人都在关注全球化，但是，争辩和讨论就像那则著名的印度寓言，它讲述了一群盲人遇见一头大象时所发生的故事。十位盲人开始描述他们的感受，他们除了大象，样样都描述到了。每个人都只触摸到了大象的一部分便大事想象，得出了与实际毫无关联的事或物。

有的人将事情简单化，更将其表面化了，认为全球化就是市场经济和民主的普及和胜利，或更实际一点说，就是世界秩序的美国化进程。

其实，全球化是一个抽象概念，是具有经济、政治、社会和文化内涵的复合概念。在全球化形势下，地理因素对于跨国界、跨空间的政治、经济和社会关系的建立和维系的影响力，已经减弱。

事实上，世界没有缩小，只是距离的实际耗时变少了。在全球化形势下，人类、符号和商品被剥离了地理因素，人们通常被夺走了民族主义的根源，许多民族和社会丧失了边界提供的保护。

在20世纪90年代，特别是在柏林墙倒塌和苏联解体之后，全球化的概念被广泛运用。但这一概念早在60年代就已广为流传，当时流传着这样一句口号："全球化思维，地方化落实"（think globally and act locally）。这一概念的本身要追溯到早得多的15世纪，它的特点超越了传统国界，开始奠定全球化的经济、政治和军事基础，硬是实现了商品、产品、知识和技术跨国界、跨海洋的空前转移。

《纽约时报》（The New York Times）的主要专栏作家托马斯·弗里德曼（Thomas Friedman）认为："目前的全球化只是一个新回合（即他认为的第二回合）。"蒸汽能量的利用大大拓展了海上航行，国际贸易额空前增长，全球化的第一回合于19世纪下半叶即已开始。

不管怎么说，引人注目的是，在全球化的每一回合后，世界都经历了世界性的或地区性的战争，地区争端和冲突的浪潮，种族灭绝运动，千百万人遭灾罹难,以及恐怖和极端活动上升。

第一节 全球化(或一体化)的动力

基本动力

第一动力:技术革命和通信革命

毫无疑问,全球化现象最主要的推动力曾是技术力量和通信革命。通信革命实际上已突破了时空的阻隔,将所有的国界变成千疮百孔(porous)的实体,事实上消除了屏障或围墙的考虑。

维系近二百万年的绝对孤寂和维系五千年的相对孤寂,在15世纪以来的最近五个世纪中开始迅速消解,到最近的五十年里被根除。不论何处的事件,只要一发生,就会通过高速通信手段被看到或被听到,成为国际事件。人类的迁徙,商品和工具的流通和知识的交流,已变得司空见惯,不可能被障碍和措施所阻隔,而且往往不受制于任何人的意志,通常也是在不为人所知的情况下完成的。

第二动力:市场经济

第二动力存在于民主的普及与胜利(且不论其真正的本质如何)和市场经济之中,也存在于计划经济理论和苏联实践的失败之中。

世界上没有任何一种活动,像贸易那样在本质上是国际性的;没有任何一种意识形态,像资本主义那样漠视国家的实体;也没有任何一种挑战,像市场那样对国界构成更鲁莽、更大胆的威胁。

在全球化形势下,如果我们有时将一些机构称为跨国企业,那么,它们实际上是超越了国籍或凌驾在国籍和爱国主义之上的企业。

第三动力:生产全球化

资本、原料、土地和劳动力等传统因素都已具有国际性，现存于世界各国大工业中的资本也都有多重国籍的特点，而且经常很难准确地判断资本的真正来源。

美国联邦储备(Federal Reserve)系统股东的特点也令人惊奇。根据发行金融杂志《收获》(Reaper)的麦克马斯特(McMaster)所说，尽管法律禁止公布主要股东的名单，但他还是得出了八大主要股东的名单：伦敦和柏林的罗斯柴尔德(Rothschild)银行、巴黎拉扎德(Lazard)银行、意大利的莫齐斯·赛福(Mosis Seif)以色列银行、汉堡和阿姆斯特丹的瓦尔堡(Warburg)银行、纽约莱曼(Lehmann)银行以及美国的其他几家银行。这种多重国籍的组合清楚地表明了全球化的现实。

除此之外，本质上作为一种国际货币的知识，其相对重要性的增加已经降低了现金资本的相对重要性，削弱了现金资本在生产过程中的作用。至于原材料、运输、装载工具的巨大发展和新材料的发现，也缩小了任何一个国家原料充足的相对优势。这方面最突出的例证，就是要进口大多数工业原料甚至燃料的日本。

同时，技术能力，尤其是生物学、统计化学、机器人和遥控领域的技术，也降低了土地和劳动力的重要性。

这一切的结果之一，就是汽车、飞机和电脑等制成品的各个组成部分，无论是原料和知识，还是设计、生产、宣传和销售过程中的人为因素，以及投资特点，都已具有国际性。

甚至主导世界经济的许多领域，如航天业、通信业、软件业和年创收达34万亿美元、占全球国民收入10.2%的旅游业，它们的定义、本质、内容和活动，都毫无例外地具有国际性。

市场力量和市场机制的主导地位在谋求进一步发展的过程中，是不受束缚的。市场一旦插足某一地区或某一领域，后脚就会比前脚更快地跟进。国际贸易不受国界限制,不承认任何国家的权利,包括一向公认的保护、补贴和防范措施。

我们现在就像是不期而然地置身于一个化学反应的开端,显得束手无策,只能惊讶、顺从地注视着连贯的化学反应,却无法让它停下来。

第四动力:国际地缘政治格局的变化

毫无疑问,在苏联解体、美国独霸世界之后,美国的利益和活动很大程度上已与"电子一族"密切相关,成为加深全球化的重要因素,世界的地缘政治格局已发生变化,国际力量的平衡也被打破。这就使得托马斯·弗里德曼认为全球化乃是美元化,本杰明·巴伯(Benjamin Barber)甚至认为,从美国著名的麦当劳连锁餐厅和商店看,全球化便是麦当劳的世界(Mc World)。

《华沙条约》失效与苏联崩溃为全球化开了绿灯,全球化不知羞惭、毫不犹豫地将触角伸向了世界各地,根本想不到会有什么反对或抵抗。

第二节 全球化(或一体化)的负面效应与反作用力

一、可能对国家及其责任产生的影响

许多思想家担心国家的作用正趋于消亡,因为国家使命是与主权边界相关联的,国家在边界之内履行其职责和行使权力。如果国界变得千疮百孔,很透明,或任人践踏,那么,国家的能力就会被削弱,就无力了解、跟踪干预或插手其权力和职责之事,在通常的情况下,国家就像一个捕风捉影者。

像鲁德·卢伯斯(Ruud Lubbers)那样的一些思想家甚至认为,依据新凯恩斯理论(Neo-Keynesian),国家曾发挥过保护民族公共利益的功

能,现已转为履行保护国际资本和"电子一族"利益的功能。

在这样的形势下,国家已无力在国民产值的重新分配中以较公正的方式发挥作用,也无力保护弱势群体或边缘化群体的利益。同时,国家对保护环境,使环境免受污染和破坏方面,也变得力有不逮,最终将维护不了自己领土的社会安定。

有趣的是,作为国际资本的保护者,国家可能最终不能履行它的新职能,即保护国际资本的收益,保护知识产权,抵制犯罪,保证稳定与和平,而这却是对国内投资和国际投资的基本保障。

二、社会影响

在全球化的形势下,许多国家可能会竞相滑向深渊或低谷,因为它们在争先恐后地向外国投资者提供更多的免税、刺激和相对优惠的条件以吸引世界投资的过程中,会发现自己面临的是不断上升的收支赤字;为了适应全球化的种种条件,还会发现自己被迫收缩或停止对弱势群体的帮助,取消给边缘人和高风险个人的保险。按贾拉勒·艾敏博士的说法,"有些国家正变得滑稽可笑:它具有主权国家的一切外部特征,但事实上,它的任务却只是退让、屈服和接受"。这并不反映反全球化的观点,或从与全球化相对立的思想立场中所产生的观点。但是,全球化最强烈的支持者却对这些思想直言不讳。例如,托马斯·弗里德曼说:"穷苦人和不幸者的唯一希望是富人们还记得他们。"

萨斯基娅·萨森(Saskia Sassen)是全球化的一位重要作家,她说:"'千臂电子族'——也许称之为'千爪电子龙'更为确切——通过交易量达到20.9万亿美元的25个金融市场,控制着国际资本的一半。这一族不仅操纵着金融市场,在市场内投机,动摇它的储备,榨取它的资源,而且还拥有自己的制裁机构,如'标准普尔'(Standard & Poors)、'穆迪'

(Moody)。这些机构担负着监督任务,对各国和各机构进行刺探,潜入其内部,以监视其遵守全球化条件和法律的情况。如果它们胆敢不服从或拖拉延误,就放出猎犬咬噬它们的经济,亮出红牌,将它们逐出市场,毁坏它们的企业。引人注目的是,国际审计行业的五大公司都是从属于电子一族的美国公司。"

全球化的主要条件之一,是财务和经济核算得在全球范围内进行。

至于那些对"电子一族"的条件和管理表示满意,身穿托马斯·弗里德曼所说的金色马甲(golden straight jacket)的人,则持有赦罪符[1],被授予为进一步的外国投资和全球化存在作准备的资质证书。其中有些条件,从经济改革的观点看,是必要的,我们并不反对,但还有些条件很可能同某些国家和弱势社会群体的利益是相悖的。

"电子一族"所提出的条件具有规范性和强制性,如一切国有公司私有化,内外贸易自由化,取消关税壁垒,限制通货膨胀,收缩政府官僚的职能,废除对外国投资的一切束缚,金融市场自由化,外国人自由置产,取消补贴,保险和养老金制度的自由化(这方面由个人负责),以及接受全球化的财务审计和核算制度规范化。

1992年9月,曾经制造东亚金融危机的电子一族成员乔治·索罗斯,就英镑价值评估与英国首相约翰·梅杰发生分歧。索罗斯认为英镑贬值不可避免,约翰·梅杰对此观点表示完全拒绝,宣称英国经济态势稳固,态度傲慢地决定不听从索罗斯的意见。可是,没过几个月,约翰·梅杰就万般无奈,不得不将英镑贬值了12%。

印度发射原子弹时,"标准普尔"制裁机构立即就将印度从"投资级"

---

[1] 一译"赎罪券"。天主教神学中,指通过告解圣事罪被宽恕后,教会免除由罪而得的惩罚(包括现世的和在炼狱中的),即"免罪罚"。——译者

降到了"风险级"。

马来西亚、泰国和印度尼西亚也都曾以不同的形式重现过同样的情景。

全球化体系具有一种将人类从土壤中连根拔起的离心力,社会组织因此而动摇松散。全球化体系不能容忍遍及一切由地理界线、民族界线更多的是伦理界线所构成的屏障和限制,因为新体系中的市场不能容忍边界。

全球化体系不考虑我们社会公认的术语所称的"公共利益",因为公共利益不是它优先考虑的对象,或者说,得放到最末去考虑。全球化体系将与公共利益相关的任务交付给了一些软弱的或虚设的机构。大家知道,娱乐型国家或社会福利型国家是俾斯麦①、丘吉尔和罗斯福的资本主义创新,俾斯麦创建了养老金和卫生保健,丘吉尔建立了第一种全面的失业保险制度,罗斯福规划了拯救资本主义制度的社会福利国家。他们全都是资产阶级中的高明之士,他们的思想延长了资本主义社会的寿命,使资本主义制度得以盛行。这是他们的聪明之处。

而现在,资本主义制度已达到了自以为不需要公共利益的地步。"电子一族"的贪婪和野心超越了所有的国界达到了不把公共利益当回事的地步。因此,托马斯·弗里德曼发出了前已述及的奇谈怪论:"穷苦人和不幸者的最大希望是富人们还想着他们或还记得他们。"

我们正面临严峻的挑战,我们是一个具有七千年文明的国度,有自己的个性,包括根源、传统、信仰、凝聚力、中介性、开放性和民族的独特性。我们不能冒险染上当前形势下可能产生的各种并发症。这些并发症均已

---

① 俾斯麦(Otto Fürst von Bismarck-Schönhausen,1815~1898),普鲁士的"铁血宰相"。在他当政时期,德国由软弱的邦联上升为强大的帝国。他所采取的各种政策在 19 世纪后半期曾经左右欧洲的命运。——译者

经过研究,西方包括其思想家们目前都在谈论着它们。

全球化的影响不光是国家保护社会和平的能力被削弱,技术革命和信息革命还导致了绝大多数国家的劳务市场和劳动力的社会结构发生质的变化。

在第三次浪潮下,最初的希望是随着某些职业的消亡,机器人和超级计算机替代了大批的劳动力,将在同时创造出新的机会和职业,产生出分支产业,带来新的就业机会和通过所谓的"垂滴技术"(trickle-down technology)①而再生的工作岗位。垂滴技术将保持不断活跃、更新和催生新技术的过程。这种情况在某种程度上确已实现,然而,在许多情况下和不少国家里,这些希望仍难以应对现实的要求。

以美国为例,受过高级特色教育或大学教育的人与仅接受了基础教育而未完成高等教育的人之间,出现了巨大的社会裂痕。近年来,业已证实能提供的就业机会总是与受教育的水平成正比的,失业的可能性始终属于那些受教育不完整的人。严重的社会裂痕便由此产生,绝大多数下岗人员都是黑人或少数族裔,这就造成了社会内部的受歧视感。伴随这种社会裂痕的是另一种裂痕——贫富间的鸿沟在扩大。根据莱斯特·瑟罗(Lester Thurow)所说,"当美国社会最贫穷的五分之一人口贫困度增加5%,最富有的五分之一人口的财富便增加9%,中产阶层被蚕食的程度也因此加剧。"

在埃及,失业率与教育水平也是相关联的。内阁所作的一份研究表明,1996年埃及受教育者的失业人数达到140万人,其中,受过高等教育者的失业率不到10%,而只受过中等教育和技术教育者的失业率却超过

---

① 垂滴技术是一种经济学术语,主张将政府财政津贴交由大企业陆续流入小企业和消费者从而促使经济增长。——译者

了80％。

在国际上，率先进入全球化的先进国家很少为失业所困，而发展中国家和贫困国家的运气却要差许多。失业现象在这些国家比比皆是，并发的还有贫困、疾病、饥饿和失落等症状。

这些影响并不局限在直接受害的国家，而且也是威胁着富裕发达国家的一颗会爆炸的定时炸弹，因为非法集体偷渡，恐怖和激进，大瘟疫的蔓延或向富国渗透等各种可能性，都随着全球化现象和通信革命等在增加。

也许是命运的一种讽刺，控制着市场机制、在疯狂追逐利润中不顾及社会和平考量和弱势群体命运的国家，同穷人和弱者一样，它们也会遭受到全球化的影响。"暴虐中的平等是一种公正"这句名言正以悲剧方式得到验证。

除此之外，全球化机构在国际市场上为穷国劳工提供就业机会的工作环境有时是非常恶劣的，而且用童工的现象越来越多，其中包含着各种社会、卫生和政治上的危险和不公。

全球化作为一种经济制度，必须形成一个社会框架。全球村必须是一个由个人和群体共同关心、全身心参与和人文情感的纽带连结在一起的社会。全球化必须具有人道主义的一面，经济制度必须从属于人类社会，否则，"电子一族"就会变成一头猛兽，全球村就会变成一座森林。

三、政治影响

"千臂电子族"的控制已经削弱了从国家开始的民主机构，他们是社会和平的捍卫者和支持公共利益的责任人。政党似乎已经最终丧失了对政治生活的有效影响，一批政党的领袖也失去了他们的政治光环和他们曾经有恃无恐的超凡魅力（charisma），许多人落入"电子一族"的控制，若有违拗,就会遭到它的讹诈。

最近二十年间,非官方组织和民间协会的作用,也开始在政治生活中借削弱各个党派之机,发挥着越来越大的作用。

通过推荐候选人、提供资助和组建选战班子,"电子一族"竭力将手臂伸向(地方)选举、总统选举和议会选举。此外,他还控制着在很大程度上代表舆论的许多宣传媒体。

最后,民主同资本主义、市场经济基本上是相互矛盾的。民主建立在每人有一票、法律面前地位平等和机会均等的基础之上,而资本主义却推崇和鼓励不平等,因为它的基础就是与平等相对立的更多利润。同时,市场经济也不能容忍民主制度为保护公共利益而设置的限制或规则。

在美国社会,大约4%处于社会阶梯顶部的公民,他们拥有的财富超出了占全社会51%的低收入者的财产总和。

看一下全球化的代表人物,我们会发现他们中有些人拥有的财富比许多发展中国家的国民收入总和还多。说来奇怪,东南亚危机的幕后操纵者,一位全球化的代表人物乔治·索罗斯,他本人就建有一个非官方基金,其基本宗旨是支持和帮助他所谓的"开放社会基金"(open society fund),从他个人资本中拨出的款项,每年达3～4亿美元,用来资助不属于政府管理的非官方社团和民间团体,他的活动减少了国家对各个领域的干预规模。难道他是为了让国家指导和管理的手瘫痪,或是为了进行干预,以确保社会和平、公共利益和妥善地分配国民收入,或仅仅是出于一种善意的慈善行为?

乔治·索罗斯的宗旨是否源于他的信念,认为世界资本主义制度最主要的弊端就是容忍市场机制渗透到与市场毫不相关的领域中去;市场经济中的原教旨主义(market fundamentalism 或市场无罪学说)是幼稚、不合逻辑的方法,即便在经济问题上放任市场力量的绝对权力,那也将导致资本主义制度本身的全面混乱和崩溃；相信当今世界存在着一种无国际社会的国际经济，必须有一种国际政治制度来作出决策，这种制度在本质上应超越国家权力的范围，超越国家的界线？

索罗斯的开放社会基金究竟是不是旨在为这类实际削弱国家作用的国际政治制度作准备，或者他花费如此巨额的资金，是出于慈善目的和人道主义的考量，以表达一种内在的善意或良知的觉醒，他的良知正在清算他天才的投机给千百万受害者造成的苦难？

四、安全

前已述及，19世纪和20世纪全球化的两个回合经历了前所未有的暴力浪潮，有世界大战、种族冲突和种族清洗，也有极端主义和恐怖主义浪潮。空前的血腥屠杀造成了一股股非法的移民潮，恐怖组织和恐怖行为在增加，恐怖团伙的活动日趋猖獗，在技术进步领域和通信领域扩散有组织犯罪，既有盗取人体器官的组织，嫖娼和赌博团伙，也有讹诈和精神迫害帮派。

此外，在沦为全球化牺牲品的国家和社会中，许多边缘人群、失落者和叛逆者也有可能从事犯罪活动和恐怖活动。

五、环境

伴随着全球化体系的，是生产率和平均消费量的增加，是信息技术革命和市场经济占主导地位的稳定政策。这是再自然不过的事情。市场经济始终有目的、有规则地在制造对现有产品的不满，借此来为引进具有新规格、被假设会让消费者满意的新产品铺平道路，接着，再由令人生畏的宣传媒体负责制造新的不满，如此循环往复。用奥地利前财政部长熊彼得（Shumpeter）的话来说："资本主义的本质就是创造性的毁灭过程，毁灭旧的低效产品,代之以假定的高效产品。"

随着生产率和平均消费量的增加,环境越来越恶化,那是因为全球化战略并不优先考虑环境保护、卫生和工作条件等标准。在这些问题上设定最不明确的标准和最低廉的成本,对全球化的经济政策是有利的。由于国家在全球化的形势下忙于经济效益和经济改革,环境问题在国家优先考虑的对象中总是排名靠后,同时,又没有一个面对毁灭性消费能让各国特别保护环境的国际机构体系。

环保滞后的毁灭性影响并不限于当代和受害群体,它的危险性还在于,它对未来几代人的能力和权利甚至基因系统都构成了不道德的侵犯。

六、文化

今天,在我谈到了"知识艾滋病"后,议论得越来越多的是凌驾在文化、文明之上的技术控制现象(technopoly),由此产生的种种风气,如道德沦丧、家庭解体、暴力、犯罪、嗜毒、逃避责任,甚至以自杀来逃避生活本身。这些都是风靡许多西方发达国家的现象。

今天,在先进技术的条件下,在许多发达国家和发展中国家内,都出现了暴力文化。

以暴力为基础的电子娱乐软件业,正如我们前面所说,仅在美国一国的年产值就达到了160亿美元。

也许你们还记得我前面所提到的事件,即美国一学校的两名学生杀害了他们的同学和校长,他俩就是这一毁灭性产业的受害者。美国前总统艾森豪威尔曾对此类现象提出过警告,称之为"任天堂军事集锦"(The Military Nintendo Complex),如今它却已成为真切的事实。各种调查证实,男孩们观看过这些电子节目,所用的"剧本"就在一个名为Doom(毁灭)的节目中,人们找到了那两名学生为拍摄与进攻学校相似事件制作的录像带，他俩化名为克勒冈（Killagan），意思是"再次杀戮"（Kill Again）。

此外，克林顿总统在1998年的正式演说中也提醒过要警惕暴力文化。向美国人民播放的录像、电影和电子节目产业已经留下非常严重的影响，它抹掉了好几代人持有的区别真实和想象的分界线。那两个杀害同学的学生，所采用的正是他俩从电脑和录像上看到的剧本，或者是其中的一个场景，他俩并没有感到是在犯罪。

科学证明，人习惯了暴力，就会降低他的犯罪感或异样感，不认为这种行为（脱敏行为 desensitization）是丑恶的。

如前所说，人对杀戮现象安之若素，就会变得铁石心肠，冷酷地对待杀戮。在我们生活的阶段，我们正在构建世界文化，而暴力和破坏却影响着后代。

美国思想家们说："美国社会是一个受到技术毒害的社会（technologically intoxicated society），没有人否认技术通常能够提高生活水平，能够为许多国家带来繁荣。技术的生产率和附加值是很高的，能够解决许多难题，治疗许多疾病，也常常能够给生活带来诸多方便。但它并不总是慈善的，也挟带着我们应该警惕的种种危险。技术的基本宗旨是节约时间，现在，我们却发现它吞噬了时间。人类今天已被技术从四面八方包围了，人们的时间都已被分配用来应对这种抹杀真实和想象之间的界线，为暴力文化铺平道路，影响家庭和社会凝聚力的技术。如今，一个家庭的成员虽同居一宅，却形同陌路。他们各人独处一室，抓住一台机器，孤独地应对各种事物。最残忍的一种孤独就是"人类正遭受着的空间孤独。"

第三章　身份与归属：种族主义、爱国主义和民族主义

导言

世界上所有的国家都是多种族国家，种族的根源大都也可能多种多样。因为每个种族群体，不可能各建一个国家。原因很清楚，如自身的规模、周边国家的立场和大国的态度，等等。结果就把种族群体分成了民族、国内少数民族和部落。

民族主义和身份不仅仅在于人类群体在语言、宗教、文化、起源和共存于同一块土地上的一致性，也不是由于他们共同生活所依靠的这些基础，或者是他们对这些共同纽带的感受，而是因为归属感。归属感应该得到关注和发展，使之成为一种集体的归属感和身份感而变得根深蒂固。共同的立场、共同的斗争和奋斗中的拼搏都对培育和加固归属感和忠诚发挥着重要的作用。

我们在界定民族主义、身份和爱国主义时，总会遇到各种各样的难题。比如，共同的语言可能就不具备。有些国家是一个民族，它们的人民却讲三种以上的语言，还有大量的方言；同一的民族并不以信奉一种宗教

为条件。在一个国家实体内,常常是多种宗教信仰并存,比如印度和巴基斯坦。至于人种的起源,有许多民族和国家中明显地存在着几个人种起源,如波斯尼亚和黑塞哥维那(波黑)的情况,又如存在于伊拉克、土耳其和叙利亚的库尔德问题①。

定义

现代意义上的民族主义或祖国的定义,出现时间较短。身份和归属的标准,过去一直与更小的实体如乡村、地区或省份相关。直到18世纪,民族主义才开始作为一种现代观念在欧洲本土出现。它原本是与国王或皇帝相联系的,后来,才开始由政治观念和经济观念构成民族主义或爱国主义的内涵。19世纪,随着世界贸易规模的扩大,经济内涵在民族身份的概念中占据了一个重要层面,它在很大程度上,与国家或民族的经济利益紧密联系在一起。

20世纪初,许多社会学家预言,种族主义和民族主义将随着现代化、工业化和个人主义倾向的出现而失去其重要性,并最终完全消失。但是,这些预言并未实现。相反,种族主义和民族主义的政治意义反得以持续不断地彰显,特别是在第二次世界大战后。种族主义(ethnicity)是一个现代定义。内森·格拉策(Nathan Glazer)说:"该定义1972年首次出现在牛津词典里,由社会学家戴维·赖斯曼(David Reisman)所撰。'种族的'(ethnic)一词则要早得多,它源于古希腊 ethnos 一词,表示'野蛮的'或'异教徒的',始用于19世纪中叶,第二次世界大战以来方见诸美国,委婉地指称犹太人、意大利人、爱尔兰人以及那些曾被视为英国人中的下等

---

① 库尔德人是西亚的一个跨境民族,约3000多万人,分布在土耳其、伊朗、伊拉克、叙利亚和亚美尼亚等国。信仰伊斯兰教,大多属逊尼派,少数为什叶派。有自己的语言、文字,甚至出版物。——译者

人。"比如,欧洲民族主义的少数民族和种族主义群体要求建立独立国家的呼声高涨,就很令人关注,以致一些思想家预言,欧洲将被分割为数量众多的国家,其数量可能达到一千个之多。我们姑且不论解释这类分割倾向的历史和感情成分,但却不能排除这种分割乃是一种反对全球化现象,反对全球化控制不断增强的一种反作用力。

种族主义、民族主义或爱国主义这几个词之间的关系,就像种族主义与人种或宗族之间的关系一样,是颇为复杂的。

但爱国主义的独特之处是它具有将个体维系在一起的文化内涵,其明显的表象之一,是与国家和土地相关连的。民族主义的特征在于将文化身份与政治边界联系在一起,而种族主义群体却并不坚持一定要同国家的结构制度和国家的边界联系在一起。

我们得出的爱国主义概念是一个人类群体与一块称之为祖国的特定土地间的联系,它可能有自己的标志、国旗,有自己的国歌、国礼等,而且,除了这些象征外,所有生活在这块被视作是历史、地理、社会、经济和政治实体的土地上的人,都有一种对祖国的忠诚和归属感。"爱国主义"一词在英语中为"patriotism",意为热爱父辈的土地,其中清楚地表明了情感成分和历史成分。

第一节　埃及的爱国主义

埃及人的爱国主义情感是否要追溯到远古时代?

这是一个重要问题。从历史的黎明时期起,埃及人中是否就有一种真正的爱国主义情感? 回答是肯定的,在古埃及人中存在着一种深厚的爱国主义情感。

古埃及人一直把自己看作是爱国主义者。他们在自己的国家出生、成长，是个自尊自豪的民族。

埃及人将世界分成黑土（尼罗河谷）——祖国和红土（沙漠）——外国的土地。他们认为尼罗河谷是他们土生土长的祖国，它周围的沙漠则是外国的土地。

教师和知识分子一直用各种方式传述着他们的民族历史。公元前16世纪一块学校小牌子上有一个教育的话题，主讲人用来描述他的祖先们抗击喜克索人①斗争的一个阶段，描绘了塞肯内拉王之子卡莫斯法老决心继续抗击入侵的敌人，他向侍从们宣布说："我将同敌人格斗，剖开他们的肚子。我已决意解放埃及，摧毁阿姆人（喜克索人）。"在公元前13世纪的另一份教育用手稿中，一个名叫本塔瓦拉的学生记载了埃及法老塞肯内拉同几位喜克索国王间发生冲突初期的历史，记载了那次冲突是如何变剧、愈演愈烈的，喜克索国王如何防备埃及人的反抗，塞肯内拉如何激发其部下的斗志，跟随他展开解放国土的斗争。

如果我们要在这里谈论埃及人自古以来就对祖国怀有的深厚情感，那么，最好的例证便是遇难水手（见古代埃及文学中《遇难水手的故事》）所得到的承诺。救他的人对他说："你的孩子簇拥在你的胸前，你亲吻你的妻子，你再一次看到你的家园，比什么都好的是，你回到了你原来的祖国，那里有你的兄弟姐妹。"

辛努赫的故事是第十二王朝以来古代埃及人最喜爱的故事之一。它描述了辛努赫身居异乡的情况，他对回归祖国埃及的渴望……辛努赫还祈求神灵的怜悯，让他回到埃及。他带信给塞努斯里特②国王和王

---

① 约公元前1720年由亚洲经西奈半岛侵入埃及的游牧部落，以尼罗河三角洲的阿瓦利斯为中心，建立第十五和十六王朝。约公元前1570年被埃及人逐出。——译者
② 这里指第十二王朝的塞努斯里特一世（Senousret Ⅰ），也叫塞索斯特里斯一世（Sesostrit Ⅰ），约公元前1970～前1936年在位。——译者

后,请求他俩准许他回到埃及。他终于收到了国王的答复,内心充满欢喜。

值得一提的是,这位辛努赫是一个真实人物,生活在阿美涅姆黑特一世和塞努斯里特一世这两位国王的时代(公元前 1991~前 1934 年)。

所有这一切都明白无误地证实,爱国主义早在几千年前就已在埃及存在,爱国情感是埃及人自历史黎明时期以来就具有的特征。

作为一个民族和国家,埃及始终是一个实体,我们在历史上很少见到与这一体系相类似的其他例证。英国考古学家史密斯(Smith)说:"世界上没有一个大的民族像埃及那样,在一个统治者的控制之下完全自成一体。"

贾马勒·哈姆丹在《埃及的个性》一书中说道:"埃及的延续性并不意味着重复性(repetitive),而是指积累性(cumulative)。"正如纽伯里(Newberry)所说:"埃及是一本细羊皮纸的文件,在希罗多德[①]的上面,写的是《新约圣经》,再上面是《古兰经》,在这些的后面,古埃及象形文字依然清晰可辨。"

埃及爱国主义中的要素

一、人种和种族主义

毋庸置疑,自历史黎明时期起,埃及人由于集体格特点、人种特点和与众不同的相貌于一体,在外形上就颇具特色。

抛开各种理论,先看两个基本事实:

[①] 希罗多德(Herodotus,约公元前 484~约前 425 年),古希腊历史学家,有"历史之父"之称。曾游历过埃及、巴比伦、黑海北岸等地。他的名著《历史》中,记有对埃及的重要描述。——译者

第一，古埃及人是埃及土生土长的(autochthonous)民族，而不是如钱特(Chanter)所说，他们是来自另一个地方。

第二，重要的混居可能性非常有限，自王国时代以来更是大幅度减少。根据最新的现代人种学研究，最有可能的是，埃及人属于地中海世系。

有充分的事实表明，从石器时代的居民到前王国时代和王国时代的居民之间，存在着一脉相承的人种延续性。

就这样，自历史黎明时期起，埃及人民就作为一个在体形上非常相似的同宗人种立足于世。

有趣的是，这种恒定性(persistence)几千年来从未动摇过，以至当金字塔时代的法老雕像被发掘出来时，在场的工人和农民便能从依然生活在他们当中的人中间认出相像者来。

使这一延续性更加恒定的是，埃及从未经历过大规模的人口迁徙。确实，埃及曾遭到过三次主要入侵，但迁移的人群只是涌向城市和乡村深处，在社会的中心定居下来，而且入侵也仅限于主要城市，没有深入到内地。

前两次入侵：喜克索人和犹太人都退却了。第一次入侵被雅赫摩斯[①]击溃，逐出边界以外；第二次，入侵者大批回撤。

至于阿拉伯人的入侵，他们是埃及人的堂兄弟，均源于同一个含米特族[②]，他们已同埃及人融合，实际上，毗邻的亲戚间一直是有通婚的。

[①] 指雅赫摩斯一世(Ahmosis, Ahmes, 约公元前1584~前1559年在位)，他是创建第十八王朝的法老王，埃及自此进入了时近四百年的新王国时代。——译者
[②] 亦称含族。指东非、北非说闪含语系含语族诸语言的非尼格罗人种诸族。分东、北两支，东支包括古代埃及人、科普特人和库希特各族；北支主要是北非的柏柏尔人。阿拉伯人则是指分布在西亚、北非说闪含语系闪语族阿拉伯语的人。——译者

二、统一

从历史黎明时期起,尼罗河谷地两部分的统一始终是人们的希望,为了统一曾作过多次努力。第一次发生在公元前4200~前4000年之间。当时,尼罗河三角洲比上埃及强大。因此,是三角洲诸王最早想到了统一埃及,将其置于一位统治者的控制之下。这次尝试的结果是埃及实现了统一,立都阿布绥尔城,那里是名为"奥西里斯·安兹提"的三角洲东部神的故乡。也许三角洲的第一位国王是奥西里斯,他的神化形象是一位头戴上埃及和三角洲双重王冠的国王。

但是,这一努力未能持续长久。上埃及人在塞特神(Seth)拥护者的领导下反叛了,国家被一分为二:下埃及属于荷拉斯(Horus)神,上埃及属于塞特神。

接着进行的是第二次尝试。立都艾因夏姆斯的北方王国,在国王乌纳斯(Ounas)的领导下,征服了南方王国。王国的标志和象征是张开双翼的太阳光盘,双翼寓意埃及的两半——下埃及和上埃及。

但是,埃及中部的阿什莫嫩城①再次发生宗教革命,两个王国又一次分开,一个是在下埃及,首都是布图(Boto),即现在达苏格城北部的法老山;另一个是在上埃及,首都是纳汉(Nekhn),现称红库姆(El Kom El Ahmar)。尽管王国分裂了,但引人关注的是,奥西里斯之子荷拉斯神却一直是两个王国的官方神的化身。接下来是第三次也是最后一次努力,由上埃及的统治者、两个王国的统一者米那于公元前3400年完成。从那时起,埃及一直保持着统一。

这样,王朝时代开始了。伴随着这一发展,出现了象形文字,它与在著名的那尔迈(Narmer)石板上记载的民族同一事件是密切相关的。

---

① 位于埃及米尼亚省,希腊时代称为赫尔摩波利斯。——译者

如前所述，按照现代人种学研究，埃及人总的来说是起源于地中海世系。有些学者认为，在两个王国统一以前的时期内，在埃及定居、出生和成长的埃及人，属于东部含米特人，代表着一个同宗的人类群体。

不管怎么说，一个产生于这样同宗同源世系的统一民族，毕竟是很罕见的。

三、宗教

自历史的黎明时期起，宗教在古埃及人中就是一个非常重要的因素。古埃及人相信神，相信复生，相信法老是主神在大地上的化身，是国家官方宗教最大的祭司和最伟大的领袖。

埃及人相信复生后的清算，这可能是统一埃及人、加深其归属感、影响其性格和行为的要素之一，因为宗教通过教谕向他们解释宇宙，劝善惩恶，遏制犯错，向他们预言凡事皆须清算。

宗教、稳定、统一的历史和埃及人的习俗集合在一起，代表着埃及人在大多数历史时期保持内部稳定和自身和平的一个重要因素。因此，埃及在其漫长的历史上从未发生过重大的革命，或有过暴力和残酷的趋势，或出现过偏激和恐怖的倾向。

埃及人的行为，偏重建筑和建设，他们建造神庙、塑像和金字塔，铺设道路，建设家园。

四、共同的危机感

埃及由于其战略地位成为入侵者和冒险家们觊觎的目标，他们认为埃及富饶的土地、独特的地理位置和宜人的气候是值得为之冒险去攫取的战利品。另一方面，埃及也一直感受到外来的危险，这是能让埃及人民团结统一，在危急时刻形成高度集体主义精神的一个重要因素。

这种现象（危机感现象），虽说曾让埃及承受了牺牲，却不是一种病态现象，而倒可以说是一种正常现象，它砥砺了国民意识，促进了爱国主义的觉醒。同时，它也排除了自我封闭和与外部世界隔绝的可能。埃及的特点之一，在于她是最早、最先实行对外部世界开放的民族，是与各种文化联系和接触的场所，经常是逃避本国虐待和压迫的人和其他国家或社会的移民寻求庇护的绿洲。

五、稳定性和相似性

中介性、相似性和几千年来在尼罗河谷两岸持续而稳定的文明，通过一代又一代人形成了合乎逻辑的基因感染力——他们受到风俗习惯、社会行为和高尚道德的影响，摈弃暴力和冷酷，恪守和信奉制度，能沉思默想，相信精神的力量、复生和清算，能对外开放，接待外来者和外国人。这一切构成了埃及人民的优势，他们准备迎接世界的变化，成为国际社会有用的成员——只要这个国际社会立足于平等和宽宏，而非建立在控制、霸权、垄断和强人所难的基础之上。

六、语言

埃及的语言只发生过两次变化，一次从象形文字转变为科普特语，另一次是从科普特语转变为阿拉伯语。每次变化都是全民性的。旧语言中的成千上万个词汇转入到其后的语言之中，每一次，（新的）语言都含有许多被替代语言中的词汇和语汇。

七、经济生活

经济生活也一仍旧贯，无论是在几千年来并无变化、以有序农耕模式为基础的经济活动方面，还是在经济活动的时间、方式或性质方面。

农业手段：与河水泛滥相联系的灌溉，播种和耕地的方法，收割、收获和储藏的过程，以及与之相关的劳作方式。

埃及在其漫长的历史上从不自我封闭，不固执己见，也不拒绝同国际接触。但她很自尊，为她的身份、根源和文明而自豪。埃及也一直是连接外部世界的枢纽，她有充分的准备接受各色人物和各种思想。埃及人民的中庸和普遍的善良，使她始终是来访者、游客和移民的目的地，有时还是那些逃避本国暴虐和压迫人士的归宿。

第二节 全球化（或一体化）时代中爱国主义的合法性

接下来，我们转入这个论题中的一个基本点：

谈论全球化时代中的爱国主义或民族主义是否枉费心机？爱国主义是一种历史的回响，是逆潮流而行，还是用来反抗一场包含着巨大技术能力和超高通信能力的势不可挡的科学革命的主张？

爱国主义是否提倡闭关锁国，提倡自我封闭，蜷缩在已不再具有以前时代意义的框架之内？爱国主义难道像有些人随意所称的是一种思想上的反动，像另一些人所形容的是事物判断上的非现实主义，还是对新精神的新召唤？

我们认为：

爱国主义是一种职责，职责便是价值。

爱国主义是一种属性，属性便是责任。

爱国主义是一种自豪，自豪便是根源。

爱国主义是与根源的一种联系，这种联系既是避难所，也是命运。

爱国主义构成人类价值的框架。爱国主义不是监狱的围墙，堑壕的边缘和流放地的屏障，而是与全人类交融的通道。爱国主义是防护的篱笆，保护人类价值观和伦理价值观，预防失落、被边缘化和冷漠。

爱国主义是一种属性和目标，是对价值观和原则的忠诚，是保护人类的篱笆，不过是透明的、透气的，它不遮挡光线，不妨碍清新空气的进入，不掩盖思想，不阻止对话，也不拦阻与各地人们的交流。

爱国主义是一种爱和同情，不是偏激和憎恨，是对土地、人类、家庭、价值、善与美的爱。解脱了与土地或根基的纽带，是松开归属情结的开始，接着是一系列的纽带——连接空间和时间的纽带，维系原则和人类、互相同情和彼此团结的纽带。这是一条有开始却好像无终点的路，路上只有孤独、寂寞和失落的感觉。

爱国主义是预防针，以抵抗全球化的离心力，抵抗只想征服市场、追逐利润而不择手段、牺牲他人的"电子一族"的威胁。

爱国主义是立足坚实土地的人类的一种存在，他们坚持自己的根基、文明和历史，坚持那些表达美、善、德的人类价值，自己的成功经验，以及将成为后代和其他民族榜样的光辉典范。

爱国主义是奔向未来、对别人开放的基础，不是街垒和堑壕，而是与他人和善行交汇的通道。

爱国主义是自信，而不是自负。

爱国主义是为故土和根源感到骄傲，而不是拒人千里之外，孤芳自赏。

爱国主义是一种忠诚和归属，而不是封闭和虚伪。

爱国主义是一种职责，而不是固执己见；是根源，而不是街垒；是容纳和记忆，而不是孤立和无知。

爱国主义是对价值观、成就、为善行和他人牺牲而感到的骄傲。

爱国主义不是对他人权利的侵犯，也不是建立在荒谬的宣传和虚假的神话之上。

爱国主义是奔向未来的基础，而不是对过去的回归。

爱国主义不是哭墙和批脸颊①,而是工作、责任、斗争和效率。

我们如果看看周围的世界,就会发现在那些领导全球化、蔑视民族主义倾向和爱国主义运动的国家中,爱国主义也发挥着主要作用。

美国是我们这个世界上最大的一极。美国的领导人在各种场合谈论美国的最高利益,从不会有所顾忌,美国国会也放肆地颁布法律,允许美国军队追踪那些危及美国国家安全的人直至别国境内。

美国对使用它的商品、把自己的产品硬塞给人和传播美国文化订了许多条件,从不羞羞答答。

俄罗斯是20世纪90年代已经退缩的第二极。它信奉马克思主义,在第二次世界大战期间,为了抵抗纳粹入侵,它不得不激发俄罗斯的爱国主义热情,焕发起爱国主义的精神和俄罗斯的尊严。爱国主义是阻止纳粹进犯、挽救俄罗斯祖国的力量。而且,当事态恶化、危机降临时,强调马克思主义属性、依靠无产阶级(proletariat)或工人阶级的共产党俄罗斯,也向俄罗斯的爱国主义求助,以阻遏威胁、拯救祖国。

超级大国自己在讴歌全球化优点的同时,也在制订全球化的规则,毫无愧色地坚持将自己的国家利益凌驾在任何其他考量之上。

我们与许多人都一致认为,爱国主义不可能是固执己见或故步自封,更不应是极端主义或恐怖主义,不应是自负和傲慢,不应是对其他民族人文价值观的蔑视,也不能是离群索居。

我们从不曾想过,爱国主义可能会与进步相冲突,可能会反对知识、科学、接受有益的新事物;也从未提倡故意去对抗统一的世界市场,或硬是要隔离大经济集团。

我们主张对伦理范畴的归属,就像我们尊重自己的地域边界。我们

---

① 当地人表示痛苦和哭丧时的动作。——译者

提倡恪守崇高的人类价值和优秀的文明根源，而不只是地理边界、形式符号或生活传统。

对世界开放，却不为之眼花缭乱，不卑躬屈节，也不投入他人的怀抱。爱国主义鼓励科学进步，鼓励按道德规范和祖国悠久而积极的价值观壮大自身的力量。与此同时，还要与人道主义保持联系，向它开放——我们是人道主义及其遗产不可分割的一部分。

这种联系建立在相互补充、相互关怀的基础之上，建立在绝无讹诈或机会主义、不怀贪婪、野心和阴谋的合作之上。

那么，我们心目中的爱国主义是否意味着对全球化及其影响的否定，意味着对"电子一族"及其威力的漠视？不，不是的。因为若是那样的话，就意味着我们是将头埋进了沙堆。

我们承认全球化无法回避是否意味着那是一种投降主义和失败主义？不，不是的。那只是接受一个客观的事实，面对一个科学的真理。

否定或不自觉地抵制全球化，是思想落后，处置不当，不相信现实，是一种消极态度，既抹杀了现实，又未增添新意。

接受全球化是积极、科学地应对全球化，正确做好规划面对全球化的第一步。我们应该辛勤工作，使自己有能力应对全球化；应该进行民族动员，建设自身的力量，具备一个新时代必需的能力和经验；以适当的机制，以我们善于创建的科学知识和先进技术——它们是时代的工具和未来的武器——武装起来，去应对新的现实。

面对危机必须研究，切勿轻视危机的严重性，要靠严肃的科学工作，持之以恒的爱国主义努力，真诚地开展全民族的动员。

高呼否定、谴责的口号，只是打出拒绝、抵制的旗号，恰恰会让我们去充当错失良机的主角，为我们在历史的迷宫中和同风车作战的神话里留下一个突出的位置。

我们需要广阔的领域，而不仅仅是边界；需要具有伦理规范和人性约束的科学进步，需要与祖国及其积极的价值观和古老的遗产相联系的纽带，需要与现在或过去同我们生活在一起的人相联系，需要一个建立在相互保障、相互关怀基础上的社会，无论何时何地都不与人隔绝、不漠视他人。

我们想要参与通信革命的竞争，自己具有一种免疫系统，抵抗"新艾滋病"（免疫力缺损症），抵制信息泛滥；想要不受屈辱的全球化，安全地奔向未来；想要自己的优势和特色，而非专横；想要烛照全人类的对祖国和家庭的爱，而非自我崇拜、令人憎恶的个人主义或盛气凌人。这一种爱不是控制，也非沙文主义，它符合伊斯兰教倡导的"爱他人如爱己"。

我们想要参与全球化，以获得进步和知识，但拒绝输掉自我；想要受益于科学技术的振兴，以改善生活的质量，但不愿以牺牲我们的人格和精神价值作为代价，不愿失去我们生活中的美好象征，丢弃相互间的关怀，失去希望和慰藉感；想要一个聚集在它周围的标志，一种让我们统一起来的希望，一种增进我们凝聚力的东西。进步不可能只体现在技术这一层面或这一条线，我们希望在技术上取得进步，但我们还必须弘扬人类的人性方面。

有的人取得了进步，却丧失了自我。这都是在不同的口号下完成的，时而是全球化，时而是极端主义。殊途而同归，即人失去了自我，失去了人性。

我还没有忘记20世纪60年代初莫斯科一个夏日黄昏的红场景象，几千名俄罗斯人注视着列宁陵墓，他们眼睛眍䁖，眼神呆滞，瞳仁无光。从这些穷苦人的脸上，我感受到了他们的失落。他们徒劳无益地在寻找生活中的一种象征、一种希望或一种意义。他们的脸朝着西坠的太阳，朝着列宁陵墓，也许他们看到了他们正在徒然寻找的东西。

我没有忘记查理·卓别林在其著名影片《摩登时代》(Modern Times)中变成工具的镜头：他只是一个庞大金属怪兽上的齿轮，在生产线上，没有心灵，没有感情，人与无机物毫无分别。

我们想要的是不耽误我们与他人联系的进步，是不造成我们失去与家庭、社会和民族交流的现代化。

我们想让技术为我们服务，通过使用某种可以代替工作的机器，节省时间，为我们创造更美好的生活，而且，还能使我们有时间独处，去思考某种意义或符号，不剥夺我们沉思的能力，有时必须的自省和自我清算的能力。

我们想要进步，是为了一个更加美好的社会，它不会削弱我们享受生活的能力，包括对美的鉴赏，为自然陶醉，感受亲密人际关系的温馨，为孩童的笑靥而欢欣，为鲜花绽放而惊喜，微风轻拂顿觉舒畅，呷口清水即感解渴。

我们想要的是以巨大的技术能力和驾驭潮涌般信息的能力为基础的经济进步，我们想要闯入国际新经济的各个领域，增加国民生产的附加值，增加国民总收入，但与此同时，我们却不愿以丧失国家的和睦和全体国民的满意作为代价。

我们想要技术和经济的进步，为我们开辟新的市场，提高绝大多数国民的生活水平，但是，我们不愿让许许多多的公民失去体面的工作作为代价，不愿让一大批弱势群体边缘化、让他们被机器所取代作为代价。

我们并不指望其他社会碰到困难所采取的虚浮方式，它们将解决问题托付给无力承担必要任务的松散实体和假想机构。正如杰里米·里夫金(Jeremy Rifkin)在其名作《工作的终结》(The End of Work)中所说："今日世界要求各国政府和私营企业共同支持以文明社会为基础的社会第三产业。文明社会提供的就业机会，其中也许就有自愿地为社会的环境卫生、养老扶弱、社会保障、医疗和教育等领域去从事基础服务,否则,它们就得面对第二选择,那便是给予同样的支持,也许是多得多的支持,去建造足够的监狱,以收容犯罪分子和违法分子,他们来自边缘化的群体、弱势群体、绝望者,以及那些感到空间极度冷清寂寞的人——这种感觉使他们变成了社会的敌人和自己的敌人。"

我们呼吁不要忽视自己的身份和属性,要重视爱国主义的一面,尽管我们承认不应忽视参与全球化的要求。

这是出于一种负责的态度,我们认为世界就像一个相互补充的整体,我们关注世界发生的事情,我们同情各地的人,认为自己对任何地方、任何时间、任何人的不幸、受苦受难都负有责任。同时,我们也对后代负有责任,他们有权要求我们为他们确保一个安宁的世界,一个具有良好环境、安全和稳定的世界,不把要他们付出代价的仇恨传给他们,也不把要他们失去生命的被破坏的环境留给他们。

我们不想要全球化可能造成的反作用,如偏执情绪和极端主义的上升,增加复仇欲望和空间孤独感——它可能导致时间移位,或变成对社会的敌意,因为社会没有想到他们,不重视他们的愿望和要求,使他们成为流浪的少数派、边缘化群体或绝望的团伙。他们可能因技术革命而失落,也可能因技术革命而拥有大规模杀伤性武器——它可是毁灭神庙和所有神庙中人的鹤嘴锄。

第三节　大实体时代中的民族主义

下面,我们谈民族主义问题。民族主义基本上建立在包括语言、宗教、种族、共同历史、同一斗争、相互交织的利益和对未来的共同希望等主要因素的基础之上。

如果说在世界的各个地区存在着多个实体，它们在全球化阶段能够建立起一个个对国际经济和世界政治具有影响力的大集团的话，那么，集合了不同国籍、人种、宗教、语言和历史背景的欧盟国家，尤其是在拥有经济实力、自然资源、基础学科方面的学者和广袤土地的前苏联国家加入之后，现在就已经在国际领域取得了显著的地位；此外，还有北美自由贸易区（NAFTA）和开展东亚经济合作的尝试。尽管这些集团还未实现我们过去阶段惯用意义上的所谓的"民族主义"，但它们已向我们指明，阿拉伯国家凭借将它们结合起来的统一的自然因素，如同一种族起源、同一种语言、占统治地位的宗教、共同的历史和斗争，以及相辅相成的利益，无疑将比其他国家更有能力迈出实现一种合作、互补和规划的步伐，为将来更大、更可靠的机遇铺平道路。

阿拉伯统一始终是个遥远的理想，或者，至少近期好像无法实现。那是因为数十年沉积下来的冲突、仇恨和痛苦，有时甚至达到了兵戎相见、兄弟阋于墙的地步。

由于这些沉淀，理想的实现将需要漫长的时间和巨大的努力。但我相信，感谢真主，阿拉伯国家拥有的实力、财富和可能，在支撑它们成为国际领域中具有影响的实体，因为真主已经给了阿拉伯国家思想家、学者和文学家，赐给它们大量的自然财富，交给它们巨大的储备和资源，而统一的所有自然要素都是与上述各个方面相联系的。

"不能全部实现，也勿全盘放弃。"因此，我认为，阿拉伯国家应该在以下领域进一步合作、协调和共同工作，加紧努力。

第一个领域：完善儿童保健。儿童是可以期许的人类资源，完善儿童保健是肯定可以确保经济收益的投资，其长期影响非常有力而且重要。

第二个领域：教育领域的合作。阿拉伯民族拥有自己的经验、学术机构和物质能力，历史上曾在科学、知识、文化和教育方面处于领先地位，应有可能为了后代在教育领域建立起密切合作。虽说在其他领域,当代人因相关的利益存有冲突而产生分歧,阻碍了合作,但我们不可以,也没有理由,在后代的利益上,在事关儿童和教育方面存有歧见。

难道将我们现有的货币和地下遭受侵蚀的资源变成可靠的新通货——"科学和知识",还不到时候吗?

难道那么多民族和国家遭受了积蓄消失和储备耗尽的经济危机和金融投机,还不是对我们的明示吗?

科学的进步已经开始削弱自然资源或传统能源(储藏在地下的能源)的重要性,这不正是在指点我们将一部分受到侵蚀的资源和已呈颓势的货币转成可期许的新通货,转成收益可靠的投资吗?

这里,我想起一位阿拉伯诗人的诗句:

西方为贪婪披上了面纱,

醒来,东方,别再睡啦!

第三个领域:阿拉伯共同市场。阿拉伯国家的贸易额不容轻视,为在我们国内市场销售而设立在世界各国的产业大而庞杂。组成一个积极活跃的阿拉伯共同市场,将为更广阔领域中的更大合作构筑起一个坚实的基本框架。如果我们考虑到重视儿童和教育所需要的时间跨度,那么,我们阿拉伯民族就更有希望争取到一个以最有力的方式统一起来的未来——祈求真主让它早日到来,成为国际领域中一个举足轻重的实体。

第四章　希望与行动

导言

我们接着要谈一个最重要的问题——我们做什么？

我们已经明白，全球化无可回避，我们事实上已进入全球化体系。我们前面已详细指明，全球化的需要不是强加给我们的，也不可能让我们丧失文明、文化、根源和身份等最重要的成分，我们不会为了获取物质利益而不由自主地丧失自我，这也就是说，我们要成功地获得物质利益，却并不丢弃我们的相对优势和历史教训——毫无疑问，我们已将这些教训铭记在本民族的心扉，深藏在本民族代代相传的基因之中。

我们不会丢弃自己的身份去屈从全球化的要求，因为世上所有的钱都代替不了在这块美好土地上生生世世数百代人的精粹经验和牺牲。

我们只能寻求一种模式，它能协调全球化的各种成分和要求，使我们跻身于第三个千年的行列和人类进步的进程，同时为我们保留本国人民拥有的相对优势，保持社会的凝聚力、属性、身份、根源和家庭精神。

这些都是我们认为不会与全球化要求相悖的特点和特色，是我们首先要关注的事情，既不构成对任何人权利的侵犯，也不贬低任何人的能力或努力。

而且,这些特点、特色也是支持我们承担国际责任的基石,能增强我们的能力,使我们能从先进者和有能力者的地位出发,成为世界新秩序中的有用成员。

在埃及,鉴于我们重要的战略地位和长达七千多年历史的文明,鉴于几千年来独具特色的人类交往,我们认为自己能在世界新秩序中发挥建设性的作用,在保持技术进步、知识进步的需求和经济发展的要求,与人类特性间的平衡方面,发挥作用,而人类的特性,则在于维护人性,维持物质能力、精神因素和人文因素间的平衡。

我们别无他法,唯有一起合作,塑造民族的智慧,培养出担负这一使命、完成这一历史任务的新的几代人。这不仅有利于这个民族——她的利益是合法的,应该得到维护——而且也有利于全人类。我们完全相信,对人类利益有利的是,在国际决策者圈子里能有人从保存人种,开发和繁荣世界,以及后代利益的战略考虑和战略必要性出发,记得我们同文同宗的兄弟。后代人有权要求我们尽心尽职地维护他们生活的权利,维护他们在人世间的公正份额。

第一节　教育与未来

在众多负责机构中,教育机构名列首位。虽然有人声称,教育机构也在走向消亡,认为在电子革命、通信革命和巨大技术进步的影响下,教育的影响力将随着现代发明而下降,教育的价值将变得无足轻重,尽管我们也承认,许多新的教育形式和教育手段已经出现,有许多重大发现导致了教育方法的改变,但是,教育组织或教育机构,作用有变化,形式在发展,手段已多样化,就我们的特殊环境而言,它仍将是无可替代的历史责任的承担者和保卫者。

一、未来的学校

只是,我们需要新的形式、新的种类和新的学校,即未来的学校,一所没有围墙——不是指物质意义上的围墙——的学校,与社会保持有机联系的学校,同周围的机构、同人们的生活、生产基地、舆论脉搏、文化宣传机构和地方政权机构相来往、相沟通的学校。它通过各种活动深深地扎根于社会,调动一切能够参与或伸出援手的人以重塑民族的智慧。它有横向联系,伸向行政部门、实验室、研究中心、生产线、古迹点、博物馆、田野、森林、海岸等一切场所;也有纵向联系,其触角伸及世界各国的人文经验和教育经验,目光投向充满各种变数、发展和可能性的遥远将来。它还研究生活中的种种变化、形式和活动。这是一所消除了隔离学习和现实、教育和实际、教育计划和社会需求间围墙的学校,也是一所办学宗旨、教学内容和手段很先进的学校。

二、第三个千年的教师

我们需要第三个千年的教师,角色正发生根本转变的教师——从绝对真理的拥有者,毕业于一贯以培养按僵硬制度和直线形规则(linear systems)办事、墨守成规、一板三眼、不敢超越本本和常规的职工为宗旨的机构,转变成为能承担企业家、项目经理和问题分析师职能的教师,成为学校和社会之间的战略协调员,鼓励孩子们,激发和调动他们身上的最大能力和最高志向,发掘他们的聪明才智和天赋,发挥教学和求知过程中的活跃中介作用。学生们是教学过程中的主体,承担着主要责任,而教师们的基本任务则是为孩子们提供知识的钥匙,学习的科学方法、原则和正确的现代研究方法。

教师的基本任务就是调集学生的能量，激发他们的热情，引发他们的好奇，陪伴并引导他们在知识的游览中穿越一切障碍和堤坝，克服校园内外的一切难题和难关，面向当代及其广阔的领域，展望未来前景及其巨大的机遇，去作一次探索和观察的旅行，探索宇宙、心灵和明天，观察知识、事实和机遇。

教师要有教育经验，了解各种文化，知识面宽，思维能力强，政治经验丰富，有想象力，有负责任的理想和在觉察变数基础上的设想，能与孩子们一起，协助他们做好准备，去应对与我们所经历的现在和过去完全不同的未来。

我们在培养新的一代，他们将应对不固定的体系，应对无序的体系，应对许多我们从未遇到过、有的可能根本想不到会发生的局面。我们别无选择，只能用经验和能力将我们的孩子们武装起来，使他们能够聪明地应对这些局面。

处理我们从未遇到过、从未经历过的局面，我们没有现成的药方，但是，我们能够让他们掌握知识的钥匙、研究的方法，使他们具备通信技能，具备生活技能和独特的联络技能，拥有采取正确决策的能力，简而言之，就是使他们拥有未来之旅的一切装备和必需品。未来将是一个不同于我们现在的客观存在，也是一个不同于我们现在的世界。

我们应训练他们以团队精神共同工作，同时又不抹杀个人抱负，不忽视独特的能力和难得的禀赋，应使他们掌握时代的语言、先进的机制、先进技术的技能，还应深化他们的忠诚、归属、责任心、参与、身份、根源、面向他人和未来、自尊自豪等价值观念。

我们应培养他们掌握既实际又科学的方法，去解决在前景还不确定的未来他们会碰到的难题。我们不知道命运为他们藏匿着什么样的任务。这就要求我们以前所未有的方式培养教师，他们得接受不同的训练，面向各种国际经验，具有多种的经历和能力，无论是通过师范院校，还是新颖的师资培训方式，接受培训将与教师终生相伴。

我们需要的教师，要有本事去发现，发现天才，发现创造力；要能够关心情况特殊的学生，不论他们是创新者，是人才，还是境况特别的人——命运在某些领域对他们很残酷，夺走了他们别人都有的能力，但他们却拥有另一种禀赋，等待着有才华的教师去发掘出来，把这样的孩子由难题转变成进步的火车头和创新的动力。

我们需要的教师，要有触角，察觉各地的变化，发现各个领域的机遇和资源；有展望未来、预测未来发展和可能的能力和眼光；能自修提高，增加应对这种种变数的知识。

三、非传统的计划

为了使我们在第三个千年之初的进程有明确的目标，使我们更有信心也更加安心，为适应第三个千年的发展对教育提出的要求，即强调全面认识教育的各个方面及其持续性，强调教育过程中各部分之间的相互关系，以实现我们所追求的最昂贵的一种投资——人力的开发，我们需要崭新的教育计划，因为随着不断出现的进展，我们进入第三个千年的时间越久，我们的教育计划与未来的需求间的差距就拉得越大。

用全面知识取代简略分类

我们所有的教育计划都已到了进行一次根本变革的时候。几百年来我们习以为常的简略分类法已不再适用，它将原本作为一个不可分割的整体知识，划分成不同的分支和学科，划分成僵化的门类和零散的科目，于是，全局观常常丧失殆尽，知识各个方面之间的交叉领域被抹杀。知识的完整性是毋庸置疑的事实，教育质量是不可取代的必需，学科间的相互联系也是不能视若无睹的战略必需。

知识的钥匙和研究的方法

是我们置身于巨大的知识进步的时候了。知识至少每 18 个月就翻一倍。这一时段虽说很短，却似乎还在缩短。我们得依靠知识的钥匙和科研的能力，靠掌握、寻找、组织和运用信息的能力，同作为不可分割的一个整体的知识互动的能力，深入了解各个知识领域的交叉关系，培养我们的孩子联系不同事物、把握连接各领域间的关系，以及分析、推理的能力。

我们前面已经提到，人们将多次改变自己的职业，机敏快速地从一个专业转到另一个完全不同的专业。因此，我们除了拥有相互补充、相互联系、相互渗透、相互交叉的人类知识，以及它们间的相互关系的宽泛基础外，已经别无选择。

与社会真实需求相联系的（教育）计划

计划必须与社会的需求相结合。我们没有权力也不应该强迫我们的孩子花上好几年去学习，一答完考卷或刚从某一教育阶段毕业，走向实际生活，就把所学的绝大部分内容忘光。我们不可以糟蹋一代人的时间和精力，那可是他们最珍贵的财富，也是我们对未来最昂贵的投资。我们只能为他们提供这样一种教育：他们花时间学习，给自己带来长久而深刻的知识，带来终生拥有的经验，带来每天都不可或缺、不会忘却的能力。

这是一个应由专家和教授用新思维和非传统方式去处理的问题。要完全打开一个领域，靠的是知识的钥匙，而不是知识的数量；是研究的方法，而不是死记的成果；是工作的计划，而不是因领域不同而变化的模式化过程的细节。

生活技能和通信技能

我们正处在一个全球化成分日益壮大的世界，私营企业的参与和责任在增强，联系、谈判和行为管理的必要性在扩大。我们的（教育）计划应该担负起责任，使我们的孩子能够聪明、称职地应对社会真实的、不断发展的要求。

教育、实践活动和试验

教育计划必须实用。计划的执行是根本，计划的试验是基础，参与信息的搜寻、组织、运用和实践则是教育过程的实质。

教育计划必须在学术上和应用上同当代的技术相结合，必须通过研究、观察、共同生活、参与和发展，与现实、社会、人们的日常生活、他们的难题和希望相联系。

未来的基本构成

教育计划既必须纳入世界的范围，按照国际的标准，也必须符合未来的建构。对通过机构和计划的形式，每天都涉及各方面知识的一切的教育活动和教育计划而言，未来的构成乃是基本的支柱和轴心。教育计划仅仅是忠实地反映我们周围发生的情况，或只是准确地表达我们所处社会的需求，已经难以被接受，而且也不够了，应该对一个我们不曾经历、但我们的孩子必将在其中生活的世界作出展望，做好准备。

未来的构成很可能采用每所学校和教育研究中心内的工作组形式，或在各不同学科的每一份教育计划中都列入有关未来的内容，或是让一批实验学校去进行具有前瞻性的先导性试验。

选择权

教育计划必须尊重新一代人的选择权，因为我们不是在与同一种程式化的生产打交道，而是在与人交往，他们有自己的兴趣和特点，彼此之间存在着质的区别。正如指纹和基因组印记的差异一样，每个人的大脑组织都不一样，儿童的性格、能力和兴趣也截然不同。在教育中试行克隆的方法是不公正的，这样规划也不妥当，因为我们要研究的不是僵硬的模具,或千篇一律的复制品,真正的挑战在于我们要去发现,去帮助每个孩子发现自我,发现他所独有的能力和禀赋。每个孩子身上都有一种隐秘的财富,社会的责任就是去发现这一财富,让这种潜在的禀赋显现出来,并得到发展。最好的一种教育,是与人类的潜在需求对话,满足人类对知识的需求和强烈渴望;激发人类激情和惊奇的教育,是通向充满活力和持久深刻的知识和经验的教育。

我们儿童教育计划的选择范围必须拓宽,这除了要对民主和选择权开展实际培训,还得有助于我们发现每个孩子身上的天赋和相对特点,营造较适宜的创新氛围。

教育方法必须具有灵活性,教育计划的性质和教学方法应当多种多样,每个孩子的课程表和时间也要有充分的弹性。科学事实表明,90%的儿童只要人人都能受到合适的教育和获得充分的时间,就都能够进入熟能训练(mastery learning)阶段。

严格的模式化和程式化体制应该改变,必须用新的视角去看待教育机构、学校和班级层面,给它们很大的灵活性,以满足教育各个阶段的不同需求。

四、教育要有优势,优势属于大家

与全民教育相比,教育宗旨必须有所改变,这是一个我们无法选择的问题,也不是要谁不要谁的问题,而是一种影响我们民族安全和进步能力的社会必需和教育必需。只是,这样说还不够,因为我们已别无他途,只有坚持优质教育,以确保我们的孩子们拥有世界高水平的经验和能力。这种优质教育是实现"优势属于大家"的一个步骤。埃及不能,阿拉伯民族也不能只让自己的一部分或一批人力资源作为竞争力,参与国际竞争,因为在国际竞争中的领先优势是全体人民奋斗的产物,或是一个国家所有个人努力的总和；产品优质、制作精美和生产力水平高所体现出来的相对优势，是全民族运作的产物，而不是个人或少数人操作的结果，是社会经验的总和，科学能力的积累，也是所有个人汇聚起来的能力、他们联合的能力、相互凝聚和合作的能力相加之和。

我们无可避免地在进入知识密集型生产的时代。在这一时代，建立在智力技术基础之上的产业和活动，其主导领域中的知识含量会最大限度地提高，不同种类的生产线都需要受过最高水平的特色教育的人才。

实现人人具有优势的原则，同我们加强民族安全和竞争能力，加强在国际市场上保持领先地位的能力，为我们的民族实现与她古老的过去和应有的未来相称的地位，以及同我们在国际关系中实现平衡，都应不分轩轾，同等看待。

"教育要有优势，优势属于大家"，对于全球化来说，也是至关紧要的，因为知识密集型生产和全球化经济产品的共同特点，都需要一个广阔的国际市场，由整整一层具有高级优质教育水平的消费者构成它的深厚基础。

以先进的智能技术（brain power technologies）为基础制作的产品，人们首先得会使用，其次，这些产品的特点还要求有很高的购买力，而这些都只有受过优质教育、享有较高经济地位的人才具备。因此，实行"优势属于大家"，乃是面对大有前途的世界市场的经济必需，也是确有经济效益的投资。

五、人才

在残酷的国际竞争中，人才已成为一种前景可期的国际通货，一种决定性的相对竞争优势。当我们在寻找一种在风高浪急、波涛汹涌的全球化汪洋中航行的新方式时，我们必须以安全的导航技术和可靠的动力来保障祖国的航船。

人才永远是进步的火车头、向前的推动力,是其他人勤奋努力、精益求精的榜样。在任何一个民族中,大约有1%的人能列入天才的行列,近10%～15%的人可视为有才华者。但是,我相信每个人,即使是残疾人,都具有真主所赐予的潜在禀赋,需要有人去发现、关心和发展,把他们从负担变为机遇,为国家的人才储备增添一大批具有影响的创新力量。

尖子学生问题在世界许多地方依然是一个有争议的问题,发现、对待和教育尖子学生的方式也多种多样,主要有四种倾向。

第一种倾向:集中培养(grouping)

将尖子学生集中到特殊的学校,对他们实施特殊的教学计划。这种方法的特点是简化智商和能力相近儿童的教学手段。

但是实践证明,这些有才华的孩子由于失去了优越感,随之又失去了他们渴望得到的社会对他们的评价和认可,他们的热情在一段时间过后便会冷却下来。同时,他们由于与其他同学隔开了,显然会失去与社会上大多数人交往的实际能力,会产生一种孤独感。此外,这种做法不让绝大多数儿童成为真正进步的火车头,夺走了他们模仿和赶上尖子学生的动力,而且还引起了有关民主范围和违背机会均等原则的疑问。

第二种倾向:加速培养(acceleration)

这种方法提供了学习时间上的灵活性,允许儿童以比他们同学小的年纪进入各教育阶段,允许他们在较短的时段内完成每一阶段的学业。

值得注意的是,这一方法适用于学习拔尖的学生,但却不利于其他人才,因为学习上拔尖只是识别天赋的一个标准,而不是唯一的指标。

还值得注意的是,这种方法仅适用于初中阶段和高中阶段,而不适用于小学阶段,因为这在早期学习阶段会成为儿童们的负担,剥夺他们享受儿童时代的权利。

第三种倾向：强化训练(enrichment)

这种做法建立在尖子学生除学习教学计划中的一般必修课外，还得攻读学习强化课程。其特点是他们与其他同学可以一起上课，不必隔开或区别对待，但教学计划、教学方法和课程表要有灵活性。对采用这一方法的任教教师也得经过特别的培训。

第四种倾向：特殊计划(special programs)

这种方法需要为尖子学生设计特殊的教学计划，让他们通过加课、利用学习日的课余时间、周末假或一部分暑假时间上课，可以留在本校，也可以安排在特设的中心里。除此之外，还要替他们的父母设计另一种特别的计划，指导他们参与培养尖子学生的能力。同时，任课教师也得经过培训，具有较高的水平。

这样做的一个关键点，在于不时出现的主张和理论，总是在教学质量、教学特色与确保教育机会公正、均等之间制造矛盾。这些论证基本上都依据一种假设，即要筹措实现"优势属于大家"的拨款绝无可能。

持有这种意见的人提出了一个折中解决方法，即主张对有能力筹措费用的人提供一种优质教育。他们没有忘记为这种建立在歧视、分隔和侵犯机会均等上的主张加上包装，声称将为没有能力享受这种特色教育的人才留开一个比例。

这里，我想阐明的是，这是一种表面仁慈、内含折磨的主张，因为它只是将特色教育都奉献给了有能力者，只会加深社会上的贫富裂痕，破坏社会和平——它首先对有能力者有利，然后才是边缘人。

此外，这一建议还明显忽视了应对全球化的需求，得有广大的一批能够在国际市场上形成竞争优势的杰出人士。将优势局限于少数有能力者身上，会使我们的竞争能力严重边缘化，会在知识代表民族真正财富的时代中，破坏性地糟蹋祖国的知识积累。

在国际竞争中，世界绝不会接受我们的赤字证书、宽限期证明或社会理由，绝不会慷慨地赐予我们额外的或例外的特权，也绝不会为我们豁免或超越任何国际标准，因为盛行的唯一逻辑就是"适者生存""优者领先""最能干者与最能创新者获胜"。

最后，我坚信，在埃及这样珍视社会内涵的开明领导下，一个能够将教育预算从 1981 年的 6.6 亿埃镑提高到 1999 年的 174 亿埃镑的国家，是有能力筹措到国民准备应对全球化挑战的经费的。借口能力不够已成为当今不能接受的话语。

六、 特殊情况者

关心和帮助特殊情况者，开发他们所有的资源，了解他们除失去的一些能力外倒有可能很突出的其他禀赋，用适当的经验和能力武装他们，加强他们赶上社会生产劳动进程的能力。这一切都是将来的必需，我们不应当由于其他考虑而对此置之度外。

特殊情况者是社会上一个为数不少的群体，也是我们民族人才储备的一部分。如果我们将他们视为残疾人，是我们的负担和难题，这就会降低我们在国际竞争中的竞争能力。

假如我们将他们视作社会和劳动力的一个组成部分，让他们受到很好的教育和培训，将他们看作是我们的同胞兄弟，我们和祖国应该为他们的权利尽心尽职，那么，他们届时就会成为创造性的民族奋斗中的附加力量，成为一个在应对与全球化利益同步的物质主义至上时，大力推行相互保障、彼此关怀价值观的社会标志。看待这些情况特殊者，当然要以一种非传统的哲学，一种新的人文、政治和经济眼光，要为他们制订出以科学为依据、经过慎重研究的计划，为他们提供合适的教育计划、称职的教师和相应的学习、培训和生活环境，使他们能赶上进步的行列和劳动的队伍。在这方面，不可用陈腐的理由或物质至上的考虑来阻碍我们。

七、民主

应对全球化，必须深化作为时代口号的参与意识和民主意识，必须深化教育机构内部的民主气氛，允许意见分歧、各持己见，鼓励对话，提倡在所有的教育机构或学校层面开展批评和自我批评，从而营造出一种适宜创新和冒尖的氛围。

必须深化我们的教育计划和校园内的民主气氛。我们事实上已经成功地将许多民主观念引入了各种教学计划，如人权、儿童权利、不搞种族歧视、性别歧视和宗教歧视，提高女性地位、相互宽容和对话等。

同时，我们还在学校里恢复了各种辩论会，支持家长委员会和校务委员会，此外还重视通过摒弃暴力维护教育机构内的人权，强调学生和教师之间必须相互尊重，禁止教育机构内的体罚。在过去一段时间内，利用教育部的网络已举办了多次虚拟会议（video conference），有数千名教师、管理人员、家长、学生和教师工会代表参加，在安排紧凑的短暂时间内一起进行广泛的、建设性的对话。这些会议充满坦诚、民主的气氛，自由对话，开展批评和自我批评，为建设性的反对意见提供了空间。

这样做会在教育机构内部创造出真正的民主气氛。民主气氛必须布满校园，深入班级，允许儿童们和学生们表达自己的意见，确保他们拥有持不同看法的自由，使他们能够表现自我，为把保护创新和对话能力作为一种价值观，筑造出一块肥沃的土壤。

此外，是发挥家长委员会的作用。给予这些委员会参与教育决策、就解决学校问题发表意见的实际权力；向代表文明社会的非官方机构提供机会，让它们参与学校活动，支持教育事业，对发展方式献计献策。所有这一切都将浓化民主空气，在他们确实受到培训，在学校范围内展开实践之后，将毫无疑问地会造就一代新人，他们在经过实际训练之后，能够推行民主，在学校一级身体力行。这也是对后代的实际资质培训，使他们既为自己的权利自豪，也重视恪尽社会职责，成为真正竭诚参与负责、遵守权利和义务的一代，能在集体之中以团队精神工作，信守自己权利，也信守他人权利的一代。我们认为，这是一种基本保证，是在全球化的挑战中维护祖国、巩固民族安全的必需。

第二节 文化

如前所述，我们肩负着这一领域的历史责任。埃及在人类文明中领先了几千年，并曾在世界各地的文化传播和启蒙运动中发挥过显著的作用。在科学和信息时代，埃及不能展示新的形象，提供必要的平衡，树立可激励他人的楷模，向其他国家和各个社会传播相互宽容、相互团结、共处以及建立在真理和正义基础之上的平等价值观，发挥预期的作用，那就很不合适。

也许，上个月在西雅图发生的冲突、暴力倾向，以及发生在全球化最大一极家园内部的游行，是一种警示，它告诫迷恋"电子一族"的力量、一切深受超级"技术"毒害的阶层和所有陶醉于技术摧毁性能量的全球化支持者们："这是他们应该懂得的警示"，"它清楚地表明，边缘化力量和弱势群体，以及利益被忽视、资源遭掠夺、抱负和希望实际已泯灭的发展中国家，仍然有能力作出反应，作出范围和严重程度不一的各种反应。"

也许发生在西雅图的事件是一个对人有益的教训，它向人们表明，拥有千臂的"电子一族"，无论它所产生的或与之相伴的惊人进步，力量有多大，能力有多强，也已经为边缘人、被踩躏和被征服的人们提供了机会，让他们表达自己的冤屈和痛苦，表达他们拒绝和抗议的能力。

如果说西雅图事件仅仅是与联邦警察或军队的冲突，那么，它的寓意则是多样的。在巨大的技术革命形势下，这些影响力有限的游行有可能转变成性质完全不同的反应，会打破"电子一族"的梦想，能摧毁他们的最高利益，而且可能使许多国家甚至全人类都遭到全面彻底的毁灭。我们应该了解这一历史教训，作好准备，以免未来的教训更惨痛，影响更致命。

与全球化文化交往

同样至关重要的是，我们要清楚地阐明，全球化虽说首先是一种经济制度，其次是一种社会政治制度，但它无疑也带来了一种新的文化，且不论这种文化的科学或伦理概念是否等同于思想侵略、信息泛滥，以及全球化利用各种现代超能通信工具和包括电影、电视、广播在内的超控制的宣传手段所传播、散布的符号。

这一切预示着一种新文化

有些人称之为"电子一族的文化"，也有些人根据著名的麦当劳饮食系列，把它叫作"麦当劳世界的文化"，还有人直截了当地将它归入美国文化。

不过，一个简单的事实是这种新文化有一个轮廓清楚的共同基础。

全球化文化的本质

第一，它是宣扬消费的文化。

主要目的是创造新市场，最大限度地释放消费欲望。资本主义社会最重要的目标依然是确立和发展对现有产品不满的持续状态，以形成对新产品、新样式持续不断的新需求。一种支持者甚众的经济理论认为，增加消费是增加生产、活跃经济的强大推动力。日本人将这种竞相消费和购买欲望称作"Chindogu"，而不考虑去满足真正的需求，它表现为家家户户都拥有数十种几乎从不使用的设备、工具和商品。

第二，它是为暴力铺路的文化。

我们前面已谈到暴力文化现象——任天堂军事集锦及其在构建一种新文化中的作用，它预示着相信暴力是一种生活方式和普通自然现象的好几代人正在成长。

第三，它是宣扬个人主义和自私自利的文化。

第四，它是一种纯粹的物质文化。

其中没有精神和情感，没有给人类感情，也没有给以相互同情、相互团结、关心他人为基础的社会关系留出空间。

而且，它还是一种宣扬利润、摧毁竞争对手、崇拜金钱，取消除金钱以外的所有价值观的文化，是一种组建把吝啬当作美德的世界的文化。

第五，它是一种鄙视众多社会价值观的文化。

既不重视身份或属性，也不关心公民权利、就业机会和环境考量，有时还将这些观念视为应当消除的障碍。

它是一种不尊重文明社会、公民民主权利的文化。

它是一种鼓励投机、贪婪、为达目的不择手段的文化。

应对全球化的文化入侵是一项民族任务，但它却由于巨大的通信革命和高速的技术进步而显得十分艰巨。靠着技术进步，新文化的宣传机构和传播工具常常变得锐不可当。

应对的方式

如前所述，由于全球化的机构不厌其烦地喷吐出信息、符号和思想的洪流,隔离之想已被排除,拣选信息也几乎毫无可能。

此外,在天空开放和边界畅通的时代,在时空屏障已经坍塌的形势下,人们被来自四面八方的各种各样信息和工具所包围。

诚如本杰明·巴伯(Benjamin Barber)所说,信息成了麦当劳世界(McWorld)的黑金,谁拥有了传播发送工具,谁就能在各种情况下决定(传送)内容的性质。

比如说,视听媒体产业是美国仅次于航天航空工业的第二大产业,它在1992年仅对欧洲的出口额就达到了37亿美元,这说明法国人为什么要明确地对抗贸易自由化协议,坚持不将视听软件纳入关贸总协定的范围。

电影曾经只是一种奢侈品,如今却已成为世界贸易的一个主轴。美国电影在国际市场中名列第一,比它在其他任何领域的领先地位都更居前。好莱坞扮演着过去民间文化遗产中的一个主要支柱——讲故事人或说书人的角色。

至于录像片和电视节目,则已成为毫不犹豫、不经许可便直闯家宅的不速之客。

娱乐、信息和电影产业现在是一种相互补充的合成产业,是麦当劳世界的核心,它拥有实际上是以委婉方式达到全面控制的相互补充和相互合作的工具。此外,它在实际运用中还对其他方面实行严密的监控,而不光只是一种绝对优势。

责任和机制

应对这一严峻现状的责任落在几个机构身上,首先是教育机构。它应当增强新一代人的免疫力、抵抗力和理智的拣选能力,增强他们对祖国的归属感、忠诚,以及对祖国根源和价值观的自豪感,应为后代提供能取代外来文化的令人信服的产品。

宽容的宗教教育弘扬崇高的品德、正直的行为和开明的信仰，提倡合人心意的中道、合作、兄弟友谊、相互补充和相互同情，摈弃暴力残忍、极端主义、草率粗暴、故步自封和门户之见。它是获得抵抗力和免疫力的强大动力，能够加强人的精神层面，构建起正确教育的基础结构。

正确的民族教育能增强对祖国及其根源的忠诚、归属和自豪感。从发展的眼光看，历史教学在这方面具有重要的作用。

历史教学应该是对人民运动和民族经历的忠实而科学的描述，是对历史重大事件及其产生后果的原因的冷静分析。

研究英雄和领袖人物的生平，阐明他们为祖国发挥积极作用、为人民作出牺牲的根源；学习从胜利和失败中得出的教训；了解前人的丰功伟绩和祖先留下的历史古迹。他们是新一代的好榜样，能增强后代对他们的文化遗产的自豪感，用有益的人类经验和知识将人们武装起来。这一切都应该在加强劳动、牺牲、坚忍、奉献、科学、忍耐、诚实、仁慈和相互保障、相互同情等价值观的过程中进行。

这一切会使我们的孩子从小就增强免疫系统，通过优质教育开发（他们）分析、科学思维和批评的能力。优质教育可以让后代具备拣选信息、分辨良莠的能力，增强他们抵制不符合自己信仰、文化或伦理的事物的能力，同时，也不禁止他们利用有益的信息和思想，利用将他们与进步和未来连结起来的知识。我们需要精通第三个千年的语言，而不下滑到去使用没落的措辞和生僻的词汇。

宣传文化机构和民事机构，在支持我们已详尽阐述的民族目标方面，也将发挥毫不逊色的作用。它们的角色互为补充，使命异曲同工，任务互助合作。

学校教育计划未提及的，由文化、宣传使命去补充；计划学习未达到的，通过文化、宣传活动去解决，用参观博物馆、展览会，出席研讨会或瞻仰清真寺或教堂积累起来的学术阅历去加深。

课程中没有的内容，都包括在跑图书馆，阅读电脑软件，看演出，参观展览，看电影、电视剧，实地考察或探险旅行等计划外的学习之中。

这样，在一个相辅相成的组织体系中，沿着文明的轨迹，按照与文明、历史根源相结合、强化对祖国的忠诚和归属感、巩固价值观和原则的伦理视角，民族文化就将构建起来。

第三节 全球化（或一体化）形势下的国家作用

我们接下来谈很重要的一点，即全球化形势下的国家作用。

大多数全球化的思想家和鼓吹者都断言，国家形式的假设寿命已经结束，其存在的理由也已不复存在，"民族国家的终结"或"国家形式的终结"(end of the nation state)的提法，反复出现在一大批思想家的著述之中。

但是，按照我们必须协调全球化的需求和增强国家实体活力的见解，我们认为，国家仍然具有它应当承担的基本作用。

主张废除国家作用或将国家功能边缘化，其真正的逻辑在于，"电子一族"不能忍受任何一种束缚，国家所制定的规则构成了不受"电子一族"机构欢迎的桎梏。国家支持福利型国家(welfare state)和公共利益，保护弱势群体和阶层，尽可能公正地确保国民产值的分配和教育、卫生等关键服务的责任，它所发挥的作用在全球化的意识形态中并非是优先考虑的对象。如前所述，全球化能想到的，最多是将这些责任托付给松散的机构或假想的实体，由它们装模作样地去负责，或羞答答地采取象征性的或形式主义的办法去做一点。有些全球化的思想家甚至认为，这些责任纯属徒劳无益，是应当甩掉的包袱。

但是，许多资本主义社会的思想家，无论是从政府层面还是从政治层面看，都不同意这种做法。

一、社会资本主义①

共产主义和资本主义之间的竞争已经结束，资本主义获得了胜利②，但不同类型的资本主义之间的另一场竞争却已经开始。用哈佛大学著名经济学教授乔治·洛奇（George Lodge）的话来说，那是因为"美、英资本主义中的个人倾向与德、日资本主义中的社会倾向存在着明显的差异"。

个人资本主义宣扬工资、收入的惊人差异，开发才能的个人责任，鼓吹利润、随时解雇和离职的自由。我们看到社会资本主义尊崇的是工作集体的价值观，是人员培训的社会责任、团队精神和对机构的忠诚。

在日本，仅仅为了更高的薪金而离职转岗，差不多就是一种遭到社会谴责的可耻行为。

社会资本主义期待甚至要求，公司和机构从其资金中拿出重要的一块用于劳动力的培训和技能的提高，而在美国和英国，那纯粹是个人的责任。

这种倾向在欧洲的政府层面上集中体现在德国身上。德国——它实际上领导着欧盟——的许多关键产业，如航空、汽车、钢铁、化学、电力和运输，国家控制着比地球上任何一个非共产主义国家都更大的份额。

因此，德国认为它所拥有的经济体制是社会市场经济（communitarian capitalism）③。

---

① 原文如此。读者可参阅《辞海》"国家资本主义"条目②。——译者
② 作者与许多阿拉伯国家的学者一样，都把苏联的解体视作是资本主义战胜了共产主义。这显然是很不全面的一种认识。——译者
③ 英文的意思是"公有制社会的资本主义"。——译者

正如威廉·诺克(William Knoke)在他的《关于面向21世纪的基本道路》一书中所说,国家只要还有一种责任或一种职能,那就是教育的责任,也肯定是教育的职能。国家能够提供的其他东西,如道路、基础设施、法律和安全,其重要性都不可能与教育相提并论。

没有教育,其他的一切事物都将倒塌,经济将崩溃,价值观和伦理道德将丧失,暴力和犯罪将激增,安全将每况愈下。

二、第三条道路

世界上的许多地区都已着手在寻找另一种模式。在欧洲,尤其是在英国的托尼·布莱尔政府和第三条道路政党中,出现了有关社会主义民主、社会民主或第三条道路的新思想。

在这方面,埃及是体现第三条道路思想的一个杰出范例,是协调全球化需求与爱国主义必要性的一种独特模式。

如前所述,从历史黎明时期起,埃及就是向世界开放、影响世界也受世界影响的最古老的国家和社会之一;它自古以来就是商旅和思想的通道,是启蒙和文化的永恒光源。

埃及总统有权要求我们记住,他是要求向周边世界全面开放的第一人。这体现在他对国际关系的高度重视和不懈努力中,他走遍世界的东方和西方,架设桥梁,加深关系。他很早就意识到了融入世界的重要性。

他利用独特的国际关系,提升祖国在国际场合中的地位,我们今天在区域和国际决策圈中已经拥有颇具影响的一票,他富有特色的国际关系也为埃及免除很大一部分压在埃及经济上的债务,发挥了重要作用。

埃及总统很早就意识到了信息技术革命不断上升的重要性。他认为,进入先进技术时代,是埃及在下一个阶段所面临的最大挑战。所以,他竭力构筑知识密集型生产时代的基础结构,让儿童和青年具备能参与世界竞争的经验和能力。

在所有这些阶段——准备和展望应对全球化、融入世界的阶段，埃及总统始终关注社会内涵，支持社会和平，强调身份和属性，高度珍视祖国的尊严和决策的独立性，并不断呼吁加强国家的民族机构，以应对国际性的大集团。

应对全球化挑战的必需，要求基本上改变埃及经济。在埃及进行根本的经济改革时，埃及总统对国际金融机构，首先是对国际货币基金组织的立场是明确、果断的，改革将具有埃及属性，顾及社会和平，而不是依照国际货币基金组织的条件。

埃及领导人经常强调国家作用的连续性，强调国家在支持弱势群体、实现社会和平、发展祖国自身能力方面的功能；把教育视作埃及最大的民族工程，反复强调国家维护社会和平作用的重要性，要继续在支持弱势群体和保障免费教育方面发挥作用；同时，也高度关注加强埃及在国防、经济和教育方面的民族安全。

这一实践经验证明，应对全球化不是去同全球化顶撞和冲突；同时也证明，在增强社会能力，开发社会资源，维护社会稳定和身份，培养自尊自豪、忠于祖国、不卑不亢地面向全人类的人等方面，爱国主义都具有基本的作用。

三、社会民主或社会主义民主

在当今的欧洲，尤其是在托尼·布莱尔政府领导下的英国，出现了另一种倾向，它反映了国家在共产主义衰落、传统资本主义经历了当前危机后的基本作用。那就是伦敦政治经济学院院长、托尼·布莱尔的思想顾问安东尼·吉登斯（Anthony Giddens）所谓的"第三条道路"。

"第三条道路"可概括地称为社会民主或社会主义民主，它以下面几项原则为基础。

没有责任就没有政权;民主应当真实透明;扩大社会上的所有权范围至关重要,要么是通过各岗位的职工持有一定的股份进一步分享所有权,要么是采用扩大的合作制。

那样做会巩固政治稳定与社会和平。各个国家和社会都应当继续支持弱势群体和边缘人,以积极的援助使这些弱者强大起来,通过合格的培训和教育,让他们具有最高水平的经验和能力,从而能够赶上产业社会的进程,习惯于有成效的工作。用于教育、培训和再就业的开支,要比用于支持失业保险的费用更具有经济效益。国家应当在管理、预防风险和危机中发挥有力的作用,应当让建立在义务劳动、个人和集体积极性基础上的文明社会参与进来。以非官方或民办为基础的社会第三产业,可以在加强民主、关心弱势群体、相互保障、增强责任感和社会个体间的相互同情方面,发挥重要的作用。同时,这也不会抹杀个人的志向和独立性,以及他们在实现自己抱负时的自主意识和能力感。

这一思潮的蓬勃兴起本身就证明,有许多人认为必须要有一种取代"电子一族"及其致命控制的人文办法。

同时,它也清晰地表明,人类的人性方面依然是许许多多的知识分子、改革家和思想家最重视和关注的问题。

在物欲横流、金钱至上、机会主义和马基雅弗利主义(Machiavellism)[①]盛行的时代,世界的良心仍然在要求我们切莫忽视价值观和原则,以及相互合作、相互同情和相互保障的行为。

[①] 马基雅弗利(Niccolo Machiavelli,1469~1527)意大利政治思想家、历史学家。曾任佛罗伦萨共和国"十人委员会"秘书,主管军事和外交,主张结束意大利的分裂,建立统一而强大的君主国。在《君主论》(*The Principe*,一译《霸术》)一书中提出君主为达到目的,可不择手段。后人称这种政治哲学为"马基雅弗利主义"。——译者

仍然有人相信,在较为公正的气氛中,在人文价值观和精神价值观的引导下,有可能出现一种更美好的生活,物质不能征服它,个人主义不能淹没它,贪婪和欲望也无法抹杀它;相信对未来的希望仍然在阻止那些急功近利、无耻抢夺战利品的人们。

不负社会责任的物化资本主义,其口号是"自由放任"(laissez-faire, laissez-passer),那是一种没有价值观和目标的政策,因为按照这一政策,谁都不对他人负责。这是一种令人憎恶、毫无责任心的个人主义。

资本主义作为一种思想,必然包括各种各样的资本,除了经济资本,也有社会资本。

把人尤其是其中的人才,仅仅当作一种适于投资的人力资源,这是一种有失偏颇的观点,因为人才本身也是人,他们不仅仅是一种投资,其重要性也不光在于是一种资源。

极为重要的是,我们得把公民和雇佣军区别开来。公民提供服务,是出于对一种事业或使命的信念,出于对一个国家或群体的热爱;而雇佣军只是替付钱的人效力,对使命和内容不感兴趣。

这些意思必然会在国家及其机构,甚至在所有的私人机构对待公民和职工的方式上反映出来。

弗雷德里克·赖克菲尔德(Frederick Reichfield)说:"实践证明,职员、投资者和代理人缺乏忠诚,会使生产率降低50%。"

资本主义社会或其他任何不懂得知足常乐这一道理的社会,经常会出现过度、越轨,甚至可能达到无法无天的地步。

资本主义中的社会层面应受到更多的关注,市场的机制和力量通常不看这一方面,既不关心,也不作评估,它们只承认有价的事物和服务。但是,对社会上无法定价的基本服务和任务该怎么看呢?对家庭主妇的家务、无法估价的父亲和母亲的要求和责任,又该怎么看呢?

我们需要一种新观点，对资本主义社会的轨迹和兴趣作人性的考量，但要从慈善工作或伦理道德的角度看，而且要从关注社会的角度本身分析。

资本主义社会在全球化形势下的危机是真正的危机。莱斯特·瑟罗（Lester Thurow）在他的《资本主义的未来》（Future of Capitalism）一书中说："无产阶级没有很大的重要性。无产阶级已不构成发动革命的威胁，他们在美国无论如何都是穷人，甚至连投票都不参加。"

这一看法当然有待讨论。在我看来，它将事物简单化、表面化了，这与技术通信革命已带来的各种可能性不相吻合，而这些可能性即使对边缘人和弱势群体都并非遥不可及。

不过，瑟罗认为威胁是来自中产阶级及其期望值，当前深感失落的中产阶级倒有可能会引发真正的革命，他们得到的一个明确信息是，他们过去的期望已经破灭，而且将来也无法实现。

社会上的豪富阶层和绝大多数穷人间的巨大收入差距正日趋扩大，双方的裂隙越来越深。

第一，是因为富人们收入增加。

第二，是因为穷人们贫困加剧。高等教育——作为遏止社会地位下降的基本力量——耗资巨大，有时甚至超出了中产阶级人士的能力。

第三，资本主义社会不优先考虑甚至不负责对历时 16 年、人均耗费 25 万美元的高等教育进行大量投资。美国白人大学毕业生的年均收入达 42259 美元，高中毕业生的年均收入为 28747 美元，这种收入上的巨大差距并没有构成资本主义社会考虑对高等教育进行投资的充足理由。

他们也没有意识到，在一个未开展高等教育的社会，受过高等教育的工人的生产率都会下降。这是很有道理的经济考量，而逃避社会责任的资本主义社会却毫无理由地对此视若无睹。

这种目光短浅的见解使我们想起了一首普鲁士的童谣：

没有钉儿，丢了鞋儿。

丢了鞋儿，跑了马儿。

跑了马儿，失去骑手。

失去骑手，输掉战斗。

输掉战斗，丢了王国。

结束语

世界从东方到西方都在庆祝第三个千年的到来，埃及在庆祝第七个千年的降临。虽然计时不同，文化多样，各国的欢庆场面也有差别，但全世界都在注视着新黎明喷薄而出的曙光，它交织着希望和忧虑、乐观和疑惑等各种成分。而千百万的穷苦人、不幸者却全然顾不上这一切，他们或忙于谋求一口饭、一口水，或在找个栖身地，或想个什么办法，躲开车臣投向他们的成吨炸弹，或从巴尔干、亚洲和非洲的种族清洗和集体屠杀的图谋中逃脱。

正当有些百万富翁或亿万富翁在寻找挥霍钱财、消磨时光的新乐趣时，众多的知识分子，针对全球化形势下席卷世界的无声飓风，民族实体的命运和"千爪电子龙"对人类及人性的影响，在各地展开了对话。

福山醉心于美国的进步，在我看来，他在《历史的终结》中的见解是对奋斗和进步的否定，更确切地说，是对所要求事物的否定；而西方霸权主义旗手亨廷顿的预言，则代表了争夺控制权斗争的另一个阶段。

我依然认为，人类的创新领域容得下一种包括所有人在内的生活得更好的经验,那是一种盛行睦邻、宽容、有权持不同意见、相互同情、共同关心等价值观的生活,一种让创造发明才能尽显峥嵘的生活。

既然全球化已成为各民族和个人都不得不接受的事实,那么,我们大家就别无选择,只能用客观的方式和未来的眼光去应对这种现象。

我依然相信,这个世界还存在着善的力量,无论他们是懂得自身社会责任的思想家、学者、文学家、艺术家或企业家,还是各个国家或包括联合国、非政府组织和民间协会在内的国际性机构或地方性机构。我依然相信,他们有能力赋予全球化以人性的一面,仍能够构建起一个全球化体系的国际社会。

这个社会能够利用巨大的能量和现有的机会,造福人类,提高各民族和个人的生活水平。

这个社会很关注全球化不仅要拥有市场,而且还拥有公民——对社会和人类的共同责任感使他们集合在一起,崇高的人类感情和充满爱心的参与使他们相互一致,他们之间保持着健康的社会关系,使他们避免过火、贪婪和自私的公共利益,庇护着他们大家。

我依然相信,人类是负责开发世界、延续生活的创新艺术家,他们有能力找到一种方式,实现进步需求、竞争动力和市场考量,同社会公正、和平共处、为地球上的每位公民提供尊严生活机会的必要性之间的平衡。

我仍然认为,人类为了能在这个地球上继续生命之旅,将始终需要一个目标和宗旨,必须负有一种他们相信值得为之奋斗和牺牲的使命。

我仍然认为,为了生活的延续,了解"知足常乐"的内涵,懂得"适可而止"的道理,是非常重要的。我们应在何时止步呢?我们必须达到作为一种必需的锐意进取,同作为一种价值观的稳定和知足的睿智之间的平衡。

进步是一种必然,是接力赛,而不是相互推搡的冲突。进步是一股又一股浪潮,是一代又一代人,每一代人都将旗帜交给后一代人,使生活得以延续,地球得以繁荣。

我们永远都不应该卷入盲人们的比赛或聋子们的对话,不要陷入通向毁灭和死亡的竞争。人类在这个世界的存在是一次旅行。如果要按那不朽的格言所说:"先择伴,后上路",那么,此行伙伴间的人际关系便应得到维护、深化和尊重。

归属太空时代是生存的必然。归属是一种价值观,人类一旦失去了它,就放弃了人性的许多基础。归属的丧失犹如一条锁链,一环失落,便趋崩溃,影响和副作用会接连不断,它的结局只有一个:人类失去自我。我们民族的思想家们肩负着一个神圣的职责,那就是维护文明和身份,用他们的思想尽力确保后代有权过一种更美好的生活,它不掺杂暴力,不受破坏的侵袭,不被技术对文化和根源的控制所压垮,也不会让信息的洪流卷向涣散和失落。

也许我们这里得记住但丁的名言:"地狱中最炎热的地方,是为在危机时刻保持中立的人预留的。"

参考文献

阿拉伯语文献

阿道尔夫·伊尔曼:《古代的埃及和埃及生活》,阿卜杜·穆纳伊姆·阿布·伯克尔博士译,埃及复兴出版社1956年版。

贾拉勒·艾敏:《全球化》,知识书局1998年版。

赛伊德·亚辛:《全球化与第三条道路》,价值与信息出版社1999年版。

贾马勒·哈姆丹博士:《埃及的个性》,新月图书出版社1967年版。

苏莱曼·哈齐恩博士:《埃及文明》,东升出版社1991年版。

塔希尔·阿卜杜·哈基姆博士:《埃及的民族个性》,思想研究、出版和发行社1986年版。

法赫里·拉比卜博士:《文明冲突还是文化对话》,文化出版社1997年版。

外语文献

Alvin Toffler & Heidi Toffler, (1995): *Creating a New Civilization: The Politics of the Third Wave*, Tuiner Publishing Inc. Atlanta.

Anthony Giddens, (1999): *The Third Way: The Renewal of Social Democracy*, Polity Pr.

Benjamin Barber, (1996): *Jihad vs. McWorld: How the Planet Is Both Falling Apart and Coming Together — And What This...* Ballantine Books.

Charles Handy, (1998): *The Hungry Spirit: Beyond Capitalism: A Quest for Purpose in the Modern World*, Broadway Books, New York.

Dennis Hensley, (1998): *Millennium Approaches*, Avon.

Gray H. Kah, (1996): *En Route to Global Occupation*, Vital Issues Pr.

George Soros, (1998): *The Crisis of Global Capitalism: Open Society Endangered*, Public Affairs.

Hamish McRae, (1995): *The World in 2020: Power, Culture and Prosperity*, Harvard Business School Press.

James Gleick, (1998): *Chaos: Making a New Science*, Penguin USA.

Jeremy Rifkin, Robert L. Heilbroner (1996): *The End of Work: The Decline of the Global Labor Force and the Dawn of the Post-Market Era*, Putnam Pub Group.

John L. Petersen, (1994): *The Road to 2015: Profiles of the Future*, Waite Group Press.

John Naisbitt, (1995): *Global Paradox*, Avon.

John Naisbitt, Nanna Naisbitt, Douglas Philips, (1999): *High Tech, High Touch: Technology and Our Search for Meaning*, Broadway Books.

Kenichi Ohmae, (1995): *The End of the Nation State: The Rise of Regional Economies*, Free Press.

Lester Thurow, (1997): *The Future of Capitalism: How Today's Economic Forces Shape Tomorrow's World*, Penguin USA.

Michael Fossel, (1996): *Reversing Human Aging*, William Morrow & Co.

Neil Postman, (1993): *Technopoly: The Surrender of Culture to Technology*, Vintage Books.

Noam Chomsky, (1994): *World Orders, Old and New*, Columbia University Press.

Paul Kennedy, (1994): *Preparing for the Twenty-First Century*, Vintage Books.

Peter Ferdinand Drucker, (1993): Managing for The Future: The 1990s and Beyond, Plume.

Robert B. Reich, (1992): *The Work of Nations: Preparing Ourselves for 21st Century Capitalism*, Vintage Books.

Thomas Friedman, (1999): *The Lexus and the Olive Tree*, Farrar Straus & Giroux.

William Knoke, (1997): *Bold New World: The Essential Road Map to the Twenty-First Century*, Kodansha International.

William S. Smith, (1931): *Ancient Egypt As Represented in The Museum of Fine Arts*, Cambridge.

作者简介

侯赛因·卡米勒·巴哈丁博士教授

— 1954 年,获开罗大学医学学士学位,1959 年获儿科医学博士学位。

— 1965 年,任埃及青年组织秘书。

— 1968 年,任社会主义联盟总书记处专业人员处秘书长。

— 1973 年,任开罗大学儿科医学教授。

— 1983~1991 年,任儿科医学系主任,开罗大学新儿科医院院长。

— 1989 年至今,任埃及儿科医学协会主席。

— 1989~1993 年,1999 年至今,任阿拉伯儿科医学联合会主席。

— 1993~1996 年,任自由区国际儿科医学协会主席。

— 1991~2004 年秋,任埃及教育部部长。

所获部分荣誉奖项

— 1984 年和 1991 年,获埃及医学工会荣誉盾牌。

— 1989 年,获世界卫生组织儿科健康国际奖。

— 1992 年,被聘为乌兹别克斯坦塔什干大学名誉教授。

— 1993 年，成为联合王国格拉斯哥医生和外科医生皇家协会会员。

— 1995 年，荣获国际儿科医学协会德格拉玛奇奖（Dogramatchi，世界医学教育的先驱）。

— 1997 年 6 月，被授予联合王国格拉斯哥大学理科名誉博士。

— 1997 年 7 月，被授予不列颠东安格利亚大学文科名誉博士。

— 1997 年，被授予土耳其哈西提比（Hacettepe）大学名誉博士。

— 1997 年，在联合国儿童基金会（UNICEF）五十周年庆典上，获该组织的荣誉盾牌。

— 1999 年，被授予美国圣奥拉夫（Saint Olaf）大学名誉博士。

— 1999 年，获美国继续教育大学组织国际优秀奖。

— 2000 年，获联合国教科文组织圣雄甘地奖。

— 2000 年，被聘为北京大学名誉教授。

— 2001 年，在开罗国际图书展上获得 2000 年度最佳文化成就和最佳图书奖。

— 2001 年，获圣约翰大学国际荣誉奖章。

— 作为学术界名人之一，入选《世界百科全书》。

著作

—《政治工作中的科学作风》，1968 年版。

—《儿科医学基础》，1975 年版。

—《儿科成长和培养中的父亲指南》，1990 年版。

—《当心孩子，预防常见病》，1990 年版。

—《教育与未来》，1997 年版。

—《无身份世界中的爱国主义》，2000 年版。

— 发表 100 多篇儿科医学论文。

译后记

去年5月初，埃及驻华大使贾拉勒博士来电邀我出席他为埃及教育部长侯赛因·卡米勒·巴哈丁博士访华举行的晚宴。贾拉勒大使是位学者型的外交官，来华就职以来，一直为全面推进中埃关系而奔忙不休。我是经由埃及驻华新闻参赞哈米德·萨格尔介绍才结识大使夫妇的。当时，他们才抵京，行装甫卸，正在装修官邸。哈米德参赞好客，便在工人体育场旁的"一千零一夜餐厅"做东，请大使夫妇和我。席间，大使听说我曾在开罗大学进修过两年，又出版过一些有关埃及的著译，显得十分热情。他是开罗大学政经学院的毕业生，算起来，我们应有校友之谊。大使夫人考塞尔女士是位画家，颇有教养，讲话也很幽默。那次见面留给我的深刻印象，一是大使夫妇新来乍到，却已经开始学习汉语，并请了专人讲授；二是大使要我作为一个喝过尼罗河水的中国教授，给他出些主意，怎么拓展中埃间的交往。贾拉勒大使履职三年多来，中埃关系确实取得了长足的发展。1999年4月，穆巴拉克总统访华，中埃两国建立了面向21世纪的战略合作关系；两国间的外交、经贸、海运、农业、教育、旅游等各个领域的交流和合作，都在不断地向前迈进。贾拉勒大使不仅亲身参与了所有这些双边交往活动，而且还时有佳文面世，讲述他的感受，提出他的见解。1999年12月，他出席澳门回归祖国的盛大庆典后，在《金字塔报》上发表了《埃及辛巴德在中国澳门》，热诚地赞扬邓小平理论中的"一国两制"思想和江泽民主席的演讲。今年4月，在北京申办2008年奥运会前的重要时刻，他又撰写了《中国与奥运》，从一位大使的视角出发，描绘他在北京、在中国的亲眼目睹，抒发他充满真实情感的体会，得出的结论是"由拥有古老文明的中国来主办奥运会，是最合适不过"，"中国申办奥运会理应得到整个国际社会的支持和帮助"。

这样一位热爱埃及也热爱中国，热心推动中埃友好关系的阿拉伯使节，希望我去会见一位也是学者型的埃及部长，我想肯定是很有意义的。

5月12日埃及大使官邸的晚宴，高朋满座，出席的有我国教育部陈至立部长、国际交流与合作司的田小刚副司长，还有北师大、北外等高校的校系领导。贾拉勒大使特地把我安排在巴哈丁部长邻座，这是对我专程从上海赶到北京的礼遇，也是为了让我与部长阁下有更多的时间交流。

巴哈丁部长仪表堂堂，谈吐温文尔雅。像许多著名的埃及学者一样，他表达自己的意见时，字斟句酌，很有分寸，显示出了一个资深教授和高级官员的涵养和谙练。贾拉勒大使告诉我，巴哈丁部长要送我一本书，是他的新著，讲述埃及应如何应对21世纪全球化的挑战。去年1月，我应埃及新闻部之邀访埃，去参加研讨会，参观开罗国际书展，特别有收获的是在与埃及金字塔战略研究中心、开罗阿拉伯语科学院、开罗大学、文化艺术最高理事会等机构座谈时，有幸接受了萨伊德·亚辛教授、邵基·戴夫博士、安瓦尔·阿卜杜·马立克博士等大学者的赠书，大多是关于全球化的论述。这是因为埃及加入世贸组织比我国早，学术界在整个20世纪90年代曾展开过热烈而持久的讨论，对机遇与挑战的方方面面议论得比较充分。我回国后翻阅过，深感对同是发展中国家的我国，颇有可供借鉴之处。但就教育领域而言，我当时还不及到书店去浏览选书。巴哈丁博士以他近十年的教育部长阅历写就的这本专著，不啻是雪中送炭，对我，或对我国教育界的同行们，应该都是有参考价值的。

只是，我已多年不搞翻译了，当前的阿拉伯语论著，学术用语变化很大，同一个专用词，阿拉伯国家之间表达不一，就是同一个国家，学者用词也不尽相同。鉴此，巴哈丁部长又给了我一本法文版，希望对我有所帮助。我虽不懂法语，但法语和英语中有些专门术语是相似的。此外，还可以向我校的法语教师请教，容易求得佐证。

今年1月中旬，巴哈丁部长正式来函，同意由我翻译本书，并请贾拉勒大使作序。2月下旬，教育部国际合作与交流司田副司长和亚非处白刚处长来上外开会，获悉了我准备将此书译成汉语出版的计划，立即表示肯定并给予了大力的支持。

今年上半年工作特别繁忙，我请了王有勇副教授参与翻译。暑假开始后，总算有较充分的时间能对文字作些仔细的推敲，紧赶慢赶才得以完成。贾拉勒大使9月底便将离任回国，本书的出版将成为一份珍贵的友情见证，一种美好的合作纪念。

埃及使领馆已多次倡议中埃之间搞个"翻译项目"，即各方推荐一些有代表性的专著，将其译成对方的文字，在对方出版。我想，巴哈丁部长的书，应该可以作为一种，因为本书对新千年全球化的挑战有很清晰的阐述，对文明古国在技术革命和通讯革命中如何维护爱国主义，维护自己的民族身份、属性等核心价值观念，以及对立国、兴国的根本——教育应有怎样的理念、计划和实践，都作了鞭辟入里的分析和论证。我真诚地希望，读者通过阅读这本篇幅不大却很精当的论著，能有所启迪和收益，并能从中感受到埃及的两位颇具代表性的学者型高级官员——作者巴哈丁部长和作序者贾拉勒大使的一片赤忱：加深、加强中埃人民间的文化交流，加快、加大发展两国间的战略合作关系。

朱威烈
2001年8月7日于上海

十字路口

〔埃及〕侯赛因·卡米勒·巴哈丁

序

阿拉伯埃及共和国驻华大使

阿里·胡萨穆丁·侯夫尼

我不是第一次拜读侯赛因·卡米勒·巴哈丁博士的著作,相信也不是最后一次,只是我有幸为像《十字路口》这样优秀的作品,特别是为其汉译本作序,却是第一次。这部著作的问世,不是为了罗列各种国际事件,或对问题和征兆作出判断,而是为了同我们大家交谈,不只是埃及人,它超越了这个范围,是要同各种文化和民族对话。在一个我们与理性——我们的理性和别人的理性——的对话中需要客观逻辑的时期,这是一本颇富逻辑性的著作。

《十字路口》的书名,乍一看或许显得有点费解,脑子里会想到的是"道路",或它的另一义项"途径和目标"。在开始琢磨这条我们应该踏上的道路的方向之前,我不由自主地首先将关注点放在我们这个十字路口所处的位置,我们究竟位于何处?"十字路口"只是个路口,并非中途或终点。大家都有明确的目标,都在为之努力,目标可能是和平,也可能是发展与稳定。这些都是人类理性思维的目标。只是我们所面临的问题,也是巴哈丁博士先前在他的《无身份世界中的爱国主义》——书中提出的问题,在这个新秩序和新的十字路口,我们究竟处于何处?

本书严密而富有文采的科学风格,将具体的枯燥的科学术语与形象的比喻手法结合起来,让非专业读者读毕全书,不从中获得求知欲的满足就不释卷。而学者则能非常轻松地理解学术标题后的含义,跟上作者的条分缕析和评点论述,在路尽头找到一个新的视角,最终能与被喻为"十字路口"的现实世界的政治、科学和道义的各种事实——它们到头来将形成世界新秩序——联系起来,尽管这种"世界新秩序了无新意",正如本书为我们所引述的。

《十字路口》使读者注意到普世观念已发生变化,我们改变处事方式的必然性也随之出现。本书提醒我们,在新秩序中,消费者市场比生产者更重要;阿拉伯被占领土上的现状,是过去11世纪十字军进攻该地区时我们曾面对过的,他们卷土重来是为攫取东方的宝藏。本书提出的建议和方法,让我们尽可能地致力于改革。本书号召建设自身力量,并着眼于一些正在崛起的世界大国,具体提到了中国,然后是欧盟,主张将教育当作开发潜能、激励志向的现实基础。作者最重要的呼吁,是立足共同愿望和统一行动以构建"民族理想",没有它,国家不会成功,民族无从崛起。

很显然,从消极的现实中提出这样一些观点并呼吁积极的行动,不啻是我们最迫切需要的清醒的召唤,接下来,只是将它与实际工作结合起来,使之变成一种具体的现实,或者至少是希望这具体的现实能将全国的政治、经济、文化、传媒和外交的综合实力汇合起来,从羁留的十字路口转向改革的共同愿望。这里,我愿从本书中引证一下讲述这些有关人们工作和需求要素的必要性,即使我有幸从事的外交工作,都正如巴哈丁博士所说:"我们不能把外交工作和国际关系同人们的问题及目前必不可少的需求隔离开来。"这就加深了人民外交的形象,其宗旨是要在古老而崇高的埃及外交中,反映人民的需求和忧虑。外交已被视为这个世界新秩序中最重要的手段之一。

本书不仅值得一读,而且值得掩卷深思,它将便于人们去参与实现这个共同的理想,并会相信,这一理想并非难以企及。

2004 年 10 月于北京

前　言

　　新年伊始，埃及在欢庆耶稣圣诞——穆巴拉克总统已将其定为全体埃及人的节日，以加强全国的团结，巩固漫长的数百年来主导着埃及统一的爱国主义纽带。在阿拉伯世界的心脏埃及，这个人类历史上最早的文明的发祥地，在这块颁降过善良、仁慈与和平的天启使命的地区，各种与时空密切相连的不同的冷酷情感正占据着上风，使许多人彻夜难眠，令他们的安全感大受影响。

　　阿拉伯人民常常是既感到沮丧，又觉得紧张，因为阿拉伯地区总是笼罩着一种令人悲哀的气氛，一种自矜自夸、暴戾恣睢的气氛，屈辱或至少是屈辱感不胫而走，到处充斥着无助之感。霸道的强权使真理、正义、法律准则处处碰壁，它颠倒是非，在很多情况下，已不再需要知耻的美德；它的所作所为，事先已得到开脱；它的主张无论怎样反对都会执行；它的打击雷霆万钧，谁都难以承受……阿拉伯人民遭受着枪炮的打击，坦克的履带碾压着阿拉伯的儿童和妇女，飞机子弹在摧毁阿拉伯房主们的家舍。在国际法准则耻辱地失落、双重标准被放肆地推行的形势下，世界却在大多数时候转过脸去，视若无睹，假装不曾留意。

　　发展中国家，阿拉伯、伊斯兰国家，贫困国家，当前正面对着一幕悲剧场景：暴虐大国恣意妄为，发达世界与发展中世界之间的文明鸿沟在加深，弱者受到厚颜无耻的窥视、包围和审察，他们的尊严受到伤害，而且还常为他们不曾犯有的过失而被指控。

这悲惨的一幕，就像自然现象，都有预兆起因和后续效应。政治如同大自然：地震不会突然发生，也不会骤然终止，它有征候，有余波；地层的相对运动，到一定的时候就会导致地震现象。生活也是如此。社会、经济和政治的各种因素，驱动着人类，对他们产生影响，并且加大社会各阶层间的裂隙，滋生出各种派别间的内讧。同样，政治和社会制度如果不能与生产方式的变化和发展以及知识爆炸、传媒和通讯方式越来越大的作用相适应，并步发展，又不能允许个人与集体去实现他们的理想和追求，那么，到一定的时候，这些制度就有可能遭遇内部的裂变。总之，事态会在某一时刻，达到悲剧的顶点，其形式是怒不可遏的事件和浪潮，犹如地震和火山爆发，随之而来的是连锁反应和后遗症。这里，我想起了两件事。

近年来，我们在阿拉伯范围内感到自己正处在一场真正的悲剧之中：在我们的能力和抱负、声势和实力之间，在本民族的成就和其他那些掌握了科学要素、为争取进步不断努力奋斗的民族的成就之间，差距已越来越大。我们已濒于一道真正的鸿沟——文明和科学的鸿沟。

还有，便是"9·11"事件后发达世界加强控制、滥施威权所出现的情况。从事这项行动的势力或分子，受到了全世界的谴责，因为他们针对的是无辜的平民。不过，在此之前，各种活动、感受以及政治、社会事件已经扩大了人类各阶层间的裂隙，拉开了平民百姓的理想与实现可能性之间的差距，加深了各个阶层、各个国家以及人与人之间的失望感和陌生感——他们感到痛苦，仇恨感上升，沮丧感增加，这使他们变得思想偏激，行为鲁莽，或去从事自杀性袭击。

对正在发生的事，到处都存在疏忽；对应该去做的事，往往都懈怠延误。全球化并不能凭借它的科学进步、技术成就观察到各种经济、社会和政治的因素，以及社会各阶层的动向，察觉出这种用自杀爆炸去摧毁或打击经济和军事标志以造成美国社会裂痕的绝望行动的根由。在我们阿拉伯和伊斯兰世界，我们也未能意识到自己浪费了大量财富，把时间耗费在不该耗费的地方；我们丧失了许多机会，忙于毫无意义和神益的纷争；我们的精力已被鸡零狗碎的琐事、争斗、分歧、欲望和野心消磨殆尽。

"9·11"事件拉开了一场悲剧的帷幕。这场悲剧只是极少数人乘人不备时策划并付诸实施的。"9·11"事件及其造成的冲击，使许多人清醒地看到我们令人痛心的现状和我们在科学、技术和文明方面存在的差距——它更让人感到无奈和失望。

问题在于该怎么办？我们正处在一个十字路口。是屈从于这种令许多人揪心、威胁人们的希望和理想、不给他们改变现状机会的情感，还是从他们的这些挫折上跨过去？难道阿拉伯民族的命运得取决于一个外国暴君、一个种族主义霸主的意志，取决于一个蠢人或傻瓜的冲动，取决于一个莽汉或疯子的愤怒？难道这就是古老的埃及文明、阿拉伯和伊斯兰文明的命运吗？这些文明乃是这里的主流，曾彪炳史册。难道这个民族注定要屈服，注定要接受欺压和屈辱吗？许多问题需要回答，不少问号需要阐明。这也许正是本书所要谈及的。

2003 年 1 月于开罗

第一章 挑战规模与未来前景

导言

  与人类生活息息相关的各种自然灾害、政治或社会事件，总是有导致其发生的原因和先兆。对于许多自然灾害的发生，科学家通常都能凭借他们的理论和仪器做出预测。对于政治事件，置身于公众生活并关心改变人们生活轨迹的社会变化的人，注视事态进程及其后续反应，也能在一定程度上估计到未来的走向。新世纪也是新千年的开始，世界随着悲剧场景的揭幕被惊醒了——2001年的"9·11"事件撞击了象征美国经济力量和军事力量的世界贸易中心和五角大楼，它使美国人想起了1941年的珍珠港战役①，其结果是美国向广岛和长崎投下了原子弹。当时，尽管有的科学家预测可能有百万分之三的地表会发生爆炸或引起大火，但决策者们仍一往无前，最初在代号为"特令尼提"②美国沙漠地区进行核试验，

---

① 指1941年12月7日日本军队突袭美国太平洋地区海空军事基地的珍珠港事件。——译者
② 特令尼提(Trinity)意为"三位一体"，是美国在新墨西哥州阿拉莫戈多附近试爆原子弹的代号，1945年7月16日，一枚钚原子弹在该地试爆成功。——译者

然后按"曼哈顿计划"①将原子弹投向日本。虽然曾有人建议,将原子弹投到一个无人区或一个军事基地,或警告日本先撤空某一地区,然而在这种情况下,决策者已无法遏制自己使用制胜武器的诱惑。在支持决策者的过程中,爱德华·特勒②并非没有提醒有这样一种可能性,它令包括奥本海默③在内的从事原子弹制造的科学家们感到忐忑不安。奥本海默在原子弹试验初期曾认真思考过,在试验进行前先在美国腾出一块很大的开阔地区。但事实上,历史业已证实的一个现象是,拥有非常强大力量的一方,在技术上处于不可一世的状态,主事者便会对理性或睿智之声置若罔闻,而单凭强权逻辑行事。

这里,我有两点重要想法。

第一,"9·11"事件究竟是一起偶发性的攻击,一次突如其来的悲剧性事件,还是其实施者趁世界不备和不理会其原因和根由的情况下,蓄谋已久、精心策划的一出悲剧的序幕。他们的自杀性角色反映了长期压抑在他们内心和思想中的情感,他们深感如鲠在喉之苦、怒火满腔之恨,以及空间上的陌生和时间上的距离所造成的孤独。他们不与所处的时代交往,他们的理性已关闭了对话和逻辑之窗,在他们的心灵里,仁慈与宽容之情已经干枯。

第二,引发"9·11"事件的仇恨程度,并非不可预料,而是早已有人对此提出警示。说来奇怪,2000年1月出版的拙作《无身份世界中的爱国主义》④,就曾涉及类似悲剧的发生:

---

① "曼哈顿计划"(Manhattan Project)是美国陆军部于1942年6月开始实施的研制原子弹的计划,亦称曼哈顿工程。——译者
② 爱德华·特勒(Edward Teller,1908~2003),美籍匈牙利物理学家,二战时期曾参与从事原子弹的研制工作,有"氢弹之父"之称。——译者
③ 奥本海默(J. R. Oppenheimer,1904~1967),美国著名物理学家,1941年参加了研制原子弹的"曼哈顿工程",有"原子弹之父"之称。——译者
④ 《无身份世界中的爱国主义——全球化的挑战》由上海外语教育出版社于2001年9月出版。——译者

也许,上个月在西雅图发生的冲突、暴力倾向[①],以及发生在全球化最大一极家园内部的游行,是一种警示,它告诫迷恋"电子一族"的力量、一切深受超级"技术"毒害的阶层和所有陶醉于技术摧毁性能量的全球化支持者们:"这是他们应该懂得的警示","它清楚地表明,边缘化力量和弱势群体,以及利益被忽视、资源遭掠夺、抱负和希望实际已泯灭的发展中国家,仍然有能力做出反应,做出范围和严重程度不一的各种反应。"

也许发生在西雅图的事件是一个对人有益的教训,它向人们表明,拥有千臂的"电子一族",无论它所产生的或与之相伴的惊人进步,力量有多大,能力有多强,也已经为边缘人、被踩躏和被征服的人们提供了机会,让他们表达自己的冤屈和痛苦,表达他们拒绝和抗议的能力。

如果说西雅图事件仅仅是与联邦警察或军队的冲突,那么,它的寓意则是多样的。在巨大的技术革命形势下,这些影响力有限的游行有可能转变成性质完全不同的反应,会打破"电子一族"的梦想,能摧毁他们的最高利益,而且可能使许多国家甚至全人类都遭到全面彻底的毁灭。我们应该了解这一历史教训,做好准备,以免未来的教训更惨痛,影响更致命。

锅炉仍在沸腾,明天充满着巨大的变数。

我们如果对这悲剧场景做一剖析,就会发现幕后原因甚多,它们使得悲剧达到了顶点(climax)。其中,最重要的是发达世界与后进世界间的巨大科学技术鸿沟,发达世界因此洋洋自得,那里,是技术控制了文化

[①] 指1999年12月在美国西雅图举行世界贸易组织部长会议期间发生的示威抗议活动。——译者

(technopoly)；而后进世界则生活在贫穷与愚昧的黑暗之中。20世纪的后半叶及21世纪初，世界经历了决定性的变化和许多重大事件，以及接二连三的迅猛变化；在表现为不可思议的科学革命、通讯革命、技术革命和信息革命的第三次浪潮中，由于出现在20世纪末、第三个千年之初的许多重大发明，生活各个领域的衡量标准已发生了根本性的变化，世界被文明与科学的深渊隔成了两半。

同时，又有"9·11"事件及其对国际领域造成的影响：平衡被打破、国际法准则的失落、国际力量格局的剧变、威胁我们的外来干预和可能的侵略等外部危险，以及必须应对的混乱局面。然后，还有技术挑战，最重大的是"G.N.R."——遗传工程（genetic engineering）、纳米技术（nanotechnology）和机器人技术（robotics），也已证实须认清并应对这些挑战的重要性和必要性。我们正处于前所未有的迅速变化的时代，社会的各种组织、机构和组成部分都得做出巨大的自身改革，以应对新的形势。因此，在这个急速变化的世界里，改革作为适应时代变化和新型国际关系的一种必需，它不仅是我们应该接受的现实，而且应当成为指导我们处理当前和未来各种问题的纲领。

当代出现的快速变化，显然还只是未来世界期待的更迅猛、更全面发展的一种前奏，到那时，机器和电脑将从事日常事务，留给人们的是发明创新的工作。今日世界正在经历的，仅仅是一连串本国的区域性和世界性的错综复杂的变化和挑战，它们已经在影响生活的各个领域，影响本国的现实和振兴、进步的要求。在这些挑战中，最重要的也许是人口爆炸（demographic explosion）、环境污染（environment pollution）、时间安排（time management）、暴力、极端主义、吸毒、全球化、外来势力进一步干预民族国家决策、家庭纽带松散、政治关系破裂（fracturing of political ties）、经济发展与竞争、失业、跨国公司（multinational or super national corporations)作用增强,战争、恐怖及和平文化的概念发生变化(the changing face of war,terrorism and culture of peace),妇女问题成为世界性问题(gender as global issue)受到关注,应对日益严重的贫困问题(expanding poverty and poverty alleviation),通讯、传输系统手段的发展,数字鸿沟(digital divide)①,知识型社会(productive knowledge societies),科技革命(the science and technology revolution),技术对文化、文明的统治(technopoly)。

第一节　科技进步

我们生活在生物技术的世纪,当今世界正在经历一次前所未有的、我们不曾想到过的巨大飞跃。例如,据说人类在物理学或自然科学领域内获得的知识,每10年就增加一倍,也就是说,物理学的知识,每10年就增加一倍,而这在过去则需要历经三四个世纪。最近50年发生的变化,远远超过此前50个世纪的变化。如果说农业革命曾经持续了8000多年,那么,工业革命只有不到300年时间。与这两次革命相比,我们在很短的时间里就已进入了所谓的"第三次浪潮",或叫"后工业化社会"、"第三次浪潮社会"。在20世纪50年代中期,"第三次浪潮社会"就已在美国展开,上世纪还未结束,其面貌已大体成形,前所未有的发展接连不断,具体表现在科学发明、知识爆炸、依靠因特网和人造卫星的通讯革命、开放的空间时代以及各个领域的科学家们每天带给我们惊喜的新事物之中。

---

① 数字鸿沟(digital divide)又称信息鸿沟,是信息富有者和信息贫困者之间的鸿沟,指的是不同国家、不同地区、不同人群在掌握和应用信息技术和发展信息产业方面的差距。在世界最富裕国家和最贫穷国家之间,这种差距已达500倍以上,正越来越多地引起世界各国的重视。——译者

在以往的革命中，我们谈论的是稳定的制度，交往的是我们能够仔细确定并了解其构成、意向和工作方式的机构，因为它们具有长期的稳定性和连续性，其运作规则也颇简单明了。而随着第三个千年的开始和"第三次浪潮社会"的到来，我们正在同一种速度极快、知识密集产生的新体系打交道。在这一体系中，技术在确定人类命运方面发挥着主导作用，经济、生产制度和机构产生思想和原则，而非商品和机器，虚拟现实和人工智能发挥着原先仅由机构、稳定的制度或人类智慧承担的作用。因此，我们是在同一个另有其规则、机制和要素的新世界交往。要对这个社会的面貌有所了解，我们得设想这样一个国际社会，那里的边界和屏障——地理界线、海关壁垒或铁幕和柏林墙那样的围墙，甚至是国家边界——均不复存在，世界成了一个小小的地球村，人人都在同一个国际市场竞争，其中传统的生产要素——土地、原料、劳动力和货币已受到侵蚀，科学、知识取代了货币，成为生产的基本要素……科学取代了货币，因特网取代了计算机，消费者成为基础取代了生产者。近年来，中国已取代了日本，成为世界关注的焦点。我们已在谈论空间能源或太空能源，而不是从石油、地下或风力中生产的能源，在谈论纳米技术、统计化学、统计生物学、智能机器(spiritual machines)和生物信息学(bio informatics)。这些，已在生产和制造业中引发了一场真正的革命。

我们处在第三个千年之初，知识密集型产业机遇日增，那是快速产业，是针对消费者各种特定需求的分类产业。可以预计的是，先进机器和现代技术取代工人的比例将会增加。这种现象已开始引起世界各地许许多多思想家的忧虑，其中包括一大批这方面的专家。例如，曾任美国劳工部长的罗伯特·里奇[①]就说，美国社会有很大一部分人，尤其是没有大学

[①] 罗伯特·里奇(Robert Richie)曾担任首届克林顿政府的劳工部长。——译者

学历的人,失去了就业机会。没有大学文凭者的失业率比有大学文凭者的失业率高出一倍。这种现象已在美国产生社会裂隙,因为很显然,获得大学文凭的黑人比例总是低于白人,失业只在社会的一个特殊群体中增加,带有种族色彩,在不久的将来,还会造成可能伤及其他国家的局面。

20世纪最后10年的科学发明,相当于此前50年间科学发明的总和。从科学发明到付诸实施、产生经济和工业效益之间的时间间隔,已逐年缩短。这意味着有很大的挑战,对无力跻身竞赛者来说,这种挑战蕴含着威胁。如果我们仅着眼当前情况,只想凭借现有的资源和可能,用狭隘的眼光在短期内去做一些局部的改革,那么,我们就无法跟上前进的行列,因为我们不仅得跟踪现有的发展,而且需要改变思维方式,以具备应对未来科学的能力。

我们所生活的世界,弱者已无立足之地,愚昧者也无希望可言。我们只能遵从我们生活的这个世界的标准,必须成为强者,办法就是掌握科学。科学知识已成为新世界的实力,谁都不能仅凭数量众多来应对科学的进步。截至近期,曾有过一个阶段,我们可以靠我们富裕的劳动力和利用简单的技术获益。但是,发达国家的惊人进步,已经使任何落后的技术都不可能参与国际竞争。例如,我们曾已述及的日本、欧洲和美国之间在汽车制造业方面的竞争,日本在20世纪80年代曾占领先地位,当时它把新款汽车的生产成本降低到三分之一,生产周期缩短到四分之一,终于在竞争中胜出。[1]

就是战争,也得益于科学技术的进步。今天的战争是技术之战。埃

---

[1] 参阅侯赛因·卡米勒·巴哈丁博士著《无身份世界中的爱国主义——全球化的挑战》。——译者

及军队在"十月战争"①中获胜是理所当然的事,那不是碰运气,也不是靠侥幸,而是合乎科学和逻辑的结果:付出的努力、正确的计划、艰苦的训练、尽可能地运用科学、埃及人民全身心的改革意志以及埃及军队对真主、对自己的宗教和祖国的信念。"十月战争"中获得胜利的埃及军队与1967年败北②的埃及军队之间的区别,在于"十月战争"的军队是一支有知识的军队,是由有资质的士兵组建而成的军队,它掌握了那个时代的技术,有能力投身现代史上的第一场电子战,能够运用先进技术,并有所发挥,能够创造性地使用手中掌握的武器——武器制造国的设计还不曾这样使用过。科学是这支军队的武器,是"十月胜利"的基本力量。同样,在海湾战争中,战斗的结局早在战场上见分晓之前,就已经在电脑屏幕上决定了。

现代战争已经是纯科学的战争,不断地增兵添将或昂泰拉③式的英雄并无用武之地。现代战争是民族科技实力的真实结果。今天,任何一个处于防御地位的国家,它面临的不是军队,而是影像,要应对的不是敌人,而是符号;战役不是发生在特定的战场上,而是在虚拟空间中进行,除少数专家外,大多数人都不知道战争的范围,也无法评估战争的后果。科学家已能运用生物技术生产出能够影响战场上敌军的物质和设备,却不会伤及使用这类武器的一兵一卒。这就是说,现代战争可以不交兵就告终,不战而胜。科学家们还能制造出不放一枪就能控制敌军意志和行为的物

---

① "十月战争"指1973年10月爆发的第四次中东战争。是时正值伊斯兰教斋月,战争爆发日又是犹太教赎罪日,故又称"斋月战争"或"赎罪日战争"。——译者
② 指1967年6月5日爆发的第三次中东战争,又称"六五战争"或"六天战争"。战后,以色列军队侵占了按联合国分治决议应属巴勒斯坦的全部领土和整个耶路撒冷,以及埃及的西奈半岛、叙利亚的戈兰高地和约旦部分领土。——译者
③ 昂泰拉·本·舍达德(约525~600)是阿拉伯古代诗人,诗作大多描写惊心动魄的征战和搏斗场面以及自己在战斗中的英勇表现,被后人赋予传奇色彩,尊为阿拉伯的"骑士之父"。——译者

质。今天，从数千英里之远的基地发射出激光制导导弹，并击中目标，而目标里面的人对几分钟后将会发生的情况一无所知。军队面临的是生物武器和电磁武器的危险，它们只伤人类不损害武器，能不战不杀就控制对方的意志，操纵其理智，影响其行为和士气。掌握敌军情报，不必派员渗透，也不靠潜伏的间谍。现在的时代，是遥感、纳米通讯"间谍蚂蚁"和"间谍细菌"的时代，一个匪夷所思的时代！

第二节 恐怖三角(G.N.R.)，人脑和电脑的结合

今天，在大规模杀伤性武器和实力标准方面，有一种新的体系，被称为"新恐怖三角"。在20世纪，当核能、化学武器和生物武器成为大规模杀伤性武器的时候，我们面前就已显现出一个可怕的阴影，那就是新的恐怖三位一体，即遗传工程、纳米技术和机器人技术，科学家们称之为"G.N.R."。这一体系既为建设和进步提供了巨大的能量，同时，又可作为大规模杀伤性武器和工具——当今世界正为了消除这类武器而准备发动新的战争。对这种恐怖三角"G.N.R."通过相互结合和发展构成的危险，我们应当重视研究它可能产生的影响，尤其是这些新发明首先具有背离人的意志自行繁衍的可能性；其次，这些发明并不一定需要巨大的财富或稀有的资源，其生产所需的材料和资源也不为大国所垄断，发展中国家、少数人甚至个人都有可能得到；第三，这些技术的商业应用或军事应用之间，没有明确的界限，也不可能在这方面做出清晰的区分。同时，这些技术伴随的情况极为复杂，要对它的应用过程进行审察或全面控制，超出了人的能力范围，这就会使我们面对两种前景——其中最好的一种也很苦涩：

第一种是正常发展的前景。人类将依靠智能机器、机器人和纳米技

术来管理和控制世界上绝大多数的活动，如果要说拥有介入的能力，那么，只有少数懂得科学、专业和具有独特能力的技术统治者（technocracy）才能控制和干预这套由智能机器构成的体系的运作，进而也就拥有了控制他人的巨大能力。这些少数精英如果有人文精神的主导，那么，他们在确保控制人们的感情、冲动和各种活动，以不构成对自己的威胁，不成为不安或麻烦之源的前提下，还将致力于让他人有饭吃，有房住，并进行管理；如果这些少数统治者不具有人文精神，那么，他们就有可能把大多数人视为麻烦的根源或应推卸的重负而设法摆脱。

第二种前景是人类将自己的事务全盘交给那套可怕的体系管理，而无能力介入，因为必需的操作程序十分复杂，速度之快普通人根本跟不上，这样，整个人类就将处于恐怖三角的支配之下。

这种体系已成为进步、建设、处理和解决各种社会难题的巨大能量，但与此同时，一旦被误用，它就会对这个星球上的人类和生活构成严重威胁。因此，对未来场景的严重危险，尚不可能做出预测。世界已经在谈论用电脑克隆人脑的组成部分，器官的移植和再造技术，谈论人类与电脑的结合。近年来取得的这种惊人的科学进步，为许多重大的科学发明提供了保证，其中之一是遗传工程方面的飞速进展。这一进展乃是基于"生物手术刀"的简单设想，也就是限制性内切酶（restriction enzyme）的应用：将这种酶作为"生物手术刀"，切割基因中的部分或单链DNA（遗传密码）样本，并切割细菌中质粒的另一部分，即DNA中的短序列，使之相互黏合，然后利用这种重组体将遗传特征移入细菌载体。在细菌中将会出现的这种新繁殖体，将具有完成转移的DNA遗传特征，从而改变细菌原有的遗传特征，开始产生先前没有的生物或组织。

我们生活的这个世纪，确实是生物技术的世纪，其进步也反映在计算机和生物技术的结合上，一些国家已经拥有庞大的生物数据库，凭借这些发明和技术,遗传工程开始在农业、工业和医疗等领域里发挥重要作用。例如,我们可以依靠科学知识用这种技术来发展农业生产,成倍地提高作物产量,探索和培育新的品种。另一方面,除了农作物种植,科学家们还能在细菌实验室里,将棉株细胞放入无菌的(sterile)化学溶液中去催生、培养,没有农场和农民,照样能生产出无菌的医用棉花,那是一种无树棉花。这些实验室不受各种环境因素的影响,因而可以有控制地生产大量棉花。

科学家们能够在实验里将柑橘的孢子放入大型器皿中繁殖,因而不需要种植柑橘树便能进行橙汁和柑橘类果汁的商业性生产,这是无须果园和鲜果的果汁;科学家们研制出了一种能够生产塑料物质的细菌,这样生产的塑料不污染环境,可以回收循环利用;他们还能用生物技术将芥子植物、烟草种植场转变为生产塑料原料的工厂。

凭借遗传工程,科学家们利用名叫 EColi[①] 的细菌将农业垃圾、医疗用品的硬质和非纸类垃圾转化为酒精,亦即将垃圾转化为一种能源;他们将各种微生物、细菌、菌类、藻类转变成过滤器物或吸收系统,用来清理海洋中由于沉船或油轮等的泄漏物所造成的各种垃圾,还用来处理核材料和有毒物。如果我们注意到,光美国处理这些垃圾的费用就高达 1.7 万亿美元,那么,我们就会懂得这项发明的价值。

许多发达国家的大公司和垄断集团,已经从几千年的人类遗产中无偿获益。例如,被视为神树的印度楝树(Neem),具有抗菌、防腐、杀虫等特性,类似甚至超过像 DDT 那样的杀虫剂(insecticides)或化学防腐剂,却没有它们那些有害影响。楝树还可用于医治多种疾病,并有许多农业用途。科学家们已从这种树中提炼出有效物质或特殊基因,开始在实验室

[①] 即 Escherichia coli,埃希氏菌,大肠杆菌。——译者

里进行生产，将它命名为"Azadiractin"。这样，数百代人的民族经验和人类遗产便成为一种知识产权的发明专利，被一个国家或一家大公司所垄断，从中攫取数十亿美元的利益。

生物技术对医学具有重大影响，科学家们已有能力在器官移植方面发起一场变革，它取代了从捐献者到接受者的器官移植。我们正面临两种新的趋势：

第一种趋势是将人类基因放入动物胚胎中培育，人体对移植该动物胚胎培育的器官的排斥性就会大大减少，因为人体决不会排斥自己的组织，既然被移植的器官内已带有遗传特征或人体特征，对它的排斥性也就减少了。正因为此，动物便成了人类各种器官的生产实验室。

另一种趋势是科学家也能通过遗传工程，使各种细胞在实验室环境里生长繁衍。例如，我们可以从皮肤里提取细胞，制成数米长的皮肤，办法是将这些细胞放入具有特定要素的化学试剂内促使其繁殖。如果有人在战争中受伤或失去了部分皮肤，我们就可以为他移植这种人造皮肤。

同时，还可以借助人工智能、超级计算机以及计算机辅助设计和生产（computer aided design and computer aided manufacture），造出人的新器官，从上面谈到的皮肤开始，到膀胱、骨骼以及人体的大部分主要器官。因为我们可以用塑料制作出想要复制的器官三维模型，将人体细胞放入这种模式的特定器官之中，使其繁殖，按计算机设计的器官最终成型。这里又会出现两种不同的发展趋势，一是让人体细胞生长，开始形成模型规定的形状，同时，模型塑料渐被侵蚀，直到消失，最终，我们就取得了由接受器官移植者本人或与其基因相近者身上提取的细胞制成的完全相似的器官。

另一种发展趋势是将干细胞（stem cells）保存在脐带里，储备到需要的时候再激活它，或在此后让它生产出身体所需器官的特殊细胞。

器官移植方面的这些新技术，已形成一场重大的医学革命，它能够解决排斥移植器官、捐献器官者与接受移植者人种不符的难题，也成为巨大的资源储备——每个人都能为自己制造备件（spare parts）。于是，有的人便头脑发热，放肆地考虑起长生不老的事来，想把人脑中的各种知识转移到计算机中，再与人体备件结合在一起。按照这种设想，人就可以多活很多年，大大超过目前人类的平均寿命。

在医学领域，科学家们已经发现了 DNA 图谱，能够对人的遗传结构进行探测。这就是取得一个基因样本，去与收有所有基因的参考总图谱核对，找到基因结构，即能对他可能会患的疾病或未来健康趋势做出某种科学预测。一张基因图谱或基因片段，即可用来核对、诊断、确定病人和做试验者的基因结构。这也就是说，我们把取得的基因放到基因图谱上去核对是否吻合，基因结构便马上会显现出来。人类的基因总数原先估计有 10 万个，现在业已查明还不到 4 万个。这些基因绝大多数已成为国际大公司、机构和国家的知识产权，被它们所垄断。如果说，16 世纪英国出现了"圈地法"（enclosure act），开始在公共土地上划界筑墙，禁止公众使用，将公共土地或公共财产变成私有财产和垄断资产，那么，我们在 21 世纪所看到的，是另一种圈地筑墙（enclosure），只不过这一次围圈的是遗传密码，是人类的生育史和进步的资源。

这样，科学家们便能够确定有关疾病、寿命、心理行为和未来趋向的基因。我们进入了一个奴隶制的新阶段，从奴役和占有奴隶的阶段，转入到占有遗传密码、控制后代、垄断人类后代的未来、将人脑全盘复制进计算机的阶段。在这种情况下，可以指导或生产出利用基因的武器，即利用某个民族或种族的基因或某个具有特殊规格的群体的基因。科学家们能生产生物武器，去影响人的行为和倾向，控制人的意志，能伤害某一人种或种族，而不会殃及他人。所有这些危险的可能性，都对我们大家构成了挑战。

新一代经过基因处理的细菌和病毒的出现，使生物技术这种令人惊异的进步对环境造成了影响，它虽为工农业的许多发展和进步打开了希望之门，但由于人为地干预了环境和基因之间的平衡，我们也已面临着可怕的前景和有可能产生的严重后果，如瘟疫、环境污染、中毒、人和动植物的免疫力缺失，还有不加控制繁衍出来的新物种，它们对人类和动植物资源乃至整个地球本身的影响，只有真主知道。

今天，科学家们已经能够在先进的计算机上做到计算机和人脑的某种结合。如果我们进入这种互动程序，一面是人脑智能巨大而全面的发展，另一面是遗传工程、机器人技术和遥控技术的惊人发展，纳米技术的重大进步，那么，我们就置身于一种新体系之中，它反映了人类能力的质变，是一场我们原来无法想象其前景的新革命，今天却已成为实实在在的科学事实。这种科学知识的状况发展极快，已经形成了一道新的鸿沟。不久前，我们还在谈论南北差距、东西差距、富国与穷国间的差距。今天，我们谈论的是"数字鸿沟"(digital divide)，再往后，我们将面临一种更大的鸿沟，叫作"总量鸿沟"(quantum divide)。数字鸿沟是有能力高效利用信息、通讯技术的社会和个人，与那些不能利用这种技术的社会和个人间的鸿沟。有科学家说，处在这鸿沟两边的人之间的差别，如同原始人与爱因斯坦的差别；而站在"总量鸿沟"两边的人之间的差别，则就像"玩具炮弹"与"氢弹"的差别。我们前不久还在谈论的事实，今天正在我们眼前发生着前所未有的变化。现在，科学家们已经断定，存在着一种超光速，那就是科幻影片《时光机器》(*Time Machine*)①中所展现的景象。将成为科

---

① 《时光机器》是由著名科幻小说家 H. G. 威尔士 1895 年同名小说改编而成的科幻影片，由美国梦工厂与华纳电影公司联合摄制，2002 年 3 月首映。影片描述一名极力想证明时空旅行确实存在的科学家发明时光机器并希望借此在时空中穿梭旅行、改变命运的故事。——译者

学事实的是，我们一旦超越了光速，就能在时光隧道里来去自如。

今天，通过巨型计算机，困扰数学家和物理学家的最复杂的问题，就能在几秒钟内解决。依靠原子能在一秒钟之内处理数万亿数据的巨型计算机、量子计算机(quantum computers)，能够处理原先无法做科学分析的所谓"混沌"数据(chaos)，因为处理"混沌"数据的程序十分庞大而且复杂，人的正常智力和计算能力以及现有的各种计算机的能力都无法进行计算或分析。这种"混沌"数据显然自有控制系统，现在大多数的混沌系统，都只能在拥有胜任这项工作的巨型计算机的条件下才可进行分析和计算。科学家斯蒂芬·古尔德(Stephan Gulde)和他的因斯布鲁克大学(Innsbruck)的同事们，已经制作出了量子计算机的雏形，其中发挥作用的部分是钙原子，通过与包括使用钛蓝宝石激光(titanium sapphire laser)在内的现代技术的结合，这台计算机已解决了第一个数学难题，从而为取得下一阶段的更大进展打开了大门。

"摩尔定律"(Moore's Law)[①]表明，计算机、晶体管或集成电路(integrated circuits)的能力，每18个月或24个月就增加一倍。例如，英特尔公司(Intel)——生产集成电路的最大公司——所使用的芯片容积，1972年时为3500个晶体管，到1997年，已达到75万个晶体管。由于空间的限制，原先预定按照这个规律到2010年或2015年增长就会停止，晶体管或集成电路所需的芯片空间将限制这种增长，但随着被称为"分子电子学"(molecular electronics)[②]的新技术的出现，情况已经不同：分子取代了晶体管，目前电子计算机能力的这种增长率还会保持30年或40年，这

[①] "摩尔定律"(Moore's Law)认为半导体上的晶体管数量以及芯片的整体性能，每两年就会增长一倍。该定律由计算机界先驱、英特尔公司(Intel)创始人之一摩尔(Gordon Moore)于1965年首次提出。——译者
[②] 即molectronics。——译者

一进展也使"摩尔定律"将延续至2030年之后。按照这样的发展,到2010年将会出现与人类智力水平相当的计算机,到2030年,将会出现相当于1000个人的智力的计算机,半个世纪以后,还会有可以植入人脑的芯片,使人类的视听、记忆和智力都超群绝伦,没有这种芯片的人与拥有这种芯片的人将很难进行相互理解的对话。到20世纪末,在超级计算机与人类、机器人与人类之间,将形成近乎完全的结合,现在隔离他们的许多差异将趋消失。人与人、人与机器人之间,有可能形成不受时空限制的视、听、感觉和感情间的交流。这对那些应该加强自身建设、赶上别国的发展中国家来说,无疑增添了一个沉重的负担。现在,我们只能与时俱进,追求进步,因为在这个新世界里,只有强者和拥有科学知识的人,才有立足之地。

第二章　自由经济与国际法准则的崩溃

第一节　全球化形势下的自由经济

经济观念已发生了很大变化——尤其是在西方。在20世纪,经济观念游移于依靠中央计划方式的国有经济和一切听任市场机制之间,在整个20世纪,这两种模式都各有成功的经验。

自由经济无疑是最优越的经济制度,它能导致快速发展,释放个人能动性,推进创新,同时,民主作为一种政治、社会制度,对人类和社会来说,也是最优越、最公正的制度,因为民主是创新和进步的基本动力。不过,这两种制度都得有必不可少的保障,都存在必须治理的缺陷。民主和自由经济的保障,表现在新闻自由,政党活跃,立法机构清醒,司法公正廉洁。现在是我们吸取历史经验,借鉴许多国家不同时期的民主实践活动的时候了,是考虑制定规章和光荣宪章的时候了,用以管理那些保护民主制度、保障自由经济持续的机构的工作。特定的规章会制止标准、利益的双重性或矛盾性,防止私欲得逞,保护社会不至落入背离透明性原则者之手,有助于戒除野心和贪婪,远离个人或团伙利益至上主义,允许任何时候都可问责，允许社会受挫自行改正。也许，高贵的埃及司法所确立起来的传统，由贯彻定性、定罪原则，为可敬的司法部门制定社会行为规则，已有的审计法官，禁止有损公正和影响司法正常进行的行为（无论是社会性的、职业性的还是物质性的）的机构体制，所形成的传统乃是重要的保障之一。法官在审理某一诉讼时出现个人利益交叉或与其家庭有牵连，或感到为难时实施回避原则，是司法廉洁的真正保障。

民主一旦处于一种严密的机构框架之内，透明度便有了保证，问责制也能实现，在维护民主的所有机构——新闻、议会和政党中就都可实行民主，公民的知情权和警戒不正之风、腐败或利益冲突的权力都将得以确保，从而才能形成真正的自由经济保障体系。独立廉正的司法是廉政、健全经济、普及平等和公正精神的基本保证，也是消除恚恨和空间陌生怨怼根由的基本保证，这种孤独怨恨的情绪，出自那些蒙受明显压迫和严重迫害的人们的感受，它导致了背离时代，为极端主义和恐怖主义铺平道路。同时，在所有维护民主的机构中，强调无经济利益冲突（conflict of interests）或群体利益冲突，也极其重要。

不具私欲私利的新闻业，通过揭露腐败、抵制不正之风、保护机会均等、防止垄断，在保护民主社会和市场经济方面发挥着重要作用。在19世纪末20世纪初美国的近代崛起过程中，新闻业曾做出过巨大贡献，一批以 Muckrakers[①] 著称的人很起作用。他们揭发不轨行径，揭露早期资本主义社会的弊端，揭露工人的恶劣境遇和公共服务的糟糕状况，揭发企业家们的劣迹和一些经济巨头的欺诈枉法行为。他们在很大程度上也有助于限制垄断和欺诈，同时还导致美国令世界瞩目的社会价值观在很长一段时间里成为主流。

---

① 专门报道丑闻的人，尤指新闻记者。——译者

这也不是什么新鲜事,很早以前,举报就是构成国家层面和乡村层面的阿拉伯文化和埃及文化的机制之一,它揭发、暴露不道德行为,揭露腐败和歪门邪道,从而对他人形成有力的制约。

另一方面,在像新加坡那样实行自由经济制度的国家,都设有办公室或机构,任何公民都可凭证据举报各种腐败、受贿罪行,公民身份不受调查,也不要求其出庭作证。证据确凿的案件要交司法审判,一旦定罪,通常会判罚,罚金有可能相当于其全部资产,而无需监禁。这就大大降低了贿赂、腐败的比例。追究腐败是民主社会的一种保障,也是保证自由经济的手段之一。同样,支持完全透明,提供知情权和凭证据举报犯罪的权力,举报者不受打击追究,也是保护社会及维护社会和平的基本机制。

一些不容忽视的现象,有可能——实际上已经在——影响许多社会的民主保障和新闻自由,这就是少数人为实现其私利或构建他们与大垄断集团和金融集团的物质联系,影响了新闻的可信度和舆论自由。例如,美国女作家克里斯蒂娜·博杰森(Kristina Borjesson)在出版的名曲《拉锯》(*Into the Buzzsaw*)或《美国新闻自由的神话》的书中,讲述了18位大作家和大记者的痛苦经历——他们误导了公众舆论,掩盖甚至篡改了与社会直接相关的重大信息。另一方面,议会的保障性也可能会屈从于消极因素,影响其维护民主的功能。包括美国在内的许多国家的情况就是如此,有些活动已导致议会——也包括埃及人民议会——的某些成员处事不当。我们只要回顾一下那些受到法庭指控的议员、受调查的议员,以及经常传闻缠身、已不受舆论尊重的议员就够了。许多民主国家的议会生活,情况也颇类似,一些议员因各种违法行为而失足。这方面,我们只须提及的是美国出版的一本有关美国法庭实录的书,书名叫《美国国会议员如何受贿》(*How Members of Congress are Bribed*),作者是约瑟夫·摩尔(Joseph Moore)。

建立在自由经济基础上的资本主义制度,其领袖人物要比卡尔·马克思及其追随者们所想象的更聪明,他们十分留心防范动荡和革命的因素。俾斯麦[1]这位德国贵族阶层的头面人物,首先创建养老制度,并于1880年奠定了第一个卫生保健制度的基础。丘吉尔[2]是英国公爵之子,却于1911年第一个制定了失业保险制度。美国贵族的代表人物之一罗斯福[3]最先奠定了社会福利国家(welfare state)的基础。

就这样,资本主义成功地延长了寿命,防范住了各种颠覆自身的因素,通过关注社会心理健康,尽力不让社会成员的生活和平静心态受到各种侵扰,支持和照顾边缘群体或经济能力有限群体,因为不留心这些方面,会导致生产下降,工作动荡,诉苦声和怨声载道,紧张和失望情绪蔓延,这些对任何成熟社会的生活而言,无疑都是破坏性因素。

资本的社会责任包括积极致力于缩小各阶层间的差别。支持公共服务,帮助能力缺少者,将始终是防止资本遭受各种风险的真正保障和最有力的保险。同时,国家在维护不同利益间的平衡、制止垄断、反对腐败和照顾收入有限者方面发挥的作用,则在于形成一种周全的"减震"(shock absorber)体制。

毫无疑问,资本主义制度[4]是最有能力调动个人积极性,推动创新,实现持续发展的制度。但是与此同时,它也具有两大严重缺陷。一是经济萧条期和流通不足期,在绝大多数情况下,形成需要国家干预的形势,一般来说,得创造新的工作机会,向市场注入附加资金,帮助受挫折者和刺

---

[1] 俾斯麦(Otto von Bismarck,1815~1898),德国贵族政治家,曾任普鲁斯王国和德意志帝国首相,奉行铁血政策。——译者
[2] 丘吉尔(Sir Winston Churchill,1874~1965),英国著名政治家,出身于贵族家庭,曾任贸易大臣、内政大臣,1940~1945年和1951~1955年两度出任首相。——译者
[3] 富兰克林·罗斯福(Franklin Roosevelt,1882~1945),美国第32任总统,因二战原因,破例连任四届总统(1933~1945),曾提出并实施旨在恢复经济的"新政"。——译者
[4] 有关"资本主义制度",请查阅我国《辞海》和《中国大百科全书》的相关条目。——译者

激经济；二是通常将公共利益交给一些虚浮的或徒具形式的实体或机构。萧条和流通不足属社会不稳定因素，会导致社会紧张，进而可能造成失业和灾难，加大贫富差距，对公正和机会均等失去希望，使中下层民众无法选择合法途径在社会阶梯上求得进取。

在市场经济条件下，国家本身开始大量推卸这类责任，这就出现了问题：这个社会责任即公共利益责任归谁承担？如果国家的结构和哲学都以市场经济作为基础，那么，它就不会十分关注这一问题，因为它由市场机制控制，如前所述，它充其量就是把公共利益或公共服务的责任委托给可能不起作用的徒具形式的或虚浮的机构，也不会把长期规划列在它的最优先地位，而总是受制于急功近利的考虑。当国家转变成了市场经济，它就要摆脱许多这类负担，同时中间阶级受损，而中间阶级乃是任何社会的安全阀，担心社会和平被破坏，担心失业增加和随之而来的犯罪率上升。因为失业率增长1%，入室抢劫案就增长14%，一般盗窃案增长11%，盗车案增长8%，侵害生命案增长5%。加利福尼亚大学的史蒂文·拉斐尔和林茨大学的鲁道夫·温特做过一项有关失业影响的研究，依据的是联邦调查局对1970~1993年间美国犯罪情况报告中的统计数据，它标明，失业率增长2%，会导致盗窃案增长9%，抢劫案增长14%，侵害生命案增长30%。[①]

随着大批人失去体面工作的机会，社会上有关部门或机构推卸在这一问题上的责任。此外，还存在一个更大的危险，即现代技术对生活、文化和文明的控制，它导致了家庭解体、道德堕落和社会上的暴力、犯罪、吸毒的上升。面对这样的变化，对世界命运提出的问题是：这个世界是否将

---

① Steven Raphael, University of California, & Rudolf Winter-Ebmer, University of Linz upon statititics taken from FBI Uniform Crime Report in U.S. of 1970-1993.

变成一片丛林,有权者可以在里面为所欲为,而无权者则应拿起武器捍卫自己的权利,变成求生性罪犯或自杀性罪犯?

另一方面,在盛行资本主义制度和自由经济的西方,富人与穷人间的差距在拉大。美国在经济增长、低失业率的长时期内,并不存在平等的利益分配。在过去的20年里,97%的收入增长进了20%美国最富有者的家庭;在1979～1996年期间,五分之一最富有的男性收入增加了4%,而五分之一最贫困者的收入却下降了约44%。在富人收入增长的同时,3650万美国人(相当于美国人口的13.7%)正生活在贫困之中。只有1%的精英人物却拥有40%的国家财富。相比之下,不到25年前,拥有同一比例财富的人,还占到总人口的13%。美国莱斯特·瑟罗(Lester C. Thurow)所写的《资本主义的未来》(The Future of Capitalism)和另一本《建设财富》(Building Wealth)的书中都引证了一项新的研究,作者强调了财富两极分化的加剧,他说,处于美国社会最高层的4%的人所拥有的财富,要多于底层51%的人所拥有的。目前美国收入差距之悬殊,是从"大萧条"时期以来任何时候都不曾有过的。美国全国失业率为5.4%,但在许多专属美国土著居民的地区则高达70%;在偏僻的农村地区,失业率通常是全国比例的2倍,有时达到4倍。失业者获得社会保险的条件已变得更加复杂,只有39%的失业者能享受社会保险,而1986年时这一比例为70%。

在英国,1979年玛格丽特·撒切尔执政时,英国人中五分之一最富有的人攫取了总收入的43%,而五分之一最贫困者只获得了其中的2.4%。到1996年,即保守党执政的最后一年,尽管这一时期的国内生产总值在增长,但这一比例是,(总收入的)50%归五分之一的最富有者,2.6%归五分之一的最贫困者。这就是说,穷人们只得到了大蛋糕中很小的一块。20世纪80年代,生活在贫困线以下的家庭数上升到60%。到

1996年,英国贫困儿童的比例在欧洲最高,在1995～1996年度,有30万儿童的处境艰难,且每况愈下,已与1979年的情况大不相同。工党新政府上台后,虽说为改变这种局面做出了努力,但生活在贫困线以下的人数仍然有增无减。在1994～2000年期间,低于周平均收入一半——合278英镑,不含住房费用——的家庭,由130万个增加到1 425万个,最近这个数字已超出80年代初的一倍多。1997年工党执政后,低于周平均收入一半的这类家庭人数又增加了50万个。贫困集中在只有一人工作的家庭和无人工作的家庭。在1998、1999两年间,低于平均收入40%的领养老金人员比例,已由20%增加到23%。

在日本,政府承认的失业率为10%,这是官方的数字。欧洲国家在过去的10年间,想把失业率降到10%以下的努力均未成功,不少国家的失业率达到15%和16%。随着计算机、超级计算机和机器人进入许多生活领域,失业现象已开始成为人类面对的一个可怕危险。

全球化实际上正在增加世界居民之间的相互依赖,采取的方式是经济的相互介入和交叉,其影响已延伸到生活的其他方面,即它并不只限于经济,而且进入了文化、政治和技术领域。任何地方发生的事件,其消极和积极影响都会波及其他地方。不再有影响只限于当地社会的事件,例如,要是泰国的货币贬值,这也许就会导致东南亚的失业率上升,接着造成对拉丁美洲社会服务的投资放缓,也许还会导致非洲需要进口药品成本的突然上涨。

全球化的宣传者们认为,全球化为世界各地千百万人提供了许多机会,这是基于全球化容许贸易额的提升,新技术交流的增加,外资的流动,以及各国人民间的联系通过传媒和因特网变得更加密切,所有这些都会推动经济的向前发展和人类的进步,使人类处于更为优越的环境,有助于在21世纪消灭贫困。这些宣传者认为,全球化就是国际化的市场、技术、思想和国际大团结，他们企图赋予全球化以人性特色。然而，全球化、民主和自由市场，要是不讲公正，不讲公正的国际经济秩序，那就毫无价值或内容可言。因为公正的国际经济秩序才能使全球化的人性色彩具有一定的可信性，才能把世界从它面临的严重差异中拯救出来——这种差异正在把地球居民分成穷奢极侈的极少数和贫困潦倒的绝大多数，从而为世界增添了新的负担，对人的尊严构成了新的危险，使世界失去了它所向往的合作、和谐和安定。已成为小小地球村的世界，只要公正不是稳定持久的国际法准则，它就绝不可能有安定。市场自由并非天生就具有公正的价值观，正相反，它在本质上包含着自私自利、个人主义和占有的价值观。如果以美国为首的西方资本主义势力推行的是一种世界自由市场理念，那么，我们对此并不反对，但我们认为，这个世界市场既是自由的市场，同时也是公正的市场，它建立在人类社会的框架之内，其成员和民族之间，应当以共同关心、互相帮助的关系相维系。全球化作为一种经济秩序，迫切需要有一个道德框架内的人类社会，否则，它就将成为公正无容身之地、弱者毫无指望的丛林。

信息爆炸创造了一种经济秩序，它也许能提供或发明精湛的技术，也许能成为世界市场垄断者极其巨大的财富，但可以肯定的是，像这样的社会，迄今为止还没有出现它人性化的一面，或构建起一个立足于互相帮助和同情的社会框架，因此，我们别无选择，只有加强能够填补空白的自身能力，培养公民，使之具有能力，成为积极有为、恪尽职守、服务祖国的公民，成为能用人性纽带联系社会其他成员的人。光是依赖外国投资的国家，会使自己陷入无法预测的危险之中，一旦外资在其他国家发现有相对更大的优惠，它就有可能逃离。

我们前面业已强调的是，竞争在前不久还只是取决于新技术的发明，即制造某种材料或生产某种新商品的技术发明，原先人所共知的是，发明的主人就是发明者,而现在,如前所述,发明的主人则是用更好、更廉价、更快速的新颖方式生产新发明产品的人。这就需要改变生产结构,因为老的体系只要有少数受过高等教育、富有经验的发明者和创新者就够了,由他们去开发先进的技术,至于在生产基地,也只要有一支受过有限教育、能生产或使用这些技术的工人组成的生产力就足够了。但当事情取决于要有新的或创造性的实践,或需面对不断变化的问题和局面时,生产线上就必须配备一大批有资质的工人,他们能理解复杂的数学,也会使用计算机,拥有无需请示中心就在生产线上做出决定的能力,能用多种外语进行对话,以了解消费者的意趣,因为第三次浪潮的产业将是按照特定消费群体的愿望安排的分类产业。第三次浪潮社会的快速性,使消费者的兴趣从一个时期到另一个时期快速变化,因此,生产线就必须根据消费者兴趣的变化作出调整。同时,在生产线上工作的人必须具备以往并非必需的特殊才能,这也是生产线本身所规定的特定资质和能力。

第二节 全球化进程中地理和国家屏障的瓦解

全球化只是一个舞台,在上面活动的是众多的跨国公司,它们的预算超过许多国家的财政,它们的利益与国家的利益不相一致,它们的追求没有止境。因此,跨国公司高举全球化的旗帜,为自己开辟向市场渗透的途径,排除区域性的立法和竞争,使自己毫无障碍地遍布各地,并且全然不顾对贫困的第三世界国家利益造成的损害。

未来的变化包括那些过去不曾提出讨论的事实和情况,例如,民族性与世界性之间的界限已变得混淆不清,我们无法为此制定明确的标准或框架。按照关贸总协定和自由贸易协议,屏障的透明性和边界线的可渗透性大大增加,对谁都是有利有弊,因为如果边界可以渗透(porous),那么,它就容许信息流通、贸易自由往来和人员自由迁移,而且也会容许那些我们的本性、传统和习俗所不认同的习惯和问题自由转移。我们面临的挑战是国际性的挑战,因为21世纪是国际化的世纪,所有的民族性都已受到巨大的压力,以至于许多思想家正在讨论民族实体本身的概念。民族实体还能继续应对世界上的集团、跨国公司和前所未有的贸易自由吗?还能继续应对无穷无尽、漫无边际的知识爆炸吗?在面对一个自由贸易思想占据主导地位的世界,一个国际化市场和一个小小的地球村里,它还能形成一种对民族工业、民族价值观和国民决议的国家保护吗?

同样,任何国家躲在自己的国境线内独享安乐,而听任其他国家去应对饥饿、贫穷、恐怖或落后的时代已经过去,因为通讯革命的现实已跨越了时空屏障,技术进步以前所未有的方式为个人提供了资源、能力和机会。这方面最突出的例证,也许就是我们看到的在那些遭受贫穷、饥饿和恶劣社会状况的国家所出现的集体向发达国家迁徙的现象。移民滞留在发达国家的沿海岸,成为一种负担,这些国家的边防安全机关穷于应付,因为如果抓住一些人遣返,另一些人就会逃之夭夭,而且即使是被他们遣返的人,也还会去而复来。实际上,美国就深深地被大量硬是要生活在其境内的移民问题所困扰。这一问题虽然严重,但还不是唯一的危险,还存在一种更严重、更危险的可能性,即那些感到自己已被边缘化或受到了虐待、处于不公正的现实之中,被当成了二等或三等公民的民族,他们极有可能出于极度失望和失落的心理,做出罕见的绝望反应,去反对其他国家。这种现实的可能性正在超越理论思维而成为事实,也许在世界各地发生的各种分散的事件中,我们正生活在酿成这类绝望反应的土壤之中。

通讯革命蕴含的一个事实是,它已对民族实体构成了巨大的压力,因为伴随着通讯革命,世界上任何地方的人开始相互联系,他们可以看到、感受到远在数千英里之外的传闻和发生的事件。时空转移对每个人来说都已变得轻而易举。任何国家都不能远离可能发生在万里之外的事件,孤立地生活。因此,对任何民族和任何明智的国家来说,都必须把对国际的关注作为其观察事物的一部分,因为外部事件已非正常学术意义上的外部事件,国际事件也不是字面意义上的国际事件。各种外部事件和国际事件都有可能产生本地影响和国内影响,反之亦然。国家考量与国际考量间的协调、平衡,已经成为各地的人们心神不安的问题。同样,先进技术与技术对生活方式、文明文化价值、民族根底的控制之间的平衡,也已成为各国的大难题,如果问题继续朝这一方向发展,那就意味着任何国家都回避不了这一现象而生存。另一方面,如果预期的失业在不远的将来成为国际性问题,那么,按照这种趋势的预测是,职业或就业机会将仅限于知识产业的范围。全球化形势下的理想劳动者,是机器人(robot),第三次浪潮中的基础职业,是符号分析员(symbolic analyst),最典型的活动领域,是虚拟现实(virtual reality)。我们在制订地方规划时,必须透过国际视角,依照第三次浪潮和后工业社会的机制和规则进行思考。边界、屏障和堤坝正一个接一个地在倒塌,国际市场不承认边界和屏障,也不受空间和时间的限制。各国的能力资源和经验的自由流动,任何人都无力抗拒,经验已成为稀缺的通货,在任何地方都能找到工作,国家的力量就在于能将这些稀缺的通货从其他国家吸引进来。智力和经验的流失已成为重压在民族实体身上的一个痛苦的事实。

有关未来的话题包含许多重大而新奇的可能性。我们读到了杰里米·里夫金(Jeremy Rifkin)的《工作的终结》(*The End of Work*),或者尼尔·波斯特曼(Neil Postman)的《教育的终结》(*The End of Education*),或者凯尼奇·奥麦(Kenichi Ohmae)的《国家的终结》(*The End of the Nation State*),这类著作说明,随着自由经济的发展,非政府机构活动、联合国各种会议的发展,各种国际协定尤其是贸易、关贸总协定的签订,以及个人和小团体拥有了前所未有的自由，我们所熟悉的国家形式及其边界，正面临着一种真正的解体。全球化体系具有一种离心力，能将人从其根基和土壤中拔起，社会组织便因之松动。全球化不容忍屏障和限制，将横扫一切地理的和国家的界线，甚至道德界线。新体系中的市场也不承认界线，不容忍界线的存在。

在这种新体系中，投资由不止一个国家组成的国际垄断集团进行，这些具有国际性或多国性的垄断集团所受到的约束和限制，都很脆弱。这些集团或组织的本性是，为了攫取他们想要的眼前的物质利益，有时不惜跨越一切障碍，只看它们的纯经济利益，其他一切都在所不计。根据自己对优惠条件的需要，可以随时转移到其他条件更优惠的国家。我们可以设想，假如香港不再是最照顾投资者利益的地区，而新加坡将给他们提供更大的优惠，那么，这些机构和资本就会突然甩开前者，转向后者，全然不顾对该地区将造成的空缺或将危及其稳定的动荡。

我们阿拉伯国家迫切需要的是，以未来的前瞻性理性思维去思考未来，而不是用过去的旧思想——它依然支配着许多公职人员的思路，他们患有一种新病症，就是"时代盲"。我们周围的世界在变化，思维方式在发展，力量的源泉在经历前所未有的转换。许多传统上属于南方阵营和第三世界的社会和国家，已经开始掸拂掉传统思维的尘埃，冲破落后的屏障，逐步向发达国家和当代复兴俱乐部成员国的资格靠拢，它们依靠的是信息和通讯技术革命及其所带来的成功机会和优势。根据信息革命的标准，阿拉伯国家还只是站在门槛上，至今不能有力地进入这一关键性的发展进程。

埃及是世界的一部分，不可能脱离这个世界，因为伴随着通讯革命，时空转移对每个人来说，都已变得简捷易行，任何国家都不能远离事件而独自生存。问题只在于，我们怎样才能协调这种种的考虑？

过去，我们能够恪守地方标准，蜷缩在地理边界之内，满足于地方的运作比率，这样的时代已经过去，并且一去不复返了。在新的世界秩序和全球化格局中的国际竞争，已不再容许某一国或某一社会有机会去执行地方标准，这是我们每天都能感受到、能听到和看到的现实。已经没有一个国家能够躲在自己的国界内，或执行自己的特殊标准，而对四面八方向我们大家刮来的这场飓风置若罔闻。我们前不久曾经可以满足于地方标准，可以拿内部的情况作为借口，有能力去利用世界大国的平衡，有时候还可以从这里或那里得到实惠，满足于执行自以为适合自己的标准或制度，满足于落后的技术，得益于人口众多、劳力低廉或凭借自然、地域和历史拥有的其他竞争优势，但是，这样的时代已经一去不复返了。今天，任何国家都不能再依照地方标准参与竞争，长立于世界国家之列。那样的国家毫无疑问将会被边缘化，失去自己的生存能力，在此之前，首先是失去许多自己的生存要素，以及独立和意志自由。在我们这个曾把科学和文明授予世界、把知识传播到世界各个角落的国度里，这样的结局是我们无法面对的。我们伟大的祖先曾经创造了这个星球上最早的文明，实现了世界历史上最伟大的复兴，他们的荣耀依然历历在目，依然令各国乃至今天的发达国家钦佩和叹服。因而，我们别无选择，只能执行国际标准。

在这一点上，我想起了我们的伟大的作家阿卡德先生①的诗句：

    祖上伟大光荣，
    自己寻常平庸；
    好把先辈夸耀，

---

① 即阿巴斯·马哈茂德·阿卡德(1889~1964)，埃及著名诗人、作家，1960年获埃及国家文学奖。代表作有诗集《四十启示录》《西方的飓风之后》，文集《书中的时时刻刻》《书与人之间》，长篇小说《萨拉》等。——译者

注定受辱无穷。

全球化正竭尽全力瓦解国家，所有的国家，因为国家的民族体制实体是全球化面对的巨大障碍。没有什么活动比贸易更敌视民族主义的考量，没有什么意识形态比资本主义更不关注爱国主义，也没有什么挑战比市场更能损害国界了。因此，全球化在它瓦解国家的尝试中，打着各种旗号，表面仁慈，实质却令人痛苦。地方分权制、社会参与、非政府组织作用的增强和尊重人权，这些都是不存在分歧的原则，它们为国家行动增加了能量，是透明性和公正性的必要保障，也是应该受到保护的基本权力。但是，一旦分权制变成限制国家在维护统一的国家组织、坚持民族属性和尊严、保障机会均等方面的核心作用的工具，对市民社会的支持变成个人或组织凭借外国的馈赠和特权演变为寡头的工具，人权变成违法乱纪者、威吓平民百姓者的权力，那么，这些原则就成了瓦解国家的机制，实际上是大谬不然的权力词汇。

今天，埃及和世界各国的国家决策都受大的国际势力的压力。这一点，我们在世界银行、国际货币基金组织、在防止核武器扩散条约、关贸总协定，在人权大会、国际舆论及其炮制者身上，都可以看到。我们看到的这一切，正在影响世界各国的意志。由于国际势力的增强，各国照顾自己的社会、环境和文化状况的能力下降，加上宏伟的技术革命造成的物质财富的增加，一般公民在减少他对自己所属国家的依赖；还形成了一种前所未见的独立性，有时也威胁着国家属性，表现为严重的物质生活至上，技术对文明的控制，以及它对社会价值观的影响。

第三节　道德约束萎缩与拜物主义盛行

技术已经控制了一些民族的文化，有时候，这种技术控制文化(technopoly)的现象，还使这些民族失去自己的身份，其结果是道德沦丧、家庭解体、叛逆、暴力、失业、犯罪和吸毒，等等；另一方面，一种严重的宗派主义在蔓延，它具有单边主义的思想特征，不留意变化，不理会生活中的科学考量。实际上，两者都很危险，处理其消极影响的重任都落在我们身上。

以机器人、遥控和先进计算机为标志的现代技术，已在常规生产领域取代了传统劳动力，减少了在直接服务领域中对人的依赖，再加上超级技术的引进，这一切给人提供了前所未有的巨大能量，却也导致了大批数量不断增加的劳动力被排除在外。

另一方面，我们面临着巨大的信息爆炸，它是充斥人脑的洪流。思想家尼尔·波斯特曼(Neil Postman)在谈到信息领域时说："我们正面临着一种新的'艾滋病'，如果艾滋病是指人体免疫系统失调，那么，这种'新艾滋病'则是社会被信息洪流所淹没，它无法以道德约束来应对这股洪流，防止或减少其危害。"不论是怎样的信息，总是有利有弊。信息量合理，社会能够通过其部门和机构——学校、宗教机构、司法、法律等有效地进行处理和筛选，保护社会特别是其中的有些群体，如儿童、文化程度有限者免遭其害，不受其副作用或不良后果的影响，因为社会尚有能力分析、过滤甚至封闭信息。我们处在历史转折点上，面临着许多巨大的挑战……我们面临的发展的挑战，它要求尊重先进技术，尊重先进技术的发明、应用和实践，同时，又要保护社会，不让技术控制文化和文明。这一问题正困扰着今日的西方社会，在那里，"技术"造成了社会体系的分崩离析，"技术"建立于社会和平的残骸之上,它从工具和手段变成了目的,从设备或仪器变成了野兽。因此,我们应当做的,是以健全的道德价值观、高尚的传统习俗来保护我们的国民。

今天,我们在这个世界上前进,在吸收各种技术、采用最先进的通讯手段和方式之时,应当珍惜和强调那些维护我们的根源、传统和价值的规范,因为我们伟大的祖国具有独特的价值观、信仰和身份,具有历史悠久的根源,我们不能像有的国家或民族那样,铤而走险,丧失自己的身份。因此,我们在吸收进步的要素,力争跻身先进的同时,也应努力并珍视深化我们引以为荣的历史属性、文明根基和文化遗产,以免充当第三次浪潮或先进技术的牺牲品。我们既要采用先进的技术要素,也要保护和坚持我们生活中反映在价值观、传统和道德中的光明面。这实际上是一种艰难的平衡,对这个世界上许多个人和团体来说,这不关他们的事,但对我们这样拥有自己崇高人文价值观和文明遗产的人民来说,却事关重大。我认为,如果忽视了人类生活中的精神层面及其崇高的价值,技术威力不是人类幸福安乐的保证,因为这会使人丧失一个幸福和快乐的源泉,一个任何技术——无论它有多么先进——都不能代替的源泉。

我们前面已经强调,我们也需要深化科学的人文含量。我们在谈论科学的危险和先进技术对文化、文明的控制时,其实不是在谈论一种普通的危险,而是有可能导致的必然危险和灾难。一位杰出的科学家多因·法默(Doyne Farmer)曾对人类正在经历的这种态势描述说:"人类在20世纪中叶已经发现,可以毁灭这个星球上的人类生活,21世纪中叶或在此之前,人类将能够在这个星球上发明新的人造生命,因为人类已经能够冲破自然的和生理的界线和规则。"这位思想家认为,这种发明对人类和整个地球都是最危险的。有鉴于此,我们需要深化埃及人民对自己的价值观、信仰、文明和根源的忠诚和归属感。

赞美真主，埃及有自己的道德价值观，有自己的原则和特性。这是我们坚持稳定的要素之一，它赋予我们力量，去应对由技术、拜物主义对社会价值观的控制所导致的社会解体。社会团结曾是1973年10月取胜的原因之一。我们必须保持社会团结，尤其是在技术已经凌驾于文明和价值观之上，并引发犯罪蔓延、家庭解体、吸毒贩毒和各种犯罪行为之后。这些情况是我们希望避免的，我们相信伟大的埃及人民所体现和倡导的互助宽容、中正仁慈的人文精神和文明价值观，是我们一心一意追求进步道路上对付和处理这些危险的保证。

第四节 实力逻辑与用武理由的缺失

我们现在所处的历史阶段，将使各民族都受到影响，我们在周围所看到的场景，可能出现在志怪喜剧、古希腊神话或科幻故事之中，那是些与我们所了解的常理、所信奉的价值观以及我们从小就尊重和推崇的原则无关的东西。我们所处的世界，只承认实力，弱者无立足之地，软弱者、愚昧者和小知识分子无路可走，是个只讲求实力逻辑的世界。

这种实力在历史上逐渐演进，过去表现为人的肌肉和身躯的力量，它决定着格斗的胜败；接着是火药的力量，以后随着发明了起重机械，实力要看能量的利用，后来是海陆空新式武器，再往后又有了核能和大规模杀伤性武器，到今天，世界面对的是实力的新标准。它建立在信息技术、电子学、生物技术、机器人和纳米技术之上，构成了一个先进的大规模杀伤性武器的体系。因而我们必须与时俱进，加倍努力，坚持不懈，以便融入发达世界，把握住时代的机制。

过去，我们认为实力体现在经济、资本、劳动力、土地和原料方面，国家的实力标准之一是国民生产总值(GNP)。本书中的统计表①说明部分国家的国民收入,是以美元来计算个人所得的。各国的排位,原来总是根据国民收入,现在这个标准已经不同,国民知识储备(CNIR,即 cognitive national information reserve)已成为国家实力的真正标准,其指数不是工厂数、银行和国库中的存款数,而是从事研究和发展的科学家、工程师和技术人员的数量,全国人均受教育的年限,新的科学发明数,发明家、天才人物、创新者所注册的知识产权数,出版的学术期刊数,发表的科研论文数,掌握和运用新技术、计算机设备、电话线路、移动通讯、广播电视设备的能力,个人使用各种传媒、花在电、日报上的消费量,进入高等院校的在校人数和获得硕士、博士学位人数的比例。也许本书后面的数据统计表能告诉我们当代实力对比的一个侧面和衡量其相对重要性的一个标准。②科学正在许多极为重要的领域取得进展,掌握科学前沿者遥遥领先,无力涉足科学的人,则面临越来越大的威胁。

今天,各国的政治关系和相对力量,就是仔细比较各国所拥有资源的一个过程。现在,实力的估量计算机都能完成,那是比较各种现有实力的精确统计,无需通过战场上的实际试验便可确认。任何一个国家的综合实力在于国民知识储备——它才是国家的谈判实力和政治利益。世界上占主导地位的秩序已是所谓的单极或者一超独霸。美国凭借它所拥有的国民知识储备和巨大的自然财富,领先于其他国家,这个霸权大国已有能力把与国际法准则和国际法严重不符的法律、价值观、行为和思想强加给全世界。

也许正是今天这种控制着世界的基本体制,在制定游戏规则。美国的一位思想家诺姆·乔姆斯基(Noam Chomsky)③说:"世界新秩序了无

---

① 指本书附表一。
② 指本书附表二~十五。
③ 诺姆·乔姆斯基(1928~)美国著名语言学家,转换生成语法学的创始灭。——译者

新意。"武力和直接干预权，属于强者；经济理性主义、国际法准则、人权和民主，属于弱者。在这种秩序中，我们必须遵守经济理性主义和国际法准则，必须关注人权；而强权世界本身却全然不受这些义务的约束，从科学知识和强加于人的经济中汲取力量。我们目前只能在别人为我们制定的规则中参与比赛，我们面前的选择也只能在我们或许认为是不公正的规则和秩序中继续竞争。只是我们得努力集中意志，积聚力量，进入前沿。我们别无选择，只能用当代世界的先进力量亦即科学知识的力量来武装自己。也许，在目前对我们造成的压力和对我们力量的遏制中，蕴含着我们统一的希望，因为危机催生意志。

在今天的世界上，某些势力掌握着巨大的实力，破坏国际法准则的闹剧和践踏国际法的悲剧不断发生。其中，最显著的例子就是在阿拉伯—以色列争端中一味地偏袒以色列一方，其原因是犹太代理机构的强大，犹太复国主义院外集团对某个西方国家的许多机构和决策中心的控制，此外，还有世界舆论对以色列的嚣张气焰置若罔闻，成为对国际法准则的嘲弄。面对这一切，我们应该避免与这些势力发生冲突，也避免陷入当前那些无谓的纷争。

许多以色列机构按照隐藏在国家后面的集团逻辑行事，而超级大国在许多人看来，似乎心甘情愿地充当犯罪黑帮的保镖角色。以色列每天的日常行动，包括可耻地违反各种各样的人权，蔑视国际法和国际惯例，侵犯一切宗教圣地和禁区，都构成了一种毫无人性的犯罪行径，其目的就是恐吓无辜者，折磨手无寸铁的阿拉伯兄弟，故意伤害阿拉伯人的尊严。这些行径的影响，是将培育起一种暴力和仇恨文化，造成持续不断的流血和以暴易暴。那些尊严受到伤害、人格遭人蔑视、父老儿童惨遭杀戮的人，必定要奋起复仇，其结果，从最好处想，也将是给后代留下一份仇恨的遗产。

今天，以色列的统治者出于强国的妄自尊大，愚蠢地干着违背自己利益的事情，顽固地在打造一种针对自己公民及其后代的暴力文化，肆无忌惮地一味蛮干，在阿拉伯地区玩火，竭力煽动他们本想要扑灭的抵抗精神和战斗精神。伟大的真主针对他们这样的人说："真主将用他们的愚弄还报他们，将任随他们彷徨于悖逆之中。"①

但是，我们首先必须扪心自问：阿拉伯地区的悲惨局势，以色列的专横跋扈，只是因为力量失衡，是毫无来由的突然转折，是偶然的不走运，还是不同的双方之间一种合乎逻辑的结果：一方了解自己的目标，懂得游戏规则，很好地研究过实力的核心、决策和施加影响的手段，它付出了努力，有周密的计划，是有目标、有部署、能实施的一方；另一方，通常并无见解，好幻想，沉浸在白日梦中，想入非非，自欺欺人，虚度时光，错失机遇，热衷于无聊的行为和活动，听从于心理错觉，沉湎在安逸享乐之中……一方善于分析问题，科学地加以处理，做出必要的努力，实施自己的计划；另一方却常常满足于幻想、空想、口号和讨价还价，甚至还往往自损形象，自坏事务，违背自己的原则，从而证实对方强加给自己的罪名。

在这里，我们必须非常遗憾地承认，一些团伙和组织伪称自己属于伊斯兰教，蛮横暴戾地算计伊斯兰教和穆斯林，用他们的愚昧、残酷、狭隘以及对仁慈、宽容和注重理智行为的伊斯兰价值观的蔑视，伤害伊斯兰教和阿拉伯人，其程度超出了穆斯林和阿拉伯人死敌们的梦想。

许多人不了解，过去两个超级大国间的力量抗衡和相互遏制情况，又已披上了新的外衣，我们应该预测到它会在信息和技术革命形势下出现。信息和技术革命已经给个人、团体和弱小民族提供了用大规模杀伤性武

---

① 《古兰经》，第2章，第15节，马坚译，中国社会科学出版社1981年版。本书所引《古兰经》文，均采用马坚先生译本。——译者

器对付超级大国的可能。这就要求必须达成这样一种共识,即合法性、法律和公正,才是唯一可以取代霸权、控制和大国傲慢的价值取向。

是时候了,在应对我们已陷入的屈辱处境时,是该变愤怒为力量,变忧伤为工作,把责备、谴责转变为负责任的行动和缜密的计划了。我们首先应当做好准备,承认我们全都犯过错误,都曾有失职,我们总是好心地猜度那并不令人羡慕的疏漏,我们以丢人的无知去错误地解读新世界的语言,以过分的轻率忽视了对历史的借鉴。这正如思想家乔治·桑蒂亚纳所说:"不以史为鉴者,必将重蹈覆辙。"

政治是实现"可能"的艺术,但"可能"不是用口号和幻想确定的,也不是靠愿望和梦想就能实现的。"可能"要成为现实,只能凭借有实力的行动和有能量的努力。在我们这个时代,实力和能量就是科学和知识。资金积累是实力和能量的一种成果,军队是其力量的体制性表现,武器是其科学和技术的实际应用。因此,认清什么是我们这个时代知识力量的标准,是很重要的。

公正的历史将在谈及穆巴拉克总统时,提到他的尝试、努力、呼吁和倡导,他很早就注视并了解了新国际关系的规则,他没有停留在谴责和拒绝上,没有去喊口号和煽动感情,也不轻易地退却和抵制,没有保持沉默或不闻不问,而是坚持对话、解释、辩论、阐述、声明、批评和应对。但这些不过是略举一二罢了,也许其他各方有朝一日能够理解,其他人也都能及时恢复理智,在理性、逻辑和历史的引导下,形成一种超越现实政策、不带强权狂妄意味的未来观。总之,人们将会铭记,穆巴拉克总统很早就认识到了实力的真正源泉,是他,致力于积聚力量,以增进祖国的强大,也是他,最先关注科学和教育,视之为埃及国家安全的支柱、埃及进入新世界蓝图的唯一通道。

第三章 "9·11"事件的震撼：余震、连锁反应和后果

第一节 新世界、新局面和新标准

随着第三个千年的开始，我们现在生活在一个新的世界里。然而，在2001年的"9·11"事件之后，我们正面临着一个重大的转折——"9·11"之前第二个千年的世界与这之后的世界截然不同。很显然，首先，我们处在一种新的国际秩序之中，只有一种力量控制着世界。虽说这一力量的表现形式是一个国家，但它实际上是一个体制性实体，有人称之为"拥有千臂的电子一族"，我则称之为"拥有千爪的电子龙"。其次，我们处在世界垄断集团和国际机构的框架中，这类机构的表现形式是专业公司、控制世界的媒体或者左右事务进程的院外活动集团……这些五花八门的名称，说到底，反映的都是同一个体制性事实。

"9·11"事件之后，我们已经生活在一个奉实力为生活逻辑和生活方式的世界里。我们周围所发生的事件，常常与逻辑法则、国际法准则以及我们惯于尊重的人类文化遗产的圭臬相悖。在这些事件中，按照美国的

观点,世界分为两大集团:"文明世界集团"和"支持恐怖主义国家集团"。美国开始竭尽全力反恐,从而促使北约宣布在反击"9·11"事件的战争中,跟美国站在一起。美国要求全世界都跟它站在一起,参加它反对恐怖主义团伙和它称之为"无赖国家"的政治、军事和经济战争。同时,美国因"9·11"事件而遭受的经济萧条,已凭借它所拥有的控制别国经济的机制,转嫁给了世界各国。如果根据全球化的规则,全世界都得为美国的遭遇付出代价,那么,各国都有权要求全球化做到同甘共苦,不应失之偏颇。全球化的利益应该尽可能平等、公正地普惠各国,而非首先照顾单极,好处绝大部分归它,损失却让别国特别是发展中国家承担。

事实上,美国遭遇恐怖主义事件之时,它的经济正经历着自2000年年底以来明显的减速阶段,当时已有越来越多的预测认为,2002年最后一个季度(10~12月)将开始逐渐摆脱这种滞缓,从次年开始,美国经济进入新的发展阶段,这些预测的基本依据是美国联邦储备银行在货币政策方面所采取的扩张措施。随着纽约和华盛顿都遭到了恐怖主义袭击,大家自然都确信,经济状况将每况愈下,经济萧条已成事实,也许分歧只在于萧条的深度和持续时期的长短,有些人认为恐怖事件不会产生长远的经济影响,美国的推动力将努力快速摆脱这场危机。

"9·11"事件及其后续反应,暴露了一些发达国家文明中的缺陷和脆弱。它们的产业和技术发展,导致的是表面的而非深层的成熟,技术进步远远超过了文化进步或文化发展,社会文化只是一层薄壳,一旦受到冲击或压力就会很快破碎。美国社会一向推崇个人自由,反对干涉个人自由,推崇言论自由,拒绝分裂,它是一个将这些观念视为宪法的神圣内容并由最高法院对此颁布永久法令的社会,但却常常又以惊人的速度毫无顾忌地抛弃这些自由和权利的许多保障,仅因怀疑就允许窃听和逮捕,不提供保障就进行审判,它的行径所体现的是种族主义、冷酷、不宽容、密令暗杀……这层薄壳用电子清漆、技术清漆化妆，遮住了文化发展的缺陷、本质外的表象，其实质是这个社会尚未完全脱离牛仔文化。这种情形，与美国思想家们的说教自相矛盾，他们曾用民主、人权、言论自由、持不同意见的权利和宽容等不变因素，丰富了人类思想。

也许审慎地回顾一下某些发达国家对于国际法准则、公正、法律和人权所采取的立场和倾向，它引发的各方的冲动——心血来潮时用十字军战争相威胁，要攻击伊斯兰教，急欲破坏和毁灭及滥用武力等所暴露出来的种族主义倾向，就会看到，这些倾向反映出了一种隐秘的实质，即它尽管取得了惊人的科技进步，却仍然没有完全摆脱一种文化，这种文化源于当年由逃犯、冒险家和极端分子组成的社会，他们占领了新大陆，极其轻松地背弃了自己的根源和身份，丢掉了自己的亲人和家族，摆脱了自己的历史和民族性，继而又胆大包天地占领应许之地[1]，靠剑和火跨越一切障碍，在光天化日之下强抢硬夺任何伸手可及之物……如果羊群和农场属当地土著所有，或者藏有石油和黄金的土地上已种上了庄稼、放牧着家畜或住着原住民，那就不妨把他们赶走，摆脱他们，即便消灭他们，将他们连根铲除也不致受责，因为丛林法则就是真理和法律，伸手拿到高于一切，就是所有权的证明和合法的依据，金钱和黄金是他们的目标和原则，暴力是他们的手段和准则，他们把强占的土地视作自己的国土和私产，堂而皇之地把感恩祷告看作是上帝在祝福他们的行动，把节日和庆祝活动看作是对他们行为的赞美、对他们历史的粉饰。

造化弄人，这种悲剧竟然在最近的几十年里，又在新的地方、用当代的导演手法和新的名称重演，毫无顾忌地把哭墙、恢复圣殿、新的感恩祷告、

---

[1] 此处指保留地，即欧洲殖民者进入美洲后，为印第安人划定的住地。——译者

各类仪式和盛大的庆祝活动,看作是对应许之地①中新的民主绿洲的歌颂。

就这样,在西方世界的一些地方,科技的迅速发展似乎始终伴随着它们以同样速度改变行为习惯中的自身缺陷,它们仍然坚持不同的价值观,仿佛患有政治和文化的精神分裂症。举例来说,尽管取得了重大的科学进步,但发达国家中仍有很多人相信一些思想家所说的伪科学(pseudo-science)。这可从历史事件中得到佐证,例如法国的一位领导人采纳了在太空中寻找能源和石油的计划(Elf-Aquitaine Project),德国有些团体使用铁叉,以探查现代科学仪器无法确定的致癌辐射,英国人相信鬼魅已成为一个全国现象,在日本,有十万人相信占卜。

不过有两点值得注意。第一,文化底蕴及其历史稳定性与社会发展程度、社会内涵价值以及社会应对危机的行动之间,具有明显的联系。一般来说,古老国家的社会和文化发展更加和谐和深刻。第二,将极端主义和谋求霸权归罪于整个社会或特定的民族身份或宗教,是错误的。确实,每个国家都有些代表人物信奉丛林法则,满脑子与科学、正义和人道原则背道而驰的思想和信念。也许这在某种程度上可以解释为什么在国际法准则出现危机和世界舆论对许多不公正的事件采取回避态度的形势下,在一些具有悠久文化的发达国家里,仍然有理性的、较公正也较符合法理的反应。

先不说这一切,当我们坚决反对侵害美国人民和杀害几千名无辜者,并对美国的尊严造成伤害和对美国公民的感情所遭受空前的刺激表示充分理解之时,"9·11"之后在美国这块民主的土地上所发生的情况,却明显地在威胁美国人民所信奉的言论自由、严防窃听、禁止拘禁、集会自由、

---

① "应许之地"此处指巴勒斯坦。犹太人认为自己是耶和华(上帝)从万民中挑选出来的"特选子民"(the Chosen People),巴勒斯坦是耶和华应许给犹太民族永远居住的地方(the Promised Land),世界各地的犹太人作为"特选子民"最终都会得到耶和华佑助而返回"应许之地"巴勒斯坦。这是犹太复国主义兴起的宗教依据。——译者

思想自由等神圣原则。所有这些原则在这个社会刚刚感受到一次真正的危机时便荡然无存了。美国社会在历史上曾为维护思想自由、人权和持不同意见的权利进行过艰苦的斗争,现在却开始全面监听电话,集会自由已得不到保障,还颁布了允许跟踪犯罪嫌疑人的法律,哪怕是在美国境外,并设立了没有法律保障的特别法庭。

也许这会让人想起丘古尔曾做过的一次宣传:"在大多数情况下,美国人民及其领导人在经过检查和试验过各种可选择方案后,是会找到解决办法的!"这也许在屡失良机之后,正是我们目前的处境。因此,但愿这个伟大的人民不被引导去做出后果可能难以挽回的行为,虽说他们肇始于残酷与暴力,但毕竟创建了具有崇高人文价值的伟大文明,培育出了一批优秀的思想家、发明家和社会改革家,通过像西奥多·罗斯福(Theodore Roosevelt)[1]、莱纳斯·卡尔·鲍林(Linus Carl Pauling)[2]、马丁·路德·金(Martin Luther King)[3]、约翰·亚当斯(John Adams)[4]、约翰·罗尔斯(John Rawls)[5]那样的领袖人物,对民主和人道主义产生了重大影响。美国应该思考它越来越受到仇视的原因,而过去它一直是一个受到被压迫、遭欺凌、受迫害者尊敬和爱戴的国家,应该按理性逻辑去处理悲剧性局面,不要因为尊严受到伤害便感情用事,也不要滥用武力,或诉诸一系列的暴力和破坏性流血。

---

[1] 西奥多·罗斯福(1858~1919),美国第 26 任总统,1906 年获诺贝尔和平奖。——译者
[2] 莱纳斯·卡尔·鲍林(1901~1994),美国化学家,1954 年获诺贝尔化学奖,1963 年获诺贝尔和平奖。——译者
[3] 马丁·路德·金(1929~1968),美国黑人领袖,1964 年获诺贝尔和平奖。——译者
[4] 约翰·亚当斯(1735~1826),美国第二任总统。——译者
[5] 约翰·罗尔斯(1921~2002),美国当代政治学者,著名著作有《正义理论》(Theory Justice,1971 年)等。——译者

第二节　过去的阴影及其对现在和未来的控制

在这些事件中，在以反对恐怖主义和反对被认为将威胁西方文明的基地组织为名的阿富汗战争开始之际，一些西方的领导人发表了声明，当他们在谈论"新的十字军战争"、攻击伊斯兰教的时候，我们必须留神：这些声明究竟只是口误，还是假装疏忽，或脱下了假面具？当代的"十字军战争"、眼下盛行的双重标准和我们民族的现状，这一切统统是由于口误？

这种关于"十字军战争"和必须反对"邪恶轴心"的言论，使我回想到第一次十字军战争，它的口号是："西方的基督教徒们！团结起来，解放基督耶稣的诞生地！"今天则是："西方的民主人士们！团结起来，反对恐怖主义，拯救民主的绿洲以色列，抵抗阿拉伯人、穆斯林和恐怖分子！"这种言论，貌似仁慈，实质凶暴，表面上向全世界传播民主、自由、科学、文化和思想，实质上是要削弱阿拉伯和伊斯兰的身份，这证实了过去仍在控制着现在和未来。

第一次十字军战争，真正的目的是东方的财富。

这一次，最大的目标是东方的石油。

这也许得让我们谈一谈过去的十字军战争与当代十字军战争的相似点。当年十字军进入伊斯兰东方，组建封建领地，占领巴勒斯坦和耶路撒冷，直到大约两个世纪后，他们才从巴勒斯坦的阿克城被驱逐出去，才从阿拉伯土地上被清除干净，他们的野心也才被粉碎。可见，在阿拉伯世界遭受近代欧洲殖民主义之前，还有一段漫长的殖民主义历史，我们可以用"中世纪殖民主义"[①]来描述它的特征、动因和结构。这种殖民主义以这种

[①] 贾马勒·哈姆丹博士：《殖民主义和阿拉伯世界的解放》。

或那种形式的宗教作掩护,并非只来自伊斯兰教外的另一种宗教,而是令人惊奇地居然还披着伊斯兰教的外衣。

中世纪殖民主义有其古老的根源和特征,毫不夸张地说,如果我们追溯到古典时代最初的线索,古希腊和罗马都曾为海外殖民而越过地中海,南向近东和中东,那是他们的主要殖民区域。古希腊殖民主义持续了几个世纪,由罗马殖民主义继承。罗马人高举"我们的海"(Mare Nostrum)的旗号,实施后来所谓的"地中海一体论"。这是地中海两岸经历的历史性拉锯进程或拔河游戏(tug-of-war)的开始,也是从那时起地中海历史的基本政治面貌。以后,出现了力量失衡,原因是新的文明差距——阿拉伯世界处于文明鼎盛时期和黄金时代的初期,欧洲却生活在"黑暗时期";阿拉伯世界成为世界的中心和全球头号商贸媒介,欧洲还处在文明的边缘,仰赖于阿拉伯的交通。于是,阿拉伯的浪潮席卷并征服了地中海北岸,或至少征服了北岸关键的战略要地,包括从塞浦路斯、克里特岛[①]到梅诺卡岛和梅略卡岛[②]东西两边的所有岛屿,接着是西西里岛和意大利半岛南部,以及伊比利亚的大部分,而且往北直逼法国心脏地带,并派遣使节去了瑞士。这样,地中海成为阿拉伯的一个内湖,欧洲南部已被阿拉伯人钳子所夹住,两个钳夹一个东到安纳托利亚[③],另一个西至伊比利亚。

不过,这一把钳子不久就松懈放开了,阿拉伯浪潮又退回到地中海南岸。欧洲曾想把这次交锋变成一场宗教战争,把地中海变为基督教和伊斯兰教之间的一道深沟(moat),通过具有战略意义的岛屿和海峡构成的移动桥梁(draw bridges),继续进行历史性的决斗(duel)。时常铭记住这幅象征性的场景,对我们是很有益的,这不仅因为它用中世纪的语言和艺

[①] 克里特岛(Crete)位于地中海东部,属希腊。——译者
[②] 梅诺卡和梅略卡是西班牙东部巴利阿里群岛的两个岛屿。——译者
[③] 安纳托利亚(Anatolia)又称小亚细亚,即今土耳其亚洲部分。——译者

术反映了中世纪的战略,而且还因为它直至今天仍是欧洲作家和历史学家们情有独钟的一种比喻。

由此开始了由几次痉挛式的浪潮组成的十字军战争,持续了几个世纪。历史已经证明,宗教原因只是纯粹追求物质殖民主义的信仰伪装。最明显的证据就是,十字军战争最有力的支持者——也是最大的战争贩子恰恰都是威尼斯和热那亚的富商巨贾,以及那些在东方贸易中有关键物质利益的人。这里我们要问,历史上最早也最长的"壕沟战争",究竟是一场地区战争还是一场洲际战争?

十字军之剑最终折断在沙姆①和埃及的阿拉伯城堡墙下,因为十字军殖民者未能站住脚跟,只是在沙姆和巴勒斯坦圣地上几个支离破碎的袖珍王国里断断续续地滞留了几十年。地中海上除了海盗和冒险家的一些小冲突外,又成为一条停滞的沟渠。在这暂时平静的形势下,欧洲闭关自守,用心吸取从十字军战争中得到的教训,那不光是上了一堂战略课,而且基本上还是一堂文明课。中世纪黑暗的欧洲与灿烂的阿拉伯文明相撞击,竭尽所能地从中借鉴,然后加以发展和深化,开始进入欧洲复兴的发展阶段,最终将我们带到了近代欧洲的殖民主义时期。

阿拉伯人在十字军战争中取得的胜利,是因为12世纪实现了阿拉伯的团结。正是由于阿拉伯的团结,十字军明白了在阿拉伯的土地上,没有他们的立足之地,他们的收益变成了损失,胜利变成了失败。至13世纪末,他们最终被凄惨地逐出沙姆地区。如蒙主佑,阿拉伯人不久将会迎来建立巴勒斯坦国的一天——巴勒斯坦曾饱受磨难,历经坎坷和屈辱,这要凭借意志的力量和阿拉伯的团结,依靠实干、科学和当代唯一的真理支柱——先进的价值观。

---

① 指阿拉伯半岛西北地区,包括今天的叙利亚、黎巴嫩、约旦和巴勒斯坦。——译者

不以史为鉴者将重蹈覆辙。十字军战争不仅仅是战争，对阿拉伯祖国而言，也是一次极富殷鉴教训的重大经历，这次经历向阿拉伯东方和西方的所有阿拉伯人证明，他们的团结是他们危难时刻的庇护所，是保护他们免遭阴谋家算计和侵略者伤害的避难地。

十字军战争对于欧洲西方来说，是一场失败的冒险，白白葬送了许多生命，耗费了大量钱财，因为侵略的逻辑不可能得逞，暴虐的政策也不可能在以人民珍惜自己和祖国的自由而著称的阿拉伯大地上成功。

阿拉伯民族今天所经受的考验，对他们而言并不新鲜。这个民族在十字军战争的年代里，就已经遭受了同样方式的阴谋诡计和野心觊觎。我们应该利用这些经历，吸取昔日的教训，引为借鉴，以有助于我们战胜阿拉伯民族今天面临的最严重的威胁，那就是以色列及其支持者的威胁。

新十字军是耶稣基督传播博爱与和平不朽教义的一个异类，在打击穆斯林和阿拉伯方面，他们与犹太复国主义之间的密切合作，已经尽人皆知。虽说十字军与犹太复国主义之间，从古代、中世纪到近代陈陈相因的仇恨，以及许许多多的冲突，是众所周知的，然而，只要伊斯兰教和穆斯林成了他们的共同敌人，他们有时就会结盟、合作，相互靠拢。古代史、中世纪史和近代史的许多事件都证明了这一点。

如果说，以色列今天能够在西方的支持下强占了我们祖国中对每一个阿拉伯人来说都是弥足珍贵的一块土地，那么，这种经历并不是阿拉伯民族史上的第一次，因为如前所述，大约9个世纪前西欧就涌现出了大队人马，他们自称"十字军"，却与基督教和十字架的本质毫不相干，曾得以在沙姆地区为自己建立了王国。强横霸道的入侵者们从这个位于阿拉伯祖国心脏的中心据点出发，竭力扩大他们的势力和控制，时而伸向伊拉克各地,时而伸向埃及和阿拉伯半岛各地。①

　　事实上,研究人员不得不承认,在11世纪末的十字军和20世纪的以色列在阿拉伯民族躯体这个敏感部位所建立的两个国家,其背景极其相似,因为当时,暴戾的侵略者打的都是真理和天启使命的旗号,暗藏的却是强占土地、侵害弱者权利的险恶用心。他们利用了近东阿拉伯人及其统治者的四分五裂,各种势力相互竞争,缺乏危机感的纽带把他们拧在一起;当时,阿拉伯民族的队伍里都出现了强烈反响,阿拉伯的良知对这种状况表示不满,阿拉伯舆论除了呼吁团结,找不到别的遏制危险的出路。于是,为了把阿拉伯土地从侵略者手中拯救出来,仁人志士们大声疾呼队伍要团结,目标应一致。

　　这也是以色列与21世纪十字军之间的密切合作,借口是反恐,打击"基地"组织和将威胁西方文明的极端分子,他们假装不知道恐怖主义是没有祖国、没有归属的。我们东方,尤其是阿拉伯民族和埃及,都深受其害,我们为反对恐怖主义付出的代价影响了我们的民族经济,我们遭受的恐怖主义之残酷,令和平的人们心惊胆战,我们为反对和铲除恐怖主义所做的应对,是很多国家未曾做过的,我们依然警惕着恐怖主义的危险,依然决心在国际法准则范围内坚持对抗恐怖主义。这里,我们不能理解全球化的某些领袖人物——如前所述——把"反恐"说成是一次"十字军战争"……第二天又表示道歉,说那是"口误"。如果我们对这种所谓的"口误"之说做一深层的剖析,就会发现其目的就是为了削弱与全球化或世界单极相悖的身份、语言、文化和思想。

　　这也许会让我们想起一些人没有从中吸取教训的历史事实:大国在

---

① 赛义德·阿舒尔博士:《十字军战争新探》。

执行以下原则时从不感到羞耻①:"先做后辩"原则,即抓住合适的机会控制穷国,至于理由,事后再说;"先做后赖"原则,意思是,即便是超级大国把贫困民族推向了绝望和反抗,那么,它也应当否认这是它的过错,可以将原因归咎于这些民族的落后、统治者的错误和他们对世界造成的危害;"分而治之"原则,指当贫困国家团结一致,采取也许有利于它们自己和有希望摆脱落后的同一种选择时,强国就应当破坏它们的团结,在他们之间挑拨离间,宽恕一些国家,并许以繁荣与安全,对另一些国家则用苦难、毁灭和灾祸加以威胁,采取封锁和造成饥饿也无可厚非,使他们分崩离析,各行其是,使大国享有最高权威。

由此,世界应当懂得历史的教训。当前,包括发达国家和落后国家在内的整个世界都处于火狱的边缘,对这两类国家来说,命运都一样,它们都无法摆脱,除非相互合作,在以和平、公正和平等为要素的基础上建立一个新的社会。否则,代之而来的将是一场殃及全人类的灾难。事实上,三分之二的人类——发展中国家——已经在遭受食不果腹、衣不遮体、文盲和夭折之苦,缺乏生活最低限度的居住条件。这千百万人的悲惨境遇,还不可能改变,因为发达国家就是造成这个灾难的原因之一,因为发展越快、生产越多,奢侈、挥霍和浪费就越疯狂,其必然的后果就是穷人越穷,落后者越落后。

命运的嘲弄是,垄断财富、独享安逸的三分之一的人,居然没有意识到正是他们对别人境况的漠不关心,才悲剧性地助长了恐怖主义的基础、动乱的根由和毁灭性灾祸的滋生。他们迟早会引火——至少是没有尽力去扑灭的火——烧身,总有一天,躲在安乐窝里的他们会被意想不到的灾

---

① 康德(Immanuel Kant,1724~1804)德国著名哲学家:《论永久和平》,奥斯曼·艾敏博士译。

难所惊醒。

第三节　暴力、恐怖还是公正、法制

在国际法准则和世界和平缺失、双重标准得以通行，在四处笼罩着感觉得到的暴虐和冷酷，以及横行霸道却无望改变的气氛中，在那些失去希望、被剥夺工作、备受痛苦和绝望煎熬的人中，充满了空间上的陌生感，他们只能把时间上的距离感当作精神寄托，把极端主义思想和恐怖主义当作解脱和透气口的情况下，恐怖主义将仍会在世界各地继续存在，而且，随着持续不断的经济萧条及其对政治、社会和心理造成的冲击，恐怖主义还将愈演愈烈。

宗派主义、极端主义等不正常的行为，导致了个人空间上的陌生感，随之又产生时间上的距离感，结果就会畏缩封闭，反对变革，害怕一切新事物，不跟随发展，造成我称之为的思想瘫痪。这样的人就容易成为鼓吹肇事者的猎物，还会引发社会成员不满现状，产生愤懑与牢骚，进而影响他们生产的数量和质量，最终导致绝望感和时间或情绪上的距离感，亦即会走向暴力和恐怖主义，或吸毒犯罪，同时还会影响社会的安宁。这些，都会对世界的和平与稳定产生影响。

这里，我们必须把恐怖主义和暴力同合法的抵抗区别开来，因为恐怖主义是坚持己见、不听他人意见的思想宗派主义的产物，不但事事拒绝在前，而且把使用暴力当作将自己的观点强加于人、侵犯别人权利、强占别人财产的手段。合法的抵抗则是为了争取独立、自由、尊严的生活以及恢复被侵占的权利，是受到所有国际惯例保障的行为。因此，国际社会特别是超级大国和支持世界和平与安全的国际机构，负有重大的责任，应当制止侵略者的侵略，把国际法准则视作对付各种暴虐、不公和侵略的利剑。

已有的国际宪章、法律和协议,足以成为国际法准则的根据,能够揭露谁是侵犯他人权利的罪恶侵略者。国际社会还应清楚地认识到,从种族或宗教角度看,哪里有暴虐、镇压、暴行和种族或宗教隔离,有觊觎他人权利的人,哪里就必然会有激烈的暴力——它被当作反抗这一切的唯一办法,尽管从宏观上看,这对世界的和平与安全以及人类的幸福会造成消极的影响。

第四节　和平是人类的希望和宗教的目标

毋庸置疑的事实是,和平乃是人类进步的必需,人类社会在充满动荡、国际紧张气氛中,在随时都会爆发战火的威胁下,是不可能取得长足发展的。我们无需重复康德对一家荷兰饭店老板的意图提出的疑问,[①]当时,那位老板在他的饭店门上方刻有一幅坟墓画,不知他是要用这种尖锐嘲讽的标志来责备世人,是专门指嗜战成性的国家领导人,还是处在那场走向深渊的疯狂战争中的饭店老板,想要表达对全体人类未来命运的见解。只要战争的阴霾没有从世界舞台上消失,没有被和平鸽飞翔其间的橄榄树枝所取代,和平鸽没有翱翔于天际,人类社会就不可能实现自己的存在,达到自己的目的。

伊斯兰教是宽容、和平的宗教,禁止为了杀戮和惩戒而滥施武力,并且不允许过分,"因为真主必定不喜欢过分者。"[②]所以,对于伊斯兰教及其原则来说,号召各民族走向和平既不离奇,也不新鲜,这是伊斯兰教14个世纪以来一直在倡导的,是毫无疑义的明显事实。所有确凿的证据都表

[①] 康德:《论永久和平》,奥斯曼·艾敏博士译。
[②] 《古兰经》,第2章,第190节。这里的"过分""过分者"也可译作"侵略""侵略者"。——译者

明,伊斯兰教从来就不是暴力或进攻性的宗教,其教法也从来不主张暴虐和侵略。伊斯兰教是自由、平等、友爱和宽容的宗教,它弃绝极端,推崇理智和深思熟虑,是说服、对话、反对专制的宗教。真主说:"你当教诲,你只是教诲[他们的],你绝不是监察他们的"①,还说:"谁愿信道就让他信吧,谁不愿信道,就让他不信吧。"②伊斯兰教是提倡平心静气、合乎逻辑对话的宗教,能够听取他人意见,无论这些意见有多错误。"你应凭智慧和善言而劝人遵循主道,你应当以最优美的态度与人辩论。"③伊斯兰教是简捷易行的宗教,真主说:"真主要你们便利,不要你们困难。"④使者穆圣说:"你们当使事情易行,而不要使其繁难;你们给人报喜讯,而不要吓跑他们。"伊斯兰教是宽容的宗教,真主在《古兰经》中说:"善恶不是一样的。你应当以最优美的品行去对付恶劣的品行,那么,与你相仇者,忽然间会变得亲如密友。"⑤还说:"如果你们要报复,就应当依照你们所受的伤害而报复。如果你们容忍,那对于容忍者是更好的。"⑥还说:"谁愿饶恕而且和解,真主必报酬谁。"⑦"敬畏的人,在康乐时施舍,在艰难时也施舍,且能抑怒,又能恕人。真主是喜爱行善者的。"⑧伊斯兰教是和平的宗教,真主说:"如果他们倾向和平,你也应当倾向和平,应当信赖真主。"⑨穆斯林将"和平"作为他们的问候语:"祝你们平安!愿真主怜悯你们!"真主的尊名之一也是"和平",真主说:"他是真主,除他外,绝无应受崇拜的。他是君主。

---

① 《古兰经》,第88章,第21~22节。——译者
② 同上书,第18章,第29节。——译者
③ 同上书,第16章,第125节。——译者
④ 同上书,第2章,第185节。——译者
⑤ 同上书,第41章,第34节。——译者
⑥ 同上书,第16章,第126节。——译者
⑦ 同上书,第42章,第40节。——译者
⑧ 同上书,第3章,第134节。——译者
⑨ 同上书,第8章,第61节。——译者

他是至洁的,是和平的……"①"和平"还是天园中的问候语:"他们与真主会见的那天,真主对他们的祝辞是'祝你们平安'。"②天园的名称之一也是"和平":"他们在主那里将为自己的善行而享受安宅……"③因此,伊斯兰教为人类的进步、文明、和平展现了光明的图景。

和平的思想盛行于整个中世纪,主张和平的人在人间传播着友爱。查一下古希腊诗人赫西奥德④的诗,就会发现,他把没有战争屠戮、没有流血杀人的时代都说成是黄金时代。⑤

罗马诗人维吉尔⑥也反复述及一些古代诗人的传统、他们的主张和智慧,他提到西比尔(Sibyl)⑦的预言:永久和平的时代将会扑扇着白色的翅膀回到人间,人们将生活在迎风招展的和平旗帜之下。法国国王亨利四世的大臣苏利⑧曾制订过一项传播和平、避免战争的庞大计划。18世纪的圣皮埃尔(St. Pierre)也做过同样的事,哲学家莱布尼兹(Leibnitz)⑨则提出了关于和平的一种哲学思想,即必须结束王侯之间的战争。

同样,18世纪德国哲学家康德也曾拟订一项永久和平的计划,他赞扬昔日的贤哲们,他们倡导人道主义,将互为弟兄的人类从语言、宗教和国界的隔阂中解放出来,如同一个家庭,理智是其法律,道德是其宪

---

① 《古兰经》,第59章,第22~23节。这里,马坚先生将"和平的"译为"健全的"。——译者
② 同上书,第33章,第44节。——译者
③ 同上书,第6章,第127节。——译者
④ 赫西奥德(Hesiodos,公元前8世纪末~前7世纪初),古希腊诗人,代表作品有《工作与时日》等。——译者
⑤ 哲马鲁丁·利马迪博士:《伊斯兰和平安全观》。
⑥ 维吉尔(Publius Vergilius,公元前70~前19),古罗马诗人,代表作品有史诗《埃涅阿斯纪》等。——译者
⑦ 西比尔(Sibyl)是古希腊或罗马的女占卜师。——译者
⑧ 苏利(Sully Bethune,1560~1641),法国国务活动家,亨利四世的心腹谋士,著有《名人纪事和王国经济》。——译者
⑨ 莱布尼兹(Gottfried Leibniz,1646~1716),德国自然科学家、哲学家,曾任柏林科学院第一任院长。代表著作有《单子论》、《人类理智新论》等。——译者

法——这也正是伊斯兰哲学家法拉比①早在公元10世纪就在其著作《道德城居民意见书》中所倡导的思想。文明民族遭受的最大祸害源于战争，因为战争是伴随着谋利和交易的动机而产生的，这是一种个人主义和贪欲，而人类就其本性而言是社会性的，始终是社会的成员，社会不应是野蛮或原始的，而应有秩序，秩序使每个成员都可以行使自由，实现其道德目标。为达到这一目的而做出努力，乃是真正的自由。康德吸收法国大哲学家卢梭②的思想，卢梭倡议建立多国联盟，以实现这一和平思想，摒弃战争和流血思想。大哲学家罗素③也主张和平，曾为此领导游行，发表演讲，召集会议，不断向全世界呼吁和平，让可怕的战争鬼魅远离人类。罗素说，大规模爆发核战争，将不仅是参战双方的灾难，而且也是全人类的灾难。他还说，制止国际紧张局势不仅能杜绝伤害，而且会使各国人民获得更多的福祉，现代科技手段就能用来提高世界各地的生活水平。

我们很难想像一个国家的政府就能统治全世界，再说，靠战争无论如何解决不了恢复权利的问题，也牟取不到不正当的利益。如果说和平协议可以阻止眼前的战争，那么，它却消除不了和阻止不住隐藏在内心深处的战争状态。必须用避免战争的重要性来说服各方。现在的谈判，是仔细权衡力量格局和各方行动能力的过程，因此必须重视建立保卫国家的基础设施，重视在世界各地建设和平文化，其立足点是避免战争并按照一个全面的计划建立社会的概念、信仰和行为。希望青年一代懂得，生存比

---

① 法拉比（874～950）是中世纪阿拉伯著名哲学家、自然科学家、亚里士多德著作的阐释者，有亚里士多德后的"第二导师"之称，代表著作有《知识大全》、《论理智》、《柏拉图和亚里士多德的哲学》等。——译者
② 卢梭（Jean-Jacques Rousseau, 1712～1778），法国著名哲学家，启蒙主义思想家，代表作品有《社会契约论》《爱弥尔》《忏悔录》等。——译者
③ 罗素（Bertrand Russell, 1872～1970），英国著名哲学家、数学家，第一次世界大战时积极致力于反对帝国主义战争的社会活动。1920年访问中国。代表著作有《哲学问题》《教育与美好生活》等。——译者

自杀好,人生苦短,不应耗费在争端和战争中,大地能容纳所有的人,无论是生者还是死者。爱因斯坦说:"任何问题都不能以造成这个问题的意识或逻辑来解决。"

那些不顾公正和逻辑的必需、幻想仅靠武力就能实现和平的人,是错误的,他们缺乏前瞻性目光,漠视可能影响力量平衡的时间因素,也没有汲取历史教训——这些教训一再证明,暴虐的长期持续不会变成真理,也规范不了局势。冤屈感和丧失权利的痛苦感每天——特别在严酷的时刻——都在产生,那是一股欲砸碎暴虐环节、改变力量平衡的巨大力量。

传播和平文化是联合国教科文组织(UNESCO)的主要目标之一,是全世界应该为此进行相互合作的重大任务之一,将和平概念列入各个阶段的教学大纲,是国际社会应该尽快努力予以完善和支持的一个目标。战争与和平的概念最先始于人的头脑,我们在塑造下一代理念的时候,应将容许理性思维的和平作为基础,只有理性思维才能实现世界各地的繁荣和发展,保障全人类的尊严生活。

第五节 我们和"9·11"事件

在"9·11"事件之后,我们面临着严峻而敏感的国际局势。我想,埃及目前需要具备一种自觉的能力,能够察觉未来的迹象和今后的变化,以便我们及时地把握住各种机会。我们仍然需要革命精神,因为摆在我们面前的难题,无论是国内的还是国外的,都比过去任何时候更加需要改革的意志,更加需要我们加强自身的力量,用新的可以期待的力量、全面的力量、科学和知识的力量来武装自己。

"9·11"之后,事态变得极其复杂,我们作为阿拉伯国家和伊斯兰国家,全都处于防御地位,以色列则成为这些事件的最大受益者,它把"9·

11"事件、恐怖主义同在阿拉伯国家发生的事情联系起来,利用不幸的偶然性,用错误的思想说服世界,将恐怖主义归咎于伊斯兰教和阿拉伯人,将合法自卫与侵略别人,将民族解放运动与恐怖主义活动,将为正义献身与恐怖主义行动混为一谈。事实上,我们的处境已变得十分复杂而且艰难。

有鉴于这一切,穆巴拉克总统频频出访欧洲和美国,以还伊斯兰教的清白,澄清伊斯兰教的宽容形象,明确指出伊斯兰教是天启宗教[①],与恐怖、暴力毫不相干。他成功地分辨了伊斯兰教与恐怖主义的界限,戳穿了文明冲突论,唤醒人们的良知,因为只要依靠人类的良知,才能在人们的心中树立起理想、精神价值观和美好的理念,只有人类的良知才能提醒人们如何消除暴虐,提醒人们警惕紧迫的内外危险。

第六节　屈辱的时代

今天,在我们身边的巴勒斯坦、伊拉克、阿富汗和阿拉伯地区,以及在美国和欧洲所发生的情况,在执行双重标准、让国际社会回避面对暴虐甚至不承认暴虐的存在方面所出现的现象,说到底都是根据力量平衡和利益标准经过仔细权衡造成的。我们必须清醒地认识到一个痛苦的事实,那就是阿拉伯和伊斯兰的话语已经与国际现状的事实不相符合,往最坏处说,对这类话语的反应也不外乎是蔑视,此外,便是说我们粗率和落后。这个痛苦的事实也明白无误地确认,我们面对世界、我们的人民和历史,完全无能为力。害怕面对现实,无力作出适当的反应,在改变力量失衡方

[①] "天启宗教"指伊斯兰教与犹太教、基督教一脉相承,都是来自真主安拉(上帝)启示的宗教。——译者

面不能采取实际步骤,这将最终导致阿拉伯现行制度的全面曝光,这一代领导人将受到人民和历史的谴责。

"9·11"事件之后,世界上的概念和倾向都发生了变化,从文明对话到文明霸权,从接受他人到恐吓对方,从国际法准则到国际强权,从为霸权精心包上一层糖衣到配上苦药硬喂。因此,听天由命、随波逐流显然很危险,态度在于意志和决心,犹豫不决乃是无能和逃避。我们必须直面苦涩的现实,下定决心去改变它,打破对我们的围困,摆脱对我们一些人的意志瓦解和强加给我们的控制,致力于重新改变力量格局。我们不想成为附庸,不想用别人观察事物的眼镜,或按他们的意愿去观察事物。单极有自己独特的观点,跟在它后面的附庸们则喋喋不休地加以鼓吹,还添枝加叶地说,世界已是一个不容分歧的小村庄。然而,即便是一个村庄,也总是充满分歧。纵览当今时局,我们清楚地看到:

一、以美国为代表的单极和支持它的西方国家已能控制世界。

二、犹太复国主义控制并引导着大部分的东、西方国家,以实现它的利益、目标和计划。

三、阿拉伯和伊斯兰民族处于"屈辱的时代",他们可悲的软弱,是意志薄弱,缺乏谋略,意见分歧;穆斯林们轻视自己也轻视他人,他们中不少人在控制他们的战争中逆来顺受,而阿拉伯力量不过是虚张声势。这种状况已很显著,既有其原因,无疑也就有其结果。这里我想起了一句名言:"自侮者人必侮之。"然而,那少数人——思想家、作家、文学家、画家、音乐家、科学家等当中的精英——在哪里?他们得分析、阐述并最终形成源于我们自己思想的独特立场,以肯定我们的意志和民族身份,摆脱我们当前所处的困境。

每个民族中的普通成员——即所谓的"百姓",对他周围所发生的事一无所知或无知无觉,因为他看问题是从局部或个人角度出发的,或者也没有耐心去进行深入分析,他只是接受传媒提供的现成材料,就像在著名的麦当劳快餐店享用现成快餐一样。他除了拒绝,别无良策,不接受改革或跟上发展的步伐,满足于发达国家为他提供的产品。这种状况是对穆圣的圣训作了错误的理解。圣训明明说:"如果你们真实地信赖真主,真主必定会供养你们,如同供养飞禽一样,空腹早出,鼓腹晚归。"却被曲解成:"如果你们真实地信赖真主,真主必定会供养你们,如同供养飞禽一样,留守巢穴,张口等待,便可早饥晚饱。"

我们不想使自己思想瘫痪,因为这种思想瘫痪一旦蔓延,人们就会普遍遭受思维能力的僵化和文化生活的贫乏。任何民族,如果力量减弱,意志衰退,都会发生这种情况。大江奔腾湍急,穿岩裂石,荡污涤垢,一往无前,而一俟江水滞留在某个沼泽,那就会藏垢纳污,成为罪恶的渊薮。

第四章　当前的工作和首要任务

第一节　反思

我们生活在新的时代，处于操纵游戏、掌握游戏规则的新势力的控制之下。在新势力的赛场上，对地方和选举因素的考量，以及压力集团，都已成为政治决策者们的重负。各种可疑的交易，有时会影响决策，对国际关系的影响则更是经常。凡此种种，都发生在国际法准则已成为一块令人遗憾的遮羞布的情况下，都背离了政治决策机制和运作。我们应当认识到，进步的要素和机制现在取决于知识、科研和全面的质量标准，利益交换主宰着经贸交往。面对这一切，我们阿拉伯人却不拥有应对这种严酷游戏规则的明确战略，不具备使我们跻身游戏规则制定者的知识能力，也没有应对它的统一政策。对于联合，我们意见不一；对于分歧，我们倒能保持一致。我们中有的人，还生活在过去和过去的问题中，另一些人则生活在当代。这是我们和别人都应当矫正的毛病，虽说我们的毛病要比别人的严重，因为别人的分歧只限于方式方法，归根结底只是方法上的分歧；而我们的四分五裂已经超出了方式方法，而深入到了社会文化。我们仿佛生活在两个不同的时代,看法上存在双重性,因此已患有时代盲目症。

我们处在十字路口,我们面前,一条是僵死之路,记满了坐失良机的英雄名字;另一条是时代落伍者之路,他们对发生的事件总感到突兀;第三条路是做好准备、迈向未来者的道路。如果我们选择通向未来之路——这是别无替代的必然选择,那么,我们就应当准备启程,为旅途备好干粮、资源和必需品,应当确保自身和后代的安全,掌握各种信息,并为这一行程绘制必要的路线图,为未来的任务进行培训。同时,应当极其谨慎地处理作用和反作用,严于律己,谨防感情用事,说什么不说什么,都应慎之又慎。

未来之旅要求我们备有罗盘和万花筒(kaleidoscope)。精密的罗盘可以迅速地控制和确定,以跟上接二连三的突发快速变化;万花筒从不同角度观察事件,作出多种解释,提供富有弹性的见解,激励创新,容许不同意见,因为明天的世界不会服从纵向或横向的标准,或服从见解僵化的模式,而是一个错综复杂到了混乱无序、相互交叉到了令人不安的世界。

这里必须指出,我们在重新掌握未来的罗盘、为下一个时代做好准备的时候,决不可忘记对当代的重视,我们必须继续保持良好的国际关系,必须考虑到可能出现的反应并加以防范,要具备最大限度的自制力,因为我们处在一个逻辑缺失、理性告退、国际法准则事先不打招呼便退避三舍的时代。当代不仅只是要保护现有的,更要预防将来可能的不测,确保尚未到时的机会——通向未来机会的道路充满艰难险阻。因此,我们在面向未来之时,还须保证当前的安全,小心探路,尽可能规避意外。

我们不能把外交工作、国际关系和准备走向未来同人们的日常问题、目前的现实要求和政治工作隔离开来。政治工作是一门实现"可能"的艺术,它能保障内线安全,帮助人们忍耐,为那些已感到忧愁和烦闷的广大群体打开希望之门。我们要消除在一些人中蔓延的无指望、无前途的情绪,回击那些没有真知灼见、闭目塞听的势力,它们一直在等待时机制造祸乱,煽动不满,在人群中散播冷漠与绝望——这种情绪的后果,我们无法承受,尤其是在当前。我们不能置若罔闻,因为内线毕竟是我们的后备,是我们本身的力量所在,是我们的战略储备,必须充分地加以利用,发展其中各种有希望的要素和运作的必要条件。

我们作为阿拉伯人和穆斯林,是进行反省的时候了。我们相互之间应当坦诚,承认自己已经犯了大错,目前正在为之付出代价。这倒不是要指控哪个人,谴责哪一方,而是要进行一种自我批评。我们大家都有责任。我们中有的人不顾自己和民族的权利,执意犯错,并"因羞愤而犯罪"[①];有的人错在理解方面,总是落在事件的后面,忽视国际游戏规则的变化,不理解世界新秩序语言中的新词汇;还有的人虽能理解,却回避现实,或反应迟钝,跟不上形势的发展;再有一些人没有作出足够的努力去启发社会,阐明其问题;少数精英理解了,跟上了,也作出了努力,但却无人聆听,或无人领会。

我们大家,包括我在内,已经到了直面现实、承认悲剧的时候。我们怎样看待今日的世界?采取什么态度?我们是要有自己的独特见解,还是让自己去听凭国际传媒的摆布、照本全收它们提供的东西?我们是想成为有自己意志的竞争者和参与者,还是去当无能为力的边缘人物和旁观者?我们想要有所作为,还是无所作为?怎么办?

第二节 先进价值观及发达国家的成功因素

发达世界由于落实了一系列已经成为我们当今时代发展和进步基本

[①]《古兰经》,第2章,第206节。——译者

因素的价值观和方法，得以迅速地前进和发展，这些基本因素是认准并坚信目标，工作精益求精，团队精神，光明磊落的竞争，尊重劳动和手工劳动价值，崇尚科学，尊重教育，遵循科学方法，迅速将科学发明转化为生产，发展国民知识储备，重视程序化生产，提高储蓄比例和生产的灵活性，加强民主、舆论自由和持不同意见的权利，尊重他人意见，此外还有公正，平等，珍惜时间并把时间的管理艺术当作一项重要资源，宽容，同情和整洁。

同时，他们（发达世界）还扩大了社会参与基础，将此视为世界上最突出的一个进步价值观，因为在科学发明日新月异，教育范围、对教育的重视和需求面不断扩大，技术越来越复杂的时代，一个国家无论付出多大的努力，动用多少资源，都不能单独满足日益增长的发展需求。今天的世界正走向自由经济，走向所谓的第三层面（市民社会），政府职能则不断收缩，它的很大一部分职责转移到私营部门和市民社会，非政府组织的作用提升，承担起支持教育、卫生和养老等基础性服务工作。能够用比政府好得多的方式发挥领先且富有创新的作用。私营部门在埃及起过历史性作用，对卫生、教育、社会等各个领域都做出过重大贡献，是埃及人乐于奉献、为公民和人类服务的典范。然而，我们仍然需要这一重要部门更多的参与。国际竞争需要有先进的劳动力和符合国际标准的经验，因为引进这些具有国际规格的经验，其费用要比本地培养高得多，此外，这些经验还缺乏忠诚和归属性。因此，企业家们如果参与资助、培养这类人力资源，那么，他们就是在绘制未来的蓝图，这种贡献的经济效益是肯定的，不会影响他们在劳动力市场的能力。毫无疑问，建立在热爱、重视公共利益、乐于助人基础上的非政府的志愿工作和按团队精神开展的工作，将会增加一股巨大的动力，有助于国家做出的巨大努力。为此，我们需要一份同舆论对话的计划，使资本的社会责任在未来的阶段内更好的体现出来。我们还需要一场全国性的运动来改变社会文化，确立发展与跟上改革所必需的新理念。

要使我们的事业取得成功，我们应当掌握资源管理艺术，最重要的是时间的安排，时间是人类的无价之宝，学会珍惜时间，遵时守约。时间是一种文明价值，是我们阿拉伯—伊斯兰文化的文明遗产，正如古训所言："时间如利剑，你不利用，它必杀你。"我们伟大的诗人艾哈迈德·邵基[①]也说：

> 人心跳动在宣告，人生就是分与秒。

时间具有经济价值、进步价值，还有教育价值，表现为任何工作都有起始和终结之时。有一种规律叫"20%至80%"规则，它证明，不集中利用时间，工作只能完成20%，而落下80%的工作。

是我们重新审视许多社会中的主流会议文化的时候了。各种委员会已成为思想和成就的坟墓，各种会议都在白白浪费时光。我们必须经常记住，会议就像它产生的热空气，会延伸到我们允许的范围，要是我们不限制会议的时间，它就会变成一个吞噬时间和辛劳、扼杀思想和创新的恶魔。

同时，也是我们恢复敬业文化的时候了。要摆脱在过去落后的殖民岁月里养成的行为沉淀，那就是消极怠工。这种做法在当时作为不愿与侵略者和占领者合作的一种反应，作为无力抗拒、违拗的一种文明反抗现象，是情有可原的。而现在，敬业的价值无可替代，它是进步和追求卓越的必由之路，是国际市场中的竞争优势。但愿我们遵从穆罕默德使者的圣训："真主的确喜爱你们在做一项工作时精益求精。"

[①] 艾哈迈德·邵基(1869~1932)，埃及著名诗人，有"阿拉伯诗王"之称。——译者

另一方面,我们必须在全社会和国民工作各领域发展继续教育的价值、在职培训的理念和终身学习的文化。学习型的社会是成功的社会,它有能力参与今日世界的竞争。俗话说:"求知者是智者;自以为是实无知。"

因此,为了实现我们的追求,我们有大量的工作要做。我们最应具备的就是意志,有句格言说:"你想不能成功,那就肯定不成功;你想做一件事却又怀疑它能否做成,那就肯定做不成。"生活之战的结果并不总是属于最强或最快的人,而是取决于谁会学习,会规划,会确定目标和方向,会用实践智慧和情商,孜孜奋斗的人……有志者,事竟成,有自信的信主者必胜。"他们的主应答了他们:'我绝不使你们中任何一个行善者徒劳无酬,无论他是男的,还是女的。'"[①]伟大的真主说的是实话。

第三节 处于当代世界变化中的国家作用

我们必须直面一个痛苦的现实,那就是未来几年将是严酷的,充满令人不快的突发事件和各种错综复杂的问题,而且有许多实际的挑战和危险。我们应当首先应对紧迫的内部问题,例如经济危机——虽说它只是世界性现象的一部分,青年危机——它表现为对许多公认的事实和领导缺乏信心,在面对全球化过程中身份弱化的危险,厌恶公益工作,拜物主义严重,对未来不抱多大希望,榜样摇晃不定,出现政治真空……我们必须继续竭尽全力追剿腐败,腐败导致对国家失去信心,对真理和法律失去希望,造成了空间寂寞感和自我封闭,归属感变淡,最终形成了一种文明叛逆。

---

① 《古兰经》,第 3 章,第 195 节。——译者

这里就凸显出国家的作用。国家的作用不会消亡，它可能有变化，但不会萎缩。这就要求国家必须与私营部门一起支持市民社会（第三层面）、志愿工作和非政府组织——它们能提供政府无力做得周全的人道主义服务。杰里米·里夫金（Jeremy Rifkin）说，政府与私营部门没有资助第三层面及提供这类服务，而大量投资兴建监狱以收容罪犯，正是由于缺失了社会公正和被褫夺部门的基本服务，怨声载道、空间寂寞感、极端主义和恐怖主义等现象的加剧，罪犯将越来越多。

穆巴拉克总统早就提醒大家注意，在向自由经济转型过程中国家的决定性的和不断变化的作用以及全球化时代的国际关系。总统在1998年向人民议会和协商会议发表的演讲中，提请重视国家在调控社会进程、捍卫国家最高利益、维护社会各阶层利益间的应有平衡以实现社会公正方面的重要性，以及国家在物价上涨时保护消费者利益和限制失业方面的作用。在2000年、2001年和2002年向人民议会和协商会议发表的演讲中，他又多次强调了这些观点。

国家的作用以前体现在规划、管理国营部门和经济活动，提供绝大部分的服务，以及在维护国家结构、民族身份、国家统一、机会均等和分配公正等方面。至于在我们处于自由经济阶段的现在，国家的作用已经不同于它在计划经济阶段时的作用了，它趋向于发挥舵手的作用，规划、监督和跟踪的作用，不陷入私营部门或市民社会可以承担的执行和实际参与中去。国家的作用只在于关注所谓的公共福利（welfare state），或维持社会公众的满意度和各种利益间的平衡，照顾弱势群体和边缘群体——他们是最重要的稳定因素和保障投资最有力的环节，促进自由经济和私营部门的发展和生存能力，同时，还在于鼓励个人的积极性，促进市场活力和保护收入有限者。必须有保障弱势群体最低限度人道主义服务的各种机构、规划和机制，让那些社会重大转折时期的受害者接受培训，使他们能够重返生产岗位,恢复正常的社会生活。

　　国家有责任禁止垄断,保持各种利益间的平衡,不让资本控制政权、收买选票。国家应当明显发挥作用的是,在努力掌控市场经济对社会的影响,防止社会财富和收入方面可能出现的两极分化,以及可能由此引发的社会冲突和不同阶层间的斗争方面。国家应当在两种必需之间实现平衡,一是提供自由经济机会,鼓励私营部门,发挥个人主动性,消除可能产生的个人能力和其实际权利间的巨大差异,以及对机会均等的实际侵犯;二是民主的需求。民主建立在公民权利平等的基础上,表现为每人一张选票,权利和责任方面的平等原则。历史证明,在任何一种制度中,社会各阶层和群体之间的悬殊差距,以及拉近社会各阶层的努力严重缺少,是历史上各个阶段所有帝国和大国崩溃的主要因素;最近两个世纪,资本主义社会的聪明人士,凭借他们的远见卓识和对他人的关切,使资本主义避免了许多人曾预料的命运,度过了批评他们的马克思主义思想家们认为他们无法回避的制度性危机。

　　国家的作用依然存在,在维护国家结构、巩固国家统一、强化民族身份、深化正统价值观、保护机会均等、反对腐败和不正之风等方面,其重要性还在增强,在应对来自阿拉伯世界和国际范围两方面的挑战方面,国家的作用也在进一步上升。在阿拉伯方面,我们要做到平衡很难,但并非没有可能,那就是在阿拉伯国家面对各种事件时,必须把握好国家和民族的反应,特别要仔细研究国际社会和美国的反应,考虑对埃及国家安全可能产生的影响和对我国经济发展和投资能力的影响;应当维护埃及的阿拉伯作用和地区作用——这是民族、历史和道义的必需——与应对以色列和美国的危险之间的艰难平衡。在国际方面,我们应当根据现阶段的国际关系,从单极独霸的国际格局出发,及早利用国际力量平衡未来的变化。因此,必须把埃及国家安全的需要放在首位。毫无疑问,我们正面临着极其严峻和复杂的形势,那就是这个超强一极控制着世界,这是一种我们应当现实地与它打交道的局面,我估计,这种形势将会持续几年。然而,根据国家利益和对局势的良性发展认识,我们必须为后单极阶段做好准备。不能解决的问题,我们得忍受,可以预防的事,我们应赶上。

我们得作出艰苦的努力,通过理性的对话,继续与单极超级大国和发达国家联系。对话只能立足于共同的当前利益和长远利益,而不能老是着眼于他们利益的未来发展。我们也得花大力气,去结识各种社会的智库人士和思想者,与他们建立起相互理解和对话的桥梁,无论他们所属的社会是傲慢自大,还是顽梗不化。我们面前有一个复杂的任务,那就是构建共同行动轴心,使我们哪怕要经过一段时间,去达成大家一起走向和平的共识。我们还负有神圣的职责,去说服那些被狂妄所辱、受暴力欺凌的人,让他们相信,我们并不仇视任何人,我们的信仰也谴责结怨树敌。生活容得下所有的人,主张暴力和仇恨最终必将自食其果。

我估计,世界上几支崛起的力量,正在蓄势待发。有明显的迹象表明,这些力量将在多极世界中占据地位,在不到 10 年或 15 年的时间里,将在世界力量平衡中拥有更大的分量。其中首屈一指的就是中国。她有 13 亿人,在充满变化、动荡不定的世界里,始终保持着最大程度的团结,连续的领导班子交接都很平稳,发展日新月异,超乎常规。这里,我想起了一次颇有意义的经历。我应中国国家主席江泽民的邀请,参加了 2001 年 8 月在北京举行的世界大学生运动会开幕式。按照惯例,在这种场合,由长跑运动员接力传送火炬到达体育馆,然后由最后一名运动员手持火炬登上高高的点火台,点燃在北京各处都能看见的巨大的奥林匹克火炬。当最后一名长跑运动员跑到奥林匹克火炬台下时,他没有登上高台,而是从体育馆平地上升起了一艘小型宇宙飞船,升到几公里的高空,接着,船上射出一枚激光制导火箭,点燃了巨大的奥林匹克火炬。我不知道为什么在那一刻想到的是，这场表演是对"星球大战"计划的和平而有趣的回应……最近，新闻媒体都争相报道，中国发射了一枚卫星。中国在未来几年可能发挥作用的大小，例证不胜枚举。最近20年里，中国经济年增长率通常都超过10%。根据美国年鉴（ALMANAC）的数据，中国国民总收入估计为4.5万亿美元①，这个数字已迅速接近美国国民总收入。2002年的中美贸易，中国的顺差为936亿美元。② 此外，还有很大一部分经济活动没有纳入统计或官方的监控。另有5000多万的海外华人生活在世界各地，他们对中国的忠诚始终强烈而牢固，他们是一支巨大的经济力量，拥有超过3万亿美元的财富。种种迹象表明，这条黄龙的势力，也许还有其实体，将不断扩展，进入那些处境相似、利益相近的周边地区。它们与中国母亲语言同一、习俗相通，血缘相混，社会生活和地理环境相似，彼此间还有共同的历史命运相连。中国在许多数学和科学竞赛中取得的优异成绩，源远流长的中华文明不断反映出的艺术根基，以及当代科学高潮，都说明了这一点。中国的科学高潮，体现在向美国和欧洲派遣大量留学生。上个世纪绝大多数的留学人员没有返回祖国，但世纪末的最后几年，回国科学家和研究人员的比例已经增加。他们带回巨大的知识和经验积累，成为一支庞大的涉及人类进步关键领域的科学家队伍。那奇妙的兼容之处，在于一个共产党国家，能够同时成功地实践完全符合标准的自由经济，从而为这颗冉冉升起的新星增添了巨大的活力。在这样的历

---

① 这一数据有误。中国国民总收入在2000年首次突破一万亿美元大关，人均854美元，2001年人均890美元。据世界银行（World Bank）的《世界发展指标2003》资料，2002年中国国民总收入为1.2340万亿美元，位居世界第6位，人均960美元，位居世界第136位。国民总收入排在世界第1位的是美国（10.207万亿美元），其后依次为日本（4.324万亿美元）、德国（1.876万亿美元）等。——译者
② 这一数据并不准确。2002年中美贸易顺差中方统计数据为427亿美元，由于中美各自的统计标准和口径不同，使双方的统计数据往往不一致。——译者

史敏感时期,中国既不缺乏政治经验,也不缺少周旋能力和必要的灵活性。

第二支正在上升的力量是欧盟。欧盟有德国强壮的肌肉,它是我们这个时代的经济大国,有英国精明的理财能力,有法国和意大利为代表的文化、艺术天赋,还有它们巨大的知识积累,尤其是在基础科学领域,以及原苏联国家的航天经验和核技术——我认为,这些都正在成为欧盟的战略储备。这将近10亿人口的巨大集体,以其所拥有的国民知识储备和深厚的文化艺术根基正在形成一个实体,有望成为国际舞台上的一个重要竞争者。

也许欧洲对有些国际事件,尤其是中东问题所采取的一些立场,能够证明这支上升力量的根源及它文化的深邃。同时,也揭示出在新的多极国际秩序形成过程中的种种征兆、分歧和变化的均势。

我们拥有有利于同这些上升明星各方交往的历史积累、悠久联系、共同利益和巨大资源。重要的是,我们最近已尽可能快地同上述各方或其中的一些重要轴心,如中国、苏联各伊斯兰加盟共和国、法国、意大利和德国等,在巩固相互理解、友好和共同利益的桥梁,以结成战略盟友,当这些力量成为国际平衡中的决定性因素时,我们能够借助这些关系。

为了改变我们在世界地图上的位置,我们应该默默地埋头苦干,建设自身力量,依靠人力、空间和时间方面的潜力,以敏锐的观察力武装自己,把握住未来的机遇、迹象和变化,在具有竞争优势的领域实现超越。

第四节　自身力量的建设

伟大的真主说:"你们应当为他们而准备你们所能准备的武力和战马,你们借此威胁真主的敌人和你们的敌人,以及他们以外的别的敌人,你们不认识那些敌人,真主却认识他们。凡你们为主道而花费的,无论是什么,都将得到完全的报酬,你们不会吃亏。"①

我们在领会上述《古兰经》经文时,应当注意两点。

一、当代的力量是科学和知识的力量,是我们这个时代的"战马",是"马厩",是要点。

二、真主说:"你们借此威胁真主的敌人",这里的"此"(武力),目的不是为了使用它,更不是滥用,而是出于更崇高、更富有人道主义的目的,只是威慑敌人,杜绝他们发动战争的念头,让他们信服以武力手段谋求不正当利益绝无可能。具有正当效果和作用,而且备而不用的武力,远胜于为达到目的而滥用的武力。这样做,除含有保护生命、使各方免遭毁灭和破坏的人道主义意义外,还保护了人类的财富和能力不致浪费和失落,为后代留下一份丰富而巨大的国家财富和战略储备。

一、人力资源的开发

应当看到人是可持续发展的基本要素,是发展的工具,同时也是发展的目的。人的发展,不仅是技术的发展,而且是社会、文化、艺术、道德等各种人文领域的发展。各民族的资源依靠的是它拥有的人文资源的价值,而不像过去那样,只取决于拥有的自然资源和物质财富的数量。例如,我们看到,像日本、韩国和马来西亚等国,并不拥有丰富的自然资源,需要进口石油、煤炭、天然气、铁和其他原料,但它们却能够实现人的素质革命。人的素质变化,不是高唱应该变革就能实现的,而是要靠培养阶段的教育。因此,我们必须探求如何改变人的塑造,使他们成为与我们和我们的前人不同的新人;应当懂得如何应对威胁和挑战,如何赶上其他民

---

① 《古兰经》,第8章,第60节。

族，因为我们处于同各国在经济、文化、艺术、思想、政治和外交等方面的不断竞争中；特别是，人力资源从法老时代以来就是我们的相对优势，法老们创造了历史上最早最伟大的文明。我们祖国的儿女是她的真正财富，他们是世界上最优秀的战士。受过教育的埃及海外侨民，影响着我们的周边地区，他们是我们艰难岁月的储备、经济萧条和萎缩时期的外汇基本来源。

按照我们现有人力资源的水准、经验和能力，我们仍不得不把这一资源的数字指数及其年度增长率看成是一个必须努力加以限制的问题。在现有条件下，这是很自然的：人口的增长吞噬了所有的发展成果。希望在于加强人力资源的经验和能力，使之能创造新的就业机会，参与创新和发明，扩大建设，治理沙漠。我们应将人力资源当作我们的竞争力。我国地大物博，加上真主赐予我们的相对优势，都使我们应将人力资源及其增长视为我国的竞争优势。在法老时代，人力资源曾经缔造了当时世界上最古老、最伟大的文化。法老时代的埃及人口为3000万，约相当于那时世界人口的11％。但在现有条件下，在未来的很多年里，我们还只能执行严厉的人口政策以限制人口爆炸，使我们民族的每一个成员，男人女人、儿童成人、健全者或残疾者，成为国民知识储备的附加力量，在现代埃及的建设中做出实实在在的贡献。这让我们又得提到发展教育事业。

先进的教育过程已成为我们当代开发人力资源最重要的必需之一，它包含与价值观、倾向、行为模式、生产和消费方式，为实现经济发展培养必要的人力等相关的各个层面，因而要求针对教育及其需求、目标、质量保证和评估手段，全面改变社会文化和行为方式，使教育与社会上的"职业基础"紧密挂钩，而此前，教育只是培养鄙视劳动的文化精英。

首先，埃及的教育发展面临两大挑战。其一是巨大的资金缺口，在理应达到的正当抱负、战略目标与现有投资规模之间，差距很大（参阅本书附录中的"教育总投资一览表"①）。在这方面,只能对投资规模和方式采取非常规手段,树立新的观念。增加社会对教育投资的参与,或提高社会对基础教育后的资金和免费指导的责任,建立合作互助的学校,都是应该认真研究的可选择方案,同时,国家也继续增加教育拨款。埃及参加了1993年联合国教科文组织在新德里召开的教育峰会,会议的一项重要决议是将教育经费的比例提高到国民生产总值的6%,这当会有效地加强埃及的教育能力和发展。

此外,还必须认真研究如何规范地消费和利用现有资源,使用新的手段和技术,以节省开支,减少各种程度的浪费。这就是埃及的教育发展面临的第二个挑战,亦即迫切需要改变对待教育的社会文化。

教育过程是一个相互配合的过程,不光局限于经济发展,而且包括文化和社会的发展,也就是说,它是一种全面的发展,社会只有将教育当作在健全的基础和价值观之上促进全面发展的有效工具和手段,才能实现全面发展。众所周知,发展过程要求进行许多改革,如现有的社会行为、社会文化以及通行的生产和消费方式等。社会实践的本身往往就是造成落后的原因,进步的障碍。因此,有时必须抛弃一些这类社会实践,使有能力发展的社会力量在推动社会进步方面发挥作用。这就要求有计划地加倍努力,引导树立和深化适应发展要求的新风气和新价值观,而不是成为发展道路上的障碍。

我国存在庞大的群体——他们是我国人力资源的一部分——还在跨越贫困线。将他们纳入教育机构,接受义务教育,是关系社会安全与和平的大事,因为如对他们放任自流,他们就绝不会受到教育。例如,在尼罗河流域南部,就有儿童没有鞋穿,还有的儿童由于吃不上晚饭和早餐而晕

---

① 指本书附表十六。

倒在早上的队伍中。本书附表中的统计数字显示出一些国家的儿童患营养不良症的状况。① 社会有责任关心这些群体，因为抛弃他们，他们就会危害国家、国家安全和社会和平。忽视他们，则是对我们人力资源的严重浪费和对我们的竞争力的威胁。这就好比一个国家要参加世界杯足球赛，只选得出 5 名或 6 名一流球员，再无其他人可选，要与另一支有 11 名球员可能球技平平的球队对阵，结局可想而知，队员完整的球队将战胜由五六名一流队员组成的球队。因此，一个团队不完整的国家不能参赛。如果我们设定的办法剥夺了这些群体接受教育，那么，我们就将我们的一部分人力资源边缘化。

让学生和儿童具备自我教育的能力是一个非常重要的问题。在一个民主社会里，培养有能力应对生活的公民，使他知道自己的权利和义务，训练他行使这些权利和义务，让他了解社会的政治、法律、金融和管理机构，参与深化社会的文化和文明，准备为这个社会提供公共服务，这些都是开发人力资源的基本问题。在这一领域，已有一系列必须实现的重大理想和目标：

1. 机会均等；
2. 扩大教育；
3. 教育要有优势，优势属于大家；
4. 全面质量；
5. 儿童早期开发。

第一个目标是机会均等，它是我们一致认同的一项原则，应当注意千方百计地去落实和维护它。必须完善传授知识的基础设施，以应对剧烈的国际竞争。这就要扫除文盲，因为扫盲是加强传授知识基础设施的关

---

① 指本书附表十七。

键性出发点。我们在谈论完善教育基础设施的时候，却不可思议地同意让一定百分比的公民开始边缘化，他们能力较低，确实跟不上发展和进步的要求，无力参与国民知识储备的建设和强化，实际上已成为人力资源的巨大浪费和埃及一部分劳动力的不光彩失业。

扫盲的费用无论有多大，与迄今为止因为文盲生产率低下所造成的损失相比，乃属微不足道（因要计入文盲，致使受教育者的生产率下降，其中包括应对环境污染、滥用公共设施、应对出于无知和不懂预防以及缺乏良好的卫生习惯所必需的医疗保健、家庭组织①、可以将文盲视作其重要支流的极端和恐怖等方面）。因此，应将我国的人力资源能力和经验提升到国际水准，因为我们没有以地区标准参与国际竞争的自由，没有奢侈到可以抛弃埃及人民中的一个群体或切断他们的回归之路，成为国际竞争中一支生产力量——这不啻是一种自杀，也没有奢侈到就以我们残缺不全的人力资源去参与国际竞争。调动全部人力资源的能力大小，是衡量我们国际竞争力的基本标准。本地环境，无论是气候、经济，还是社会，都只跟我们有关，而与世界无干，我们不能拿环境作为借口。我们参与国际市场的竞争，它是决不会接受我们的托词的，也不会接受我们的贫穷证明、无能证明和疾病证明，它不给世界其他国家的特权也不会给我们。我们大家都处于开放性的竞争中。本地的问题只宜在我们内部进行探讨，以求得解决，但无论如何都不能成为理由，要国际市场为我们不接受当今世界的新秩序和话语说情。

第二个目标是扩大教育，所有的学龄儿童必须全面接受义务教育。小学招生率已达到101.7%，失学率由1991年的3.85%下降到0.87%；初中失学率由1991年的10.81%下降到3.02%。然而，这些变化大都是

---

① 埃及的"家庭组织"政策，倡导"少生、优生"，是埃及特色的计划生育政策。——译者

数量的变化,是我们集中抓质量变化的时候了。这并不是说我们的质量比率没有提高,在改进教育大纲、培训师资、引进教育技术方面所做的努力,实现了教育质量的转变,只是还未达到我们期望的程度。我们需要更多的年份继续向教育提供机会,因为教育水平影响就业,影响人们的经济能力和社会地位。经济研究表明,任何国家公民平均受教育年限只有6年,就不会有经济进步;如果从6年增加到9年,便会取得部分经济进步;如能做到9年以上连续教育的国家,像美国、日本、德国、英国,则肯定会实现经济腾飞。这还与教育投资有关。世界银行的一份研究表明,对每个学生的投资低于500美元,不会产生明显经济发展;投资500～5000美元,会导致有限的经济发展;投资高于5000美元,则将形成一往无前的经济起飞。这条原则十分重要,应予以重视。本书附录中的两份统计表,显示了部分国家对每个学生在基础教育阶段和高等教育阶段的投资比例。[①]

调动埃及教育系统中的全部人力资源,是必须尽快达到的一个目标,它要求杜绝失学,扫除文盲,提高个人受教育年限,增加受高等教育的群体。本书附录中的统计表说明了部分国家的教育台阶、女子高等教育、高校入学、在校大学生总数中的数理工科学生等。[②]

第三个目标是"教育要有优势,优势属于大家"的原则。我们今天面对的是全球化秩序在成为恒量之后,已占据主导地位,我们应扪心自问,我们进入全球化,是主动、有能力的竞争者,还是边缘化的失落绝望者?一个进入这场国际竞争且拥有角逐空间的严肃国家,一定会毫无例外地调动它的全部人力资源,将其能力和经验提升到最高水平,从而形成自己具有国际水准的竞争优势(competitive edge)。由此,"教育要有优势,优

---

① 指本书附表十八、十九。
② 指本书附表二十、二十四。

势属于大家"的原则已经不是一个华而不实的口号或一种梦想,而是生存的必需,埃及国家安全的必需,国际竞争的必需。这个世界,没有愚昧者和一知半解者的一席之地,只有出类拔萃者和创新者才能占据鳌头。因此,胡斯尼·穆巴拉克总统将这项原则列入了《埃及儿童公约》的第二份文件,强调这是现阶段和未来阶段的教育目标。

第四个目标是实现"全面质量管理"(total quality management,TQM),它在很大程度上是与"教育要有优势"原则相联系的。今天,全世界处于冲击一切关隘、屏障和边界的国际新秩序中,信奉的是全面质量原则,因而,整个世界都在参与各国相互角逐的国际市场的可怕争斗之中,只有实现全面质量原则才是唯一出路,它要求教育制度成功地增强参与发展进程者的能力。

我们国家与奉行"全面质量管理"原则并以"无缺陷管理"(zero error management)进行生产的国家竞争;绝不能凭借落后的技术或能力有限的人力。在建立在"电子龙"的控制及关贸总协定基础之上的国际秩序中,就业机会已不限于本土,而已扩大到世界范围。在这样的国际秩序中,任何个人只要他更有能力和经验,都可以到任何地方去,取代当地的就业人员,也就将当地公民推向边缘。要是我们放任自己,容许我们的劳动力在经验和能力方面不达到应有的水平,不具有全面质量管理的观念,那么,我们的后代就找不到工作,任何一个外国人都能从他们手里夺得工作岗位,将他们从挣钱的源泉处赶走。今天,我们面前别无出路,只能为未来的竞争做好准备,得从别人已经结束之处开始,利用我们国民有希望的力量,开发本国现有的所有人力资源。只有紧密团结,成为互助互爱的大家庭,一心一意为祖国的利益只求在这场国际竞争中赢得胜利,我们才能成功。

为保障全面质量和发展的动力,必须集中关注行动的先决条件,其中最为重要的是吸收旨在提高教育素质和改善教育品质的新教育经验和观念,走出本土藩篱,转向更开阔、更广泛也更全面的范围,使教育有资格能够自信地迈入国际竞争。这些教育经验和观念中,有"学校的教育鉴定"(accreditation),它是一个体系,建立在为保障国际竞争形势要求的全面质量必须遵守和执行的一系列措施之上。

第五个目标是儿童早期开发,它与实现"优势属于大家"的目标相联系。争取领先和优势的国际竞争十分激烈,竞争白热化时,攀登顶峰的一个办法是改变游戏规则。这在现在,科学发明和科学实践对教育理论和成果已造成革命性影响的情况下,是有可能的。20世纪最后10年被称为"人脑十年"(brain decade),已证实了这一点。加德纳在这一领域取得领先。他的"加德纳理论"(Gardner's Theory)[①]科学地证明,人类有几种智力是与生俱来的,如百科式智力,即记忆大量知识的能力,还有想象、逻辑、语言、计算、体育、音乐、肢体—动觉、交际、情感、劳作、观察等。必须一并开发所有这些智力,因为它们都一样重要,相辅相成,相互促进,不能说一种智力比另一种智力更加重要。这就要求教育要立足于开发各种智力,以促进儿童素质的均衡发展,使大脑通过其生活的环境和与周围社会的互动所增加的经验而发生生理性和器质性变化。环境越丰富多彩,大脑中受到的吸引、经验和刺激的影响就越大,产生的变化也就越多。这就证明,必须让儿童参加游戏以促进智力,积累经验以提高能力,习惯于依靠自己,自行解决问题,寻找标记,识别不同的媒体;陪伴他去各种自然场所以培养感觉,提供体育活动场地和开展个人爱好的活动空间,以培育未

[①] 加德纳理论(Gardner's Theory)是指美国哈佛大学教授霍华德·加德纳博士(Dr. Howard Gardner)在1983年首次提出的"多元智能理论"。该理论确认儿童潜能至少有语言、逻辑—数学、空间、肢体—动觉、音乐、交际、内省和自然观察等8种,而一般智商理论(IQ)认为的一元智能是不足的。该理论已对儿童教育理论和实践产生重大影响。——译者

来的能力；此外，还应重视教育活动和儿童文化。

所有这些智力都是每个孩子与生俱来的，只是还需要呵护和开发。奇怪的是这些智力在人脑中的位置各不相同，运作方式也不一样，它们都受制于所谓的教育或知识的"机会之窗"(windows of opportunities)。每一种智力都开有一扇窗，通过这扇窗可以促进和开发孩子的这种智力。研究结果显示，给予每个儿童足够的时间和合适的教育，他们90％以上都能够达到优秀。另有一个科学事实表明，天才的比例占国民总人数的1％，这也就是说，我们有60万天才等待着去发现他们，开发他们的能力，使他们成为进步的火车头。

众所周知，儿童阶段只在有限的一段时间内开启着知识的"机会之窗"以学习某种经验，此后再要获取这种经验就很难了。例如，学习语言之窗在1岁时就已打开，到6岁或7岁时就几乎关闭了；智慧及音乐、艺术鉴赏力之窗也在1岁时打开，约到10岁时关闭；肢体—动觉智能、精确行动能力和用手的技能训练之窗在11岁时关闭。大家知道，各种智力之窗并不是一次性或突然关闭的，有一系列智力之窗，如正确的造句组句技能之窗在5岁或6岁就已关闭，但摄取新词之窗在一生都敞开着；大约到18岁时大脑的灵活性减少，但它的效率却在提高。因此，孩子高中毕业前忽视了外语的学习，以后再学习就会有很大的困难。

人在出生时大脑有1000亿个神经细胞，它们与其他细胞组建起像树的枝杈似的分支，在头几岁里这些分支的数量会达到100万亿。但人脑遵循一条严格的规律，那就是"不用则废"(use it or lose it)。要是我们不利用教育的"机会之窗"，不去开发各种智力，那么，这些能力就会逐渐减少，创新能力便会迷失而被遗忘。科学事实告诉我们，问题在于起步太晚。因此，应该把人生的初期，尤其是6岁之前的教育，视作基本建设，但这几年中的一部分即4岁前的这段时间，不归教育机构掌控，因而必须有一种机制来保障并有助于儿童这几年的能力开发。无论教育过程多么出色,它都取决于儿童在这段时期受到关怀的程度。同时,教育还应超越公认的时空界限,与传统教育不同,要求教育不限于校内,要走出学校围墙,在家里,到社会上去,与民间团体、非政府组织、企业家和传媒机构接触,应不受 4 岁开始教育的界限,1 岁时就得着手教育。

所有的儿童,不论是健全的还是残障的,都程度不同地拥有自己的这些智力体系,形成自己的与基因印记或指纹并无太大区别的智力密码,这种密码都须在早期被发现、解开和对待,使孩子具有自己独特的智能。这种说法已通过先进仪器在实验室里和实践中得到证实,已经成为教育的基本建设。若孩子在童年早期受到激励和适当的诱导,学习的机会之窗得到开发,他将进入的领域和拥有的能力,是没有利用机会之窗的孩子无论怎样努力都难以企及的。在童年早期阶段受到过激励、诱导和开发的儿童,与那些缺乏这些必要关怀的儿童相比,存在明显的差距,前者具有很多优势,其影响表现在以后的收入上,生活比较优裕,人际关系和谐,生育率和犯罪率都较低,而且能健康成长,患上高血压、心脏病和糖尿病的几率也低。因此,我们应当尽快利用这些重大的科学发现,使我们有可能形成一种竞争优势,以弥补多年的落后,并成为构建国民知识储备积累的主要贡献。

关心儿童早期阶段并非慈善事业,而是一项必要的社会投资。把情况特殊的儿童与其他孩子结合起来,也不是出于对弱势群体的同情、怜悯或照顾,而是社会必须贯彻接纳他人的原则,是各种不同能力互补的一种体现,同时,还可以开发有特殊需求者的一种或多种智力。我们发现,那些有特殊需求的人在某些方面,如音乐、体育方面很具特长。

投资儿童早期阶段,是任何一个民族最理想的投资,尤其是知识经济时代。过去 30 年里进行的研究表明,充分关注儿童的早期大有裨益。制订好关心儿童最初几年的计划，其收益高出这些计划成本的许多倍。研究还显示，如果我们延误了，到儿童度过了那重要的几年之后才去关心，那么，得益会大大减少。

因此，我们应当竭尽所能对这一重要阶段进行投资。世界银行的一份研究表明，与农业或工业项目相比，童年早期项目的经济效益最高。例如，学前阶段的"佩里"计划，经济利率为7.16，即每花掉1美元，带来的附加值为7.16美元。对这一阶段的所有投资，日后都会有收益。已经完成的研究显示，童年早期开发项目的经济效益在玻利维亚为3.06，菲律宾为3.00左右，而林业、水利、动物饲养、水泥等项目，经济收益分别为1.18与1.48、1.59与2.27之间。[①] 这就是说，社会用于童年早期开发的投资，不但可以收回，而且还有回报效益。

这里，我们大家都应注意，投资儿童早期阶段的教育和智力开发，不要损害他们童年活动的权利。非常重要的是要协调好孩子的学习要求与他们享受童年生活、满足其天性需求的权利，他们需要关爱、慈和、表扬、依附、好奇和成功；另一方面，胆小、恐惧、紧张、不安和疲劳又会限制他们的学习能力。因此，这一阶段的教育方式，应与6岁后的基础教育阶段有根本的不同。在童年早期，我们应关注孩子喜爱什么，怎样回应他们潜在的兴趣，应培养他们喜欢学习，留心他们早期阶段在快速成长和对他们成长极具影响的环境、地理、社会等因素高度敏感的阶段特征，并大大丰富他们的生存环境，因为环境对他们的成长过程影响很大。

因此，我们必须重视几个主要环节，我认为这些都是国民基本而紧迫的任务。

※ 教育从学龄前抓起。因为教育尤其是语言、音乐和手工的学习

---

① 指本书附表二十五。

应当始于幼儿园阶段之前。

※ 高度关注幼儿园阶段，必须为这一重要阶段的每一个埃及儿童提供宽敞的场地。小学教育会议已要求将这一阶段纳入义务教育阶段；要有适合这一年龄段的校舍、场院、桌椅、通风条件、清洁卫生、教学大纲，数量适宜的班级、实验室，以及活动和娱乐设施。

※ 采用有创意的教学手段，如图片、手势、歌曲、词句、音乐、体育，循循善诱，热情鼓励和关心，通过舞台、活动及图书馆、研究室，并利用书籍、词典、计算机、乐器等各种知识资源，与儿童的各种智力、感觉和情绪沟通。

※ 教师在教学中采取一种能与各种感觉沟通的方式，激发热情，培养不同的才智和本领，鼓励孩子跑步、游戏，促进他们的肢体和活动能力，与他们作长时间的谈话，开发其语言能力……

※ 教师利用与儿童智力水平和思维方式相适宜的各种技术手段，最大限度地提升他们的能力和才智，立足于采用直观的具体拼搭玩具，循序渐进地培养他们的发明、创造能力和表达能力，鼓励他们拆开，再搭，成形；同时重视音乐、艺术教育，强调集体劳动、对话、尊重别人意见等价值观念，以及学会科学的思维方法。

※ 发展教学大纲，与第三个千年同步，着重关注知识的入门、研究的方法，培养生活和交际的本领，以及建立在训练和让孩子学以致用的实践层面。

※ 为各种校内外活动提供机会，还有旅游和实地参观。

※ 儿童早期全面发展的新思路要包括特殊条件的孩子。现代发明给我们，也给我们那些失去部分能力的孩子们以新的希望，去发掘他们未被剥夺的能力，去开发他们并无障碍的才智，形成他们光明的潜力和为他们带来更加美好和幸福的生活的能力。

※　最佳地利用幼儿园前的童年早期阶段,关注他们的兴趣爱好,开启他们面前的机会之窗,展示并培养他们的才华,把他们储备为埃及的人力资源。

　　※　为开发儿童一生的智慧和各种才能,家庭要发挥作用,因为母亲在儿童早期的作用无人可及。母亲凭借她的知识、学问、正确的引导和训练,能在儿童早期教育他们,通过诱导、鼓励、慈爱和各种表达方式,利用好她发现的机会之窗,开发各种智力,使孩子最大限度地拥有伟大的造物主所赋予他的能力。

　　※　这要求对父母进行培训,使他们懂得在儿童早期怎样与自己的孩子相处,努力去发现、培养和爱护孩子们的才智,推动他们去探索和发现,努力鼓励他们,满足他们的自然需求,保持他们的心理稳定,在儿童行为中体现出良好价值观。这也是给各教育机构新增添的一项基本职责。

　　※　家庭要为孩子提供正常的营养。要改善食物的质量,保证其干净卫生,因为良好的营养对身体、心理、行动和感觉的发育成长过程,对学习的效果,都具有影响。科学研究证实,为童年早期的孩子提供全面的食物和充足的热量,以及蛋白质、矿物质和维生素等基本营养品,是正常发育及有能力学习和掌握的关键性需要,能保护这一年龄段的孩子免遭由于缺乏这些元素中的一部分而使大脑细胞长期受损并影响他们未来能力的危险。因此,童年早期的正常营养,不仅是健康的必需,而且是教育和成长的必需。卫生机构应当重视预防性保健服务,满足儿童的营养要求。在儿童健康成长的过程中,护士和社会学专家们也有很大的作用。

　　※　家庭重视教会孩子懂得预防方法和增进个人、家庭卫生及防止环境污染的行为规范。

　　※　社会福利机构在卫生、身体、智力、社会、心理、精神方面,为儿童营造平等的家庭氛围,注重培养他们真、善、美的价值观。

※ 社会福利机构、企业家及非政府组织必须与教育机构协同合作，对儿童早期发挥作用。非政府组织能够对童年培养的各个方面，教育方面、卫生或指导方面，提供极其重要的服务，通过它们自身的努力和资助，保证对这些重要活动的支持。企业家的成功，与培养能够进入技术和国际竞争时代的优秀劳动力是紧密相连的，这就要求有大批这样的人才，而不是只有少数的精英。因此，未来阶段的目标必然是"优势属于大家"（excellence for all），私营企业、实业家和非政府组织与教育部负有共同的责任，双方形成的共同利益，要求精诚、紧密合作，特别是在确定将有助于私营企业参与国际竞争所需的埃及劳动力规格方面。

※ 必须培植参与志愿工作的意愿，最大限度地扩大振兴儿童事业的参与范围。振兴儿童事业是大家的责任，概莫能外，同时要积极协调参与这一领域的各个部门。

※ 卫生部门努力推动健康食品意识的宣传，制订保障计划，落实儿童保健，采取各种手段预防残疾，尤其是那些因为慢性病或遭受事故造成的残疾。

※ 从事儿童早期保健工作的儿科医生和护士，在发现儿童天赋、开发不同智能、开启学习的机会之窗、培训父母发展孩子的能力等方面，是必然要起作用的。我们应当考虑的是确保培养医护人员的计划和方法，使他们能在担负重要医疗职责之外，还肩负起这些新的职责。

经济学家们几乎已形成了一种共识：经济发展的要素不光限于表现为储蓄、物质资本、自然资源、贸易政策、稳定的价格、灵活的市场、低下的政府开支等经济方面，而且还包含极其重要的社会要素，即提供优良的教育、具备良好的卫生保健、对人力资本的重视、致力于实现社会成员间的公正和平等。事实上，实现上述五大要素之间的互动，也正是联合国各组织的关注点，它们正在致力于制定实现上述目标的政策和战略。

二、教育和优势制造业

当代意义的教育是终身教育,使人具有自学的经验。这是一个基本的问题,因为在最好的情况下,发达世界的任何一个国家的教育机构,都只能提供人们知识结构中的 40%,其余的 60% 则通过自学习得,自学靠背诵和知识传授之前的经验和能力,靠知识结构之外的生活能力、交际能力和创新能力——它们构成了人们解决问题、开拓创新、探索未知的能力。这也是我们称之为"优势制造业"的教育。优势制造业现在是各国参与国际竞争的武器,弱者、无知者和沮丧气馁者在这场竞争中,毫无立足之地。优势制造业是埃及国家安全的基本支柱,是我们必须根据周密的计划,进行最佳投资的竞争优势。优势不再是一种表面的统计现象、偶然的幸运或者例外的腾飞。关注优势也不只是锦上添花,或为例外优势增色,或眷顾少数幸运者,而是一种有计划的制造业,是对各种潜能的科学开发,是一个以发展人类全部能力为目标的长期而完整的进程,其途径是全面开发各种有希望的能力,发展这个社会中每个成员拥有的各种智慧、能力和经验,其核心是有计划、有步骤地集聚国民知识积累,对各地人力资源做最理想的投资。

为了促进优势制造业,各机构、各政党应当通过论坛、文化活动在关心和支持教育方面发挥重大作用,以强调民主精神和政治觉悟,应将教育事业放在自己各项计划的首位,将教育视为反映社会需求最重要的合法渠道,提出教育发展的战略,尤其是在过去十年间世界范围内的所有重大政治斗争和选战中,教育都是基本环节。先是美国前总统比尔·克林顿,他当时宣称,第一要务就是教育,他将领导一场发展教育事业的神圣运动;接着是英国首相托尼·布莱尔,他在赢得选战的绝对性胜利时被问及:"你的竞选计划是什么?"他说:"是教育,教育,还是教育。"最后,日本也是一样——它拥有世界上最好的教育制度之一，目前正受到对教育制度的严厉批评，日本社会弥漫着对教育制度的一种恼怒和尖锐批评，日本人说："我们能够引进西方的技术，能够实现经济上的进步，在教育领域取得显而易见的领先，但是我们却未能成为创新者，日本的诺贝尔奖获得者人数远远少于美国，我们的教育制度过于严酷了。"日本的现实情况是，日本学生虽说都去提供一流教育的优秀学校，但其中50%的人上的是夜校，这一比例占文凭总数的80%。全世界都在谈论教育危机和发展教育的必要性。许多国家的经济形势，都反映出立足于培养职员或在固定生产线上工作的生产者的教育制度，对他们的要求是一丝不苟地严格执行规章制度。而现在，我们正面对着完全不同的社会，其中的生产是知识密集型生产，生产思想、知识和软件（software），是不时变化的生产，是基于创新并有能力灵活应变、始终紧跟科学变化的生产，它需要的是创新者、发明家和具有想像力和快速应变能力的人。现存的教育制度能否造就出明天需要的商品？答案自然是不能。这种现实给任何一种教育制度，都压上了极其重大的职责。

正因为此，穆巴拉克总统曾在1992年就已宣布，教育是埃及最大的国家工程，是新世界地图的唯一入口，是我们跟上世界技术革命、进入先进技术时代的唯一途径。这就要求我们让发展进程成为可持续的进程，包括教育部门的各个方面，学生、教师、教学大纲、评估方式和校舍等。

教育机构

今天，我们正处于知识密集型和生产依赖于创新的社会，在教育机构中，我们需要新型的工作人员，不论是对教师、指导人员或管理人员，都必须加紧培训，目的是要了解新的教育方式，重视培养本领和能力，怎样应对变化，管理资源，解决纷争，发现才俊，安排学校活动，与公众交往，贯彻发达国家流行的新制度，接受新的分权观念，释放潜力，去积极参与实现未来的教育目标,树立先实验再普及的观念,按照符合时代要求的新观念重建教育机构的管理体系。

学生

我们间接地看到,我们的孩子们在能力方面已有显著的变化。他们中不少人在国际比赛中获胜,他们与其他国家的对手一起竞赛,参加公共考试,获得诸如英国的 G. C. S. E.、德国的 Abitur、美国的 The American Diploma[①] 等外国证书和阿拉伯国家的证书,他们在许多国家超越了对手,名列前茅。但是我们还需要在教育、卫生和文化方面进一步关心他们,培养他们良好的宗教和道德价值观,遵守公共礼貌,与他人和睦相处、合作,具有团队工作意识,使所有同学都达到共同的知识水平,摒弃个人主义和自私自利的倾向,在基础教育阶段就提升学生的学习能力,特别是在数学、物理、化学、计算机、阿拉伯语和外语方面的能力。例如,2000 年时,日本已将不懂日语和两门外语、不会使用计算机的国民列入了文盲中。

因此,只教会我们的孩子去应对那些与我们已习以为常的过去或与我们眼下生活在其中的现代相关的问题是不够的,我们的责任是培养他们处理那种我们在生活中尚未遇到也还不习惯解决的问题。这类问题,我们没有衡量或应对的方法,我们应当作科学地想象,有时也可以幻想。接下来还应当尽一切力量让我们的孩子们具备解决这些问题的必要能力。伊玛目阿里[②]有句名言说:"你们不要按你们的习性培养孩子,因为他

[①] 英国 G. C. S. E. 即 General Certificate of Secondary Education,英国普通中等教育证书,是决定学生能否继续接受高等教育的决定条件;德国 Abitur 是德国中学毕业考试,通过者可直接升入大学,德国教育制度规定,大学申请者必须读完 13 年,通过 Abitur 考试;美国 The American Diploma 即 The American High School Diploma,是美国高中毕业文凭。——译者

[②] 阿里(600~661)是伊斯兰教史上第四任正统哈里发。"伊玛目"是"领袖""教长"的意思。——译者

们是为他们的时代而非你们的时代而降生的。"因此,我们的责任是培养不同于我们时代的孩子。我曾在苏哈拉瓦迪①的《认识内心的真理》一书中读到过一段话②——在《新约圣经》里也有同样的见解——这里我们可以用它来说明不同的环境在开发和磨砺智力方面的巨大差异。这段话的意思是说,有个人手里握着满满一把小麦种子,他将种子撒在不同的地方,有的掉落在路面上,很快就被飞来的鸟叼走了;也有的掉在上面盖有一层薄土的光滑岩石上,被露水打湿,种子开始生长,待根茎碰到了光滑的石头表面,便无法伸展了,麦芽终于枯死;还有些种子落在沃土上,但上面长满了荆棘,种子发芽生长,及至要长高时,便被荆棘阻遏而死;最后一些种子也落在沃土上,不是路面,不是光滑的岩石,也不是荆棘丛生之地,种子这才生根发芽,茁壮成长,结出颗粒。

苏哈拉瓦迪解释这个比喻的含义说,落在路面上被飞鸟叼走的种子,好比一个人,给他提供好的想法,他却充耳不闻,于是魔鬼便很快从他心中夺走了好思想,他的心中空空如也;落在盖有薄土岩石上的种子,就像一个听你讲述好思想的人,也表示赞赏,但他内心没有照办的诚意,这种好思想等于白说;落在长满荆棘沃土上的种子,如同一个听取你的良言也欲付诸实践的人,但他却被盲目而致命的欲念所缠做不到;最后那些落在没有成长障碍的沃土中的种子,恰如接受好的思想并领会它,能理解并照着做的人,没有什么能阻挡他。

我希望读者琢磨一下苏哈拉瓦迪提到的四种情况中的第三种,使我们大家都从思想上和行动上参与改革,为青年人的能力和才华提供机会,

---

① 即希哈布丁·艾布·哈夫斯·欧麦尔·苏哈拉瓦迪(1145~1234),阿拔斯王朝时期著名苏菲派哲学家、沙斐仪学派著名教法学家,著作有《认识内心的真理》《古兰经阐释精华》等。——译者
② 宰基尤·纳吉布·迈赫穆德博士:《新社会或灾难》。

接受与发展同步的改革。我指的是土质优良,却被荆棘所困,使植物坏死的情况。我们用这种情况来喻指真主赐予其后代聪颖资质、优良禀赋的民族,他们由于人为的荆棘而鲜有或毫无精神产品,这种人为的荆棘不会结果,也不愿别人有成果。

直到最近,我们还把在某个问题上与教师意见不一却可能是有道理的学生时而视为捣乱者,时而认为他无礼貌,也许会开除他,惩罚他,不许他坚持己见。而这个学生也许有朝一日会成为像爱因斯坦、穆斯塔法·穆沙拉夫①或艾哈迈德·泽维尔②那样的人。要是所有这样的学者都满足于他们的教授和老师们所说,他们就不会发现那些成为科学发明基础的科学理论。不满现状是人类进步的基础,他们就不曾接受现状,他们的想象超越了他们生活的现实。我们需要关注这样的人,向他们伸出援助之手,确保他们的安全和对他们的呵护,增加他们的能力和经验,使他们能够为我们提供他们的成果。

已经十分清楚的是,20世纪或"第三次浪潮"要求的教育质量是第三级教育,或许这样的教育还不够,还得继以持续的终身培训。如果一个人一生中将改变职业三到四次,那么,这就意味着他必须要有非常广泛的经验和能力基础,有能力适应从一种专业转换到另一种专业。这样的教育制度与我们所习惯的不同。我们曾在约翰·泰尔应邀出席的国际会议上讨论过原先只指小学教育的基础教育原则,将基础教育延伸到初中教育。现在,基础教育是否将包括大学前的教育?大学教育是否也将成为基础教育的一部分?这一句话克林顿曾说过,西蒙·佩雷斯③1995年也说过。

---

① 穆斯塔法·穆沙拉夫(1898～1950),埃及著名科学家。——译者
② 艾哈迈德·泽维尔(Ahmed H. Zewail,1946～2016),美籍埃及化学家、物理学家,1999年获诺贝尔化学奖。——译者
③ 佩雷斯是以色列前总理,现任以色列工党领袖。——译者

随着因特网的发展和通讯、电子、计算机革命的进步，将来的学校模式是否一如眼前？教师的作用是否一成不变？所有这些问题，有的我们稍作努力便能找到答案，大部分问题则仍是茫然。

我们已不可能让孩子们背负起已有的数据库，这是任何人都无能为力的，唯一的选择只能是我们把开启数据库房的钥匙交给他们，教会他们精选、整理和运用信息的方法。这是现成的选择，因为我们必须用发展（development）的逻辑进行思考，它是全面质量逻辑，而非动员（mobilization）逻辑，那只是量变逻辑。因此，我们必须沿着造就一代新人的方向，针对教育结构及其计划和运作方式，发起一场教育观念和教育架构方面的革命。

应当重视生产型学校项目，将其视作教育领域特别是初级中学落实发展逻辑的重要手段之一，制订一些与环境和周围社会有联系的小项目，立足于新思维和非标准型模式。生产型学校项目首先是教育程序目标的教育项目，不削弱学校在教育中的基本作用。这些小项目致力于填补裂缺，弥补学科型教育与就业市场之间的罅隙，使两者联系起来，使我们的孩子们用实际经验武装起来，在生产工作中成为先锋，另外还有很多好处，如使学生有能力从事营销和谈判，进行市场研究，并能增强他们的自信——这种自信也许是理论教育不能做到的。因此，生产型学校能为学生提供机会，学会年轻企业家（young entrepreneur）的本领，像一名小商人或小生产者那样去工作，知道怎样调查消费者的意见和兴趣，利用资源，通过实际体验了解市场问题，掌握工作的基本要领，如时间安排、谈判、妥善计划、准备文稿、核算经济成本、项目的可行性研究、领导方法、对别人施加影响、对他们的工作进行评估，从而使学生具有持续学习的经验和早期积极参与生活的能力，有助于学生转变把政府职位当作学习最终目的的观点，为实现自己的抱负将目光投向更广阔的未来领域，更好地利用自身的能力和资源。很可能,我们的一个年幼孩子会提出一个金点子,具有造福全国的工业和经济实用价值。我们尤其需要能对社会的经济发展做出贡献的生产型人才。经济发展是生活的核心,是任何一个国家满足振兴需求的唯一途径,也是教育投资本身的基本来源。因此,我们应加强社会的自学能力,培养合格公民,进行优质培训,使之成为具有高水平的能力和经验的生产者。

教师

今天,我们处在第三次浪潮的形势下,我们想要创新人才,想要一种另类的教师,其职能不是照搬或灌输知识,而是一个活跃的中介,是学生的协调员和鼓动者,是激发学生志向对话的主持人,他关注学生的天赋,使他们有能力提出建设性的批评,进行严肃的对话和发表不同的见解。然而,并非以这些观念培养出来的教师怎样才能扮演这种角色呢?这是一项非常艰巨的任务,我们需要付出巨大的努力和时间才能完成,而且除此之外别无选择,因为本世纪不需要在固定生产线上工作的员工,生产线不再是固定不变,传统员工已无用武之地,需要的是能够处理数学、计算机、各种传输工具和语言并具有决策能力的人。与现存教育体制培养的人截然不同,他们完全是另类人才。因此,必须改变教育工作者的观念、行为、经验和培养方式,对他们进行良好的培训,使他们承担起新的变化了的任务和职责,因为我们不可能撇开他们引进别人。这就需要在教育机构内协调好全球化的考量、需求与深化民主参与——它是时代的口号,因为民主气氛有助于展现才华和创新,同时也有助于保护我们拥有的正统价值观,如社会团结、家庭精神、归属感、忠诚,并重视作为我们后代典范的民族历史人物。由此便显现出培训的重要性,它是实施改变教师观念和行为的一种手段,将他们派往世界上的发达国家,回来后成为科学上的攻坚集团。这是产生辐射能量的质变的开始,很快就会导致工作模式大的质变，形成像原子能一样的惊人动力，以跟上当今世界令人震惊的科技革命、信息革命和通信革命。

攻坚集团的人员应有决心，勇于坚持，远离政府日常公务。他们训练有素，善于应对公众舆论和影响他人，他们拥有的经验和才能应不按政府常规开展工作，每个人都应将自己视为本机构的负责人，负责阐明事实，驳斥谬误。这支有生力量，如果我们上面所说诸点能真正严格地得以证实，那就能对舆论特别是舆论的形成产生巨大影响。这需要具有团队精神工作，争取从事理论和实践的工作者支持不断发展的教育进程，组成关心公共事务的开明的院外集团，以阐明、解释和纠正令人费解的教育事务。

我们只有一种选择：使全国成为一个改变埃及生活面貌的攻坚集团，使这块美好的土地成为真主在大地上的箭袋①，成为安宁的堡垒和绿洲，科学和艺术的殿堂，各种文化和思想的交汇地。要实现这个目标，只有最大限度地开发我国的全部人力资源，尽可能地关心各种才智和各项创新，让所有的人——男人、女人、儿童、成人，正常人和残障人，都接受教育，投资儿童早期阶段，提高大学教育比例，增加教育年限，实现民主和思想自由，笃信敬业文化。

教学大纲和评估制度

知识的速成大纲，是过去两个世纪里流行的大纲，其根源出自牛顿定律、科学和教育思想，它将知识和生活领域硬是分门别类，把相互联系的部分用人为的屏障隔开，分成一个个孤岛和零乱的单元，拉开了学习与学生、学校与社会之间的距离。同时，速成大纲还将知识分为学科，学科又有分支，将教育体系分为阶段，阶段又有年限，年限分为学期，学期还有年

---

① 埃及有"真主的箭袋"之弥。——译者

级。现在，世界已经发生变化，我们需要的是跟上社会需求、应对未来挑战的新大纲，是实现知识一体化的大纲，通过交叉学科把各学科及其分支联系起来，把学习与社会需求、学术研究与生产和贸易中的具体实践联系起来，培养幼小的公民成为整体中的一员；把科学研究与人文研究联系起来，以实现健全的人格塑造。我们还需要将育人与教书联系起来，实现社会间的联系，体现它的人文面貌、同一的身份、价值观和根源。

现代科学是交叉科学，所有的知识领域都受到其影响，互有联系，达到"知识一体"或"知识互补"，并提供出一种理论与实践相结合的新纽带，把科学和时代精神结合起来，使我们的生活方式和思维方式发生质变。这就要求在不同的学科之间做到互补和互动，找到比如历史与经济、历史与社会、地理与历史、政治与语言等之间的关系。举个简单的例子，比如中国[①]，在至少早于欧洲五百年的15世纪，她就已经发明了有资格成为工业革命主导力量的各种技术，发明了火药、火炮、纸张、瓷器、轮轴和负数，拥有了机械犁以及几十种人类历史上的重大发现。然而，这些技术与儒家信条有冲突，因为有些人认为这些技术与传统信仰相矛盾，便没有利用和发展这些技术。相反，英国却领导了工业革命，而中国却没有为此做好准备。

教学大纲密切联系着评估方式。我们的评估制度建立在怀疑和担心的基础上，它缺乏成功和持续的要素，就像是质询，学生是被告。社会坚持认为考试是一场灾难和苦难，大家齐心协力，拼命缩短它的期限，用各种合法的、有时是非法的手段尽可能快地通过考试。相反，建立在信任和希望基础上的评估制度，包含着成功和可持续发展的要素。计划和立法不是建立在偏颇的基础上，而是建立在平等、健全的科学基础上。教育部

[①] 见侯赛因·卡米勒·巴哈丁博士著《无身份世界中的爱国主义——全球化的挑战》。

门本身在接受教育思想家和先驱者滋润之前,一直将评估和考试视为以区别和变向为目的的筛选和分类过程,这样做,依照的是只适宜用来观察自然现象、判断固定不变现状的著名铃形弧面框架,它乃是多年来充斥教育思想的氛围。据此产生的优秀生和出类拔萃者,是社会中的少数,他们通过考试选拔出来,然后再给他们前进的信号;对待绝大多数非优等生,则要根据社会环境,按照对他们能力的设想做出安排。而发达国家的社会,则将评估视为学生与教育部门之间的一种对话,一种应当利用的教育实验,是一个鉴别和研究过程,其目的在于加强全部人力资源能力,将其带入现代科学允许进入的领域,提高每个人的能力,促进每个孩子的天赋,矫正每个学生的消极面并为他提供进取的机会。这是一个开发的过程,很合乎逻辑,因为教育从根本上说,就是一个开发过程。

评估制度必须持续不断,因为很难在一个对某人也许并不合适的时刻对他作出评价。比如,你如果要用照相机来观察某个人或某件工作,那么,你在某些时候会选用快门 1/500 秒,那是曝光时间;而你如果要记录完整的一件事,那就得用摄像机,连续不断地拍下来。评估也一样,应当通过几个阶段而不是一个阶段,才能提供出学生一个较全面的形象。

在我们采用学期评估制度或局部评估制度去应对发达国家实行的全面评估、累积评估和持续评估制度时,是无法跻身于国际竞争的。学期和局部评估制度要与现代化评估制度竞争,显然无能为力。因此必须从僵化的单向评估转为交流式评估,从怀疑、担心转为信任和放心,从纯粹观察、只看现实转为注重开发和强化能力,从质询学生转为对学生、学校和教育部门的评估,从学期评估转为持续、累积和全面的评估,从观察、区别、分类转为改变、塑造和矫正,从自恃绝对真理的文化转为信奉相对性、兼听则明,从灾难逻辑转为实践观念,从质询转向对话,从疑问观念转为机遇逻辑。我们不能永远墨守成规或者有时又怕去贯彻先进的价值观,出于缺乏前瞻性视野、个人利益至上或我们中某些人的个人主义而以为我们可以对后代一直推行这些陈旧的标准和方法，可以凭借我们拥有的财富、权势为子女争取优秀或通过考试，或为他们带来安全与稳定，这是异想天开，绝不可能实现，因为即便我们能凭借私人补课、权势和我们的条件帮助子女们通过考试，帮助他们在有了文凭之后再谋取职位，将他们安排在享有高收入的显赫部门，但是，由于大多数人被剥夺了受教育的权利，国家的社会和平处于崩溃之时，我们将不可能也无力保护他们。这大多数人对那些独揽和垄断教育权利的人来说，是一种可怕的危险。我完全相信，我所感受到的那些反对采纳现代评估制度和其他先进价值观的现象，其基本根源是一种担心，其理由处于我们经历的错误实践。然而，作为家长和教师，我们现在感到放心的各种保障和规则，通过实现机会均等、公正无私、确保评估的公允、严肃和目的正当，将保证我们子女未来的安全。我认为，这将使我们在接受先进价值观方面大大前进一步，在实现我们追求的目标方面加强我们大家做出的贡献。

学校

学校的重要性并不亚于上述诸要素中的任何一项，因为学校是实施教育全过程的场所，因此必须予以重视，改善它们的状况。例如，最近10年建成了12350所学校，相当于此前109年中所建学校的一倍。扩建互助示范学校，学生所交学费中即有一块用于此，有可能降低班级的学生密度，使国家将政府拨款用于振兴公立免费学校。同时，家长和教师委员会也可以发挥企业家的角色，帮助学校大量集资，在教育进程及其监督、实际参与发展和资助有可能提升教育进程水平的各项活动方面，都具有重要的作用；在人民监督教育水平，把学校与环境和社会联系起来，夯实民主基础，在学生心灵中深化国民意识和道德行为的价值观，使他们习惯于重视整洁等方面，起指导作用。轻视文明行为，即意味着我们让整整一代人习惯于与肮脏、丑陋和粗枝大叶为伍,使之成为他们生活中的普遍行为,有损全埃及的颜面,这是对我们国家权利的重大犯罪。他们一旦习惯于整洁,那就将成为一种反映埃及文明面貌的核心价值观。

尽管教育进程包含的各种要素都在发展,我们还在努力争取实现的理想也在发展,但是,教育仍然面临着一个威胁其发展业绩和现代化的严重现象,那就是私人补课现象。埃及的私人补课始于20世纪中叶,原因是教育费用不足,当时埃及为捍卫领土和原则重任在肩。减少教育投资使得学校数量锐减,上课时段增加,一天多达3~4个时段,班级学生密度增加,一个班学生增至100~200名,学校拥有的资源萎缩,甚至表现在维持最基本的必需人员方面,教师工资也下降了。所有这一切都使普通家庭的普通公民都感觉不到他们的子女能在合法的教育单位里受到良好的教育。当一种商品或一项服务对公民来说已成难得之物时,就会出现有销售的黑市。私人补课的兴起就是如此。随着教育费用的不断下降,问题更加严重。这一现象由于以下几个附加因素的不良影响而愈显突出。

第一个因素

埃及社会有过两次大迁徙:在付出财产和生命代价的十月胜利①后,埃及并无所得,没有获得这次胜利的果实,但一批周边国家却收获颇丰,它们的基础资源价格上升,开始出现经济腾飞和空前的繁荣。于是我国数十万人为了谋生而迁往海湾和非洲的阿拉伯国家,丢下子女委托他人照管。第二次迁徙始于开放时代初期,很大一部分的埃及家庭转向了开放的世界,去从事贸易和各种项目,他们中有的是为了追求令他们眼花缭乱的奢侈的社会生活。这些迁往国外和其他阿拉伯国家的移民,将自己的子女留给别人照顾,从而为私人教师提供了机会,代替了父亲的作用。

---

① 指1973年10月的第四次阿以战争。——译者

那些身居异乡的父母很自然会有负罪感,他们试图通过给孩子们许多钱以弥补对他们的抚养,家长变成了供钱的父亲,每月寄钱给孩子请人补课。这种行为,从小学一年级开始,后延伸到初中、高中、大学教育,又从大学到研究生阶段,一直在一个无法摆脱的封闭圈内进行。

于是,孩子们便沉溺在私人补课中,这造成了一个极其严重的教育后果,即缺乏自立,因为私人教师代替学生承担了所有的智力活动,他代替学生理解、掌握、归纳,他训练学生,不让学生费一点力,致使学生丧失了自立能力、解决问题的基本技能,不能解决自己的问题,因为他接受的训练仅仅是为了应付考试。绝大多数私人教师做的是辅导复习的工作,他们通过以前的试题或其他省份的试题,凭自己的经验和归纳,能够成功地确定一批可能出现的试题,训练孩子们解答,一旦试题超出这个范围或复习的范围,学生发愣了,就像一个能力有限的演员,提示台词的人稍一疏忽,他就会目瞪口呆,一个字都说不出来,而出色的演员遇到这种情况时仍能侃侃而谈,有新的发挥,继续扮演自己的角色。

第二个因素

埃及教育体制有两个瓶颈,一个在初中阶段结束之时,另一个在高中毕业后。初中阶段结束时,有65%的学生进入国家和社会视作第二等教育,亦即技术教育。这种教育在我国由于不能通向每个男女青年追求的大学教育显得毫无意义。政府本身主张,获得最低分的学生,理应接受这种教育。我们也承认这是第二等教育,没有人愿意进入二等,人人都想要一等。如前所述,当供求之间失去平衡时,就会出现商品销售的黑市。场地有限,大家都在竞争,为了给自己占座,采用各种合法的和非法的手段,这就使得私人补课现象愈演愈烈。大学的问题更加严重,普通高中的毕业生只有一半能升入大学,而大学文凭却是出身贫困家庭或社会底层的学生取得较高社会地位的唯一途径。因此,上大学的竞争更趋激烈,这一阶段对私人补课的需求也与日俱增。

私人补课对埃及的国家安全构成了重大危险，它使我们的子女丧失了必须具备的最重要的能力，那就是自立能力和伴随教育的智力活动能力，如解决问题的能力（problem solving）和积极思考的能力。同时，学校文凭和工作机会仅被有能力的人垄断，绝大多数人被剥夺了获得文凭的权利，从而失去了他们与教育程度相关的工作权利，也损害了社会的宁静。因此，国家必须对这种现象作出应对，我们大家也必须知道，要是这种现象再持续下去，我们都将付出代价，成为它的牺牲品。

私人补课除了使我们的孩子们丧失自立能力、社会和平遭到破坏性威胁、师生不去学校造成大量浪费纳税人钱财等重大影响外，它所产生的各种不道德的行为还对社会稳定、对我国社会独特的价值观和道德体系构成严重挑战。因为可以肯定的是，绝大多数参加私人补课和光顾私人机构的人，都是学生，他们认为在那里不受家庭和教育的监督，没有任何人监督，也没有什么顾虑，只有账单和缴纳私人补课费。

三、当务之急

然后，但不是最后，为了应对未来挑战和狂飙，完善我们自身力量的建设，还有几个我们在未来阶段首先应当关注的问题。

科学研究与研究机构

1973年的"十月战争"证明，信息是实力的源泉，迅捷、确切的真实信息是取胜的要素之一。有的国家拨出巨额资金建立国家信息网。例如，日本为建立全国信息网，已为未来10年拨款2500亿美元；美国仅为建立国家的教育和科研信息网就拨款10亿美元。这说明了研究机构和科研的极端重要性。本书附录中的两份统计表说明了一些国家在研发方面的本国投资总额以及在研发投资中产业所占比例。①

埃及在建立研究机构方面已迈出了一大步,如国家教育发展研究中心,其宗旨是为了调集教育事务方面的全部科研资源;大纲修订和教材编写中心,负责大纲和教材的规划、设计、编写、试用、修改和推出,并进行现场评估,以供参考和作进一步改进;国家考试和教育评估中心,是为考试制度的建立、评估和发展作必要的调查研究。

但是,在埃及研究机构和学术院所与需要科研支持成果的生产、服务部门之间,仍然明显严重脱节。埃及的产业部门仍然只靠从国外进口技术,而不注重培养相应的国民能力以掌握并发展这些技术。

科研活动局限在不为生产部门服务,不为发展生产、提高生产效率做贡献的领域,这是埃及科研的显著特征。埃及依靠特定的先进的研究基地的技术发展战略,轮廓尚不清楚。对技术课题的关注仍限于引进技术,而不是去发展技术,埃及的产业一直依赖进口技术,失去了首创要素和创新能力。

我们应当根据对未来的注视和对未来走向的跟踪,建立起有关我们周边国家、发达国家和正在崛起国家的研究机构,如美国研究中心、中国研究中心、欧洲研究中心和以色列研究中心,以便于我们了解他们是怎样工作、如何思考的,他们决策的着眼点以及他们的优势和弱点,同时,也跟踪他们的科研、科技和发明。我们应当在未来的阶段,如前所述那将是一段艰难的时期,埋头建立航天研究中心、未来学研究中心、生物技术研究中心、软件技术研究中心和儿童早期开发研究中心,应关注软件产业,因为软件业现已成为大有前途的具有极高附加值的重要产业,它的初级原料充足而且价格极其低廉。例如,以色列的软件产品年出口额高达约 90

---

① 见本书附表二十六、二十七。

亿美元,印度的目标是,到 2020 年使软件产品的年出口额达到 500 亿美元。

必须培训我们的青年掌握自学、寻找信息和从事科研的各种途径和方法,懂得如何研究和解决问题,处理生活现实中突然出现的各种实际情况,还必须重视培训他们掌握生物技术和通信技术。本书附录中的统计表说明了一些国家对通信信息技术的投入。① 毫无疑问,在提炼青年人的经验、使他们拥有能够适应社会生活实际和互动的阅历和能力方面,图书馆、田野调查、共同研究、实际经历和现场考察都具有重要作用。

技术

埃及各所学校引进先进教育技术是一个主要目标。今天,各个学校都在配备计算机设备、先进的实验室、光盘和教育频道,用计算机讲授物理、化学和遗传工程学,与国际互联网(the internet)和电视会议(video conference)网联网。

这是一个巨大的成就,就连一些发达国家至今也还未能取得这样的成就,华盛顿世界银行行长 2000 年 4 月访问埃及后对此也予以肯定。他参观了开罗和马特鲁港的公办普通学校,看到了我们的孩子们使用计算机、因特网和先进技术的杰出能力,他对埃及青少年的能力和他们能够使用这些技术表示非常钦佩,对埃及在大约不到 6 年的时间内取得的这些成就感到惊奇。

在我们的学校里引进先进技术,是在实现优化全民教育、强化自学原则的道路上迈出的一大步。学生在使用计算机,走进实验室,用计算器学习数学和化学,就必然会彻底放弃死记硬背;学生一旦开始查找资料库,将信息相互联系起来,在学习过程中利用自己的直观直觉,就会自觉自愿

---

① 见本书附表二十八。

地从死记硬背转向理解和分析。

埃及今年①已开始在教育部门全面实施电子行政计划,这将使工作体系的 4 个环节出现一次革命:

1. 用电脑绘制的全埃及所有学校建筑的分布图。
2. 教育部全体职员的电子资料库。
3. 教育部各项培训工作的完整资料库。
4. 全埃及有关男女学生的教育指数。

尽管取得了这些成就,但我们切勿产生太平无事的错觉,浪费时间和机会,我们只能进一步认真工作,确立起真知灼见,以忘我的精神负起责任,坚决地毫不犹豫地去攀登高峰。

旅游

旅游是我国的一项支柱性资源。埃及一年四季大部分时间气候宜人。差异明显的地理环境,极其赏心悦目,富有吸引力,有沙漠、绿洲、大海、尼罗河、高山、绿地、保护地、文明古迹和疗养地。埃及人民是友好的人民。埃及在历史和地理位置上一直是各种文明的通道,各种思想在埃及汇聚,所有访客在埃及受到款待。如果说目前世界旅游资源实现的收入为 2.3 万亿美元,占全球国民总收入的 10% 的话,那么,我们在这一收入中占多少?我们怎样才能成为一个旅游国家?本书附录中的统计表说明了部分国家的旅游收入、支出和旅游人数。②

首先,作为明天最大产业的旅游业,需要基础设施和管理人员。基础设施依靠向游客提供他们需要的各种服务,用整洁的环境、迷人的自然风光、优质的宾馆服务及多样化的娱乐设施吸引他们下次再来。同时还越

---

① 即 2003 年。——译者
② 见本书附表二十九。

来越需要理解旅游的价值，应在自己受教育的过程中学习旅游，通过了解自己的历史、古迹、旅游景点，为旅游事业做好准备，并能学好外语，研究各国人民的特点，接受旅游专业的培训。我国一向以好客和善待来宾著称，我国人民对待旅游者就像接待贵宾。旅游专业人员学习旅游学，要符合科学，跟上时代，要为他们提供国际水平的实际培训。旅游管理人员要敢于摒弃陈规陋习，而应用快速、合格、干练的国际标准去改进这些行政手续。他们对待旅游者如同为发展我国旅游业做出贡献的投资者，使旅游者对我国情有独钟，超过与我们竞争的世界其他旅游国家。

尽管埃及拥有众多的世界古迹瑰宝和一流的开展旅游活动的自然条件，但是，与其他国家如法国、西班牙相比，埃及在该领域的份额却十分有限，这就要求我们必须开发这丰富而长久的资源，以弥补埃及的发展差距，为青年人提供数十万计的就业机会。旅游业可以实现不断增加的创收，减少失业，而且对促进埃及与各国人民的友谊，也具有积极的影响。

结语：国家理想

在祖国历史上的这一严峻阶段，我们更迫切需要有一个国家理想：调动全国人民的力量点燃希望，提升人们的精气神，重新树立信心；建立一个现代化国家，为国民实现繁荣、安全、和平和稳定；重塑昔日的辉煌和将光明、科学、艺术及文化传遍世界的伟大先辈们的文明，再次体现"埃及是世界之母"这一名言；将我国建设得坚不可摧、和平安宁，她的军队成为"世界上最优秀的军队"；让"真主的箭袋"落实成真，加强统一的爱国主义纽带，巩固埃及的身份，深化对每一位渺小公民的人道主义尊重，保障每个人的自由，意见不受禁锢，写作不被干涉，公民人身尊严不受侵犯，没有饥馑和流离失所，国家推崇互助与关爱的原则，社会展现出光明的人道主义面貌，拥有科学开明的理性，又有强大的手臂震慑企图侵犯她的人。埃及是世界之母，是避风港，是目的地，是善良和慈爱的源泉，是温暖与安宁的怀抱，是至爱至尊的祖国。埃及，怀抱着她的儿女，哺育着他们，使他们心意相通。埃及是世界之母，她的心胸满怀着对善良和所有人性的爱。埃及为别国树立了一个榜样，是一块宽容、自由、和平的绿洲，用她的光亮和文化，一如既往地照耀世界各地，照耀她所属的阿拉伯民族和非洲大陆。埃及是一个在大国格局中占有分量、在时代进程中占有地位的国家。一种古老的悠久文明正在复苏，各个岗位上涌现的年轻干部和第二梯队，体现出他们的归属，反映着进步的价值观，在用他们的见解和行动示范，通过民主对话、各抒己见汇聚成国家理想。我们需要开展一项党员们都认同的举党行动①，增加他们的地位，发展他们的能力，锻炼他们的本领。埃及是一个拥有无与伦比的人道主义价值观的国家，所有的公民都为自己的埃及属性感到自豪，埃及紧紧维系着她的儿女们，无论他们远在天涯还是近在身旁，正如诗王艾哈迈德·邵基所说：

纵为永恒而奔波，我心总是系祖国！

我们拥有祖国的各种资源，我们的历史和我国人民的成就拥有自己的里程碑、价值观和意志，拥有成功的保障和要素。

我们需要集中努力，共同形成一个国家理想，消除紧张和失落情绪的根源，调动绝大多数有尊严的埃及人来保护社会免遭"三大危害"。历史已经证明，这些危害是导致帝国盛世和超级大国失败和崩溃的原因，那就

---

① 指埃及的民族民主党（原称阿拉伯社会主义埃及党），创建于 1977 年 11 月，是埃及的执政党，1981 年穆巴拉克总统继任该党领导职务。——译者

是社会各阶层之间的差距明显、严重不均以及腐败和道德价值观的沦丧。我们拥有我国伟大人民的价值观、悠久的文化遗产和睿智的领导,我们能够做到这一点。我们需要让我们团结起来的信念,需要我们确信不移的使命,需要有一个理想——尽管存在各种艰难险阻,它会增强我们勇往直前的决心。

我们需要有一个国家理想,它是医治虚弱颓丧的阿拉伯躯体的灵丹妙药,能使它恢复健康,变得坚强,能够行动,并有资格参与国际竞争。

也许,目前对我们造成的压力和对我们力量的遏制,恰恰蕴涵着我们统一的希望。危机催生意志。我们需要从各国人民的真实愿望出发,在和睦、互利的基础之上,建立起阿拉伯民族共同体,那是我们的民族夙愿。联合与和睦不能凭一个命令或一项决议实现,它是一棵有枝、有叶、有躯干的树上的果实,其根基土壤是忠诚的意愿,是正统的伊斯兰、阿拉伯文明价值观。联合是保证阿拉伯国家主权和自由的唯一出路。这只有在阿拉伯民族意见一致、认清自己的道路时才能实现。阿拉伯民族的事务就掌握在她自己手中。也许,待有朝一日阿拉伯共同市场、发展教育、关注儿童早期教育等领域真的形成了阿拉伯共识,那么,它将成为通向一个"阿拉伯合众国"的入口。

阿拉伯人有一句强调自身尊严、增强他们的身份和爱国情怀的民族口号,由阿拉伯诗人表述出来:

生要尊严死亦慷慨,捐躯战旗飞扬的矛枪之下。

然而,一段时间来,阿拉伯人的自轻自卑使他们忘却了这句口号,他们满足于逆来顺受、自甘消沉的生活。而继承这一口号时间并不久远的西方人,却奉之为理想,在他们的生活中照此圭臬行事,于是便推进了他们的文明。必须要有一种国家理想,在阿拉伯人中唤起新的精神,培养我们的后代树立起我们假装忘记的正统价值观。必须怀有一种阿拉伯民族觉醒的使命,让阿拉伯人的尊严和悠久的文明得以新生。这一使命高于口号,不陷于琐事和纷争,也远离欲望和私利,它应达到的层面,是我们提升到必须应对的态势和我们必须实现的目标。

我们应当营造一种经济、政治和社会的氛围,消除气馁沮丧、依赖他人和消极无为的理由,激励工作和生产的精神,鼓励竞争和个人主观能动性,关注创新,消除空间上的陌生感,惩治腐败,按机会均等的原则提供机会,尤其是要在公正、平等、互助范围内对能力不强者提供机会,并消除意志薄弱和思想僵化,让理性摆脱迷信的桎梏,净化心灵不受欲望的束缚。我们还应当尊重科学的价值观,唤醒并注重爱国主义精神的情感和意识,强调对话和建设性批评的价值观。

必须通过对我们的后代开展能够弘扬我们的文明遗产和宽容的宗教价值观的教育,来改善道德、强化身份、归属和爱国主义。在这方面,我们要效法真主的使者①改善社会成员继而改善社会的做法,(使者说:)"人人都有自己隐私的一面和公开的一面,改善自己隐私的人,真主改善他的公开面,败坏自己隐私的人,真主败坏他的公开面。"

我们还得将真诚的意愿和远大的抱负转化为实际行动,要摒弃个人主义,做到公共利益高于个人利益。我们大家要相互合作,使国家理想转变成每天的现实,成功地将理想和抱负转化为行动和成就,一起来实现埃及应当尽早达到的宏伟目标。时不我待,我们周围的世界正以火箭般的速度前进,发达世界永远不会等待任何人。在一个由科学和实力逻辑主

---

① 指伊斯兰教先知穆罕默德(约570~632)。——译者

导的世界,弱者除了躲在边缘化的荒野和被遗忘的角落之外,再无立足之地。

我们只有将满腔的怒火化为工作的动力,将冷漠和消极变为积极的参与和负责任的行动,将我们面临的困难和问题视为对我国伟大人民意志的挑战和对其刚强性格和创造能力的新考验。再没有时间去忧伤和痛苦,没有时间为过去而哭泣。工作的时钟已经敲响,出发的时刻已经来临。埃及是世界之母,是阿拉伯民族搏动的心脏,理应在世界上享有崇高的地位,她正直的儿女们是有能力的。考验的时刻已经来到,我们面对的是十字路口,我们应该踏上正确的道路。如蒙主佑,我们当有能力确定目标,实现理想。

附　表

一、2001年各国人均国民收入

国　家	各国人均收入（2001年）	国　家	各国人均收入（2001年）
美国	34870	叙利亚	1000
日本	35990	黎巴嫩	4010
德国	23700	沙特阿拉伯	7230
英国	24230	摩洛哥	1180
法国	22690	突尼斯	2070
以色列	16710	阿尔及利亚	1630
科威特	18030	伊朗	1750
阿联酋	18060	土耳其	2540
中国	3600	印度	460
埃及	1530		

Sources：World Bank Development Data Group 2002.
　　　　The New York Times ALMANAC 2002.

二、1990～2000年每百万人中研究和开发领域的科学家和工程师人数

国家	每百万人中研究和开发领域的科学家和工程师人数（1990～2000年）	国家	每百万人中研究和开发领域的科学家和工程师人数（1990～2000年）
美国	4103	中国	459
日本	4960	埃及	493
德国	2873	叙利亚	29
英国	2678	突尼斯	124
法国	2686	伊朗	590
以色列	1570	土耳其	303
科威特	214	印度	158

Source：UNDP-Human Development Report 2002.

三、1987～1997年每百万人中研究和开发领域的技术人员人数

国家	每百万人中研究和开发领域的科学家和工程师人数（1987～1997年）	国家	每百万人中研究和开发领域的科学家和工程师人数（1987～1997年）
日本	827	埃及	341
德国	1472	叙利亚	25
英国	1017	突尼斯	57
法国	2873	伊朗	166
科威特	71	印度	108
中国	200		

Source：World Development Indicators 2001.

四、25周岁以上人均受教育年限

国家	25周岁以上人口人均受教育年限	国家	25周岁以上人口人均受教育年限
美国	12.25	英国	9.35
日本	9.72	法国	8.37
德国	9.75	以色列	9.23

续表

国　家	25周岁以上人口人均受教育年限	国　家	25周岁以上人口人均受教育年限
科威特	7.05	突尼斯	4.20
阿联酋	2.88	阿尔及利亚	4.72
中国	5.74	伊朗	4.66
埃及	5.05	土耳其	4.80
叙利亚	5.74	印度	4.77

Source：Center of International Development at Harvard University 2002.

五、1998年每百万人口中发明专利数

国　家	每百万人口中获得专利者的人数(1998年)	国　家	每百万人口中获得专利者的人数(1998年)
美国	289	以色列	74
日本	994	中国	1
德国	235	摩洛哥	3
英国	82	伊朗	1
法国	205	印度	1

Source：UNDP-Human Development Report 2002.

六、使用因特网的人数

国　家	使用因特网的人数(千人)	国　家	使用因特网的人数(千人)
美国	95354	阿联酋	730
日本	47080	中国	22500
德国	24000	埃及	450
英国	18000	叙利亚	30
法国	8500	黎巴嫩	300
以色列	1270	沙特阿拉伯	200
科威特	150	摩洛哥	200

续表

国　家	使用因特网的人数(千人)	国　家	使用因特网的人数(千人)
突尼斯	100	土耳其	2000
阿尔及利亚	50	印度	5000
伊朗	250		

Source：The World Bank Group 2002.

七、2000年每千人拥有的计算机数

国　家	每千人拥有的计算机数(2000年)	国　家	每千人拥有的计算机数(2000年)
美国	585.2	叙利亚	15.4
日本	315.2	黎巴嫩	50.1
德国	336	沙特阿拉伯	60.2
英国	337.8	摩洛哥	12.3
法国	304.3	突尼斯	22.9
以色列	253.6	阿尔及利亚	6.5
科威特	130.6	伊朗	62.8
阿联酋	153.5	土耳其	38.1
中国	15.9	印度	4.5
埃及	22.1		

Source：The World Bank Group 2002.

八、2000年每千人拥有的电话线路数

国　家	每千人拥有的电话线路数(2000年)	国　家	每千人拥有的电话线路数(2000年)
美国	700	法国	579
日本	586	以色列	482
德国	611	科威特	244
英国	589	阿联酋	391

续表

国　家	每千人拥有的电话线路数（2000 年）	国　家	每千人拥有的电话线路数（2000 年）
中国	112	突尼斯	90
埃及	86	阿尔及利亚	57
叙利亚	103	伊朗	149
黎巴嫩	195	土耳其	280
沙特阿拉伯	137	印度	32
摩洛哥	50		

Source：The World Bank Group 2002.

九、2000 年每千人拥有的移动电话数

国　家	每千人拥有的移动电话数（2000 年）	国　家	每千人拥有的移动电话数（2000 年）
美国	398	埃及	21
日本	526	叙利亚	2
德国	586	黎巴嫩	212
英国	727	沙特阿拉伯	64
法国	493	突尼斯	6
以色列	702	阿尔及利亚	3
科威特	249	伊朗	15
阿联酋	548	土耳其	246
中国	66	印度	4

Source：The World Bank Group 2002.

十、2000年每千人拥有的收音机数

国家	每千人拥有的收音机数（2000年）	国家	每千人拥有的收音机数（2000年）
美国	2118	叙利亚	276
日本	956	黎巴嫩	687
德国	948	沙特阿拉伯	326
英国	1432	摩洛哥	243
法国	950	突尼斯	158
以色列	526	阿尔及利亚	244
科威特	624	伊朗	281
阿联酋	318	土耳其	573
中国	339	印度	121
埃及	339		

Source：The World Bank Group 2002.

十一、2000年每千人拥有的电视机数

国家	每千人拥有的电视机数（2000年）	国家	每千人拥有的电视机数（2000年）
美国	854	埃及	189
日本	725	叙利亚	67
德国	586	黎巴嫩	335
英国	653	沙特阿拉伯	264
法国	628	摩洛哥	166
以色列	335	突尼斯	198
科威特	486	阿尔及利亚	110
阿联酋	292	伊朗	163
中国	293	土耳其	449

Source：The World Bank Group 2002.

十二、1999年人均电力消费率

国　家	人均电力消费（千瓦/小时）（1999年）	国　家	人均电力消费（千瓦/小时）（1999年）
美国	11994	沙特阿拉伯	4710
日本	7443	摩洛哥	430
德国	5690	突尼斯	911
英国	5384	阿尔及利亚	581
法国	6392	科威特	14011
中国	758	阿联酋	10643
以色列	5689	伊朗	1407
埃及	900	土耳其	1396
叙利亚	863	印度	379
黎巴嫩	1778		

Source：Human Development Report 2002.

十三、2000年每千人拥有的日报数

国　家	每千人拥有的日报数（2000年）	国　家	每千人拥有的日报数（2000年）
美国	213	叙利亚	20
日本	578	黎巴嫩	107
德国	305	沙特阿拉伯	326
英国	329	摩洛哥	26
法国	201	突尼斯	31
以色列	290	阿尔及利亚	27
科威特	374	伊朗	28
阿联酋	156	土耳其	111
埃及	35	印度	48

Source：UNESCO, Institute for Statistics, Statistical Yearbook 1999 Last update- 4th June 2002.

十四、1994~1995年获得硕士学位人数

国家	获得硕士学位人数 （1994~1995年）	国家	获得硕士学位人数 （1994~1995年）
日本	56038	叙利亚	495
德国	105800	黎巴嫩	666
英国	100600	沙特阿拉伯	1280
法国	93666	摩洛哥	1111
科威特	205	突尼斯	2599
阿联酋	57	阿尔及利亚	3605
埃及	5984		

Sources: 1. UNESCO-The Higher Education systems in the Arab States: Development of Science and Technology Indicators 1998.
2. Statistics on Higher Education, extracted form Germany's Basic and Structural Data 1999/2000.
3. Education and Training Statistics for the United Kingdom 1998 Edition.
4. "Recensement des diplômes délibrés par les universitiés-Session 2000" Tableaux statistiques, à paraitre.
5. Tableaux statistiques, n° 6143.
6. Minister's Secretart, Ministry of Education, Japan.

十五、1994~1995年获得博士学位人数

国家	获得博士学位人数 （1994~1995年）	国家	获得博士学位人数 （1994~1995年）
日本	12375	叙利亚	90
德国	22300	黎巴嫩	116
英国	10200	沙特阿拉伯	450
法国	9926	摩洛哥	485
科威特	25	突尼斯	349
阿联酋	53	阿尔及利亚	784
埃及	3421		

Sources: 1. UNESCO-The Higher Education systems in the Arab State:

Development of Science and Technology Indicators 1998.
2. Statistics on Higher Education, extracted form Germany's Basic and Structural Data 1999/2000.
3. Education and Training Statistics for the United Kingdom 1998 Edition.
4. "Recensement des diplômes délibrés par les universitiés-Session 2000" Tableaux statistiques, à paraitre.
5. Tableaux statistiques, n° 6143.
6. Minister's Secretariat, Ministry of Education, Japan.

十六、1995～1997年教育支出占国民生产总值比例

国　家	教育支出占国民生产总值比例 (1995～1997年)(%)	教育支出占政府总支出比例 (1995～1997年)(%)
美国	5.4	14.4
日本	3.6	9.9
德国	4.8	9.6
英国	5.3	11.6
法国	6.0	10.9
以色列	7.6	12.3
科威特	5.0	14.0
阿联酋	1.7	20.3
中国	2.3	12.2
埃及	4.8	14.9
叙利亚	4.2	13.6
黎巴嫩	2.5	8.2
沙特阿拉伯	7.5	22.8
摩洛哥	5.3	24.9
突尼斯	7.7	19.9
阿尔及利亚	5.1	16.4
伊朗	4.0	17.8
土耳其	2.2	14.7
印度	3.2	11.6

Source: Human Development Report 2002.

十七、5周岁以下儿童营养不良症比例

国家	5周岁以下儿童营养不良症比例(%)	国家	5周岁以下儿童患营养不良症比例(%)
美国	1	黎巴嫩	3
科威特	2	突尼斯	4
阿联酋	7	阿尔及利亚	13
中国	10	伊朗	11
埃及	4	土耳其	8
叙利亚	13	印度	47

Source: World Development Indicators 2002.

十八、1996年基础教育阶段对每个学生的支出

国家	基础教育阶段对每个学生的支出(美元)(1996年)	国家	基础教育阶段对每个学生的支出(美元)(1996年)
美国	4763.4	埃及	129.6
日本	6959.8	叙利亚	89.6
德国	5196.6	黎巴嫩	201
英国	3332	沙特阿拉伯	1337.6
法国	4203.2	摩洛哥	141.9
以色列	2697.9	突尼斯	289.5
科威特	2434.6	伊朗	106.8
中国	45	土耳其	254.7

Sources: The World Bank Group 2002.
UNESCO World Education Indicators 2000.

十九、1996年大学教育阶段对每个学生的支出

国　家	大学教育阶段对每个学生的支出（美元）(1996年)	国　家	大学教育阶段对每个学生的支出（美元）(1996年)
美国	7005	埃及	734.4
日本	5731.6	叙利亚	694.4
德国	10970.6	沙特阿拉伯	4083.2
英国	7840	摩洛哥	877.2
法国	7355.6	突尼斯	1524.7
以色列	5871.9	伊朗	801
科威特	15129.3	土耳其	1018.8
中国	502.5		

Sources：The World Bank Group 2002.
UNESCO World Education Indicators 2000.

二十、义务教育接受情况

国　家	义务教育年限及年龄	
	年龄	年限
美国	16.6	10
日本	15.6	9
德国	18.6	12
英国	16.5	11
法国	16.6	10
以色列	15.5	11
科威特	14.6	8
阿联酋	12.6	6
中国	15.7	9
埃及	14.6	8
叙利亚	12.6	6

续表

国　　家	义务教育年限及年龄	
	年龄	年限
摩洛哥	16.7	6
突尼斯	16.6	9
阿尔及利亚	15.6	9
伊朗	11.6	5
土耳其	14.6	5
印度	14.6	8

Source：UNESCO，Statistical Yearbook 1999.

二十一、2002年15周岁以上成年人中不会读写者的比例

国　　家	15周岁以上成年人中不会读写者的比例(%)(2002年)	
	女	男
以色列	7.6	3.2
科威特	20.3	16
阿联酋	20.7	25
中国	23.7	8.3
埃及	56.2	33.4
叙利亚	39.5	11.7
黎巴嫩	19.7	7.9
沙特阿拉伯	33.1	16.9
摩洛哥	63.9	38.2
突尼斯	39.4	18.6
阿尔及利亚	42.9	23.8
伊朗	30.7	16.8
土耳其	23.5	6.5
印度	54.6	31.6

Source：UNDP-Human Development Report 2002.

二十二、女子大学教育：不同教育领域女大学生比例

国家	所有领域(%)	国家	所有领域(%)
日本	44	黎巴嫩	49
德国	46	沙特阿拉伯	48
英国	51	摩洛哥	41
法国	55	突尼斯	45
科威特	62	阿尔及利亚	44
阿联酋	72	伊朗	37
埃及	42	土耳其	38
叙利亚	39	印度	36

Source：UNESCO's World Education Indicators 2000.

二十三、1997年同龄人中的大学入学率

国家	同龄人中的大学入学率(%)（1997年）	国家	同龄人中的大学入学率(%)（1997年）
美国	81	叙利亚	16
日本	41	黎巴嫩	27
德国	47	沙特阿拉伯	16
英国	52	摩洛哥	11
法国	51	突尼斯	14
以色列	41	阿尔及利亚	12
科威特	19	伊朗	18
阿联酋	12	土耳其	21
中国	6	印度	7
埃及	20		

Source：World Development Indicators 2001.

二十四、1994～1997年大学生总数中数理工科学生的比例

国　家	大学生总数中数理工科学生的比例(1994～1997年)(%)	国　家	大学生总数中数理工科学生的比例(1994～1997年)(%)
日本	23	黎巴嫩	17
德国	31	沙特阿拉伯	18
英国	29	摩洛哥	29
法国	25	突尼斯	27
科威特	23	阿尔及利亚	50
阿联酋	27	伊朗	36
中国	53	土耳其	22
埃及	15	印度	25
叙利亚	31		

Source：UNDP-Human Development Report 2002.

二十五、部分选择项目中与成本相比的经济效益

序列	项　目	经济效益(%)
1	尼泊尔希尔森林资源开发项目	1.18
2	菲律宾伊里克斯水利灌溉系统改善项目	1.48
3	乌拉圭动物资源开发项目	1.59
4	爱沙尼亚康达水泥厂	2.27
5	玻利维亚儿童早期开发项目	3.06
6	菲律宾儿童早期开发项目	3.00
7	美国学前阶段佩里项目	7.16

Source：AIID, Amsterdam Institute for International Development.

二十六、地区研究和开发总投资

国家	货币	研究年度	研究和开发总投资
美国	美元	1995	171000000
日本	日元	1991	13771524000

续表

国家	货币	研究年度	研究和开发总投资
德国	马克	1993	76721000
英国	英镑	1993	13829000
法国	法郎	1994	17556300
以色列	谢克尔	1995	584200
科威特	第纳尔	1984	71163
突尼斯	第纳尔	1997	60015
伊朗	利亚尔	1994	620849320
土耳其	里拉	1995	2950939500
印度	卢比	1994	75063500

Source：UNESCO，Institute for Statistics，Statistical Yearbook 1999，Last update-4th June 2002.

二十七、2000年研究和开发总投资中产业投资所占比例

国　家	比例(%)(2000年)	国　家	比例(%)(2000年)
美国	68.3	法国	52.5
日本	72.4	以色列	63.7
德国	66.5	土耳其	42.9
英国	49.3		

Source：OECD, Main Science and Technology Indicators, 2002.

二十八、2001年通讯信息技术支出

国　家	通讯信息技术支出总额（百万美元）	人均通讯信息技术开支（美元）
美国	812635	2923.8
日本	413772	3256.2
德国	154645	1880.4
英国	137726	2318.6

续表

国家	通讯信息技术支出总额（百万美元）	人均通讯信息技术开支（美元）
法国	120569	2048.3
中国	66612	52.7
埃及	2383	36.8
土耳其	9313	142.7
印度	19662	19

Source：The World Bank Group 2002.

二十九、各国旅游收入和支出、旅游者人数及其年增长率

国家	世界旅游支出（百万美元）（2000年）	地区旅游市场的各国份额（%）（1999年）	2000年旅游者人数	旅游者年增长率（%）
美国	65044	65.7	52690000	+8.7
日本	31480	44.7	4758000	+7.2
德国	47607	22.4	18916000	+10.5
英国	36560	16.5	24900000	−1.9
法国	17166	8.6	74500000	+2.0
以色列	2700	1.2	2400000	+3.8
中国	00	14.8	31236000	+15.5
埃及	1000	21.9	5150000	+14.7
叙利亚	700	12.8	00	00
黎巴嫩	00	00	751000	+11.6
摩洛哥	430	8.7	4100000	+7.4
突尼斯	00	4.7	5057000	+4.7
阿尔及利亚	00	00	859000	+13.8
伊朗	1350	25.1	1700000	+28.7
土耳其	1711	0.7	9623000	+39.6
印度	00	55	2624000	+5.7

Note：Data not available.
Source：The World Tourism Organization (WTO) 2001.

参考文献

阿拉伯语文献

康德:《论永久和平》,奥斯曼·艾敏博士译,埃及盎格鲁书社1952年版。

哲马鲁丁·利马迪博士:《伊斯兰和平安全观》,知识书局1963年版。

贾马勒·哈姆丹博士:《殖民主义和阿拉伯世界的解放》,埃及著述与翻译出版社1964年版。

赛义德·阿卜杜·费塔哈·阿舒尔博士:《十字军战争新探》,埃及著述与翻译出版社1964年版。

宰基尤·纳吉布·迈赫穆德博士:《新社会或灾难》,东升出版社1983年版。

外语文献

Adam, John Quincy. http//: www. law. umkc. edu/faculty/projects trials/amistad /AMI_BADA. HTM

Bard, Alexander. & Soderqvist, Jan. "Netocracy: The New Power Elite and Life after Capitalism", London: Pearson Education Ltd. , 2002.

Batra, Ravi. "The Great American Deception: What Politicians Won't Tell You about Our Economy and Your Future", New York: John Wiley & Sons Inc., 1996.

Borjesson, Kristina. "Into the Buzzsaw: Leading Journalists Expose the Myth of a Free Press", New York: Prometheus Books, 2002.

Brandt, Dawid. & Kriegel, Robert. "Sacred Cows Make the Best Burgers: Developing Change-Ready People and Organization", New York: Warner Books Inc. 1996.

Caine, Renate Nummela. & Caine, Geoffrey. "The Brain /Mind Learning Principles". http://cainelearning.com/hosts/

Chmsky, Noam. "World Orders Old and New", Cairo: The American University in Cairo Press. 1994.

Costello, Patrick J. M. "Thinking Skills and Early Childhood Education", London: David Fulton Publishers Ltd, 2000.

Covey, Stephen R. "Principle-Centered Leadership", New York: Simon and Schuster. 1992.

Florida, Richard. "The Rise of the Creative Class: And How It's Transforming Work, Leisure, Community and Everyday Life". New York: The Perseus Books Group, 2002.

Gardner, Howard. "Multiple Intelligences: The Theory in Practice", New York: The Perseus Books Group, 1993.

Gleick, Games. "Chaos Making a New Science", London: Penguin Books Ltd., 1988.

Guyatt, David G. "Anti Personnel Electromagnetic Weapons, Toward a Psycho-Civilized Society". http//:www.involved.com/ewolfe/DISTRESS/DG-bio.htm

Handy, Charles. "The Hungry Spirit: Beyond Capitalism-A Quest for Purpose in the Modern World", London: Random House Ltd. , 1998.

Hertz, Noreena. "The Silent Takeover: Global Capitalism and the Death of Democracy", London: Randam House Ltd. , 2002.

Hooper, Alan. &. Potter, John. "Intelligent Leadership: Creating a Passion for Change", London: Random House Ltd. , 2000.

Husen, Torsten. &. Postlethwaite, T. Neville. "The International Encyclopedia of Education", Oxford: Elsevier Science Ltd. , 1994.

Joy, Bill. "Why the Future Doesn't Need Us", 2000. http//: www. wired. com/wired/archive/8. 04/joy.

Kah, Gary H. "En Route to Global – Occupation: A High Ranking Government Liaison. Exposes, the Secret Agenda for World Unification", Louisiana: Huntington House Publishers, 1992.

King, Martin Luther. "Biography", http//: www. nobel. se/peace/laurea tes//1964/king-bio. html

Kotter, John P. "The New Rules: How to Succeed in Today's Post-Corporate World", New York: Simon &. Schuster Inc. , 1995.

Kurzweil, Ray. "The Age of Spiritual Machines: When Computers Exceed Human Intelligence", New York: Penguin: Putnam Inc. , 1999.

Longstreet, Wilma S. &.Shane, Harlod G. "Curriculum for a New Millennium", New York: Simon &. Schuster Inc. , 1993.

Ohmae, Kenichi. "The End of the Nation State: The Rise of Regional Economies", London: Harper Collins Publishers. , 1996.

Pauling. , Linus Carl. "Nobel Peace Prize Winners 2002 – 1901". http//: www. nobelprizes. com/nobel/peace. html

Pinker, Steven. "How the Mind Works", New York: W. W. Norton &. Company

Inc. , 1997.

Postman. , Neil. "Building a Bridge to the Eighteenth Century: How the Past Can Improve the Future", New York: Random House Inc. , 1999.

Postman, Neil. "The End of Education: Redefining the Value of School", New York: Random House Inc. , 1996.

Rawls, John. "20th Century Philosophy", http//: www. erraticimpact. com/~20thcentury/html/johnrawls. htm.

Ray, Michael. &. Rinzler, Alan. "The New Paradigm in Business: Emerging Strategies for Leadership and Organizational Change", New York: The Putnam Publishing Group, 1993.

Reich, Robert B. "The Work of Nations: Preparing Ourselves for the 21st Century Capitalism", London: Simon &. Schuster Ltd. , 1993.

Rifkin, Jeremy. "The Biotech Century: Harnessing the Gene and Remaking the World", New York: Penguin Putnam Inc. , 1998.

Rifkin, Jeremy. &. Heilbroner, Robert L. "The End of Work: The Decline of the Global Labor Force and the Dawn of the Post-Market Era", Putnam Publishing Group, 1996.

Roosevelt, Theodore. "Nobel Peace Prize Winners 2002 - 1901". http//: www. nobelprizes. com/nobel/peace. html

Sagan, Carl. "The Demon-Haunted World: Science as a Candle in the Dark", New York: Random House Inc. , 1996.

Thurow, Lester C. "Building Wealth: The New Rules for Individuals, Companies, and Nations in a Knowledge-based Economy", New York: Harper Collins Publishers Inc. , 1999.

Thurow, Lester C. "The Future of Capitalism: How Today's Economic Forces Shape Tomorrow's World", New York: Penguin Putnam Inc. , 1997.

Uchida, Donna. & Cetron, Marvin. & Mckenzie Floretta. "Preparing Students for the 21st Century", Virginia: American Association of School Administrators, 1996.

Wright, John W. "The New York Times 2002 Almanac: Terrorist Attacks, Census 2000 Results", New York: Penguin Putnam Inc. , 2002.

Yergin, Daniel. & Stanislaw, Joseph. "The Commanding Heights: The Battle between Government and the Marketplace that is Remaking the Modern World", New York: Simon and Schuster inc. , 1999.

作者简介

侯赛因·卡米勒·巴哈丁博士教授

— 1954 年,获开罗大学医学学士学位,1959 年获儿科医学博士学位。

— 1965 年,任埃及青年组织秘书。

— 1968 年,任社会主义联盟总书记处专业人员处秘书长。

— 1973 年,任开罗大学儿科医学教授。

— 1983~1991 年,任儿科医学系主任,开罗大学新儿科医院院长。

— 1989 年至今,任埃及儿科医学协会主席。

— 1989~1993 年,1999 年至今,任阿拉伯儿科医学联合会主席。

— 1993~1996 年,任自由区国际儿科医学协会主席。

— 1991~2004 年秋,任埃及教育部部长。

所获部分荣誉奖项

— 1984 年和 1991 年,获埃及医学工会荣誉盾牌。

— 1989 年,获世界卫生组织儿科健康国际奖。

— 1992 年,被聘为乌兹别克斯坦塔什干大学名誉教授。

— 1993 年，成为联合王国格拉斯哥医生和外科医生皇家协会会员。

— 1995 年，荣获国际儿科医学协会德格拉玛奇奖（Dogramatchi，世界医学教育的先驱）。

— 1997 年 6 月，被授予联合王国格拉斯哥大学理科名誉博士。

— 1997 年 7 月，被授予不列颠东安格利亚大学文科名誉博士。

— 1997 年，被授予土耳其哈西提比（Hacettepe）大学名誉博士。

— 1997 年，在联合国儿童基金会（UNICEF）五十周年庆典上，获该组织的荣誉盾牌。

— 1999 年，被授予美国圣奥拉夫（Saint Olaf）大学名誉博士。

— 1999 年，获美国继续教育大学组织国际优秀奖。

— 2000 年，获联合国教科文组织圣雄甘地奖。

— 2000 年，被聘为北京大学名誉教授。

— 2001 年，在开罗国际图书展上获得 2000 年度最佳文化成就和最佳图书奖。

— 2001 年，获圣约翰大学国际荣誉奖章。

— 作为学术界名人之一，入选《世界百科全书》。

著作

—《政治工作中的科学作风》，1968 年版。

—《儿科医学基础》，1975 年版。

—《儿科成长和培养中的父亲指南》，1990 年版。

—《当心孩子，预防常见病》，1990 年版。

—《教育与未来》，1997 年版。

—《无身份世界中的爱国主义》，2000 年版。

— 发表 100 多篇儿科医学论文。

译后记

这是我第二次翻译埃及侯赛因·卡米勒·巴哈丁博士的著作。他的上一本书《无身份世界中的爱国主义——全球化的挑战》，是2000年5月他以教育部长身份访华时，与埃及前驻华大使努·贾拉勒博士一起当面委托我翻译的。在教育部国际合作与交流司的支持下，于2001年9月出版，2002年秋，陈至立部长访埃，还曾将中译本作为礼品之一带去，受到他的好评。《十字路口》是巴哈丁博士2003年出版的新著。他寄来5本样书，请埃及驻华大使阿里·侯夫尼和驻沪领事阿卜杜·法塔赫·安泽鼎转交，安泽鼎又于该年4月18日给了我作者委托翻译、转让版权的函件。鉴于巴哈丁博士的身份，我曾专门向教育部国际司请示，于6月5日收到同意回函。

我深感歉疚和不安的是，这本篇幅不大的著作竟拖至今日才付梓，特别是其间阿里·侯夫尼大使、埃及驻沪现任总领事塔希尔·法拉哈特和已回国担任外交部司长的安泽鼎先生都曾多次问及翻译的进展，而且去年9月，埃及内阁改组，巴哈丁博士在担任教育部长14年后也已致仕。拖沓的主要原因，是这两年，正是美国发动伊拉克战争、倾力推行其大中东改革计划的重要时期，我所在的中东研究所，要应对的社会需求——参加各种研讨会，为高校、政府部门、学术团体和企事业单位作报告，以及接受媒体的采访，撰写评论、专论，极其频繁，作为教育部人文社会科学重点研究基地，非但不能置身事外，而且还得努力发挥思想库和咨询服务基地的作用。我拿到书后，虽然及时开译，但不断被各种各样的临时任务打断，实在难以觅得一段时间静下心来细读推敲。不得已，我请了丁俊副研究员参与翻译。只是，他在攻读博士学位，听课和准备论文一环扣一环，也很忙。去年底，他将完成的部分交我。直到今年寒假，我才终于腾出时间，结束了这项已历时两年的译事。

巴哈丁博士是一位具有前瞻性、战略性视野的埃及学者型高级官员。他的《无身份世界中的爱国主义》一书，至少给我留下了两点深刻的印象。一是他论述了埃及作为一个世界闻名的文明古国，一个在地缘政治和国际社会中都颇有影响的发展中国家，该如何应对全球化的挑战，特别是对主权国家的社会、政治、安全、环境和文化可能产生的负面影响，埃及又应怎样认识自己的身份和属性，维护埃及人的爱国主义精神和民族凝聚力；二是作者针对全球化是一把有利有弊的双刃剑，确定了一个原则："全球化的需要不是强加给我们的，也不可能让我们丧失文明、文化、根源和身份等最重要的成分，我们不会为了获得物质利益而不由自主地丧失自我"，并提出了一个解决办法："我们别无他法，唯有一起合作，塑造民族的智慧，培养出担负这一使命、完成这一历史任务的新的几代人"。我的这种印象，不少读过他著作的国内同行也有，如发表在学术批评网上的内蒙古民族大学王泰老师所作的书评《全球化、爱国主义和历史教育》中就指出："巴哈丁部长这本不足10万字的小册子可以使我们在较短时间里捕捉到在一个全球化时代中维护民族价值观核心的意义和途径，提示了在强大的全球化浪潮冲击下，如何保持住自己民族的特性从而维护世界的多样性。"

巴哈丁博士的《十字路口》写在举世震惊的"9·11"事件之后,可以说是《无身份世界中的爱国主义》的续篇。他在书中清醒地看到,发达国家在第三次浪潮之后,已取得了惊人的科技进步,具体表现在"科学发明,知识爆炸,依靠因特网和人造卫星的通信革命,开放的空间时代,以及各个领域的科学家们每天带给我们惊喜的新发明之中",而"在我们阿拉伯和伊斯兰世界里,我们未能意识到自己浪费了大量财富,将时间耗费的不是地方,我们丧失了许多机会,忙于毫无意义和裨益的纷争,我们的精力,已被鸡零狗碎的琐事、争斗、分歧、欲望和野心消磨殆尽",因而"正处在一场真正的悲剧之中:在我们的能力和抱负、声势和实力之间,在本民族的成就和其他那些掌握了科学要素、为争取进步不断努力奋斗的民族的成就之间,差距已越来越大。我们已濒于一道真正的鸿沟——文明和科学的鸿沟"。这是一方面。另一方面,作者也尖锐地指出,"9·11"事件后,发达世界在加强控制、滥施威权,"霸道的强权使真理、正义、法律准则处处碰壁,它颠倒是非,在很多情况下,已不再需要知耻的美德;它的所作所为,事先已得到开脱;它的主张无论怎样反对都会执行;它的打击雷霆万钧,谁都难以承受",而这,恰恰正是滋生极端主义思想和恐怖主义行为的根源之一。

作者认为,埃及和阿拉伯世界正处在一个十字路口,是屈从现状、甘于沉沦,还是超越挫折、奋发图强,阿拉伯民族应走向何方?他的回答是:改革。因为,"改革作为在这个急速变化的世界里,适应时代变化和新型国际关系的一种必需,它不仅是我们应该接受的现实,而且应当成为我们处理当前和未来各种问题的纲领"。巴哈丁博士在书中从一位教育家的视角,高屋建瓴地通过反思、吸收先进价值观,分析发达国家成功的要素,阐述了他关于教育立国、教育图强的思想,并提出了一系列的设想和措施。他的许多观点,都与我们相似,他的不少论述和建议,对我们都很有启迪。这本《十字路口》，对我们了解埃及和阿拉伯国家精英人物，对当代国际关系、中东问题和发展中国家教育发展等方面的看法，无疑是很有帮助的。

这本著作的翻译出版，一直受到埃方的重视和支持。阿里·侯夫尼大使在百忙之中于去年深秋特地为中译本作序。我尤其难忘的是安泽鼎前总领事对此书的关注。记得他1999年来沪创建埃及总领事馆——也是阿拉伯国家在沪设立的第一家总领事馆——时，就与我谈及了在中埃建立战略合作关系之后应如何加强两国的文化交流与合作。是他，亲自到我校来会见戴炜栋校长，倡议在中东研究所设立一个埃及图书馆。这些年，由于他和侯夫尼大使的关心和安排，埃方已通过各种途径向我所赠书数千册；也是他，向我建议签订图书翻译协议，陆续翻译出版了一些埃及学者、作家有关中国的著作。去年5月底，我赴埃及参加"翻译与文化互动"国际研讨会；与他别后一年重逢；格外亲切，几乎天天见面：不是他到我下榻的宾馆来看我，出席我作报告的专场，就是邀我到他家，把我介绍给他的母亲和小外甥，让我在外交官俱乐部与当年在北京、上海工作过的大使夫人、外交官们聚餐，共话别后。他在沪工作4年，几乎给每一位与他有过交往的人，都留有美好的印象，因为在他身上，集中反映出了埃及人的优点：热情开朗，善解人意，言而有信，好客大度……他虽身为高级外交官，却一直十分重视文化交流与合作。因此，当他问及《十字路口》的翻译情况时，我真是汗颜之极。好在新的一年开始了，我将有机会再访埃及，但愿在尼罗河畔见面之时，能将这本书的中译本当面呈上，以聊补我内心的缺憾。

朱威烈
2005年春于上海外国语大学

图书在版编目（CIP）数据

朱威烈译文集 /（埃）萨阿德·扎格卢勒等著；朱威烈译. —北京：商务印书馆，2019
（季愚文库）
ISBN 978-7-100-17934-8

Ⅰ.①朱… Ⅱ.①萨…②朱… Ⅲ.①朱威烈—译文—文集 Ⅳ.①C53

中国版本图书馆 CIP 数据核字（2019）第 252901 号

权利保留，侵权必究。

季愚文库
朱威烈译文集
〔埃及〕萨阿德·扎格卢勒 等 著
朱威烈 译

商 务 印 书 馆 出 版
（北京王府井大街36号 邮政编码100710）
商 务 印 书 馆 发 行
上海雅昌艺术印刷有限公司印刷
ISBN 978-7-100-17934-8

2019年12月第1版　　开本 880×1240 1/32
2019年12月第1次印刷　印张 91⅛
定价：450.00 元